HEYNE
BÜCHER

Tip des Monats

W0173548

In der selben Reihe erschienen
außerdem als Heyne-Taschenbücher

3 Romane in einem Band

Jack Higgins

Die Mordbeichte
Schlüssel zur Hölle
Der eiserne Tiger

WILHELM HEYNE VERLAG
MÜNCHEN

HEYNE TIP DES MONATS
Nr. 23/19

Titel der englischen Originalausgabe von »Die Mordbeichte«
A PRAYER FOR THE DYING
Deutsche Übersetzung von Dr. Dietlind Bindheim

Titel der englischen Originalausgabe von »Schlüssel zur Hölle«
THE KEYS OF HELL
Deutsche Übersetzung von Helmut Anders

Titel der englischen Originalausgabe von »Der eiserne Tiger«
THE IRON TIGER
Deutsche Übersetzung von Uta McKechneay

Inhalt

Die Mordbeichte

1

Als das Polizeiauto am Ende der Straße um die Ecke bog, trat Fallon instinktiv in den nächsten Hauseingang, wartete, bis der Wagen vorbeigefahren war, gab noch ein paar Minuten drauf und setzte dann seinen Weg zu den Docks fort. Es hatte zu regnen begonnen. Fallon stellte den Mantelkragen auf und hielt sich im Schatten, die Hände tief in den Taschen seines dunkelblauen Trenchcoats vergraben; ein kleiner, dunkler Mann, der mehr zu treiben als zu gehen schien.

Ein Schiff näherte sich aus dem Londoner Hafenbecken. Geisterhaft heulte das Nebelhorn.

Am Ende der Straße stand ein Lagerhaus, mit der Frontseite dem Fluß zugekehrt. *Janos Kristou – Importeur* war auf dem Schild zu lesen.

Fallon öffnete die kleine Judaspforte im Haupteingang und trat ein.

Der Raum war vollgestopft mit Ballen und Kisten verschiedenster Art. Es war sehr dunkel, aber am anderen Ende brannte ein Licht, auf das er zuging.

Ein Mann saß an einem Tischbock unter einer nackten Glühbirne und schrieb eifrig in ein großes altmodisches Hauptbuch. Der Mann war fast kahl, bis auf einen Kranz schmutzig-weißer Haare. Er trug eine alte Schaffelljacke und wollene Fausthandschuhe.

Fallon kam vorsichtig näher, und der alte Mann sagte, ohne sich umzudrehen: »Martin, bist du das?«

Fallon trat in den Lichtkegel und blieb neben dem Tisch stehen. »Hallo, Kristou!«

Auf dem Boden neben ihm stand eine Holzkiste. Der Deckel lag lose obenauf. Fallon hob ihn hoch und nahm eine Sterling-Maschinenpistole heraus, die fett eingeölt war.

»Immer noch dabei, wie ich sehe. Für wen ist die da? Die Israelis oder Araber – oder hast du inzwischen Partei ergriffen?«

Kristou lehnte sich vor, nahm ihm die Sterling ab und legte sie in die Schachtel zurück.

»Ich hab' die Welt nicht zu dem gemacht, was sie ist.«

»Vielleicht nicht, aber du hast höchstwahrscheinlich deinen Teil dazu beigetragen.« Fallon zündete sich eine Zigarette an. »Ich hab' gehört, du willst mich sehen.«

Kristou legte den Federhalter aus der Hand und blickte nachdenklich zu ihm auf. Er sah sehr alt aus. Seine Haut war ledern wie Pergament, faltig und zerfurcht, aber die blauen Augen hatten einen wachsamen, intelligenten Ausdruck.

»Du schaust nicht besonders gut aus, Martin«, sagte er.

»Ich habe mich niemals besser gefühlt«, erklärte Fallon. »Nun, was ist mit meinem Paß?«

Kristou lächelte gewinnend. »Du siehst mir so aus, als ob du einen Drink vertragen könntest.« Er holte eine Flasche und zwei Pappbecher aus einer Schublade. »Irischer Whisky. Damit du dich wie zu Hause fühlst.«

Fallon zögerte und ergriff dann einen der Becher.

Kristou hob den anderen hoch. »Mögest du in Irland sterben! So sagt man doch?«

Fallon spülte den Whisky hinunter und zerquetschte den Papierbecher mit der rechten Hand.

»Meinen Paß«, sagte er leise.

»Gewissermaßen steht es nicht mehr in meiner Macht, Martin. Ich will sagen – du bist in bestimmten Kreisen derartig gefragt...«

Fallon ging um den Tisch herum, stand einen Moment stumm da, den Kopf geneigt, die Hände in den Taschen des blauen Trenchcoats. Dann hob er langsam den Blick. Dunkle, leere Augen brannten in dem weißen Gesicht. »Wenn du versuchst, mich unter Druck zu setzen, alter Mann – gib's auf. Ich gab dir alles, was ich besaß.«

Kristous Herz setzte einen Schlag lang aus, und seine Eingeweide verkrampften sich. »Bei Gott, Martin – mit einer Kapuze würdest du wie der Tod persönlich aussehen.«

Fallon stand da, die Augen wie schwarzes Glas, blickte durch ihn hindurch und über ihn hinweg – und plötzlich wandte er sich um, als ob er gehen wollte.

Kristou sagte rasch: »Es gäbe einen Weg.«

Fallon zögerte. »Und der wäre?«

»Einen Paß, eine Schlafkoje auf einem Frachter, der Sonntag nacht von Hull nach Australien ausläuft« – er machte eine Pause –, »und zweitausend Pfund für einen neuen Start.«

»Was habe ich zu tun? Soll ich jemanden umbringen?«

»Erraten«, sagte der alte Mann.

Fallon lachte verhalten. »Du wirst immer besser, Kristou.«

Er griff nach der Whiskyflasche, kippte Kristous Becher aus und füllte ihn erneut. Der alte Mann beobachtete ihn abwartend. Der Regen trommelte gegen die Scheiben, als würde jemand Einlaß begehren.

Fallon trat ans Fenster und starrte auf die leere Straße. Ein Wagen parkte links von ihm an der Ecke einer Gasse. Das Nebelhorn tutete erneut – diesmal weiter flußabwärts.

»Eine häßliche Nacht.« Er wandte sich um. »Aber passend.«

»Wozu, Martin?«

»Für Menschen wie dich und mich.«

Er leerte den Becher mit einem Zug, ging zurück an den Tisch und stellte ihn sehr behutsam vor Kristou hin. »Gut. Ich höre.«

Kristou lächelte. »Nun wirst du vernünftig.«

Er klappte einen Manila-Aktendeckel auf, entnahm ihm ein Foto und schob es über den Tisch. »Sieh dir das an!«

Fallon nahm das Foto hoch und hielt es ins Licht. Es war ganz offensichtlich auf einem Friedhof aufgenommen worden. Im Vordergrund stand ein ziemlich seltsames Grabmal: Eine weibliche Bronzefigur, die sich von einem Stuhl erhob, als wollte sie durch die Tür gehen, die zwischen den Marmorsäulen hinter ihr einen Spalt offenstand. Ein Mann in einem dunklen Mantel und barhäuptig kniete vor ihr auf einem Bein.

»Nun dieses.« Kristou schob ihm ein anderes Foto zu.

Es war die gleiche Szene – mit einer Ausnahme: Der Mann in dem dunklen Mantel stand nun und blickte in die Linse, den Hut in der Hand. Er war kräftig gebaut, mindestens ein Meter neunzig groß und hatte ein strenges slawisches Gesicht mit hohen, flachen Backenknochen und schmalen Augen.

»Sieht wie ein Mann aus, dem man aus dem Weg gehen sollte«, bemerkte Fallon.

»Eine Menge Leute würden dir da recht geben.«

»Wer ist es?«

»Sein Name ist Krasko – Jan Krasko.«

»Pole?«

»Ursprünglich. Er ist seit vor dem Krieg hier.«

»Und wo ist *hier?*«

»Oben im Norden. Man wird dir rechtzeitig sagen, wo.«

»Und die Frau auf dem Stuhl?«

»Seine Mutter.« Kristou griff nach dem Foto und starrte drauf. »Jeden Donnerstagmorgen erscheint er mit einem Blumenstrauß – egal ob es regnet oder die Sonne scheint. Sie standen sich sehr nahe.«

Er legte die Fotos in den Aktendeckel zurück und sah wieder zu Fallon auf. »Nun?«

»Was hat er getan, daß er mich verdient?«

»Ist 'ne Geschäftssache. Man könnte es einen Interessenkonflikt nennen. Mein Klient hat versucht, vernünftig zu sein, aber Krasko wollte nicht mitspielen. Also muß er verschwinden. Und so spektakulär wie möglich.«

»Um die anderen zu ermutigen?«

»In etwa.«

Fallon kehrte ans Fenster zurück. Der Wagen stand immer noch in der Gasse. Er sprach, ohne sich umzudrehen. »Und was genau ist Kraskos Branche?«

»Was immer du willst – Klubs, Spielhöllen, Wettbüros...«

»... Huren und Drogen.« Fallon wandte sich um. »Und dein Klient?«

Kristou hob verteidigend eine Hand. »Jetzt gehst du zu weit, Martin. Jetzt bist du unvernünftig.«

»Gute Nacht, Kristou.« Fallon schickte sich zum Gehen an.

»Schon gut, schon gut.« In Kristous Stimme schwang so etwas wie Panik mit. »Du gewinnst.«

Als Fallon zum Tisch zurückkehrte, öffnete Kristou eine Schublade und wühlte darin herum. Er holte einen anderen Aktendeckel hervor, klappte ihn auf und brachte einen Packen Zeitungsausschnitte zum Vorschein. Er blätterte darin herum, fand schließlich, was er suchte, und gab es Fallon.

Der Ausschnitt war an den Rändern bereits vergilbt und datierte achtzehn Monate zurück. Der Artikel trug die Überschrift: *Der englische Al Capone*. Das Foto zeigte einen großen, kräftig gebauten Mann, der eine Treppe herunterkam. Er hatte ein fleischiges, arrogantes Gesicht, einen Homburg auf und und einen dunkelblauen, doppelreihigen Mantel an. Ein Taschentuch steckte in der Brusttasche. Der Jüngling an seiner Seite war vielleicht siebzehn oder achtzehn Jahre alt. Er trug einen ähnlichen Mantel, aber keinen Hut, und war ein Albino mit weißem, schulterlangem Haar, das ihm das Aussehen eines dekadenten Engels gab. Unter dem Foto stand: *Jack Meehan und sein Bruder Billy verlassen das Polizeihauptquartier in Manchester nach einer Vernehmung im Mordfall Agnes Drew.*

»Und wer war diese Agnes Drew?« fragte Fallon.

»Eine Nutte, die in einer Gasse abgemurkst wurde.«

Fallon blickte wieder auf das Foto. »Sie sehen wie zwei miese Leichenbestatter aus.«

Kristou lachte, bis ihm die Tränen in die Augen traten. »Das ist wirklich zu komisch. Genau das ist Mr. Meehan. Ihm gehört eines der größten Bestattungsunternehmen im Norden Englands.«

»Wie – keine Klubs, keine Spielhöllen? Keine Huren, keine Drogen?« Fallon legte den Ausschnitt auf den Tisch. »Hier steht was anderes.«

Kristou lehnte sich zurück, nahm seine Brille ab und putzte sie mit einem fleckigen Taschentuch. »Was würdest du sagen, wenn ich dir erzählte, daß Mr. Meehan zur Zeit vollkommen gesetzestreu lebt? Aber Typen wie Krasko setzen ihn unter Druck, sehr sogar – und das Gesetz will nicht helfen.«

»Oh, jetzt begreife ich. Üble Nachrede also.«

»So ist es.« Kristou schlug mit der Faust auf den Tisch. »Genau das.« Er setzte seine Brille wieder auf und sah gespannt Fallon an. »Also – abgemacht?«

»Zum Teufel damit! Ich würde weder Krasko noch deinen Freund Meehan auch nur mit der Zange anfassen.«

»Um Himmels willen, Martin, was bedeutet für dich schon einer mehr auf der Liste?« schrie Kristou, da Fallon sich erneut zum Gehen umwandte. »Wie viele hast du dort drüben getötet? Zweiunddreißig? Vierunddreißig? Allein vier Soldaten in Londonderry.«

Er sprang rasch auf. Der Stuhl kippte hintenüber. Er stürmte um den Tisch herum und packte Fallon am Arm.

Fallon stieß ihn zurück. »Alles, was ich tat, hatte einen Sinn. Ich hielt es für notwendig.«

»Sehr nobel. Und die Kinder in dem Schulbus, aus denen du Hackfleisch gemacht hast – hatte das auch einen Sinn?«

Er flog rücklings über den Tisch, eine eiserne Hand an der Kehle, und starrte in die Mündung einer Browning Automatic und in das weiße Teufelsgesicht Fallons dahinter. Es klickte, als der Hahn gespannt wurde.

Kristou wurde beinahe ohnmächtig. Er machte sich in die Hosen und verpestete die kalte, scharfe Luft im Lagerhaus. Fallon stieß ihn voll Ekel von sich.

»Nie mehr, Kristou«, flüsterte er. »Niemals mehr.«

Die Browning verschwand in der rechten Tasche seines Trenchcoats. Er wandte sich um. Seine Schritte hallten auf dem Betonboden. Die Pforte knallte zu.

Kristou rappelte sich kläglich auf, Tränen in den Augen – sowohl aus Wut als auch vor Scham.

Jemand lachte, und eine rauhe, aggressive Yorkshire-Stimme sagte aus der Dunkelheit heraus: »Damit sitzt du im wahrsten Sinne des Wortes in der Scheiße, Kristou.«

Jack Meehan trat ins Licht, seinen Bruder Billy auf den Fersen. Sie waren beide so angezogen wie auf dem Zeitungsfoto.

Meehan hob den Zeitungsausschnitt auf. »Weshalb zum Teufel hat du ihm das hier gezeigt? Ich habe den Bastard, der diesen Artikel geschrieben hat, verklagt – und habe gewonnen.«

»Stimmt.« Billy Meehan kicherte. »Der Richter hätte auf einen Viertel Penny Schadenersatz geklagt, wenn die Münzen noch im Umlauf wären.«

Seine Stimme war schrill und widerlich.

Meehan schlug ihm mit dem Handrücken über den Mund und sagte zu Kristou, die Nase angeekelt rümpfend. »Geh und wisch dir um Himmels willen deinen Arsch ab! Dann reden wir.«

Als Kristou zurückkehrte, saß Meehan am Tisch und goß Whisky in einen Pappbecher. Sein Bruder stand hinter ihm.

Meehan kostete den Whisky, spuckte ihn aus und verzog das Gesicht. »Nun, ich weiß ja, daß die Iren immer noch mit einem Fuß im Sumpf stecken, aber wie können sie diesen Dreck trinken?«

»Tut mir leid, Mr. Meehan«, sagte Kristou.

»Es wird dir verdammt noch mehr leid tun, wenn ich erst mit dir fertig bin. Hast es ganz schön vermasselt, wie?«

Kristou befeuchtete seine Lippen und fummelte an der Brille herum. »Ich hatte nicht gedacht, daß er so reagieren würde.«

»Was zum Teufel hast du gedacht? Er ist ein Irrer – wie alle dort drüben. Schießen Frauen über den Haufen und sprengen Kinder in die Luft. Das gehört zum guten Ton.«

Kristou wußte nicht, was er sagen sollte.

Billy bemerkte naiv: »Er kam mir nicht sehr toll vor. Ein kleiner Pinscher. Ohne das Schießeisen in der Hand wäre er ein Nichts.«

Meehan seufzte schwer. »Es gibt Tage, Billy, da bringst du mich zur Verzweiflung. Du hast soeben dem Teufel persönlich gegenübergestanden und es nicht mitbekommen.« Er lachte wieder rauh. »Das war verdammt knapp, Kristou. Er war rasend vor Wut – du alter Bastard. Wütend genug, um zu töten. Und das Schießeisen lag verdammt ruhig in seiner Hand.«

Kristou zuckte zusammen. »Ich weiß, Mr. Meehan. Ich hatte mich verrechnet. Ich hätte diese Kinder nicht erwähnen sollen.«

»Nun, was hast du also vor?«

Kristou sah zu Billy und dann wieder mit leicht gerunzelter Stirn zu seinem Bruder. »Sie wollen ihn immer noch haben?«

»Will das nicht jeder?«

»Das stimmt schon.«

Er lachte nervös, und Meehan stand auf und tätschelte seine eine Wange. »Du bringst es in Ordnung, Kristou, wie ein guter Junge. Du weißt, wo ich zu finden bin. Wenn ich bis Mitternacht nichts gehört habe, werde ich dir Fat Albert schicken – und das würde dir doch nicht gefallen, oder?«

Er verschwand in der Dunkelheit. Sein Bruder folgte ihm. Kristou lauschte verängstigt ihren Schritten.

Die Pforte wurde geöffnet, und Meehan rief: »Kristou?«

»Ja, Mr. Meehan?«

»Vergiß nicht zu baden, wenn du nach Hause kommst. Du stinkst wie der Misthaufen meiner Tante Mary.«

Die Pforte krachte zu. Kristou sank auf den Stuhl, nervös

mit den Fingern auf die Tischplatte trommelnd. Gottverdammter Fallon. Es geschähe ihm recht, wenn er ihn ins Kittchen brächte.

Und dann kam ihm die Erleuchtung. Die perfekte Lösung – und sie war so herrlich einfach.

Er hob den Telefonhörer ab, wählte die Nummer von Scotland Yard und ließ sich mit dem Sonderdezernat verbinden.

Es regnete jetzt ziemlich stark. Jack Meehan stellte seinen Mantelkragen auf, ehe er die Straße überquerte.

Billy sagte: »Ich hab's noch immer nicht kapiert. Warum ist Fallon so wichtig für dich?«

»Erstens gibt es niemanden, der so gut mit einer Kanone umzugehen weiß wie er – und zweitens ist alle Welt scharf auf ihn. Das Sonderdezernat, der militärische Geheimdienst – selbst seine alten Kumpels aus der IRA. Woraus drittens folgt: daß er ausgezeichnet verwendbar ist.«

»Was soll das heißen?«

Sie bogen in die Gasse ein und steuerten auf den Wagen zu.

»Warum um Himmels willen versuchst du nicht mal ein paar Bücher zu lesen? Du scheinst nichts wie Weiber im Kopf zu haben.«

Sie standen jetzt vor dem Wagen, einem Bentley Continental. Meehan packte Billy am Arm und riß ihn zurück. »Was zum Teufel geht hier vor? Wo ist Fred?«

»Eine leichte Gehirnerschütterung, Mr. Meehan. Nichts weiter. Er schläft sich auf dem Rücksitz des Wagens aus.«

Ein Streichholz flammte in einem nahen Hauseingang auf und entriß Fallons Gesicht der Dunkelheit. Eine Zigarette hing zwischen seinen Lippen. Er zündete sie an und warf das Streichholz in den Rinnstein.

Meehan öffnete die Tür des Bentley und schaltete die Scheinwerfer ein. Ruhig fragte er: »Was wollen Sie?«

»Ich wollte Sie sozusagen nur leibhaftig vor mir sehen – das ist alles«, sagte Fallon. »Gute Nacht!«

Er wollte gehen.

Meehan packte ihn am Arm. »Sie wissen, ich mag Sie, Fallon. Ich glaube, wir haben eine Menge gemein.«

»Das bezweifle ich.«

Meehan ignorierte die Bemerkung. »Ich habe vor kurzem diesen deutschen Philosophen gelesen. Sie werden ihn nicht kennen. Er behauptet, für ein verbürgtes Dasein sei die entschlossene Konfrontation mit dem Tod unerläßlich. Würden Sie dem zustimmen?«

»Heidegger«, sagte Fallon. »Himmlers Bibel.«

Er wandte sich abermals um, und Meehan baute sich rasch vor ihm auf.

»Heidegger?« wiederholte er. »Sie haben Heidegger gelesen?« Echte Überraschung schwang in seiner Stimme mit. »Ich verdoppele das ursprüngliche Angebot und beschaffe Ihnen reguläre Arbeit. Fairer kann ich wohl nicht sein?«

»Gute Nacht, Mr. Meehan.«

Fallon verschmolz mit der Dunkelheit.

»Was für ein Mann!« sagte Meehan. »Was für ein hartgesottener Bastard! Aber er ist wunderbar, Billy, auch wenn er ein dreckiger Ire ist.« Er wandte sich um. »Komm, gehen wir ins *Savoy* zurück. Du fährst. Und wenn du dem Wagen auch nur einen Kratzer beibringst, zertrete ich dir die Eier.«

Fallon hatte ein Zimmer in einer Pension in der Hangar Street in Stepney, auf der Höhe der Commercial Road; ein paar Meilen weit weg, nicht mehr. Deshalb ging er zu Fuß, trotz des Regens. Er hatte nicht die leiseste Ahnung, was er jetzt machen sollte. Kristou war seine einzige Hoffnung gewesen. Er war am Ende. Er konnte laufen, ja, aber wie weit?

Als er sich seinem Ziel näherte, zog er seine Brieftasche heraus und überprüfte den Inhalt. Vier Pfund und ein bißchen Silber. Und er war schon zwei Wochen mit der Miete im Rückstand.

Er ging in einen billigen Weinladen, um Zigaretten zu kaufen, dann überquerte er die Straße. Der Zeitungsverkäufer an der Ecke hatte seinen Stand verlassen und Schutz vor dem Regen in einem Hauseingang gesucht. Er war kaum mehr als ein Bündel Lumpen, ein alter Londoner Ire, auf einem Auge total blind, auf dem anderen auch nur beschränkt sehfähig.

Fallon ließ eine Münze in seine Hand fallen und nahm sich eine Zeitung. »Gute Nacht, Michael.«

Der alte Mann rollte ein milchig-weißes Auge in seine

Richtung und wühlte mit einer Hand in dem Beutel, der um seinen Hals hing, herum. »Sie sind das, Mr. Fallon.«

»Wer sonst? Behalten Sie den Rest.«

Der alte Mann faßte nach seiner Hand und zählte mühselig das Wechselgeld hinein. »Da kam vor etwa zwanzig Minuten Besuch in Nummer 13.«

»Das Gesetz?« fragte Fallon leise.

»Niemand in Uniform. Sie gingen hinein und kamen nicht wieder heraus. Zwei Autos warten am Ende der Straße, ein weiteres dort auf der anderen Straßenseite.« Er zählte den letzten Penny in Fallons Hand.

Fallon ging zur Telefonzelle an der Ecke. Er wählte die Nummer der Pension. Die alte Frau, die die Pension leitete, hob augenblicklich ab.

»Mrs. Keegan? Hier ist Daly. Würden Sie mir einen Gefallen tun?«

Ihr kurzes Zögern und die Anspannung in ihrer Stimme verrieten ihm sofort, daß Michaels Vermutung richtig war.

»O ja, Mr. Daly.«

»Folgendes: Ich erwarte um neun Uhr einen Anruf. Notieren Sie die Telefonnummer und sagen Sie, ich würde zurückrufen, sobald ich heimkomme. Mir sind ein paar alte Freunde über den Weg gelaufen, und wir heben ein paar zusammen. Verstehen Sie?«

Wieder ein kurzes Zögern, ehe sie sagte: »Hört sich nett an. Wo sind Sie?«

»In einem Pub. Nennt sich *The Grenadier Guard.* In der Kensington High Street. Ich muß jetzt aufhören. Bis später!«

Er verließ die Telefonzelle und trat in einen Hauseingang, von wo aus er die Nummer 13 gut im Blickfeld hatte. Einen Moment später flog die Haustür auf. Es waren acht. Sonderdezernat, dem Aussehen nach. Der erste winkte wild, und zwei Autos tauchten vom Ende der Straße her auf. Die ganze Mannschaft stieg ein, und die Wagen rasten davon. Ein dritter, der auf der anderen Seite der Hauptstraße geparkt hatte, folgte ihnen.

Fallon kehrte zu dem alten Zeitungsverkäufer zurück, zog seine Brieftasche heraus, entnahm ihr die vier Pfundnoten und drückte sie ihm in die Hand.

»Gott segne Sie, Mr. Fallon!« sagte Michael.

Aber Fallon war schon über die Straße. Er marschierte zum Fluß zurück.

Diesmal hatte Kristou absolut nichts gehört, obgleich er etwa eine Stunde mit angespannten Nerven gewartet hatte. Er saß am Tisch, das Hauptbuch aufgeschlagen, den Fausthandschuh um den Federhalter gekrallt. Und plötzlich dieses häßliche Klicken, als der Hahn der Browning gespannt wurde.

Kristou atmete tief durch. »Weshalb, Martin? Was würde es dir einbringen?«

Fallon ging um den Tisch herum. Kristou stand auf, stützte sich, um sein Zittern unter Kontrolle zu bringen. »Ich bin der einzige Freund, der dir noch geblieben ist, Martin.«

»Bastard!« zischte Fallon. »Du hast mir das Sonderdezernat auf den Hals gehetzt.«

»Ich mußte es tun. Es war die einzige Möglichkeit, dich zurückzuholen. Es geschah zu deinem Besten, Martin. Du warst bereits ein wandelnder Toter. Ich kann dich wieder dem Leben zuführen. Kampf und Leidenschaft – das willst du doch, brauchst du doch.«

Fallons Augen waren zwei schwarze Löcher in dem weißen Gesicht. Er hob den Browning und drückte die Mündung zwischen Kristous Augen.

Der alte Mann schloß sie. »Also schön. Wenn du es nicht anders willst – bringe es hinter dich. Ist das vielleicht ein Leben –, dieses Leben, das ich führe? Nur vergiß eines nicht: Wenn du mich umbringst, tötest du dich selbst. Dann hast du niemanden mehr. Man wird dich einlochen oder dir eine Kugel verpassen.«

Es folgte lange Zeit nichts. Er öffnete die Augen. Fallon senkte langsam den Browning, preßte ihn gegen seinen rechten Oberschenkel und starrte ins Leere.

Kristou sagte vorsichtig: »Was bedeutet dir dieser Krasko schon? Er ist ein Gangster, ein Mörder – der Typ, der von jungen Mädchen lebt.« Er spuckte aus. »Ein Schwein.«

Fallon warnte: »Versuch nicht, die Sache zu beschönigen! Wie ist der nächste Zug?«

»Es bedarf nur eines Anrufs – das ist alles. In einer halben

Stunde wird ein Auto hier sein. Du wirst zu einer Farm in der Nähe von Doncaster gebracht. Ein abgeschiedenes Plätzchen. Dort wirst du in Sicherheit sein. Zuschlagen wirst du am Donnerstagmorgen auf dem Friedhof, den ich dir auf dem Foto gezeigt habe. Krasko läßt seine Schläger immer an der Pforte zurück. Er mag sie nicht um sich haben, wenn er gefühlsduselig wird.«

»Also gut«, brummte Fallon. »Aber ich mach's auf meine Weise, verstanden?«

»Ganz wie du willst.« Kristou öffnete die Schublade, holte einen Umschlag heraus und schob ihn über den Tisch. »Hier sind fünfhundert Pfund in Fünfern, als Anzahlung.«

Fallon wog kurz den Umschlag in seiner Hand, dann stopfte er ihn in die Tasche. »Wann bekomme ich den Rest? Und den Paß?«

»Mr. Meehan sorgt für den zufriedenstellenden Abschluß.«

Fallon nickte bedächtig. »Gut. Ruf an!«

Kristou lächelte, ein wenig triumphierend, ein bißchen erleichtert. »Du handelst klug, Martin. Glaub mir.« Er zögerte. »Da ist nur noch etwas...«

»Und was?«

»Der Browning. Er ist nichts für einen Job wie diesen. Du brauchst irgendwas Hübsches, Leises.«

»Mag sein. Was hast du anzubieten?«

»Was hättest du gern?«

Fallon schüttelte den Kopf. »Ich habe nie irgendein Fabrikat besonders bevorzugt. Damit können sie einen festnageln.«

Kristou öffnete einen kleinen Safe in der Ecke und holte ein Stoffbündel heraus, das er auf dem Tisch auswickelte. Es enthielt eine ziemlich häßlich aussehende Automatic, vielleicht fünfzehn Zentimeter lang, mit einem merkwürdigen Lauf von nochmals fünf Zentimetern. Daneben lagen ein Schalldämpfer von siebeneinhalb Zentimetern und zwei Kartons Munition.

»Und was zum Teufel ist das?« fragte Fallon und nahm die Waffe in die Hand.

»Eine tschechische Ceska«, erklärte Kriston. »7,5 mm. Modell 27. Die Deutschen haben während des Krieges die Fabrik übernommen. Diese stammt aus der Zeit.«

»Taugt sie was?«

»Die SS hat sie eingesetzt. Aber urteile selbst.«

Er verschwand in der Dunkelheit, und wenige Augenblicke später ging am anderen Ende der Halle ein Licht an. Fallon sah eine Schießscheibe, wie die Armee sie benutzte.

Als er den Schalldämpfer auf den Lauf schraubte, gesellte sich Kristou wieder zu ihm. Fallon zielte mit beiden Händen. Er schoß noch zweimal, bis er genau ins Herz der lebensgroßen Soldatenattrappe traf.

Kristou sagte: »Hab' ich's nicht gesagt?«

Fallon nickte. »Häßlich, aber tödlich – wie du und ich.«

Sein Arm flog hoch. Ohne offensichtlich zu zielen, feuerte er zweimal und schoß der Attrappe die Augen aus.

2

Pater Michael da Costa sprach laut und unerschrocken weiter, doch seine Worte wurden vom prasselnden Platzregen fast ertränkt. Es hatte die ganze Nacht geregnet, und es goß immer heftiger. Pater da Costa war elend zumute. Es war nur eine kleine Prozession, die er zum Grab führte. Zwei Männer trugen den armseligen Sarg. Taumelnd folgte die Mutter, von ihrem Mann und ihrem Bruder gestützt. Es waren arme Leute, die mit ihrem Schmerz ganz allein waren.

Mr. O'Brien, der Friedhofsverwalter, wartete mit aufgespanntem Schirm am Rande des Grabes. Neben ihm stand ein Totengräber, der jetzt das Segeltuch vom offenen Grab zog. Es hatte nicht viel abgehalten. Das Wasser stand mindestens zwei Fuß hoch in der Kuhle. O'Brien versuchte den Schirm über den Priester zu halten, aber Pater da Costa winkte ab und reichte ihm statt dessen noch seinen Mantel. Er besprenkelte den Sarg mit Weihwasser, und während er betete, bemerkte er den wilden Blick des Vaters. Er war ein großer Mann, fast so groß wie da Costa; Vorarbeiter auf einem Baugelände. Da Costa wandte rasch den Blick ab und betete, gen Himmel blickend, für das Kind. Der Regen perlte in seinem zottigen, grauen Bart.

Es war nicht das erstemal, daß ihm die Banalität seiner

Worte bewußt wurde. Wie konnte er einer Mutter erklären, daß Gott ihre achtjährige Tochter so sehr brauchte, daß sie in dem stinkigen Kanalwasser hatte ertrinken und zehn Tage darin herumschwimmen müssen?

Der Sarg platschte ins Grab. Die Totengräber zogen rasch wieder das Segeltuch über die Grube. Pater da Costa sprach ein letztes Gebet und wandte sich der Frau zu, die jetzt bitterlich weinte.

Er legte ihr eine Hand auf die Schulter. »Mrs. Dalton – kann ich irgend etwas für Sie tun?«

Der Vater fegte wütend da Costas Hand weg. »Lassen Sie sie in Frieden! Sie hat genug gelitten. Sie mit Ihren erbärmlichen Gebeten! Wozu sollen die gut sein? Ich mußte sie identifizieren – einen Klumpen verwesten Fleisches, der mal meine Tochter gewesen war. Was für ein Gott ist das, der so etwas einem Kind antun kann?«

O'Brien trat rasch dazwischen, aber da Costa hielt ihn zurück.

»Lassen Sie!« sagte er ruhig.

Daltons Gesicht bekam einen seltsam gehetzten Ausdruck. Er legte einen Arm um die Schultern seiner Frau und führte sie zusammen mit ihrem Bruder rasch weg. Die beiden Sargträger folgten ihnen.

O'Brien half da Costa in den Mantel. »Tut mir leid, Pater. Ein übles Geschäft.«

»Er hat nicht unrecht, der arme Teufel«, sagte da Costa.

Der Totengräber schien schockiert, während O'Brien langsam nickte. »Das Leben ist manchmal seltsam. Ich bringe Sie mit dem Schirm zurück zur Kapelle, Pater.«

Da Costa schüttelte den Kopf. »Ich kann noch ein bißchen Bewegung brauchen. Aber ich borge mir gern den Schirm.«

»Natürlich, Pater.«

O'Brien gab ihm den Schirm, und da Costa entschwand zwischen den Marmordenkmälern und Grabsteinen.

Der Totengräber sagte: »Ein verdammtes Eingeständnis für einen Priester.«

O'Brien zündete sich eine Zigarette an. »Nun, dieser da Costa ist kein gewöhnlicher Priester. Joe Devlin, der Küster von *St. Anna*, hat mir von ihm erzählt. Er hat während des

Krieges mit Tito und den jugoslawischen Partisanen ge-kämpft. Später ging er auf das englische College in Rom. Er hatte eine blendende Karriere vor sich, doch nach seiner Priesterweihe beschloß er, in die Missionsarbeit zu gehen.«

»Wo wurde er hingeschickt?«

»Korea. Die Chinesen hielten ihn fast fünf Jahre gefangen. Danach gab man ihm einen Verwaltungsjob in Rom, damit er sich erholte, aber die Arbeit gefiel ihm nicht. Er ließ sich nach Moçambique schicken. Ich glaube, sein Großvater war Portu-giese.«

»Was passierte dort?«

»Oh – er wurde deportiert. Die portugiesischen Behörden beschuldigten ihn, er würde zu sehr mit den Rebellen sympa-thisieren.«

»Und was macht er hier?«

»Gemeindepfarrer an *Holy Name*.«

»Diesem Trümmerhaufen?« fragte der Totengräber ungläu-big. »Nur das Gerüst hält die Mauern noch zusammen. Wenn ein Dutzend am Sonntag zur Messe kommen, kann er glück-lich sein.«

»So ist es. Dabei ist er ein guter Mann. Zu gut, um am falschen Platz zu stehen.«

Plötzlich war er der Unterhaltung überdrüssig.

»Schaufeln Sie lieber das Grab zu!« schnaubte er.

»Was – jetzt bei diesem Regen? Das hat doch Zeit.«

»Verdammt noch mal – nein.«

Gewöhnlich ging Pater da Costa gern im Regen spazieren. Heute nicht. Die Szene am Grab hatte ihn zu sehr aufgewühlt. Er blieb stehen und brach einen persönlichen Eid, indem er sich eine Zigarette anzündete. Langsam wanderte er weiter. Er kam in den ältesten Teil des Friedhofs, einen Abschnitt, den er erst vor ein oder zwei Monaten voll Entzücken entdeckt hatte. Zwischen Pinien und Zypressen standen prächtige viktorianische Gotik-Grabmäler. Bisher war er keiner Men-schenseele begegnet, doch als er um einen Rhododendron-busch bog, blieb er abrupt stehen.

Etwa zehn Meter vor ihm gabelte sich der Weg, und am Schnittpunkt stand ein äußerst interessantes Grabmal: Eine

Tür zwischen Marmorsäulen, halb offen, davor die Bronzefigur einer Frau, die sich gerade von einem Stuhl erhob. Ein Mann in einem dunklen Mantel, barhäuptig, kniete vor ihr auf einem Bein. Es war sehr still – bis auf das Rauschen des Regens. Pater da Costa zögerte einen Moment – und da passierte etwas Außergewöhnliches.

Ein Priester trat durch das offenstehende Tor zur Ewigkeit, ein junger Mann mit einem dunklen klerikalen Regenmantel über der Soutane und mit einem schwarzen Hut.

Was folgte, hätte einem Alptraum entstammen können.

Als der Mann in dem dunklen Mantel aufblickte, brachte der Priester eine Automatic mit einem langen schwarzen Schalldämpfer zum Vorschein. Es entstand ein dumpfes Geräusch, als er abdrückte. Knochensplitter und Gehirnmasse spritzten aus dem Hinterkopf des Opfers, das auf dem Kiesboden aufschlug.

Pater da Costa krächzte – Sekunden zu spät: »In Gottes Namen – nein!«

Der junge Priester, der eben auf sein Opfer zugehen wollte, blickte auf. Sein Arm flog automatisch hoch. Da Costa sah in das weiße teuflische Gesicht mit den unglaublich dunklen Augen. Und plötzlich, während seine Lippen ein Gebet sprachen, senkte sich die Waffe aus unerfindlichen Gründen. Der Priester bückte sich, um etwas aufzuheben. Die dunklen Augen fixierten noch eine weitere Sekunde die seinen, dann schlüpfte der Schütze wieder durch die Tür und verschwand.

Pater da Costa ließ den Regenschirm fallen und kniete neben dem Erschossenen nieder. Blut sickerte aus den Nasenlöchern, die Augen waren halb geschlossen, doch der Mann atmete noch.

Da Costa begann mit fester Stimme zu beten. Das Atmen endete abrupt in einem Röcheln.

Fallon ging über den nördlichen Teil des Friedhofes, rasch, aber nicht zu rasch; obgleich das keine Rolle spielte. Er war gut geschützt durch die Rhododendronbüsche, und es war ziemlich unwahrscheinlich, daß sich bei diesem Wetter jemand hier herumtrieb. Das mit dem Priester war Pech gewesen. Wie gut man auch immer eine Sache plante, fast jedesmal trat etwas Unvorhergesehenes ein.

Er kam in ein kleines Gehölz. Der Caravan stand – gut verborgen – dort, wo er ihn zurückgelassen hatte. Der Fahrersitz war leer. Er runzelte die Stirn.

»Varley, wo sind Sie?« rief er leise.

Ein kleiner Mann in einem Regenmantel und mit einer Tuchmütze stolperte zwischen den Bäumen hindurch, keuchend, in einer Hand ein Fernglas. Er lehnte sich an die Seite des Caravans und rang nach Atem.

Fallon rüttelte ihn unsanft an den Schultern. »Wo zum Teufel haben Sie gesteckt?«

»Ich habe aufgepaßt«, japste Varley und hob das Fernglas hoch. »Mr. Meehans Befehl. Dieser Priester – er hat Sie gesehen. Warum haben Sie ihn nicht umgelegt?«

Fallon öffnete die Tür des Fahrersitzes und schubste ihn hinter das Lenkrad. »Halt die Klappe und fahr los!«

Er stieg hinten ein. Der Motor heulte auf. Der Wagen schlingerte über den zerfurchten Boden. Er öffnete das kleine Fenster zur Fahrerkabine.

»Sachte! Immer mit der Ruhe! Je langsamer, desto besser. Man erwartet, daß du nach einem Mord wie der Teufel rast – also verhältst du dich genau umgekehrt.«

Er zog den Regenmantel und die Soutane aus. Darunter trug er einen dunklen Pullover und graue Hosen. Sein Trenchcoat lag auf dem Sitz. Er zog ihn an und streifte dann die Gummigaloschen ab.

Varley schwitzte.

»O Gott!« stöhnte er, als er in die doppelspurige Straße einbog. »Mr. Meehan wird uns die Eier massieren.«

»Laß Meehan meine Sorge sein.« Fallon stopfte die Priesterkleidung in eine Segeltuchtasche und zog den Reißverschluß zu.

»Sie kennen ihn nicht, Mr. Fallon. Er ist der Teufel persönlich, wenn er wütend ist. Vor ein, zwei Monaten tauchte so'n Kerl auf. Gregson nannte er sich. Professioneller Spieler. Hat einen von Mr. Meehans Klubs um fünftausend Dollar beschissen. Als die Jungens ihn anschleppten, hat Mr. Meehan seine Hände an eine Tischplatte genagelt. Und so hat er ihn fünf

Stunden sitzen lassen – damit er über seinen Irrtum nachdenken konnte.«

»Und was hat er anschließend mit ihm gemacht?«

»Ich war dabei, als sie die Nägel herauszogen. Gregson war in einer fürchterlichen Verfassung. Mr. Meehan tätschelte ihn und riet ihm, in Zukunft ein guter Junge zu sein. Dann gab er ihm eine Zehn-Pfund-Note und schickte ihn zum Arzt.« Varley schüttelte sich. »Ich sag Ihnen, Mr. Fallon, er ist kein Mann, mit dem man sich anlegen sollte.«

»Er scheint offensichtlich auf seine spezielle Weise Freunde zu gewinnen und Leute zu beeinflussen«, sagte Fallon. »Diesen Priester – kannten Sie ihn?«

»Pater da Costa?« Varley nickte. »Hat in der Nähe des Zentrums eine zerfallene Kirche. *Holy Name*. In der Krypta hat er so eine Art Obdachlosenasyl für Gestrauchelte aufgezogen. Wahrscheinlich die einzige Gemeinde, die er gewinnen kann. Ist eine dieser Gegenden, wo sie alle Häuser abgerissen haben.«

»Klingt interessant. Bringen Sie mich hin!«

Varley hatte vor Überraschung das Lenkrad losgelassen. Der Wagen schleuderte heftig, und er hatte Mühe, ihn wieder unter Kontrolle zu bekommen. »Seien Sie vernünftig! Mein Auftrag lautet, Sie sofort zurück zur Farm zu bringen.«

»Ich ändere ihn«, erwiderte Fallon schlicht und zündete sich eine Zigarette an.

Die Kirche *Holy Name* lag in der Rockingham Street, eingequetscht zwischen glänzenden neuen Büroblocks aus Beton und Glas auf der einen Seite und schäbigen heruntergekommenen Lagerhäusern auf der anderen. Weiter oben an der Straße hoben Bagger bereits das Fundament für neue Betonklötze aus.

Varley parkte gegenüber von der Kirche, und Fallon stieg aus.

Holy Name war eine viktorianische Gotik-Monstrosität mit einem gedrungenen häßlichen Turm in der Mitte. Sie war mit einem Gerüst verkleidet, obgleich niemand hier zu arbeiten schien.

»Sieht nicht gerade nach Bienenfleiß aus«, bemerkte Fallon.

»Ihnen ist das Geld ausgegangen. Wie ich gehört habe, kracht das elende Ding demnächst zusammen.« Varley wischte sich nervös den Schweiß aus den Brauen. »Lassen Sie uns verduften. Bitte!«

»Gleich.«

Fallon überquerte die Straße und ging auf den Haupteingang zu. Auf dem Anschlagebrett standen da Costas Name und die Zeiten der Messen. Beichte war an Wochentagen um eins und um fünf. Er starrte einen Moment auf das Brett und lächelte dann.

Langsam wandte er sich um und kehrte zum Caravan zurück. Er lehnte sich ins Fenster der Fahrerkabine. »Dieses Bestattungsunternehmen von Meehan – wo ist es?«

»Paul's Square«, sagte Varley. »Nur zehn Minuten von hier, auf der Seite des Rathauses.«

»Ich hab' noch was zu erledigen«, sagte Fallon. »Sagen Sie Meehan, daß ich ihn dort um zwei Uhr treffen werde.«

»Um Himmels willen, Mr. Fallon! Das können Sie doch nicht machen!« rief Varley außer sich.

Aber Fallon war schon halb über die Straße.

»Bastard!« knurrte Varley und fuhr los.

Fallon ging nicht in die Kirche, sondern die Seitenstraße hoch, an einer hohen, grauen Steinmauer entlang. Sie umschloß einen alten Friedhof. Er trat durch eine seitliche Pforte. Flache Grabsteine hauptsächlich, und in einer Ecke stand ein Haus, vermutlich das Pfarrhaus. Es schien sich in etwa dem gleichen Zustand wie die Kirche zu befinden. Ein trauriger, düsterer Platz. Auf den blattlosen Bäumen lagen Rußschichten, jahrhundertealter Stadtdreck, den nicht einmal der Regen abwaschen konnte. Fallon wurde seltsam melancholisch. Das war also das Ende von allem: Worte auf verwitterten Steinen.

Eine Tür schnappte zu. Er wandte sich blitzschnell um. Eine junge Frau kam aus dem Pfarrhaus den Weg entlang, einen alten Trenchcoat um die Schultern gelegt. Sie hatte einen Spazierstock aus Ebenholz in einer Hand und einen Packen Notenblätter unter dem anderen Arm. Fallon schätzte sie auf Ende Zwanzig. Sie hatte ein ernstes Gesicht und schwarzes, schulterlanges Haar.

Er schickte sich gerade an, eine Erklärung abzugeben, aber sie sah durch ihn hindurch, als ob er nicht vorhanden wäre. Und dann, als sie an ihm vorbeiging, bemerkte er, wie sie gelegentlich mit dem Stock gegen die Kanten eines Grabsteines klopfte.

Plötzlich blieb sie stehen, wandte sich um, leicht unsicher die Stirn runzelnd.

»Ist da jemand?« fragte sie mit einer sanften, angenehmen Stimme.

Fallon bewegte keinen Muskel. Sie verharrte noch einen Moment in der Stellung und setzte dann ihren Weg fort. Als sie eine kleine Tür an einem Ende der Kirche erreicht hatte, holte sie einen Schlüssel heraus, öffnete die Tür und trat ein.

Fallon ging wieder durch das Seitentor und um die Kirche herum zum Haupteingang. Er stieß die Tür auf, betrat die Kirche und registrierte mit einem scharfen Lächeln den typischen Geruch.

»Weihwasser, Weihrauch und Kerzen«, murmelte er leise, und in einer Art Reflexhandlung tauchte er die Finger in die Weihwasserschale.

Das Kircheninnere verriet, daß in irgendwelchen grauen Vorzeiten jemand offensichtlich einmal sehr viel Geld dafür ausgegeben hatte. Ein Gerüst erhob sich aus einem Spinnwebennetz, stützte das Schiff am Altarende. Es war sehr dunkel. Nur die ewige Lampe brannte, und vor der Jungfrau Maria flackerten Kerzen.

Das Mädchen saß an der Orgel hinter dem Chorgestühl. Sie schlug behutsam ein paar Akkorde an, und während Fallon das Mittelschiff hinunterschritt, begann sie Bachs »Präludium und Fuge in D-Dur« zu spielen. Und sie war gut.

Er stand am Fuße der Stufen, lauschte und stieg dann hoch.

Sie hörte abrupt auf und wirbelte herum. »Ist da jemand?«

»Es tut mir leid, wenn ich Sie gestört habe«, sagte er. »Ich habe Ihnen begeistert zugehört.«

Sie lächelte zaghaft und schien zu warten.

»Darf ich einen Vorschlag machen?« fragte er.

»Sie spielen Orgel?« »Früher einmal.« Er riet ihr, das Trompetenregister drinzulassen, und sie bedankte sich und wandte sich wieder der Orgel zu.

Fallon stieg die Stufen hinunter und setzte sich in die dunkelste Ecke, die er finden konnte. Sie spielte, und er saß mit geschlossenen Augen und verschränkten Armen da. Ja, sie war gut – war es ganz gewiß wert, daß man ihr zuhörte.

Nach etwa einer halben Stunde hörte sie zu spielen auf, packte ihre Sachen zusammen und kam die Stufen herunter. Am Fuß der Treppe blieb sie stehen, wartete, wahrscheinlich spürend, daß er noch da war, aber er rührte sich nicht, und so ging sie nach einem Moment in die Sakristei.

Fallon saß in der Dunkelheit und wartete.

3

Pater da Costa hatte soeben eine zweite Tasse Tee im Büro des Friedhofverwalters getrunken, als es an die Tür klopfte und ein junger Polizist eintrat.

»Tut mir leid, Sie noch mal belästigen zu müssen, Pater, aber Mr. Miller würde gern mit Ihnen sprechen.«

Pater da Costa stand auf. »Mr. Miller?«

»Kriminal-Superintendent Miller, Sir. Er ist der Chef des CID.«

Es regnete noch immer stark, als sie nach draußen kamen. Der Vorhof war vollgestopft mit Polizeiwagen. Sie schritten den schmalen Pfad entlang. Zwischen den Rhododendronbüschen wimmelte es von Polizisten.

Der Leichnam lag noch an der gleichen Stelle. Es war jetzt nur teilweise mit einer Plane zugedeckt. Ein Mann in einem Mantel kniete auf einem Bein und nahm eine Art Voruntersuchung vor. Er sprach leise in ein tragbares Diktaphon. Neben ihm auf dem Boden stand eine offene Arzttasche. Auch hier überall Polizeibeamte, in Uniform und Zivil. Einige stellten sorgfältige Messungen an, andere suchten den Boden ab.

Der junge Kriminalinspektor, der da Costas Aussage hatte, wurde Fitzgerald genannt. Er sprach mit einem großen, dünnen, ziemlich gelehrt aussehenden Mann in einem Regenmantel. Als er da Costa erblickte, kam er sofort auf ihn zu.

»Da sind Sie ja, Pater! Dies ist Kriminal-Superintendent Miller.«

Miller schüttelte da Costas Hand. Er hatte ein schmales Gesicht und sanfte braune Augen. Im Moment sah er sehr müde aus.

»Ein schlechtes Gewerbe, Pater«, sagte er.

»In der Tat«, erwiderte da Costa.

»Wie Sie sehen, sind wir bei der üblichen Routinearbeit. Professor Lawlor hier gibt seinen ersten Bericht durch. Heute nachmittag wird er eine Autopsie vornehmen. Im übrigen scheinen Sie offensichtlich der Schlüssel zu der ganzen Affäre zu sein. Wenn ich Ihnen noch ein paar Fragen stellen dürfte ...

»Ich stehe natürlich zu Ihrer Verfügung, aber ich kann Ihnen versichern, daß Inspektor Fitzgerald sehr tüchtig war. Ich glaube nicht, daß er irgend etwas übersehen hat.«

Fitzgerald machte ein bescheidenes Gesicht, und Miller lächelte.

»Pater, ich bin seit nahezu fünfundzwanzig Jahren Polizist, und wenn ich eines gelernt habe, so, daß es *immer* etwas gibt – und gewöhnlich ist es dieses Etwas, womit man schließlich den Fall löst.«

Professor Lawlor stand auf.

»Ich bin fertig, Nick«, sagte er. »Du kannst ihn fortschaffen lassen.« Er wandte sich an da Costa. »Sie haben gesagt – falls ich Fitzgerald richtig verstanden habe –, daß er auf seinem rechten Bein am Rande des Grabes kniete.« Er ging zur Stelle. »Etwa hier?

»Genau.«

Lawlor wandte sich an Miller. »Es paßt. Die Einschußwunde ist etwa zweieinhalb Zentimeter oberhalb des äußeren linken Augenwinkels.«

»Sonst noch etwas Interessantes?« fragte Miller.

»Nicht wirklich. Die Einschußwunde beträgt 0,6 Zentimeter im Durchmesser. Sehr geringe Blutung. Keine Pulverrückstände. Keine Verfärbung. Austrittswunde fünf Zentimeter im Durchmesser. Explosivtyp. Splitterungen der Schädeldecke, Risse im rechten hinteren Gehirnlappen. Die Wunde ...«

Er erging sich noch in weiteren medizinischen Terminis, und Miller dankte ihm für seine Ausführungen.

Professor Lawlor wandte sich lächelnd Pater da Costa zu. »Sie sehen, Pater, die Medizin hat auch ihren Jargon – genauso wie die Kirche. Was ich eigentlich sagen wollte, daß man ihm aus großer Nähe durch den Schädel schoß, aber nicht aus zu großer.« Er nahm seine Tasche auf. »Die Kugel – oder was davon übriggeblieben ist – dürfte nicht zu weit entfernt sein«, sagte er im Weggehen.

»Danke, daß du mich daran erinnerst«, bemerkte Miller sarkastisch.

Fitzgerald war zu dem Ewigkeitstor hinübergegangen und kam kopfschüttelnd zurück. »Sie machen einen Gipsabdruck der Fußspuren, aber wir vergeuden nur unsere Zeit. Er trug Galoschen. Und noch etwas: Wir haben das in Frage kommende Gebiet mit einem Staubkamm durchkämmt, aber die Patronenhülse nicht gefunden.«

Miller runzelte die Stirn und wandte sich an Costa. »Sind Sie sicher, daß er einen Schalldämpfer benutzt hat?«

»Absolut.«

»Sie scheinen sehr überzeugt.«

»Als junger Mann war ich Leutnant bei einer Spezialeinheit der Luftwaffe. Jugoslawien. Mehr als einmal habe ich Angst gehabt, so ein Ding eines Tages selber benutzen zu müssen.« Miller und Fitzgerald warfen sich überraschte Blicke zu. Pater da Costa ging jetzt seinerseits zu dem Tor hinüber. »Warten Sie – er hatte die Pistole in der rechten Hand, also sollte die Hülse irgendwo hier liegen.«

»Genau«, bestätigte Miller. »Nur können wir sie nicht finden.«

Und dann erinnerte sich da Costa. »Er kniete nieder und hob etwas auf, ehe er verschwand.«

Miller wandte sich Fitzgerald zu, der ein bekümmertes Gesicht machte. »Was nicht in Ihrem Bericht stand.«

»Mein Fehler, Superintendent«, sagte da Costa. »Ich hatte es ihm nicht gesagt. Es war mir entfallen.«

»Wie ich schon sagte, Pater – es gibt immer etwas.« Miller holte eine Pfeife hervor und begann sie aus einem abgewetzten ledernen Tabaksbeutel zu stopfen. »Dieser Mann ist kein dahergelaufener Strolch. Er ist ein Professioneller vom Scheitel bis zur Sohle – und das ist gut.«

»Ich verstehe nicht«, sagte Pater da Costa.

»Es laufen nicht viele von dieser Sorte herum, Pater. Vor

etwa sechs Monaten raubte jemand fast eine Viertelmillion aus einer hiesigen Bank. Er brauchte ein ganzes Wochenende, um in die Stahlkammer zu gelangen. Es stand sofort fest, daß für dieses handwerkliche Können nur fünf oder sechs Männer im Lande in Frage kamen – und drei von ihnen saßen im Gefängnis. Der Rest war ein rein mathematisches Rechenexempel.«

»Verstehe«, sagte da Costa.

»Und nun zu unserem unbekannten Freund. Ich weiß bereits ungeheuer viel über ihn. Er ist ein außergewöhnlich cleverer Mann, denn diese Priesterverkleidung war ein genialer Einfall. Die meisten Menschen denken in Schablonen. Wenn ich sie frage, ob sie jemand gesehen haben, sagen sie erst nein. Setze ich sie unter Druck, erinnern sie sich an einen Postbeamten – in diesem Fall an einen Priester. Und wenn ich sie frage, wie er aussah, dann sind wir schon am Ende. Denn alles , woran sie sich erinnern können, ist, daß er wie irgendein Priester ausgesehen hat.«

»Ich sah sein Gesicht«, sagte Pater da Costa. »Ziemlich gut.«

»Ich hoffe nur, daß Sie noch so sicher sind, wenn Sie ein Foto von ihm vor sich haben, auf dem er anders gekleidet ist.« Miller runzelte die Stirn. »O ja, er war clever. Gummigaloschen, wahrscheinlich ein paar Nummern zu groß – und dazu noch ein Meisterschütze.«

»Und er muß beachtenswerte Nerven haben«, bemerkte da Costa. »Er hatte diese Patronenhülse noch aufgehoben, obwohl ich auf der Bildfläche erschienen war.«

»Wir sollten Sie zum Präsidium mitnehmen, Pater.« Miller wandte sich an Fitzgerald. »Sie machen hier weiter. Ich fahre Pater da Costa in die Innenstadt.«

Da Costa sah auf seine Uhr. Es war zwölf Uhr fünfzehn.

»Tut mir leid, Superintendent«, sagte er rasch, »aber das ist nicht möglich. Ich nehme um ein Uhr die Beichten ab. Und meine Nichte erwartet mich bereits um zwölf zum Lunch.«

»Und wann werden Sie frei sein?« fragte Miller ruhig.

»Offiziell um ein Uhr dreißig. Es kommt natürlich darauf an ...«

»Auf die Anzahl Ihrer Schäfchen?«

»Genau.«

Miller nickte. »Also gut, Pater. Ich hole Sie um zwei Uhr ab. Ist das recht?«

»Ich denke schon.«

»Ich bringe Sie zu Ihrem Wagen.«

Der Regen hatte etwas nachgelassen. Miller gähnte mehrere Male und rieb sich die Augen.

Pater da Costa bemerkte: »Sie sehen müde aus, Superintendent.«

»Ich bin letzte Nacht nicht viel zum Schlafen gekommen. Ein Autohändler hat seiner Frau mit einem Brotmesser die Kehle durchgeschnitten und dann die Polizei angerufen. Ein netter, einfacher Job, aber ich mußte trotzdem persönlich hin. Mord ist wichtig. Gegen neun war ich wieder im Bett, und dann riefen Sie wegen dieser Kleinigkeit hier an.«

»Sie müssen ein seltsames Leben führen«, sagte da Costa. »Was sagt Ihre Frau dazu?«

»Nichts. Sie starb letztes Jahr.«

»Das tut mir leid.«

»Mir nicht. Sie hatte Darmkrebs.« Miller runzelte leicht die Stirn. »Entschuldigen Sie – ich weiß, Sie betrachten diese Dinge von einer anderen Seite.«

Pater da Costa erwiderte nichts, denn es wurde ihm mit plötzlicher Deutlichkeit klar, daß er an Millers Stelle wahrscheinlich genauso empfunden hätte.

Sie hatten seinen Wagen erreicht, einen alten grauen Mini-Caravan. Miller hielt ihm die Tür auf, und da Costa stieg ein und lehnte sich aus dem Fenster.

»Sie glauben, daß Sie ihn schnappen, Superintendent? Sie sind zuversichtlich?«

»Ich schnappe ihn, Pater«, sagte Miller grimmig. »Ich muß ihn schnappen, wenn ich an den Mann herankommen will, hinter dem ich eigentlich her bin – den Hintermann, den Mann, der den Auftrag gegeben hat.«

»Verstehe. Und Sie wissen bereits, wer das ist?«

»Ich würde meine Pension drauf setzen.«

Pater da Costa schaltete die Zündung ein, und der Motor heulte auf. »Etwas macht mir Kopfzerbrechen.«

»Was, Pater?«

»Dieser Mann, den Sie suchen, dieser Killer – wenn er

wirklich so ein Professioneller ist, wie Sie sagen, weshalb hat er mich dann nicht ausgeschaltet?«

»Genau das frage ich mich auch. Bis später, Pater!«

Er trat zurück. Der Pater fuhr los.

Fitzgerald kam um die Ecke. »Das ist ein Mann, wie?«

Miller nickte. »Versuchen Sie alles über ihn herauszufinden. Alles. Haben Sie verstanden? Ich erwarte Ihren Bericht um dreiviertel zwei. Sie sind praktizierender Katholik. Es dürfte also nicht schwer für Sie sein. Versuchen Sie es erst beim Friedhofsverwalter und dann in der Kathedrale.«

Er hielt ein Streichholz an seine Pfeife.

Fitzgerald fragte: »Aber warum, um Gottes willen?«

»Weil ich nach fünfundzwanzig Jahren Polizeidasein noch etwas gelernt habe: niemals irgend etwas oder irgend jemanden nach dem Augenschein zu beurteilen.«

Miller ging zu seinem Wagen, stieg ein, nickte dem Fahrer zu, und als sie die Hauptstraße erreichten, war er bereits eingeschlafen.

4

Anna da Costa spielte im Wohnzimmer des alten Pfarrhauses Klavier, als Pater da Costa eintrat. Sie wirbelte herum und stand auf.

»Onkel Michael, du kommst spät. Was ist passiert?«

Er küßte sie auf die Wange. »Du wirst es ohnehin bald genug erfahren, also kann ich es dir auch gleich erzählen. Ein Mann wurde heute morgen auf dem Friedhof ermordet.«

Sie sah mit leerem Blick zu ihm auf, die wunderschönen dunklen, nutzlosen Augen auf einen Punkt fixiert. »Ermordet?«

Er nahm ihre beiden Hände in seine. »Ich habe es gesehen, Anna. Ich bin der einzige Zeuge.« Er begann im Zimmer auf und ab zu schreiten und beschrieb detailliert, was geschehen war, nicht nur für sie, sondern auch für sich selbst. »Und er hat mich nicht erschossen, Anna! Das ist das seltsamste. Ich verstehe es einfach nicht. Es ergibt keinen Sinn.«

Sie schauderte. »Oh, Onkel Michael! Es ist ein Wunder, daß du überhaupt hier bist!«

Sie hielt ihm ihre Hände hin, und er ergriff sie erneut, plötzlich von einem Gefühl der Zärtlichkeit durchflutet. Ihm wurde bewußt – und das nicht zum erstenmal –, daß sie das einzige Wesen auf dieser Welt war, das er wahrhaft liebte; was eine große Sünde war, denn schließlich sollte die Liebe eines Priesters allen gehören. Aber sie war nun mal das einzige Kind seines toten Bruders und seit ihrem fünfzehnten Lebensjahr eine Waise.

Die Uhr schlug eins, und er streichelte ihr über den Kopf. »Ich muß gehen. Ich bin schon spät dran.«

»Ich habe Sandwiches gemacht«, sagte sie. »Sie sind in der Küche.«

»Ich esse sie, wenn ich zurückkomme. Viel Zeit habe ich auch dann nicht. Ich werde um zwei Uhr von einem Kriminal-Superintendenten namens Miller abgeholt. Er möchte, daß ich mir ein paar Fotos anschaue, um zu sehen, ob ich den Mörder wiedererkenne. Falls er früher kommt, biete ihm eine Tasse Tee oder sonst irgend etwas an.«

Die Tür schlug zu. Es war plötzlich sehr still. Sie war noch immer ganz bestürzt und unfähig, zu begreifen, was er ihr erzählt hatte. Anna wußte wenig vom Leben. Ihre Kindheit hatte sie in Blindenschulen verbracht. Nach dem Tod ihrer Eltern war sie auf das Musik-College gekommen. Und dann war Onkel Michael zurückgekehrt, und zum erstenmal seit Jahren war wieder jemand dagewesen, um den sie sich kümmern konnte, der sich um sie kümmerte.

Wie immer suchte sie Trost in der Musik. Sie kehrte ans Klavier zurück und tastete über die Noten, suchte das Chopin-Präludium, fand es aber nicht. Und dann fiel ihr ein, daß sie am Morgen Orgel gespielt hatte. Vielleicht hatte sie die Noten liegengelassen.

Sie holte ihren Regenmantel und ihren Spazierstock und verließ das Haus.

Es regnete wieder stark, als Pater da Costa über den Kirchhof lief. Er sperrte die kleine Tür auf, die in die Sakristei führte, zog ein Chorhemd an, warf sich eine violette Stola über die

Schultern und ging, um die Beichten abzunehmen. Er hatte sich verspätet, aber um diese Tageszeit kamen ohnehin nur wenige herein; an manchen Tagen wartete er die festgesetzte halbe Stunde, ohne daß überhaupt jemand erschien.

Die Kirche war feuchtkalt. Er hatte die Heizkosten nicht mehr tragen können. Eine junge Frau zündete gerade eine zweite Kerze vor der Jungfrau an, und als er an ihr vorbeiging, sah er, daß zwei weitere Personen neben dem Beichtstuhl warteten.

Er begab sich an seinen Platz und murmelte ein kurzes Gebet, aber es half ihm nichts. Die Szene auf dem Friedhof ließ ihn nicht los.

Auf der anderen Seite der Zwischenwand begann eine Frau zu sprechen. Der Stimme nach war sie mittleren Alters. Er konzentrierte sich entschlossen auf die Gegenwart und lauschte, was sie zu sagen hatte. Es war nicht sehr viel; hauptsächlich Unterlassungssünden. Als nächstes kam eine junge Frau. Sie begann zögernd mit Banalitäten und gestand schließlich eine Affäre mit ihrem Chef, einem verheirateten Mann, von dem sie nicht lassen konnte. Pater da Costa war angerührt von ihrem unerschütterlichen Glauben und erteilte ihr die Absolution, ohne ihr irgendwelche Versprechen abzunehmen.

Als sie gegangen war, fühlte er sich plötzlich ausgelaugt. Dann hörte er wieder das Klicken der Tür.

»Bitte, segnen Sie mich, Pater!« sagte eine fremde Stimme. Ein Ire. Ein gebildeter Mann zweifellos.

Pater da Costa sagte: »Möge Jesus dich segnen und dir helfen, deine Sünden zu beichten.«

Es entstand eine Pause, ehe der Mann fragte: »Pater, gibt es irgendwelche Umstände, unter denen das, was ich Ihnen jetzt sagen werde, an irgend jemand anderen weitergegeben werden könnte?«

Da Costa setzte sich auf. »Keine – was immer auch geschehen mag. Das Beichtgeheimnis ist unverletzlich.«

»Gut«, sagte der Mann. »Dann werde ich es besser hinter mich bringen. Ich habe heute morgen einen Mann getötet.«

»Einen Mann getötet?« murmelte Pater da Costa wie betäubt. »Ermordet?«

»Genau.«

Von einer schrecklichen Ahnung befallen, beugte sich da Costa vor und versuchte durch das Gitter zu sehen. Auf der anderen Seite flammte ein Streichholz auf, und zum zweitenmal sah er an jenem Tag in das Gesicht von Martin Fallon.

Es war ruhig in der Kirche, als Anna da Costa aus der Sakristei trat und auf das Chorgestühl zusteuerte. Sie fand die gesuchten Noten sofort, blieb aber noch ein paar Augenblicke vor der Orgel sitzen, an den Fremden mit der weichen Stimme und dem irischen Tonfall denkend. Er hatte recht gehabt mit dem Trompetenregister. Sie berührte es sanft, griff dann nach ihrem Stock und stand auf. Irgendwo unter ihr schlug eine Tür, und die Stimme ihres Onkels hallte zu ihr herauf. Sie erstarrte, verdeckt durch den grünen Vorhang, der neben der Orgel hing. Niemals zuvor hatte sie seine Stimme so zornig gehört.

Pater da Costa stürmte aus dem Beichtstuhl. »Kommen Sie heraus! Schauen Sie mir verdammt noch mal ins Gesicht, wenn Sie das wagen!«

Anna hörte die andere Tür des Beichtstuhls aufschlagen, leise Schritte und dann eine ruhige Stimme, die sagte: »Da stehen wir uns also wieder gegenüber, Pater.«

Fallon hatte die Hände in den Taschen seines Trenchcoats.

Pater da Costa trat näher an ihn heran und flüsterte heiser: »Sind Sie Katholik?«

»Selbstverständlich, Pater.« Ein leicht höhnischer Unterton schwang in seiner Stimme mit.

»Dann müßten Sie wissen, daß ich Ihnen unmöglich die Absolution erteilen kann. Sie haben heute morgen kaltblütig einen Mann ermordet. Ich habe Sie dabei beobachtet.« Er richtete sich auf. »Was wollen Sie von mir?«

»Ich habe bereits, was ich wollte, Pater. Sie sagten doch, das Beichtgeheimnis sei unverletzlich.«

Die Seelenpein, die aus Pater da Costas Stimme sprach, schnitt Anna ins Herz.

»Sie haben mich benutzt – in der übelsten Weise!« schrie er. »Sie haben sich dieser Kirche bedient!«

»Ich hätte Ihnen Ihren Mund auch mit einer Kugel verschließen können. Hätten Sie das bevorzugt?«

»In gewisser Hinsicht – ja.« Da Costa hatte sich wieder unter Kontrolle. Er fragte: »Wie heißen Sie?«

»Fallon – Martin Fallon.«

»Ist der echt?«

»Namen sind für mich wie Bestsellerlisten – sie wechseln ständig. Sagen wir: Als Fallon werde ich nicht gesucht.«

»Eine interessante Wahl«, sagte da Costa. »Ich kannte mal einen Priester dieses Namens. Kennen Sie die irische Bedeutung?«

»Natürlich. Fremder abseits des Lagerfeuers.«

»Und Sie finden das passend?«

»Ich kann Ihnen nicht folgen.«

»Ich meine, sehen Sie sich selbst so? Als romantischer Desperado – außerhalb der Gemeinschaft?«

Fallon zeigte keinerlei Gefühlsregung. »Ich gehe jetzt. Sie werden mich nicht wiedersehen.« Er wandte sich um.

Pater da Costa faßte ihn am Arm. »Der Mann, der Sie für das, was Sie heute morgen getan haben, bezahlt hat, Fallon – weiß er von mir?«

Fallon musterte ihn lange, die Stirn leicht runzelnd, dann lächelte er. »Sie brauchen sich keine Sorgen zu machen. Es ist alles geregelt.«

»Für einen cleveren Mann scheinen Sie wirklich sehr dumm«, sagte da Costa.

Die Hauptpforte schlug im Wind. Eine alte Frau mit einem Kopftuch betrat die Kirche. Sie tauchte ihre Finger ins Weihwasser, machte einen Kniefall und kam das Seitenschiff hoch.

Pater da Costa faßte Fallons Arm. »Wir können hier nicht reden. Kommen Sie mit.«

Auf einer Seite des Hauptschiffes befand sich ein elektrischer Lastenaufzug, der offensichtlich von den Arbeitern als Zugang zum Turm benutzt wurde. Da Costa schob Fallon in den Förderkorb und drückte auf den Knopf. Der Korb schwebte zwischen den Gestängen des Gerüstes nach oben, passierte ein Loch im Dach und blieb schließlich stehen. Da Costa öffnete die Tür und führte Fallon auf die Laufplanken hinaus, die vom Gerüst gestützt rings um den Turm herumliefen.

»Was ist hier los?« fragte Fallon.

»Uns ist das Geld ausgegangen«, erklärte da Costa.

Keiner der beiden hörte das leise Surren des elektrischen Aufzugmotors. Der Käfig schwebte wieder in die Kirche hinunter. Als er unten angekommen war, stieg Anna da Costa ein.

Der Ausblick vom Turm dort oben auf die Stadt war fantastisch – trotz des grauen Regenschleiers. Fallon sah sich mit offensichtlichem Vergnügen um. Irgendwie hatte er sich verändert. Er lächelte kaum merklich, zitierte den Dichter Wordsworth.

Pater da Costa war irritiert. »Großer Gott, ich bringe Sie hier herauf, um ernst mit Ihnen zu reden, und Sie kommen mir poetisch. Berührt Sie eigentlich überhaupt nichts?«

»Ich wüßte nichts.« Fallon zog ein Päckchen Zigaretten hervor. »Bedienen Sie sich!«

Pater da Costa zögerte und nahm sich dann ärgerlich eine.

»So ist's recht, Pater. Genieße das Leben, solange du kannst.« Fallon gab ihm Feuer. »Schließlich gehen wir alle den gleichen Weg zur Hölle.«

»Sie glauben das tatsächlich?«

»Nach allem, was ich vom Leben gesehen habe, scheint es mir eine logische Schlußfolgerung.«

Fallon lehnte sich ans Geländer, rauchte. Pater da Costa beobachtete ihn einen Moment lang. Er kam sich seltsam hilflos vor. Dieser Mann war intelligent, gebildet, charakterstark – trotzdem schien es unmöglich, an ihn heranzukommen.

»Sie sind kein praktizierender Katholik?« fragte er schließlich.

»Nein«, erwiderte Fallon ruhig.

»Darf ich fragen, warum? Berührt Sie eigentlich überhaupt nichts?«

Da Costa gab nicht auf. »Die Beichte, Fallon, ist ein Sakrament. Ein Sakrament der Versöhnung.« Er kam sich plötzlich ziemlich dumm vor, fuhr aber fort: »Wenn wir zur Beichte gehen, begegnen wir Jesus, der uns zu sich nimmt, und weil wir in ihm sind und bereuen, vergibt uns Gott.«

»Ich bitte nicht um Vergebung«, erklärte Fallon.

»Kein Mensch darf sich in dieser Weise selbst verdammen.«

»Nur für den Fall, daß Sie es nicht gehört haben sollten: Der Mann, den ich erschossen habe, hieß Krasko. Er war Zuhälter, ein Hurenbock und Rauschgifthändler. Und Sie wollen, daß ich bereue? Seinetwegen?«

»Das wäre Sache des Gesetzes gewesen.«

»Das Gesetz!« Fallon lachte rauh. »Männer wie er stehen über dem Gesetz. Ihn schützte seit Jahren eine dreifache Mauer, bestehend aus Geld, Korruption und Anwälten. Ich würde sagen, ich habe der Gesellschaft einen Gefallen getan.«

»Für dreißig Silberstücke?«

»Oh, für mehr als das, Pater. Sehr viel mehr. Seien Sie beruhigt, ich werde etwas in den Klingelbeutel werfen – für die Armen. Ich kann es mir leisten.« Er schnippte seine Zigarette übers Geländer. »Ich gehe jetzt.«

Er wandte sich um.

Pater da Costa faßte ihn am Ärmel und zog ihn herum. »Sie machen einen Fehler, Fallon, Gott wird Ihre Methode nicht billigen.«

»Seien Sie nicht albern, Pater.«

»Er hat bereits seine Hand im Spiel. Oder glauben Sie, es war reiner Zufall, daß ich in diesem besonderen Augenblick dort auf dem Friedhof war?« Er schüttelte den Kopf. »O nein, Fallon. Sie haben ein Menschenleben ausgelöscht, aber Gott hat Ihnen die Verantwortung für ein anderes aufgebürdet: für meines.«

Fallon sah jetzt sehr bleich aus. Er drehte sich um und steuerte wortlos auf den Aufzug zu. Ein leises Geräusch veranlaßte ihn, nach links zu schauen, und er erblickte Anna da Costa hinter einem Stützpfeiler. Er zog sie sanft hervor, aber trotzdem schrie sie vor Angst auf.

Fallon sagte sanft: »Es ist alles in Ordnung. Ich gebe Ihnen mein Wort.«

Pater da Costa eilte herbei und zog sie von ihm weg. »Lassen Sie sie in Ruhe!«

Anna begann zu weinen, und er hielt sie in seinen Armen.

Fallon betrachtete sie leicht stirnrunzelnd. »Möglicherweise hat sie mehr gehört, als gut für sie ist.«

Da Costa hielt Anna etwas von sich ab. »Stimmt das?«

Sie nickte und flüsterte: »Ich war in der Kirche.« Sie wandte sich um, streckte die Hände aus und tastete sich zu Fallon hin. »Was für ein Mensch sind Sie?«

Eine Hand berührte sein Gesicht. Er stand wie versteinert da. Hastig zog sie ihre Hand zurück, als ob sie sich verbrannt hätte, und da Costa legte wieder schützend einen Arm um sie.

»Verlassen Sie uns«, flüsterte sie heiser. »Ich werde niemandem etwas von dem, was ich gehört habe, erzählen. Ich verspreche es. Nur gehen Sie, bitte, und kommen Sie nicht wieder. Bitte!«

Es war ein leidenschaftliches Flehen.

Pater da Costa drückte sie eng an sich.

»Ist es ihr ernst damit?« fragte Fallon.

»Sie hat es versprochen. Wir nehmen Ihre Schuld auf uns, Fallon. Und jetzt verschwinden Sie!«

Fallon wandte sich um und ging auf den Aufzug zu. Als er die Tür öffnete, rief ihm da Costa nach: »Es sind jetzt zwei, Fallon! Zwei Leben, für die Sie die Verantwortung tragen. Sind Sie dem gewachsen?«

Fallon stand lange da, eine Hand an der offenen Aufzugtür. Schließlich sagte er leise: »Es wird nichts geschehen. Ich gebe Ihnen mein Wort drauf. Mein Leben – wenn Sie wollen.«

Er trat in den Aufzug und schloß die Tür. Man hörte das leise Surren des Motors.

Anna sah auf und flüsterte: »Ist er weg?«

Pater da Costa nickte. »Ja.«

»Er war schon vorher in der Kirche gewesen", erzählte sie. »Er hat mir gesagt, was mit der Orgel nicht stimmt. Ist das nicht seltsam?«

»Der Orgel?« Da Costa starrte verwirrt auf sie herab, seufzte dann, schüttelte den Kopf und drehte sie sanft herum. »Komm jetzt. Ich bringe dich ins Haus. Du holst dir sonst noch den Tod hier oben.«

Sie standen und warteten, daß der Aufzug wieder hochkam.

Anna fragte vorsichtig: »Was werden wir tun, Onkel Michael?«

»Mit Martin Fallon?« Er legte einen Arm um ihre Schultern. »Im Augenblick nichts. Was du mit angehört hast, war strenggenommen ein Teil der Beichte und ist nur wegen meines Zorns aus dem Beichtstuhl herausgedrungen.« Er seufzte. »Es tut mir leid, Anna. Ich weiß, daß dies eine unerträgliche Bürde für dich ist, aber ich muß dich bitten, mir zu versprechen, mit niemandem darüber zu reden.«

»Ich habe es bereits versprochen. Ihm.«

Als er wieder allein in seinem Arbeitszimmer war, tat er etwas, was selten so früh am Tage vorkam: Er goß sich ein Glas Whisky ein.

»Und was tun wir jetzt, Michael?« fragte er sich, in die Flammen des kleinen Kohlenfeuers starrend. Seit der dreijährigen Einzelhaft in einem chinesischen Gefängnis in Nordkorea hatte er die Angewohnheit, mit sich selbst zu reden. Aber dies hier war in gewisser Weise gar nicht sein Problem. Es war Fallons. Seine Hände waren gebunden.

Es klopfte an der Tür, und Anna erschien.

»Kriminal-Superintendent Miller möchte dich sprechen.«

Miller trat ins Zimmer, den Hut in der Hand.

»Ah – Superintendent!« sagte da Costa. »Sie haben meine Nichte schon kennengelernt?«

Anna war bemerkenswert beherrscht. Sie wirkte nicht ein bißchen nervös, was ihn überraschte.

»Ich lasse euch allein.« Sie blieb zögernd in der halbgeöffneten Tür stehen. »Wirst du weggehen, Onkel Michael?«

»Jetzt noch nicht.«

Miller runzelte die Stirn. »Aber das verstehe ich nicht, Pater. Ich dachte...«

»Einen Moment, bitte, Superintendent!«

Pater da Costa warf Anna einen Blick zu, und sie schloß sanft die Tür hinter sich.

Da Costa wandte sich wieder Miller zu. »Was sagten Sie?«

»Wir hatten ausgemacht, daß Sie mich begleiten und sich ein paar Fotos ansehen«, sagte Miller.

»Ich weiß. Aber das wird jetzt nicht möglich sein.«

»Darf ich fragen, warum, Pater?«

Pater da Costa hatte sich seine Antwort genau überlegt, aber ihm war nichts weiter eingefallen, als: »Ich fürchte, daß ich nicht in der Lage sein werde, Ihnen zu helfen.«

Miller war äußerst verwirrt und ließ sich das auch anmerken. »Fangen wir also noch mal von vorn an, Pater. Vielleicht haben Sie mich nicht richtig verstanden. Ich verlange nichts weiter von Ihnen, als daß Sie sich ein paar Fotos ansehen – in der Hoffnung, Sie könnten unseren Freund von heute morgen wiedererkennen.«

»Das weiß ich«, sagte da Costa.

»Und Sie weigern sich, mitzukommen?«

»Es hätte keinen Zweck.«

»Warum nicht?«

»Weil ich Ihnen nicht helfen kann.«

Einen Moment lang glaubte Miller, den Verstand zu verlieren. Das konnte doch nicht wahr sein! Und dann kam ihm plötzlich ein schrecklicher Verdacht. »Hat Meehan Sie in irgendeiner Weise bestochen?«

»Meehan?«

Pater da Costas Verwirrung war so echt, daß Miller den Gedanken sofort wieder fallen ließ.

»Ich hätte Sie vorladen können, Pater – als Tatzeuge.«

»Sie können einen Gaul zur Tränke schleppen, aber Sie können ihn nicht zwingen, zu trinken.«

»Ich könnte es verdammt noch mal versuchen«, sagte Miller. »Zwingen Sie mich nicht zu einer offiziellen Vorladung, Sir!«

»Superintendent Miller, schon weitaus härtere Typen als Sie haben versucht, mich zum Sprechen zu bringen. Sie hatten keinen Erfolg, und ich versichere Ihnen, Sie werden auch keinen haben. Keine Macht der Welt wird mich dazu bringen, über diese Angelegenheit zu reden, wenn ich es nicht will.«

»Wir werden sehen, Sir. Ich lasse Ihnen etwas Zeit, darüber nachzudenken.« Er war schon auf dem Weg nach draußen, als ihm plötzlich ein verrückter Gedanke kam. Langsam wandte er sich um. »Haben Sie ihn seit heute morgen noch einmal gesehen, Sir? Sind Sie bedroht worden? Ist Ihr Leben irgendwie in Gefahr?«

»Auf Wiedersehen, Superintendent«, sagte da Costa.

Die Eingangstür schlug zu.

Da Costa trank seinen Whisky aus.

Anna schlich ins Zimmer. Sie legte eine Hand auf seinen einen Arm. »Er wird zu Monsignore Halloran gehen.«

»Der Bischof weilt zur Zeit in Rom. Ja, das wäre naheliegend.«

»Solltest du nicht lieber vorher zu ihm gehen?«

»Vermutlich.« Er leerte sein Glas und stellte es auf den Marmor-Kaminsims. »Was wirst du tun?«

»Ich werde etwas auf der Orgel üben.«

Sie drängte ihn auf den Flur hinaus und holte zielsicher seinen Mantel.

»Was würde ich nur ohne dich anfangen?« fragte er.

Sie lächelte liebevoll. »Weiß der Himmel. Komm schnell zurück!«

Er ging, und sie schloß die Tür hinter ihm. Das Lächeln auf ihrem Gesicht erstarb. Sie kehrte ins Arbeitszimmer zurück, setzte sich ans Fenster und barg ihr Gesicht in den Händen.

Nick Miller war seit fast einem Vierteljahrhundert Polizeibeamter. Fünfundzwanzig Jahre, in denen er die Abneigung der Nachbarn zu spüren bekommen hatte, in denen er von sieben nur ein Wochenende hatte zu Hause verbringen und sich mit seinem Sohn und seiner Tochter beschäftigen können. Er hatte keine großartige Ausbildung genossen, aber er war ein cleverer Mann, der bis ins Herz der Dinge zu sehen vermochte. Diese Fähigkeit und seine umfassende Kenntnis der menschlichen Natur, die er sich in tausend langen mühsamen Wochenendnächten zulegte, hatten ihn zu einem guten Polizisten gemacht. Er hatte weder die Idee noch den Wunsch, der Gesellschaft helfen zu wollen. Sein Job bestand in erster Linie darin, Diebe zu schnappen. Und letztlich waren ihm die Verbrecher lieber als die sogenannten Bürger; bei ihnen wußte man wenigstens, woran man war. Aber Dandy Jack Meehan war etwas anderes. Miller jagte ihn mit einem Haß, der fast selbstzerstörerisch war. Genaugenommen war er zehn Jahre hinter Dandy Jack her – ohne den geringsten Erfolg. Und nun hatte er zum erstenmal eine Chance. Und da stellte sich dieser Priester...

Wütend ließ er sich auf den Rücksitz des Wagens fallen. Und einem plötzlichen Impuls folgend, lehnte er sich vor und trug seinem Chauffeur auf, ihn zu Meehans Bestattungsunternehmen zu fahren.

5

Paul's Square war eine grüne Insel im Herzen der Stadt, eine Rasenfläche mit Blumenbeeten und Weiden und einem Springbrunnen in der Mitte, umgeben ringsum von gepflegten georgianischen Terrassenhäusern, in denen vor allem Rechtsanwälte und Ärzte ihre Praxen hatten. Meehans Bestattungsunternehmen paßte perfekt in diese gediegene Umgebung. Es umfaßte drei Häuser auf der Nordseite, einschließlich eines Blumenladens und einer Leichenhalle. Durch eine versteckte Toreinfahrt kam man zum Parkplatz und den Garagen. Hohe Mauern sorgten für den ruhigen und ungestörten Ablauf der Geschäfte – jederlei Art.

Der große Bentley-Leichenwagen fuhr kurz nach ein Uhr auf den Parkplatz. Meehan saß vorn mit Billy und dem Chauffeur. Er trug wie üblich seinen doppelreihigen Mantel, den Homburg und eine schwarze Krawatte, denn er hatte am Morgen persönlich einem Begräbnis beigewohnt.

Der Chauffeur ging um den Wagen und öffnete die Tür. Meehan stieg aus, sein Bruder folgte.

»Danke, Donner«, sagte Meehan.

Ein kleiner grauer Whippet schlürfte aus einem Napf am Hintereingang.

Billy rief: »Hierher, Tommy!«

Der Hund flitzte über den Hof und sprang in Billys Arme. Billy kraulte ihn hinter den Ohren, und der Hund leckte aufgeregt Billys Gesicht ab.

»Na, du kleiner Bastard«, murmelte Billy zärtlich.

»Ich habe dir schon mehrmals gesagt, daß er deinen Mantel ruinieren wird«, schnauzte Meehan. »Überall diese Haare!«

Als er auf den Hintereingang zusteuerte, kam Varley aus der Garage. Er blieb abwartend stehen, die Mütze in der Hand. Ein Muskel seiner rechten Wange zuckte nervös, von seiner Stirn tropfte Schweiß. Er schien kurz vor dem Zusammenbruch.

Meehan blieb stehen, die Hände in den Taschen, und musterte ihn ruhig. »Du siehst schlecht aus, Charlie. Warst wohl ein böser Junge, hm?«

»Nicht ich, Mr. Meehan. Dieser Saukerl Fallon war es. Er...«

»Nicht hier, Charlie«, sagte Meehan sanft. »Schlechte Nachrichten höre ich immer gern privat.«

Er nickte Donner zu, der die Hintertür öffnete. Meehan ging in die Aufnahme. In der Mitte stand auf einem Rollwagen ein Sarg, sonst war das Zimmer leer.

Er steckte sich eine Zigarette zwischen die Lippen und bückte sich, um den Namen auf der Messingplatte des Sarges zu lesen.

»Für wann ist das?«

Donner trat an seine Seite, ein Feuerzeug bereithaltend. »Drei Uhr dreißig, Mr. Meehan.«

Donner sprach mit australischem Akzent. Er hatte einen leicht verzogenen Mund; die Wunde von der plastischen Operation war noch deutlich sichtbar. Die maßgeschneiderte dunkle Uniform milderte etwas sein abstoßendes Äußeres.

»Ist es eine Einäscherung?«

Donner schüttelte den Kopf. »Eine Beerdigung, Mr. Meehan.«

Meehan nickte. »Gut. Kümmere dich mit Bonati darum. Ich werde wohl beschäftigt sein.«

Er wandte sich um, einen Arm auf dem Sarg. Billy lehnte an der Wand und kraulte den Whippet. Varley stand wartend in der Mitte des Raumes, die Mütze in der Hand. Er schien zu fürchten, daß sich jeden Moment der Boden unter ihm auftun könnte.

»Alsdann, Charlie. Erzähl schon!« drängte Meehan.

Varley erzählte. Die Worte purzelten durcheinander in seinem Eifer, alles loszuwerden. Als er geendet hatte, folgte langes Schweigen. Meehan hatte keine Miene verzogen.

»Dann kommt er also um zwei Uhr her?« fragte er schließlich.

»Das hat er gesagt, Mr. Meehan.«

»Und der Caravan? Hast du ihn auf den Schrotthof gebracht, wie ich dir gesagt habe?«

»Ich sah mit eigenen Augen, wie er in die Zerkleinerungsmaschine wanderte.«

Varley wartete, das Gesicht schweißüberströmt.

Und plötzlich lächelte Meehan und tätschelte Varleys Wange. »Du hast es gut gemacht, Charley. War nicht dein Fehler, daß die Sache anders lief. Überlaß es mir. Ich werde mich darum kümmern.«

»Danke, Mr. Meehan«, sagte Varley erleichtert. »Ich tat mein Bestes. Ehrlich. Sie kennen mich.«

»Iß was und dann marsch zurück zur Autowaschanlage! Wenn ich dich brauche, schicke ich nach dir.«

Varley ging hinaus.

Billy kicherte. »Ich hab' dir gesagt, daß es Ärger mit ihm geben wird. Wir hätten es selbst erledigen können. Aber du wolltest ja nicht hören.«

Meehan packte ihn an den langen, weißen Haaren. Der Junge schrie auf und ließ den Hund fallen.

»Möchtest du, daß ich unangenehm werde, Billy?« fragte er sanft. »Möchtest du das?«

»Ich habe es nicht böse gemeint, Jack«, winselte der Junge.

Meehan schubste ihn von sich. »Dann sei ein guter Junge. Sag Bonati, daß ich ihn sehen möchte, und dann schnapp dir eines der Autos und hol Fat Albert!«

Billys Zunge zuckte nervös zwischen seinen Lippen. »Fat Albert? Um Himmels willen, Jack, du weißt, daß ich es nicht aushalte, auch nur in der Nähe dieses Monsters zu sein. Er jagt mir Todesängste ein.«

»Das ist gut. Daran werde ich mich erinnern, wenn du wieder aus der Reihe tanzt.« Er lachte mißtönend.

Billys Augen weiteten sich. »Nein – bitte – Jack! Nicht Albert!«

»Dann sei ein guter Junge.« Meehan tätschelte ihn und öffnete die Tür. »Also los!«

Billy ging hinaus und Meehan wandte sich mit einem Seufzer an Donner. »Ich weiß nicht, was ich mit ihm machen soll, Frank.«

»Er ist jung, Mr. Meehan.«

»Hat nichts weiter als Flittchen im Kopf. Schmutzige kleine Nutten in Miniröcken, die alles herzeigen, was sie zu bieten haben.« Er schüttelte sich angewidert. »Ich hab' ihn eines Nachmittags sogar mit der Putzfrau erwischt. Mindestens fünfundfünfzig war sie. Und auf meinem Bett!«

Donner schwieg diplomatisch, und Meehan öffnete eine Tür und ging voraus in die Leichenhalle. Es war frisch dort drin, dank der Klimaanlage, und es duftete nach Blumen. Orgelmusik auf Tonband sorgte für die feierliche Atmosphäre. Sechs Nischen befanden sich auf beiden Seiten.

Meehan nahm seinen Hut ab und betrat die erste. Ein Eichensarg stand auf einem verhangenen Rollwagen, ringsum mit Blumen geschmückt.

»Wer ist das?«

»Das junge Mädchen. Die Studentin, die durch die Windschutzscheibe des Sportwagens flog«, erklärte Donner.

»Ach ja. Ich habe sie selbst hergerichtet.«

Er hob das Tuch vom Gesicht. Das Mädchen war vielleicht achtzehn oder neunzehn. Man hätte glauben können, sie schliefe, so geschickt war sie zurecht gemacht worden.

»Da haben Sie toll was geleistet, Mr. Meehan«, sagte Donner.

Meehan nickte selbstzufrieden. »Als man sie mir brachte, war von ihrer linken Wange kein Fleischfetzen mehr übrig. Hackfleisch war ihr Gesicht, glaub es mir.«

»Sie sind ein Künstler, Mr. Meehan.« Echte Bewunderung schwang in seiner Stimme mit. »Ein wirklicher Künstler.«

»Nett, daß du das sagst, Frank. Ich weiß das zu schätzen.« Meehan drehte das Licht aus und ging wieder hinaus. »Ich versuche natürlich immer mein Bestes, aber bei so einem jungen Mädchen... Man muß an die Eltern denken.«

»Sehr wahr, Mr. Meehan.«

Sie kamen in die Eingangshalle. Hier waren die georgianischen Stilelemente noch wundervoll erhalten. Rechts kam man durch eine Glastür in das Empfangsbüro. Stimmen drangen zu ihnen heraus, und irgend jemand schien zu weinen. Dann öffnete sich die Tür, und eine sehr alte Frau erschien, heftig schluchzend. Sie hatte ein Kopftuch um und einen abgetragenen Wollmantel an. Über einen Arm hing ein

Tragebeutel, und ihre linke Hand umklammerte eine abgewetzte lederne Geldbörse. Ihr Gesicht war vom Weinen geschwollen.

Henry Ainsley, der Empfangssekretär, kam ihr nach. Er war ein großer, dünner Mann mit eingefallenen Wangen und einem verschlagenen, hinterhältigen Blick. Er trug einen adretten grauen Anzug und eine unauffällige Krawatte, und seine Hände waren weich.

»Es tut mir leid, Madam, aber so ist es nun mal«, sagte er spitz. »Dafür können Sie von nun an alles uns überlassen.«

»*Was* ist nun mal so?« fragte Meehan und legte seine Hände auf die Schultern der alten Frau. »Was ist los, meine Liebe?«

»Es ist alles in Ordnung, Mr. Meehan«, sagte Ainsley. »Die alte Dame ist nur ein bißchen niedergeschlagen. Sie hat ihren Mann soeben verloren.«

Meehan ignorierte ihn. Er zog die alte Dame ins Büro und plazierte sie in einen Stuhl neben dem Schreibtisch.»Nun erzählen Sie mir alles, meine Liebe.«

Er faßte nach ihrer Hand, und hielt sie fest.

»Neunzig war er, mein Billy. Ich hatte geglaubt, er würde ewig leben, und dann fand ich ihn am Fuß der Treppe, als ich Sonntagabend aus der Kirche zurückkam.« Tränen strömten über ihr Gesicht. »Er war so kräftig trotz seines Alters. Ich konnte es nicht glauben.«

»Ich verstehe, meine Liebe. Und nun wollen Sie ihn durch uns beerdigen lassen.«

Sie nickte. »Ich besitze nicht viel, aber ich wollte kein Armenbegräbnis für Bill. Ich dachte, daß ich mit dem Geld von der Versicherung etwas Hübsches arrangieren könnte. Und nun hat dieser Gentleman hier gesagt, daß ich siebzig Pfund brauche.«

Die kleine tapfere Frau rührte Meehans Herz. Er ging auf sie ein, ignorierte die Einwürfe seines Angestellten Ainsley, ließ sich die Unterlagen geben und erfand schließlich einen Sondertarif für betagte Rentner. Meehan gab ihr zwanzig Pfund des bereits eingezahlten Geldes zurück, führte sie dann in das angrenzende Blumengeschäft, wo sie sich auf Kosten der Firma die schönsten Blumen und einen Kranz aussuchen durfte, und sorgte obendrein dafür, daß einer seiner Leute sie nach Hause fuhr.

Die alte Dame war so glücklich, daß sie Meehan auf die Wange küßte. »Sie sind ein guter Mensch. Ein wundervoller Mensch! Gott segne Sie!«

»Er tut es, meine Liebe«, teilte ihr Dandy Jack mit. »Jeden einzelnen Tag meines Lebens.«

»Der Tod ist etwas, wovor man Respekt haben muß«, sagte Meehan.

Er saß in dem Schaukelstuhl vor dem Schreibtisch, Henry Ainsley stand vor ihm, Donner an der Tür.

Ainsley zwang sich zu einem Lächeln. »Ja, ich verstehe, was Sie meinen, Mr. Meehan.«

»Wirklich, Henry? Das wundert mich.«

Es klopfte an die Tür, und ein kleiner, elegant gekleideter Mann trat ein. Er sah wie ein Süditaliener aus, sprach aber mit South-Yorkshire-Akzent.

»Sie haben nach mir verlangt, Mr. Meehan?«

»So ist es, Bonati. Komm herein!« Meehan wandte sich wieder Ainsley zu. »Ja, ich wundere mich wirklich über dich, Henry. Es war ein Versicherungsfall. Sie gehört zur Arbeiterklasse. Die Versicherung zahlt fünfzig, und du hast den Preis auf siebzig hochgetrieben. Und die liebe Alte hat klein beigegeben, weil sie den Gedanken, daß ihr Bill ein Armenbegräbnis bekommt, nicht ertragen konnte.« Er schüttelte den Kopf. »Du hast ihr indessen eine Quittung über fünfzig gegeben – was sie in ihrem Zustand nicht bemerkt hat – und auch nur fünfzig in das Kassenbuch eingetragen.«

Ainsley zitterte wie Espenlaub. »Bitte, Mr. Meehan, bitte hören Sie! Ich hatte in letzter Zeit gewisse Schwierigkeiten...«

Meehan stand auf. »Ist er hier – ihr Mann?«

Ainsley nickte. »Er liegt in Nummer drei. Er ist noch nicht präpariert.«

»Nimm ihn mit!« forderte Meehan Donner auf und ging hinüber in die Leichenhalle.

Die anderen folgten ihm. Der alte Mann lag in einem offenen Sarg, mit einem Laken zugedeckt. Meehan zog es weg. Der Tote war ganz nackt und offensichtlich ein bemerkenswert kräftiger Mann gewesen.

Meehan betrachtete ihn ehrfurchtsvoll. »Er war ein Bulle. Kein Makel.« Er wandte sich Ainsley zu. »Schau dir seinen Schwanz an! Denk an die Frauen, die er beglückt hat! Denk an die alte Lady! Bei Gott, ich begreife, warum sie ihn geliebt hat. Er war ein Mann, dieser alte Knabe.«

Sein Knie schoß brutal in die Höhe. Henry Ainsley schützte seine Geschlechtsteile zu spät. Er taumelte mit einem erstickten Aufschrei vorwärts.

»Bring ihn hoch ins Sargzimmer«, trug Meehan Donner auf. »Ich komme in fünf Minuten nach.«

Als Henry Ainsley wieder zu sich kam, lag er flach auf dem Rücken, die Arme ausgebreitet. Donner stand auf seiner einen, Bonati auf der anderen Hand. Die Tür ging auf, und Meehan trat ein. Er sah einen Moment auf Ainsley herab und nickte dann. »Gut. Hebt ihn auf!«

Der Raum wurde als Sarglager benutzt. Obgleich sie eigentlich nicht hier gezimmert wurden, standen ein paar Werkbänke herum, und auf einem Gestell an der Wand lag eine Auswahl Tischlerwerkzeuge.

»Bitte, Mr. Meehan!« bettelte Ainsley.

Meehan nickte Donner zu, und Bonati zerrte Ainsley über eine Werkbank, die Arme ausgebreitet, die Handflächen nach oben.

Meehan stand über ihm. »Ich werde dir jetzt eine Lektion erteilen, Henry. Nicht, weil du versucht hast, mich um zwanzig Pfund zu bescheißen. Das ist nicht das schlimmste. Ich denke an dieses alte Mädchen. Sie hat nie etwas in ihrem Leben gehabt. Alles, was sie überhaupt je besaß, wird verscharrt.« Sein Blick war verschleiert, und seine Stimme hatte einen leicht verträumten Klang. »Sie erinnerte mich an meine alte Dame – ich weiß nicht, warum. Nur eines weiß ich: Sie hat etwas Respekt verdient – so wie ihrem alten Knaben etwas Besseres als ein Armenbegräbnis zusteht.«

»Sie haben es falsch verstanden, Mr. Meehan«, plapperte Ainsley rasch.

»Nein, Henry, du hast es falsch verstanden.«

Meehan wählte zwei lange Drahtstifte, prüfte mit einem Daumen die Spitze des einen und trieb ihn durch die Mitte der rechten Handfläche Ainsleys, seine Hand damit an die Bank festnagelnd. Als er das gleiche mit der anderen Hand vornahm, fiel Ainsley in Ohnmacht.

Meehan wandte sich Donner zu. »Fünf Minuten, dann erlöse ihn und sag ihm, wenn er am Morgen nicht rechtzeitig im Büro erscheint, werde ich ihm seine Eier massieren.«

»In Ordnung, Mr. Meehan«, sagte Donner. »Was ist mit Fallon?«

»Ich bin im Behandlungszimmer. Muß ein paar Einbalsamierungen vornehmen. Wenn Fallon kommt, halt ihn so lange im Büro auf, bis ich in die Wohnung hochgehe. Dann führ ihn rauf. Und Albert soll sich sofort oben einfinden.«

»Glacéhandschuhbehandlung, Mr. Meehan?«

»Was sonst, Frank.«

Meehan lächelte, tätschelte eine Wange des bewußtlosen Ainsley und ging hinaus.

Das Behandlungszimmer befand sich auf der anderen Seite von der Leichenhalle. Meehan schloß die Tür hinter sich. Er war gern allein bei solchen Gelegenheiten. Die Arbeit erforderte Konzentration; außerdem bekam das Ganze eine persönliche Note dadurch.

Auf dem Tisch in der Mitte des Zimmers wartete ein Leichnam auf ihn. Er war zugedeckt. Daneben lag auf einem Wagen, sauber auf einem weißen Tuch ausgebreitet, sein Handwerkszeug.

Er zog das Laken weg. Es war der Leichnam einer vierzigjährigen Frau – dunkelhaarig, gutaussehend. Sie war mitten im Satz gestorben, während sie mit ihrem Mann das Weihnachtsprogramm besprochen hatte. Herzversagen. Noch immer spiegelte sich ein leicht erstaunter Ausdruck in ihrem Gesicht – wie bei vielen Toten.

Meehan nahm eine lange gebogene Nadel und hob mit geschickten Stichen die Kinnlade an. Unter die Lider stopfte er Wattebällchen, ehe er sie schloß, ebenso zwischen die Lippen und das Zahnfleisch und die Wangen, um so dem Gesicht ein volleres, natürlicheres Aussehen zu geben.

Er war völlig in seine Arbeit vertieft, pfiff leise durch die Zähne, hatte die Stirn gerunzelt. Seine Wut auf Ainsley war restlos verflogen. Selbst Fallon hatte zu existieren aufgehört. Er schmierte mit dem Finger etwas Creme auf die kalten Lippen, trat zurück und nickte zufrieden. Nun konnte er mit der Einbalsamierung beginnen.

Ungefähr eine Stunde später – er machte gerade die letzten Stiche – entstand ein Tumult draußen vor der Tür. Laute, wütende Stimmen waren zu hören, dann flog die Tür auf.

Meehan blickte über die Schulter. Miller stand in der Tür. Billy versuchte sich an ihm vorbeizuzwängen.

»Ich versuchte ihn aufzuhalten, Jack.«

»Mach etwas Tee!« befahl ihm Meehan. »Ich bin durstig. Und schließ die Tür! Denk doch an die Temperatur hier drin. Wie oft habe ich dir das schon gesagt!«

Billy zog sich zurück. Die Tür schloß sich leise hinter ihm.

Meehan wandte sich wieder dem Leichnam zu. Unendlich zart rieb er das Gesicht der toten Frau mit einer Creme ein, die als Unterlage für das Make-up diente. Miller ignorierte er restlos.

Miller zündete sich eine Zigarette an. Das Streichholz kratzte über die Reibfläche.

Meehan sagte, ohne sich umzudrehen: »Nicht hier. Hier drinnen zeigen wir ein bißchen Respekt.«

»Wirklich?« höhnte Miller, trat aber die Zigarette auf dem Fußboden aus.

Er näherte sich dem Tisch. Meehan trug Rouge auf die Wangen der Frau auf. Seine Finger brachten sie mit jeder Minute mehr dem Leben zurück.

Miller beobachtete ihn einen Moment schaudernd und zugleich fasziniert. »Sie lieben Ihre Arbeit, nicht wahr, Jack?«

»Was wollen Sie?« fragte Jack ruhig.

»Sie.«

»Nichts Neues also. Irgend jemand in der Stadt fällt hin und bricht sich ein Bein – und Sie kommen zu mir.«

»Na schön«, sagte Miller. »Also gehen wir es durch. Jan Krasko kam heute morgen auf den Friedhof, um Blumen auf das Grab seiner Mutter zu legen. Er macht das jetzt schon über ein Jahr lang – jeden Donnerstag, ohne Ausnahme.«

»Dann hat der Bastard trotz allem ein Herz. Warum erzählen Sie mir das?«

»Etwa um zehn nach elf hat ihm jemand eine Kugel durch den Schädel gejagt. Ein echter Profi-Job. Hübsch und öffentlich, damit jeder die Botschaft erhält.«

»Und was für eine Botschaft sollte das sein?«

Meehan puderte das Gesicht. »Ich hatte heute morgen eine Beerdigung. Der alte Marcus – der Tuchhändler. Um zehn nach elf saß ich in *St. Saviour's* und lauschte dem Sermon des Vikars. Fragen Sie Billy! Er war dabei – zusammen mit ein paar Hundert anderen Trauergästen, einschließlich dem Bürgermeister. Er hatte eine Menge Freunde – der alte Marcus. War ein Gentleman. Gibt heute nicht mehr viele von seinem Schlag.«

Er brachte die Brauen und Wimpern mit Vaseline zum Glänzen und malte die Lippen an. Der Effekt war wirklich bemerkenswert. Die Frau schien nur zu schlafen.

Miller sagte: »Es ist mir egal, wo Sie gewesen sind. Es war *Ihr* Mord.«

Meehan wandte sich ihm zu, die Hände an einem Handtuch abwischend.

»Beweisen Sie es!« sagte er ungerührt.

Die jahrelang aufgestaute Wut und das Gefühl der Ohnmacht drohten Miller zu ersticken. Er zog an seiner Krawatte und riß sich den Hemdkragen auf.

»Ich krieg Sie dran, Meehan«, schrie er. »Ich häng's Ihnen an – und wenn es das letzte ist, was ich tue. Diesmal sind Sie zu weit gegangen.«

Meehans Augen begannen zu leuchten. Seine Macht war geradezu körperlich spürbar.

»Sie – an mich rankommen?« Er lachte rauh, wandte sich um und deutete auf die Frau. »Schauen Sie sie sich an, Miller! Sie war tot. Ich habe sie wieder zum Leben erweckt. Und Sie glauben, Sie können mir was anhaben?«

Miller trat unwillkürlich einen Schritt zurück.

Meehan schrie: »Raus! Verduften Sie verdammt noch mal!«

Miller lief, als ob alle Teufel der Hölle ihm auf den Fersen wären.

Es war plötzlich sehr ruhig im Präparierzimmer. Meehans Brust hob und senkte sich. Dann griff er nach einem Tiegel Creme und begann sie intensiv in den Körper einzumassieren.

6

Es regnete noch immer, als Fallon den Paul's Square überquerte und die Stufen zum Haupteingang emporstieg. Das Büro war leer, aber Rupert, der ihn durch die Glastür des Blumenladens hatte kommen sehen, erschien augenblicklich. Rupert war ein großer, schlanker junger Mann mit schulterlangem, dunklem Haar und einem wunderschönen Mund. Er lispelte leicht.

»Kann ich Ihnen behilflich sein, Sir?«

»Fallon ist mein Name. Meehan erwartet mich schon.«

»O ja, Sir.« Rupert war außerordentlich höflich. »Wenn Sie solange im Büro warten möchten – ich werde gleich nachsehen, wo er steckt.«

Er ging hinaus, und Fallon zündete sich eine Zigarette an. Gute zehn Minuten vergingen, ehe Rupert zurückkehrte.

»Ich bringe Sie jetzt nach oben, Sir«, sagte er und führte ihn mit einem strahlenden Lächeln in die Halle hinaus.

»Und wo ist dieses oben?« fragte Fallon.

»Mr. Meehan hat die Mansarden der drei Häuser zu einer großen Dachterrassenwohnung ausgebaut. Klasse!«

Sie kamen zu einem kleinen Lift, und als Rupert die Tür öffnete, fragte Fallon: »Ist dies der einzige Weg nach oben?«

»Es gibt noch eine Hintertreppe.«

»Dann nehmen wir die Hintertreppe.«

Ruperts Lächeln erstarrte ein bißchen. »Schätzchen, lassen Sie die Spielchen! Das könnte Mr. Meehan nur verärgern. Was bedeuten würde, daß mir eine höllische Nacht bevorsteht – und um ganz offen zu sein, ich bin nicht in Stimmung dazu.«

»Oh, ich hatte geglaubt, Sie würden jeden wundervollen Augenblick genießen«, sagte Fallon und versetzte ihm einen heftigen Tritt gegen das rechte Schienbein.

Rupert schrie auf und fiel auf ein Knie. Fallon zog aus seiner rechten Tasche die Ceska. Er hatte den Schalldämpfer entfernt.

Rupert wurde weiß, gab sich aber mutig. »Er wird Sie kreuzigen dafür. Keiner kämpft mit Jack Meehan und geht als erster durchs Ziel.«

Fallon steckte die Ceska in die Tasche zurück.

»Die Treppe«, sagte er sanft.

»Na schön.« Rupert rieb sich sein Schienbein. »Es ist ja Ihre Beerdigung, Schätzchen.«

Die Treppe führte neben dem Eingang zur Leichenhalle nach oben. Rupert ging voraus. Sie stiegen drei Etagen hoch und kamen zu einer mit grünem Fries überzogenen Tür. Rupert blieb ein paar Stufen weiter unten stehen.

»Die führt direkt in die Küche.«

Fallon nickte. »Sie kehren besser wieder in den Laden zurück, meinen Sie nicht auch?«

Rupert brauchte keine zweite Aufforderung.

Fallon öffnete die Tür. Wie Rupert angekündigt hatte, befand sich eine Küche auf der anderen Seite. Eine Tür am anderen Ende stand halb offen, und er konnte Stimmen hören. Er näherte sich auf Zehenspitzen und blickte in eine prächtig möblierte Wohndiele mit breiten Mansardenfenstern zu beiden Seiten. Meehan saß in einem ledernen Klubsessel, ein Buch in der einen Hand, ein Whiskyglas in der anderen. Billy, den Whippert auf dem Arm, stand vor einem Kamin, in dem ein Holzfeuer lustig prasselte. Donner und Bonati warteten zu beiden Seiten des Lifts.

»Was hält ihn auf, in Christi Namen?« fragte Billy.

Der Hund sprang aus seinen Armen und fegte auf die Küchentür zu. Dort blieb er bellend stehen, und Fallon trat in die Diele, ging in die Hocke und kraulte den Hund hinter den Ohren, die rechte Hand in der Manteltasche.

Meehan ließ das Buch auf den Tisch fallen und schlug sich mit einer Hand auf den Oberschenkel.

»Hab' ich dir nicht gesagt, daß er ein hartgesottener Bastard ist?« rief er seinem Bruder Billy zu.

Das Telefon klingelte. Meehan hob den Hörer ab, lauschte einen Moment und lächelte.

»In Ordnung, Schätzchen. Geh an die Arbeit zurück!« Er

legte den Hörer wieder auf. »Das war Rupert. Er macht sich Sorgen meinetwegen.«

»Das ist nett«, sagte Fallon.

Er lehnte sich gegen die Wand neben der Küchentür, die Hände in den Taschen. Donner und Bonati stellten sich hinter die große Ledercouch und starrten ihn an. Meehan nippte an seinem Whisky und hielt das Buch hoch.

»Haben Sie das gelesen, Fallon?«

»Vor langer Zeit.« Fallon angelte sich mit der linken Hand eine Zigarette.

»Ein gutes Thema«, sagte Meehan. »Gott und der Teufel – das Gute und das Böse. Und Sex.« Er leerte sein Glas und rülpste. »Er hat die richtigen Ansichten. Ich finde, Frauen saugen einen Mann nur aus – was ich auch immer wieder meinem kleinen Bruder zu predigen versuche. Nur er will nicht hören. Jedem Rock läuft er nach. Schon mal 'nen Hund beobachtet, der hinter 'ner läufigen Hündin her ist? So führt sich unser Billy auf – vierundzwanzig Stunden am Tag.«

Er goß sich noch einen Whisky ein, und Fallon wartete. Sie warteten alle.

Meehan starrte vor sich hin. »Nein, diese schmutzigen kleinen Nutten sind für niemand gut. Und die Jungens sind nicht besser. Ich frage Sie, was ist aus all den hübschen wohlgeformten Sechzehn- und Siebzehnjährigen von früher geworden? Heutzutage sehen fast alle wie Strichjungen aus.«

Fallon sagte nichts, Meehan griff wieder nach der Whiskyflasche.

»Albert!« rief er plötzlich. »Warum kommst du nicht zu uns?«

Die Tür zum Schlafzimmer öffnete sich. Erst sah man niemand, dann kam ein Mann ins Zimmer, so groß, daß er den Kopf einziehen mußte, um unter dem Türstock hindurchzukommen. Ein Neandertaler in einem ausgebeulten, grauen Anzug. Er mußte an die drei Zentner wiegen. Sein Kopf war vollständig kahl, seine Arme baumelten fast bis zu den Knien herab. Er watschelte ins Zimmer, die kleinen Schweinsaugen auf Fallon fixiert. Billy ging ihm nervös aus dem Weg, und Albert sank in einen Stuhl neben dem Feuer, auf der anderen Seite von Meehan.

Meehan sagte: »Nun, Fallon, Sie haben's vermasselt.«

»Sie wollten Krasko tot. Und er liegt in diesem Moment auf einer Bahre in der Leichenhalle«, sagte Fallon.

»Und der Priester? Dieser Pater da Costa?«

»Kein Problem.«

»Er kann Sie identifizieren, oder? Varley sagt, er stand so nahe, daß er die Falten unter Ihren Augen hätte zählen können.«

»Stimmt. Aber das spielt keine Rolle. Ich habe ihm den Mund verschlossen.«

»Wollen Sie damit sagen, Sie haben ihn ins Jenseits befördert?« fragte Billy.

»Nicht nötig.« Fallon wandte sich an Meehan. »Sind Sie Katholik?«

Meehan nickte. »Was soll die Frage?«

»Wann gingen Sie das letztemal zur Beichte?«

»Zum Teufel noch mal, woher soll ich das wissen?«

»Ich war heute«, sagte Fallon. »Dort bin ich bis jetzt gewesen. Ich wartete auf da Costas Ein-Uhr-Beichte. Ich habe ihm erzählt, daß ich Krasko erschoß.«

»Aber das ist doch verrückt!« rief Billy aus. »Er hat ja mit eigenen Augen gesehen, wie Sie ihn umlegten!«

»Aber er wußte nicht, daß *ich* in dem Beichtstuhl saß – nicht bevor er durch das Gitter schielte und mich erkannte – und das war, nachdem ich den Mord gebeichtet hatte.«

»Na und? knurrte Billy.

Aber sein Bruder brachte ihn zum Schweigen.

»Habe kapiert«, sagte er mit ernstem Gesicht. »Alles, was man einem Priester in der Beichte erzählt, bleibt ein Geheimnis. Ich meine, das garantieren sie doch, nicht wahr?«

»Genau«, bestätigte Fallon.

»Das ist der größte Quatsch, den ich je gehört habe«, sagte Billy. »Er ist am Leben, oder? Und er weiß es. Was für eine Garantie haben Sie, daß er sich nicht plötzlich entschließt, das Maul aufzureißen?«

»Sagen wir: Es ist nicht wahrscheinlich«, entgegnete Fallon ruhig. »Und selbst wenn. Ich werde Sonntagnacht von Hull aus in See stechen. Oder haben Sie das vergessen?«

Meehan sagte: »Ich weiß nicht. Vielleicht hat Billy recht.«

»Billy würde nicht mal ins Männerklosett allein finden, wenn Sie ihn nicht bei der Hand nähmen«, behauptete Fallon.

Tödliche Stille folgte. Meehan musterte Fallon gelassen, und Albert holte einen Stahl-Schürhaken aus dem Kamin und verbog ihn zwischen seinen großen Händen zu einem Hufeisen, den Blick nicht eine Sekunde von Fallon abwendend.

Meehan lachte leise vor sich hin. »Das ist gut. Sehr gut. Das gefällt mir.«

Er stand auf, ging zu einem Schreibtisch in der Ecke, sperrte ihn auf und holte einen großen Briefumschlag heraus. Dann kehrte er zu seinem Sessel zurück und ließ den Umschlag auf den Rauchtisch fallen. »Das sind fünfzehnhundert Pfund. Sonntagnacht an Bord des Schiffes bekommen Sie noch zweitausend Dollar und einen Paß. Damit ist die Rechnung beglichen.«

»Sehr nobel von Ihnen«, sagte Fallon.

»Nur etwas noch: Der Priester verschwindet.«

Fallon schüttelte den Kopf. »Kommt nicht in Frage.«

»Was ist denn los mit Ihnen? Angst, der Allmächtige könnte Sie niederstrecken?« höhnte Meehan. »Man hat mir erzählt, daß Sie ein großes As dort drüben gewesen sind – in Belfast. Haben Soldaten erschossen und Kinder in die Luft gesprengt. Aber ein Priester ist wohl was anderes, wie?«

Fallon flüsterte fast. »Dem Priester passiert nichts. So will ich es haben – und so wird es sein.«

»So wollen *Sie* es?« Meehan konnte seine Wut nicht länger verbergen.

Albert schleuderte den Feuerhaken in den Kamin und stand auf. Er hatte eine rauhe, krächzende Stimme. »Welchen Arm soll ich ihm zuerst brechen, Mr. Meehan? Den linken oder den rechten?«

Fallon zog die Ceska und schoß augenblicklich. Die Kugel zersplitterte Alberts rechte Kniescheibe. Er fiel rückwärts in den Stuhl. Fluchend umklammerte er sein Knie mit beiden Händen. Blut quoll zwischen seinen Fingern hervor.

Einen Moment lang rührte sich niemand, dann lachte Meehan schallend.

»Hab’ ich dir nicht gesagt, daß er wundervoll ist?« rief er Billy zu.

Fallon nahm den Umschlag auf und stopfte ihn in seinen Regenmantel. Wortlos zog er sich rückwärtsgehend in die Küche zurück. Meehan schrie ihm noch etwas nach, während Fallon die Tür zuschlug und die Treppe herunterstürmte.

Meehan grapschte nach seinem Mantel und rannte auf den Lift zu. »Komm, Billy!«

Als er die Tür aufriß, fragte Donner: »Was ist mit Albert?«

»Ruf den Pakistan-Doktor! Er wird ihn schon wieder zusammenflicken.«

»Verflixt, folge mir und tu gefälligst, was man dir sagt!«

Meehan flog regelrecht durch die Halle und den Haupteingang.

Fallon hatte die andere Straßenseite erreicht und steuerte auf einen der Wege zu, die über den grünen Platz führten.

Meehan schrie hinter ihm her und lief über die Straße, den Verkehr ignorierend.

Der Ire blickte über die Schulter zurück, ging aber weiter. Er hatte den Brunnen erreicht, als Meehan und Billy ihn einholten. Er wandte sich ihnen zu, die rechte Hand in der Tasche.

Meehan hob verteidigend eine Hand. »Ich will mich nur unterhalten.«

Er ließ sich auf eine Bank fallen, leicht außer Atem, zog ein Taschentuch heraus, um sein Gesicht abzuwischen. Der Nieselregen wurde plötzlich zum Wolkenbruch.

Billy sagte: »Das ist doch verrückt! Mein Anzug ist im Nu hin.«

Sein Bruder ignorierte ihn und betrachtete mit entwaffnendem Grinsen Fallon. »Sie haben den Teufel im Leib, Fallon: In der ganzen Stadt läuft kein verdammter Strolch herum, der nicht vor Fat Albert Reißaus nehmen würde.« Er lachte schallend. »Und Sie haben ihn für sechs Monate außer Gefecht gesetzt.«

»Er hätte sich nicht einmischen sollen«, sagte Fallon.

»Nur zu wahr. Aber zur Hölle mit Fat! Sie hatten recht, Fallon – mit dem Priester, meine ich.«

Fallon stand nur einfach da und sah ihn an.

Meehan lachte. »Bei der Ehre der Pfadfinder: Ich werde ihm nicht ein Härchen krümmen.«

»Ein Gesinnungswechsel?" fragte Fallon.

»Genau. Aber es bleibt uns trotzdem noch ein Problem. Was machen wir mit Ihnen, bis der Kahn am Sonntag ausläuft? Ich denke, Sie sollten vielleicht zurück auf die Farm.«

»Auf keinen Fall.«

»Hatte ich mir schon irgendwie gedacht, daß Sie das sagen würden.« Meehan lächelte gutgelaunt. »Doch wir müssen etwas finden.« Er wandte sich an Billy. »Wie wär's mit Jenny? Jenny Fox? Könnte sie ihn nicht aufnehmen?«

»Ich nehme an«, brummte Billy mürrisch.

»Ein nettes Mädchen«, erzählte Meehan Fallon. »Sie hat früher für mich gearbeitet. Ich habe ihr geholfen, als sie ein Kind bekam. Sie schuldet mir eine Gefälligkeit.«

»Sie ist eine Hure«, sagte Billy.

»Na und?« Meehan hob die Schultern. »Ein hübsches, sicheres Plätzchen und nicht zu weit weg. Billy kann Sie hinbringen.«

Er lächelte jovial – selbst seine Augen lachten –, aber Fallon fiel nicht einen Moment auf ihn herein. Andererseits war es die bittere Wahrheit, daß er irgendwo Unterschlupf finden mußte.

»In Ordnung«, sagte er daher.

Meehan legte einen Arm um seine Schultern. »Sie könnten keine bessere Wahl treffen. Sie kocht wie ein Engel, dieses Mädchen, und wenn sie ihr Höschen runterläßt, ist sie ein kleines Feuerwerk, kann ich Ihnen sagen.«

Sie gingen zurück und zum Parkplatz an der Rückfront. Der Whippet lag zusammengerollt am Eingang, zitternd vor Kälte. Er sprang an Billys Seite, folgte ihm in die Garage, und als Billy in einem scharlachroten Scimitar herausfuhr, kauerte der Hund auf dem Rücksitz.

Fallon schlüpfte auf den Beifahrersitz, und Meehan schloß die Tür.

»An Ihrer Stelle würde ich schön brav zu Hause bleiben. Es wäre unklug, irgendwelche unnütze Risiken einzugehen.«

Fallon sagte nichts, und Billy fuhr los.

Donner trat aus dem Haus. »Ich habe diesen Quacksalber angerufen, Mr. Meehan. Was ist mit Fallon?«

»Billy bringt ihn zu Jenny Fox«, sagte Meehan. »Ich möchte, daß du zur Autowaschanlage rübergehst und dir Varley schnappst. Er soll binnen einer halben Stunde Posten vor Jennys Haus beziehen. Wenn Fallon das Haus verläßt, soll er ihm folgen und hier anrufen, wann immer er kann.«

»Ich verstehe nicht ganz, Mr. Meehan.« Donner war offensichtlich verwirrt.

»Nur bis wir alles in Ordnung gebracht haben, Frank. Dann befreien wir uns von beiden. Von ihm *und* dem Priester.«

Donner grinste. »Das hört sich schon besser an.«

»Ich dachte mir, daß du das sagen würdest.«

Jenny Fox war ein kleines, ziemlich breithüftiges Mädchen von neunzehn Jahren mit einem guten Busen, hohen Backenknochen und mandelförmigen Augen. Ihre glatten, schwarzen Haare hingen wie ein dunkler Vorhang bis auf ihre Schultern herab. Das einzig Störende an ihr war ihr zu dick aufgetragenes Make-up.

Als sie die Treppe herunterkam, trug sie eine einfache weiße Bluse, einen schwarzen Mini-Faltenrock und hochhakige Schuhe. Wenn sie ging, war ihr ganzer Körper in Bewegung, was wohl die meisten Männer äußerst beunruhigte.

Billy Meehan wartete am Fuß der Treppe, und als sie nahe genug herangekommen war, faßte er ihr unter den Rock. Sie versteifte sich leicht und schüttelte den Kopf, ein verschlagenes, fieses Lächeln im Gesicht.

»Wieder Strumpfhosen, Jenny. Ich habe dir gesagt, ich möchte, daß du Strümpfe trägst.«

»Entschuldige, Billy.« In ihren Augen spiegelte sich Furcht. »Ich wußte nicht, daß du heute kommen würdest.«

»Du solltest besser achtgeben oder du bekommst eine meiner Spezialitäten zu spüren.«

Sie zitterte leicht, und er nahm seine Hand weg.

»Was ist mit Fallon? Hat er was gesagt?«

»Er hat mich gefragt, ob ich ihm ein Rasiermesser besorgen könnte. Wer ist er?«

»Geht dich nichts an. Er sollte nicht das Haus verlassen. Wenn er es aber doch tut, ruf sofort Jack an! Und versuch herauszufinden, wo er hingeht!«

»Gut, Billy.«

Sie öffnete die Eingangstür für ihn. Er trat dicht hinter sie, die Arme um ihre Taille legend. Sie spürte sein steifes Glied an ihren Gesäßbacken, und Haß und Abscheu schnürten ihr die Kehle zu.

Leise sagte er: »Und noch etwas: Zieh ihn ins Bett! Ich möchte gern wissen, was ihn erregt.«

»Und wenn er nicht mitmacht?« fragte sie.

»Strümpfe und Strumpfhalter – darauf stehen Kerle seines Alters. Du wirst's schon hinkriegen.«

Er gab ihr einen Klaps auf den Popo und ging.

Sie schloß die Tür und lehnte sich, nach Atem ringend, einen Moment dagegen. Seltsam, daß sie bei ihm immer das Gefühl hatte, zu ersticken.

Sie ging nach oben und klopfte leise an Fallons Tür. Als sie eintrat, stand er vor dem Waschbecken in der Ecke beim Fenster und trocknete sich die Hände ab.

»Ich werde Ihnen jetzt ein Rasiermesser besorgen«, sagte sie.

Er hängte das Handtuch ordentlich über die Stange und schüttelte den Kopf. »Es eilt nicht. Ich gehe eine Weile weg.«

Panik überfiel sie. »Ist das klug? Wo gehen Sie denn hin?«

Fallon lächelte, während er seinen Trenchcoat anzog. In einer seltsam intimen Geste strich er ihr über den Nasenrücken. Ein Kloß saß ihr in der Kehle.

»Mädchen, Liebes, tu, was du tun mußt. Ruf Jack Meehan an und sag ihm, daß ich spazierengegangen bin. Aber verrückt müßte ich sein, wenn ich dir sagen würde, wohin.«

»Werden Sie zum Abendessen zurück sein?«

»Um nichts in der Welt würde ich es versäumen.«

Er lächelte und verschwand.

Seltsam, daß sie nun plötzlich das Bedürfnis hatte, zu weinen.

Miller traf Fitzgerald bei dem Ballistik-Spezialisten im Labor. Fitzgerald sah erregt aus, und Johnson schien ziemlich mit sich zufrieden.

Miller sagte: »Ich habe gehört, Sie haben etwas für mich?«

Johnson war ein langsamer, vorsichtiger Schotte. »Es könnte etwas sein, Superintendent.« Er nahm mit einer Pinzette ein reichlich mißgestaltetes Stück Blei auf. »Das hier hat den ganzen Schaden verursacht. Die Jungens fanden es im Kies, ungefähr drei Meter von der Leiche entfernt.«

»Eine halbe Stunde nachdem Sie weg waren, Sir«, warf Fitzgerald ein.

»Besteht irgendeine Hoffnung, die Waffe zu identifizieren?« fragte Miller.

»Oh, ich glaube schon.« Johnson hatte neben sich die Abhandlung »Kleinwaffen der Welt« liegen. Er durchblätterte den Band rasch, fand die gesuchte Seite und hielt sie Miller hin. »Da!«

Es war ein Foto der Ceska.

»Ich habe noch nie von dem verdammten Ding gehört«, sagte Miller. »Wie können Sie so sicher sein?«

»Nun, ich muß noch ein paar weitere Tests anstellen, aber es steht bereits ziemlich fest.«

Johnson hielt ihm einen kurzen ballistischen Vortrag.

Miller wandte sich Fitzgerald zu. »Geben Sie diese Information an den CRO von Scotland Yard weiter. Diese Ceska ist eine ausgefallene Waffe. Wenn sie den Computer damit füttern, spuckt er vielleicht einen Namen aus. Ich erwarte Sie in meinem Büro.«

Flitzgerald ging rasch raus, und Miller wandte sich an Johnson. »Falls es etwas Neues gibt, lassen Sie es mich sofort wissen.«

Er kehrte in sein Büro zurück. Auf seinem Schreibtisch lag eine Akte über Pater da Costas Karriere. Angesichts der knappen Zeit, die Fitzgerald zur Verfügung gehabt hatte, war sie wirklich sehr umfangreich.

Fitzgerald trat ins Zimmer, als Miller gerade die Akte durchgelesen hatte.

»Sie wissen noch nicht alles«, sagte Miller und erzählte ihm von dem Vorfall im Pfarrhaus.

Fitzgerald war fassungslos. »Aber das ergibt doch gar keinen Sinn!«

»Sie glauben nicht, daß er bestochen wurde?«

»Von Meehan?« Fitzgerald lachte schallend. »Pater da Costa ist kein Typ, den auch nur irgend jemand bestechen könnte. Er sagt, was er denkt und fühlt, selbst wenn er sich damit schadet. Er war glänzender Wissenschaftler. Hat zwei Doktortitel. Und was haben sie ihm eingebracht? Eine sterbende Gemeinde im Herzen einer ziemlich unfreundlichen Industriestadt, und eine Kirche, die buchstäblich zusammenkracht.«

Miller schlug die Akte nochmals auf. »Und wie es scheint, kann er auch physisch einiges einstecken. Wie hier steht, ist er während des Krieges dreimal in Jugoslawien und zweimal in Albanien mit dem Fallschirm abgesprungen. Zweimal wurde er verwundet.« Er hob ungeduldig die Schultern. »Aber es muß doch eine Erklärung geben. Es *muß*! Weshalb weigert er sich sonst, ins Präsidium zu kommen?«

»Hat er sich denn tatsächlich geweigert?«

Miller runzelte die Stirn und versuchte, sich genau an die Worte des Priesters zu erinnern. »Nein, nicht direkt. Er sagte, es hätte keinen Sinn, da er nicht in der Lage wäre, zu helfen.«

»Das ist wirklich eine seltsame Formulierung.«

»Und als ich ihm sagte, daß ich ihn jederzeit vorführen lassen könnte, entgegnete er, daß ihn keine Macht der Welt dazu bringen könnte, über diese Angelegenheit zu sprechen.«

Fitzgerald war bleich geworden. Er stand auf und beugte sich über den Schreibtisch. »Das hat er gesagt? Sind Sie sicher?«

»Ganz sicher.« Miller runzelte die Stirn. »Warum?«

Fitzgerald ging ans Fenster. »Ich kann mir nur eine Situation denken, in der ein Priester so sprechen würde.«

»Und welche?«

»Wenn die Information, die er zur Verfügung hat, Teil einer Beichte ist.«

Miller starrte ihn an. »Aber das ist nicht möglich! Ich meine, er hat diesen Typ doch tatsächlich auf dem Friedhof gesehen.«

»Und wenn der Mann einfach zur Beichte gegangen ist? Da Costa könnte sein Gesicht im Beichtstuhl nicht sehen.«

»Und Sie wollen mir erzählen, daß da Costa, sobald der Kerl sich ausgekotzt hat, die Hände gebunden sind?«

»Ganz sicher.«

»Aber das ist verrückt!«

»Nicht für einen Katholiken. Was zwischen dem Priester und dem Sünder während der Beichte ausgetauscht wird – wie schändlich es auch immer sein mag –, ist höchst vertraulich.«

Er hob die Schulter. »Genauso wirksam wie eine Kugel, Sir. Hat Pater da Costa Ihnen nicht auf dem Friedhof gesagt, daß er es eilig hätte, weil er um ein Uhr die Beichten abnehmen müßte?«

Miller schoß hoch und schnappte mit der gleichen Bewegung seinen Regenmantel. »Sie können mitkommen, vielleicht hört er auf Sie.«

»Und was ist mit der Autopsie?« fragte Fitzgerald. »Sie wollten doch persönlich anwesend sein.«

Miller sah auf seine Uhr. »Wir haben noch eine Stunde Zeit.«

Alle Lifte waren in Betrieb.. Er stürmte die Treppe runter, immer zwei Stufen auf einmal nehmend. Sein Herz klopfte wild.

Als Fallon in die schmale Straße zu *Holy Name* einbog, war Varley nicht mehr als dreißig Meter hinter ihm. Fallon hatte ihn, kaum daß er Jennys Wohnung verlassen hatte, bemerkt – aber Varley störte ihn nicht. Er betrat die Kirche, und Varley steuerte auf die Telefonzelle an der Ecke zu und rief Meehan an.

»Mr. Meehan, ich bin's. Er ist in die Kirche in der Rockingsham Street gegangen. *Holy Name.*«

»Ich bin in fünf Minuten da.«

Sie kamen mit dem scharlachroten Scimitar. Billy saß am Steuer. Varley stand bibbernd an der Straßenecke. Er kam auf sie zu, während sie ausstiegen. »Er ist noch drin, Mr. Meehan.«

»Guter Junge.« Meehan betrachtete die Kirche. »Sieht so aus, als ob sie jeden Moment einstürzen könnte.«

»Sie schenken gute Suppe aus«, sagte Varley. »An Penner. In der Krypta. Ich bin mal drin gewesen. Der Priester und seine Nichte schmeißen den Laden. Sie ist blind. Spielt die Orgel hier.«

Meehan nickte.»Gut. Du wartest in einem Hauseingang. Wenn er rauskommt, folge ihm wieder! Komm, Billy!"

Er öffnete leise das Portal. Sie schlüpften schnell hinein, und Meehan schloß das Tor rasch wieder.

Das Mädchen spielte Orgel. Er konnte ihren Hinterkopf sehen. Der Priester kniete vor den Chorschranken, im Gebet. Fallon saß in der Mitte des Seitenschiffes, am Ende einer Bankreihe. Auf der rechten Seite entdeckte Meehan eine kleine Kapelle für St. Martin de Porres. Nicht eine einzige Kerze flackerte vor dem Bildnis. Meehan zog Billy hinter sich her in die schützenden Schatten und setzte sich in eine Ecke.

»Was zum Teufel wollen wir hier?« flüsterte Billy.

»Halt den Mund und paß auf!«

In diesem Moment erhob sich Pater da Costa und bekreuzigte sich. Als er sich umwandte, sah er Fallon.

»Sie haben hier nichts verloren. Das wissen Sie«, sagte er finster.

Anna hörte zu spielen auf. Sie schwang ihre Beine herum, während Fallon das Seitenschiff entlang nach vorn schritt.

Billy pfiff leise durch die Zähne. »Beim Himmel, hast du diese Beine gesehen?«

»Halt's Maul!« zischte Jack.

»Ich habe Ihnen gesagt, daß ich mich um die Sache kümmern würde, und ich habe es getan«, sagte Fallon, als er die Chorschranken erreicht hatte. »Ich wollte nur, daß Sie das wissen.«

»Was erwarten Sie von mir? Daß ich danke sage?« fragte da Costa.

Das Portal schlug zu. Kerzen flackerten im Wind, als es wieder geschlossen wurde. Zu Jack Meehans großem Erstaunen marschierten Miller und Fitzgerald das Seitenschiff vor zum Altar.

»Ah – da sind Sie ja, Pater!« rief Miller aus. »Ich würde gern mit Ihnen sprechen.«

»Mein Gott«, flüsterte Billy. »Wir müssen verschwinden.«

»Den Teufel werden wir tun!« Meehans Hand umschloß Billys rechtes Knie wie ein Schraubstock. »Sitz still und hör zu!«

Fallon erkannte in Miller sofort den Bullen und wartete, die Schultern eingezogen, die Hände in den Taschen seines Trenchcoats, die Beine gespreizt, sprungbereit. Eine elementare Kraft war in diesem Mann. Pater da Costa spürte sie körperlich. Voll Schrecken dachte er an das, was passieren konnte, und trat rasch zwischen Fallon und die beiden Polizisten, die sich näherten. Anna wartete unsicher auf der anderen Seite der Chorschranken.

Miller blieb stehen, den Hut in der Hand. Fitzgerald war ein oder zwei Schritte hinter ihm.

Da Costa sagte in die beklemmende Stille hinein: »Sie haben meine Nichte ja schon kennengelernt, Superintendent. Inspektor Fitzgerald ist bei ihm, meine Liebe.«

»Miß da Costa«, sagte Miller höflich und wandte sich dann zu Fallon um.

»Und das ist Mr. Fallon«, erklärte da Costa rasch.

»Superintendent«, sagte Fallon zwanglos.

Er wartete, ein leicht starres Lächeln um den Mund.

Miller sah in das weiße, angespannte Gesicht, in diese dunklen Augen. Ihn fröstelte, und plötzlich kam ihm ein verrückter Gedanke, und er ging unwillkürlich einen Schritt rückwärts.

Jeder wartete. Der Regen trommelte gegen ein Fenster. Anna brach schließlich das Schweigen. Sie tastete sich einen Schritt vor und stolperte.

Fallon sprang zu ihr und fing sie auf. »Alles in Ordnung, Miß da Costa?«

»Danke, Mr. Fallon. Wie dumm von mir!« Ihr leises Lachen wirkte sehr überzeugend. Sie blickte in Millers Richtung. »Ich hatte Schwierigkeiten mit der Orgel. Ich fürchte, sie hat – wie die Kirche – die besten Zeiten hinter sich. Mr. Fallon hat sich freundlicherweise bereit erklärt, uns fachkundig zu beraten.«

»Ach ja?« sagte Miller.

Sie wandte sich an da Costa. »Macht es dir etwas aus, wenn wir schon anfangen, Onkel? Ich weiß, daß Mr. Fallon nicht viel Zeit hat.«

»Wenn es Ihnen recht ist, gehen wir in die Sakristei,

Superintendent«, sagte da Costa. »Wenn Sie möchten, auch ins Haus.«

»Eigentlich würde ich gern noch ein paar Minuten hierbleiben,« erklärte Miller. »Ich spiele selbst Klavier und hatte stets eine besondere Vorliebe für Orgelmusik. Wenn Mr. Fallon nichts dagegen hat...«

Fallon lächelte verbindlich. »Es gab noch nie einen größeren Anreiz als ein Auditorium, Superintendent.«

Er nahm Annas Arm und führte sie zur Orgel hinauf. Meehan beobachtete aus einer dunklen Ecke heraus fasziniert die Szene.

Billy flüsterte: »Hab' ich nicht gesagt, daß er ein Verrückter ist? Wie zum Teufel will er sich hier herauswinden?«

»Mit seinen Fingern, Billy, mit seinen Fingern«, sagte Meehan. Und mit echter Bewunderung fügte er hinzu: »Ich genieße jede einzelne Minute. Es ist immer wundervoll, einen richtigen Profi in Aktion zu sehen.« Er seufzte. »Es gibt nicht mehr viele von unserer Sorte.«

Fallon zog seinen Trenchcoat aus und legte ihn über die Rückenlehnen des Chorgestühls. Dann setzte er sich und rückte den Stuhl zurecht, daß er an die Pedale herankam. Anna stand zu seiner Rechten.

»Haben Sie versucht, das Trompetenregister drinzulassen, wie ich vorgeschlagen hatte?« fragte er. Sie nickte. »Es macht wirklich einen großen Unterschied.«

»Gut. Sehen wir weiter. Ich werde Bachs ›Präludium und Fuge in D-Dur‹ spielen, ja?«

»Ich habe es nur in Blindenschrift.«

»Das macht nichts. Ich kann es auswendig.« Er wandte sich um und blickte zu Pater da Costa und den beiden Polizisten hinunter. »Falls es Sie interessiert – es soll Albert Schweitzers Lieblingsstück gewesen sein.«

Niemand sagte etwas. Sie warteten, und Fallon wandte sich wieder der Orgel zu. Es war schon lange her, seit er gespielt hatte – und trotzdem schien es ganz plötzlich erst gestern gewesen zu sein. Er zog die Register, blickte zu Anna auf und gab diese und jene Erklärungen ab. Sie konnte nicht das leicht sardonische Lächeln in seinen Mundwinkeln sehen, aber etwas von diesem Lächeln vibrierte in seiner Stimme mit.

Sie legte eine Hand auf seine Schulter und sagte: »Sehr interessant.«

Zu ihrem Entsetzen fuhr er leise fort: »Warum haben Sie sich eingemischt?«

»Ist das nicht offensichtlich? Superintendent Millers und des Inspektors wegen. Nun spielen Sie!«

»Gott vergebe Ihnen! Sie sind eine miserable Lügnerin.«

Fallon begann zu spielen. Und der spielte mit so erstaunlicher Kraft und Meisterschaft, daß sich Millers wilde Vermutungen augenblicklich in Nichts auflösten. Pater da Costa stand wie versteinert an den Chorschranken, ergriffen von Fallons brillantem Spiel.

Miller tippte dem Pater auf die Schulter und flüsterte ihm ins Ohr: „Exzellent! Aber meine Zeit wird knapp. Können wir uns jetzt unterhalten?«

Pater da Costa nickte zögernd und führte ihn in die Sakristei. Fitzgerald folgte. Die Tür knallte hinter ihm in einer plötzlichen Windbö zu.

Fallon hörte zu spielen auf. »Sind die gegangen?«

Ehrfurcht spiegelte sich in Anna da Costas Gesicht. Sie berührte seine eine Wange. »Wer sind Sie? Was sind Sie?«

»Eine höllische Frage.«

Er wandte sich wieder der Orgel zu und begann nochmals von vorn.

Pater da Costa saß auf der Tischkante.

»Zigarette, Sir?« Fitzgerald brachte ein altes Silberetui zum Vorschein, und Pater da Costa nahm sich eine, ließ sie sich anzünden.

Miller beobachtete ihn scharf. Die massiven Schultern, das wettergegerbte Gesicht, den zerzausten Bart – und plötzlich wurde ihm fast ärgerlich bewußt, daß er diesen Mann eigentlich mochte. Und aus genau diesem Grund beschloß er, so formell wie möglich zu sein.

»Nun, Superintendent?«

»Haben Sie seit unserem letzten Gespräch Ihre Meinung geändert, Sir?«

»Nicht im mindesten.«

Miller hatte Mühe, seine Wut zu unterdrücken.

Fitzgerald fragte sanft: »Sind Sie seit heute morgen in irgendeiner Form genötigt oder bedroht worden, Sir?«

»Überhaupt nicht, Inspektor«, versicherte ihm Pater da Costa aufrichtig.

»Sagt der Name Meehan Ihnen irgend etwas, Sir?«

Pater da Costa schüttelte den Kopf, die Stirn leicht runzelnd. »Nein, ich denke nicht. Sollte er?«

Miller nickte Fitzgerald zu, der die Aktentasche, die er bei sich hatte, öffnete. Er holte ein Foto heraus, das er dem Priester überreichte.

»Jack Meehan«, sagte er. »Für seine Freunde Dandy Jack. Das Foto wurde in London aufgenommen, auf den Stufen des Polizeipräsidiums im West End, letztes Jahr. Es ging um eine Schießerei im East End. Man hatte ihn mangels Beweisen freigelassen.«

Meehan – er trug wie üblich seinen doppelreihigen Mantel – lächelte der Welt breit ins Gesicht, mit dem Hut in der rechten Hand winkend, den linken Arm um die Schultern eines wohlbekannten Mannequins gelegt.

»Das Mädchen dient nur Publicity-Zwecken«, sagte Fitzgerald. »In sexuellen Hinsicht geht sein Geschmack in anderer Richtung. Was auf dem Blatt steht, das an die Rückseite des Fotos geheftet wurde, ist alles, was wir offiziell von ihm haben.«

Pater da Costa las interessiert. Jack Meehan war fünfzig. Er hatte sich 1943, mit achtzehn, der Royal Navy angeschlossen, bis 1945 auf einem Minenräumboot gedient, wurde dann zu einem Jahr Haft verurteilt, weil er einem Maat bei einer Schlägerei den Kiefer gebrochen hatte, mit Schande entlassen. 1948 hatte er sechs Monate wegen einer unbedeutenden Schmuggelaffäre gesessen, 1954 war die Anklage wegen einer Postraubverschwörung mangels Beweisen fallengelassen worden. Seitdem war er über vierzigmal mit Straftaten in Verbindung gebracht und von der Polizei verhört worden.

»Sie scheinen nicht viel Erfolg zu haben«, sagte Pater da Costa mit einem feinen Lächeln.

»An Jack Meehan ist nichts erheiternd«, sagte Miller. »Er ist das fieseste Subjekt, das mir je in meinen fünfundzwanzig Dienstjahren über den Weg gelaufen ist. Er hat ein Bestattungsunternehmen hier in der Stadt, aber hinter der Fassade der Wohlanständigkeit leitet er eine Organisation, die den Rauschgifthandel, die Prostitution, die Spielhöllen und Bestechungsaffären der meisten großen Städte im Norden Englands unter sich hat.«

»Und Sie können ihm nicht Einhalt gebieten? Ich finde das überraschend.«

»Herrschaft durch Terror, Pater. Er hat bei vielen Gelegenheiten auf Männer geschossen – gewöhnlich in die Beine, das tötet nicht, sondern schafft nur Krüppel. Er hat sie gern um sich – als Aushängeschild.«

»Ist das eine Tatsache?«

»Die ich nicht beweisen kann. Genauso wie ich nicht beweisen kann, daß er hinter der übelsten organisierten Kinderprostitution steckte oder daß er einem Mann Disziplin beibrachte, indem er ihn mit fünfzehn Zentimeter langen Nägeln kreuzigte oder einen anderen seine Exkremente essen ließ.«

Einen winzigen Augenblick lang sah sich da Costa in jenes Lager in Nord-Korea zurückversetzt – halbtot in einer Latrine liegend, während die Stiefel eines Chinesen sein Gesicht in einen Haufen menschlichen Kots stieß. Der Aufseher hatte ihn zwingen wollen, den Kot zu essen, aber er hatte sich geweigert, hauptsächlich, weil er geglaubt hatte, daß er ohnehin sterben müßte.

Er holte sich wieder in die Gegenwart zurück. »Und Sie glauben, daß Meehan hinter der Ermordung Kraskos steckt?«

»Er *muß* dahinterstecken«, sagte Miller. »Krasko war sozusagen ein Geschäftsrivale in jeder Hinsicht. Meehan versuchte, ihn unter seine Fittiche zu bekommen, aber Krasko widersetzte sich. In Meehans Jargon: Er wollte nicht vernünftig sein.«

»Und so mußte ihn ein Killer in aller Öffentlichkeit hinrichten.«

»In gewisser Weise beweist die Tatsache, daß Meehan so etwas zu tun wagt, seinen Größenwahn. Er weiß, daß ich sicher bin, daß er hinter der Geschichte steckt, aber er will, daß ich es weiß – will, daß es alle wissen. Er glaubt, daß ihm nichts und niemand etwas anhaben kann.«

Da Costa sah stirnrunzelnd auf das Foto, und Fitzgerald sagte: »Mit Ihrer Hilfe könnten wir ihn dieses Mal schnappen, Pater.«

Pater da Costa schüttelte den Kopf. »Tut mir leid, Inspektor.«

Miller sagte barsch: »Pater da Costa, den einzigen Schluß, den wir aus Ihrem seltsamen Benehmen schließen können, ist, daß Sie den Mann, den wir suchen, kennen. Ja, daß sie ihn schützen. Inspektor Fitzgerald hier ist Katholik. Er vermutet, daß Ihr Wissen irgendwie mit dem Beichtgeheimnis verknüpft ist. Trifft diese Vermutung zu?«

»Glauben Sie mir, Superintendent, wenn ich helfen könnte, würde ich es tun.«

»Sie weigern sich weiterhin?«

»Ich fürchte, so ist es.«

Miller sah auf seine Uhr. »Also gut, Pater. Ich habe in zwanzig Minuten eine Verabredung. Ich möchte, daß Sie mich begleiten. Keine Drohung – kein Zwang. Nur eine simple Bitte.«

»Darf ich fragen, wohin wir gehen?«

»Zur Autopsie von Janos Krasko in die städtische Leichenhalle.«

»Soll das eine Herausforderung sein?«

»Das überlasse ich Ihnen, Pater.«

Da Costa stand auf. Er war plötzlich müde und der ganzen elenden Geschichte überdrüssig. Seltsamerweise war das einzige, was er wirklich in sich aufnahm, die Orgelmusik.

»Ich habe Abendmesse, Superintendent, und anschließend Abendmesse für die Obdachlosen. Es darf nicht lange dauern.«

»Höchstens eine Stunde, Sir. Ich werde Sie zurückfahren. Aber wir müssen jetzt wirklich aufbrechen.«

Da Costa öffnete die Sakristei, ging in die Kirche und blieb an den Chorschranken stehen. »Anna?«

Fallon hörte zu spielen auf, und das Mädchen wandte ihrem Onkel das Gesicht zu.

»Ich gehe eben weg, Liebes, mit Superintendent Miller.«

»Was ist mit der Messe?« fragte sie.

»Ich werde nicht lange ausbleiben. Vielleicht kann Mr.

Fallon nach der Messe wiederkommen? Dann können wir uns über die Orgel unterhalten.«

»Sehr gern, Pater«, rief Fallon freundlich.

Pater da Costa, Miller und Fitzgerald gingen das Seitenschiff entlang, kamen an Jack Meehan und seinem Bruder, die immer noch in den dunklen Schatten saßen, vorbei und verließen die Kirche durch das Hauptportal. Der Wind schlug es zu.

Fallon sagte leise: »Nun, Sie haben soeben sozusagen meinen Hals gerettet. Ich glaube, er vermutete etwas, der gute Miller.«

»Aber jetzt nicht mehr«, sagte sie. »Nicht nach diesem Spiel. Sie waren einzigartig.«

Er lachte leise. »Das mag einst so gewesen sein – wie ich mit geziemender Bescheidenheit zugestehen will –, aber jetzt nicht mehr. Meine Hände sind nicht mehr das, was sie früher waren.«

»Einzigartig«, wiederholte sie.

Sie war so bewegt, daß sie einen Moment lang die andere dunkle Seite seines Wesens vergessen zu haben schien. Lächelnd griff sie nach seinen Händen. »Ihre Hände – was für ein Unsinn.« Und plötzlich erstarb ihr Lächeln. »Ihre Finger«, flüsterte sie und tastete sie ab. »Was ist passiert?«

»Ach das.« Er entzog ihr seine Hände und betrachtete die vernarbten Fingerkuppen. »Ein paar Feinde von mir haben mir die Nägel ausgezogen. Eine kleine Meinungsverschiedenheit.«

Er stand auf und zog seinen Mantel an. Entsetzen malte sich auf ihrem Gesicht. Sie streckte eine Hand aus, wie um ihn zu berühren, und faßte ins Leere. Er half ihr auf und legte ihr den Mantel um die Schultern.

»Ich verstehe es nicht«, murmelte sie.

»Und bitten Sie Gott, daß es so bleibt«, sagte er sanft. »Kommen Sie, ich bringe Sie ins Haus.«

Sie stiegen die Stufen hinunter und gingen durch die Sakristei hinaus.

Nach einem kurzen Moment stand Billy Meehan auf. »Gott sei Dank! Können wir jetzt verdammt noch mal gefälligst von hier verduften?«

»Du kannst. Ich nicht«, sagte Meehan. »Bleib Fallon auf den Fersen!«

»Ich dachte, das wäre Varleys Job?«

»Jetzt ist es deiner. Sag Varley, er soll draußen warten.«

»Und was ist mit dir?« frage Billy mürrisch.

»Ich warte hier auf die Rückkehr des Priesters. Es wird Zeit, daß wir uns unterhalten.« Er seufzte und reckte sich. »Es ist so angenehm und friedlich hier im Dunkeln – mit all den flakkernden Kerzen ringsum. Gibt einem Muße zum Nachdenken.« Und da Billy noch zögerte, gereizt: »Hau ab! Verdufte endlich, um Himmels willen! Wir sehen uns später.«

Er lehnte sich zurück, verschränkte die Arme und schloß die Augen.

Es regnete heftig, als sie den Pfad entlang dem Pfarrhaus zustrebten. Fallon schob ihren Arm durch seinen.

»Manchmal glaube ich, es hört nie mehr zu regnen auf«, sagte sie.

Sie erreichten die Eingangstür. Anna öffnete sie und blieb unter dem Vordach stehen.

»Ich begreife überhaupt nichts mehr. Ich verstehe weder Sie, noch was heute passiert ist – nachdem ich Sie spielen gehört habe. Es paßt alles nicht zusammen.«

Er lächelte sanft. »Gehen Sie jetzt hinein, mein liebes Mädchen. Und bleiben Sie in Ihrer kleinen sicheren Welt.«

»Wie kann ich das? Sie haben mich zu einer Hehlerin gemacht. Ich hätte sprechen können, aber ich habe geschwiegen.«

»Und warum haben Sie das getan?« fragte er rauh.

»Ich habe meinem Onkel mein Wort gegeben, haben Sie das vergessen? Und ich würde ihm um nichts in der Welt weh tun.«

Fallon trat zurück, lautlos.

»Mr. Fallon, sind Sie noch da?« rief sie von der Schwelle.

Er antwortete nicht. Sie wartete noch einen Moment. Unsicherheit spiegelte sich in ihrem Gesicht. Schließlich trat sie ins Haus und schloß die Tür.

Fallon wandte sich um und ging den Pfad entlang.

Billy hatte die beiden im Schutz eines großen viktoriani-

schen Grabmales beobachtet – das heißt, er hatte Anna ange-
starrt. Sie war ganz anders als die Mädchen, die er kannte,
ruhig, damenhaft – und trotzdem hatte sie eine exzellente
Figur. Die Tatsache, daß sie blind war, brachte irgendwelche
perversen Saiten in ihm zum Klingen. Er hatte fast augenblicklich eine Erektion gehabt.

Fallon blieb stehen, zündete sich eine Zigarette an, die
Flamme mit der hohlen Hand schützend. Billy zog sich
zurück.

Fallon sagte: »Alsdann, Billy! Ich bin jetzt fertig und bereit,
heimzugehen. Da du hier bist, kannst du mich ja zu Jennys
Wohnung zurückfahren.«

Billy zögerte. »Hältst dich wohl für verflixt smart, wie?«

»Um smarter als du zu sein, da gehört nicht viel zu,
Sonnyboy«, sagte Fallon. »Aber merk dir: Wenn ich dich
hier noch einmal herumhängen sehe, werde ich sehr ärgerlich.«

»Kümmere dich doch um deinen eigenen Schwanz!« zischte
Billy wütend und rannte auf das Seitentor zu.

Fallon folgte ihm lächelnd.

Die städtische Leichenhalle war wie eine Festung gebaut und
von einer sechs Meter hohen, roten Backsteinmauer umgeben. Millers Chauffeur stieg vor dem Haupteingang aus, sagte
etwas in die Sprechanlage, setzte sich dann wieder hinters
Lenkrad, und einen Moment später schwang das große Stahl-
tor auf, und sie fuhren in den Innenhof.

»Da sind wir, Pater«, sagte Miller. »Die modernste Leichenhalle Europas – sagt man.«

Pater da Costa folgte den beiden Polizeibeamten. Das Gebäude bestand aus Beton und Glas. Sie gingen über eine
Rampe zum Hintereingang, und ein Assistent in einem weißen Kittel öffnete die Tür für sie.

»Guten Morgen, Superintendent«, sagte er. »Professor
Lawlor erwartet Sie im Ankleidezimmer. Er möchte gern
anfangen.«

Sie folgten dem Mann im weißen Kittel durch enge Korrido-
re. Das leise Summen der Klimaanlage war zu hören.

Miller blickte über die Schulter zu da Costa und sagte

beiläufig: »Sie prahlen damit, hier die reinste Luft der Stadt zu haben.«

Der Assistent führte sie durch eine Tür und verschwand.

In dem Raum befanden sich mehrere Waschbecken, eine Dusche in der Ecke, und an einem Kleiderhaken an der Wand hingen weiße Kittel. Darunter stand eine Reihe weißer Gummistiefel verschiedenster Größen.

Miller und Fitzgerald zogen ihre Regenmäntel aus, und der Superintendent nahm zwei weiße Kittel vom Haken und reichte einen da Costa.

Die Tür öffnete sich, und Professor Lawlor trat ein. »Komm, Nick! Du hältst mich auf.« Dann sah er den Priester, und seine Augen weiteten sich. »Hallo, Pater!«

»Ich möchte gern Pater da Costa dabeihaben, wenn es dir nichts ausmacht«, sagte Miller.

Professor Lawlor trug einen weißen Kittel, weiße Stiefel und lange, hellgrüne Gummihandschuhe, an denen er ungeduldig herumzupfte. »Solange er nicht im Weg herumsteht... Aber laß uns endlich anfangen. Ich habe um fünf eine Vorlesung.«

Sie folgten ihm über einen kurzen Gang und durch eine Gummi-Drehtür in das Autopsiezimmer. Das fluoreszierende Licht tat in den Augen weh. Ein halbes Dutzend rostfreier Stahl-Operationstische standen herum. Janos Krasko lag auf dem der Tür am nächsten stehenden, auf dem Rücken, den Kopf auf einem Holzklotz. Er war nackt. Zwei Assistenten standen neben einem Wagen, auf dem eine Auswahl chirurgischer Instrumente lag. Am meisten überraschten Pater da Costa die Fernsehkameras.

»Wie Sie sehen, Pater, die Wissenschaft schreitet voran«, sagte Miller.

»Ist das notwendig?« fragte da Costa.

»Ganz sicher. Besonders, wenn man sich gegen die Gutachten anderer berühmter Pathologen der Gegenpartei verteidigen will.«

Einer der Assistenten legte ein Mikrophon um Lawlors Hals.

»Haben Sie schon mal einer Autopsie beigewohnt, Pater?" fragte Lawlor.

»Nicht in dieser Form, Professor.«

»Wenn Sie sich nicht gut fühlen sollten – Sie wissen, wo der Ankleideraum ist. Und bitte treten Sie zurück! Das gilt für alle.« Er wandte sich den Kameramännern und Assistenten zu. »Alsdann, meine Herren, fangen wir an!«

Es war wohl Lawlors Verdienst, daß die Autopsie nicht zu einer Alptraumszene wurde. Er war wirklich brillant. Ein Künstler mit dem Messer. Er arbeitete flink und gründlich, und während der ganzen Prozedur kommentierte er jeden Handgriff nüchtern und präzise.

Pater da Costa beobachtete ihn fasziniert. Ventilatoren an der Decke über dem Tisch saugten alle Gerüche ab.

Die Schädeldecke war zuerst abgehoben worden, aber die genaue Untersuchung des Gehirns sollte erst nach der Autopsie erfolgen. Da Costa wunderte sich, daß auch der Körper geöffnet wurde, da es sich doch eindeutig um eine Kopfwunde handelte. Miller erklärte ihm, daß der Untersuchungsrichter einen detaillierten Bericht erwarte. Gleichzeitig unterbreitete er dem Pater seine Lebensphilosophie. Für seine Begriffe urteilte das Gesetz zu milde.

»Liberale Prinzipien sind schön und gut, solange es etwas gibt, woran man Prinzipien erproben kann.«

Pater da Costa fand es schwer, darüber zu argumentieren, und wandte sich wieder der Sezierung zu.

Schließlich war Professor Lawlor fertig.

»Das wär's also«, sagte er zu Miller. »Nichts, das erwähnenswert wäre. Das Gehirn werde ich mir vornehmen, wenn ich eine Zigarette geraucht habe.« Er lächelte da Costa an. »Nun, wie fanden Sie es?«

»Eine außergewöhnliche Erfahrung«, bekannte der Pater. »Und mehr als sonst irgend etwas beunruhigend.«

»Sind Sie der Ansicht?«

»Sehen Sie doch selbst!«

Lawlor trat an den Operationstisch, und Pater da Costa folgte ihm. Der Leichnam war geöffnet und ganz leer. Ausgeweidet. Nichts als gähnende Leere. Eine dicke Schicht gelben Fettes, darunter rotes Fleisch, praktisch kein Blut.

«Und Sie glauben, daß das alles ist?« fragte da Costa.

»Sie nicht?« konterte Lawlor.

»Der menschliche Körper ist ein technisches Meisterwerk.

Unendlich zweckmäßig. Es scheint keine Aufgabe zu geben, die ein Mensch, wenn er will, nicht bewältigen könnte. Würden Sie dem zustimmen, Professor?«

»Vermutlich.«

»Und das soll alles sein, was letzten Endes von einem Einstein oder Picasso übrigbleibt? Ein ausgeweideter Körper und ein paar zerhackte Innereien, die in einem Plastikeimer herumschwimmen?«

»O nein!« Lawlor grinste müde. »Bitte keine Metaphysik, Pater! Ich habe noch mehr zu tun.« Er wandte sich Miller zu.

»Hast du genug gesehen?«

»Ich denke schon«, erwiderte Miller.

»Gut. Dann schaff diesen Advokaten des Teufels hier raus und laß mich in Ruhe zum Ende kommen. Morgen wirst du den vollständigen Bericht erhalten.« Er grinste wieder den Pater an. »Aus ersichtlichen Gründen kann ich Ihnen nicht die Hand schütteln. Aber schauen Sie herein, wann immer Sie vorbeikommen. Es ist stets jemand hier.«

Er lachte über seinen Witz, lachte noch immer, als sie ins Umkleidezimmer zurückgingen. Einer der Assistenten begleitete sie, um sicherzugehen, daß die Kittel, die sie getragen hatten, direkt in den Wäschekorb wanderten.

Miller war müde und deprimiert. Er hatte verloren. Und er wußte nicht, wie er weiter vorgehen sollte.

Es regnete immer noch. Als sie zum Wagen kamen, hielt Fitzgerald dem Pater die Tür auf, und da Costa stieg ein. Miller folgte ihm. Fitzgerald saß vorn neben dem Chauffeur.

Während sie sich in den Verkehr einreihten, sagte Miller: »Ich wollte Sie mit der Realität konfrontieren, aber es hat nichts geändert, nicht wahr?«

Pater da Costa erzählte eine Geschichte. »Als ich zwanzig war, sprang ich in den Bergen von Kreta mit einem Fallschirm ab, als Bauer verkleidet. Im Dorfgasthof angekommen, wurde ich augenblicklich von einem deutschen Geheimagenten mit vorgehaltenem Gewehr festgenommen. Einem Mitglied der Feldgendarmerie.«

Miller war interessiert. »Sind Sie verraten worden?«

»So ähnlich. Er war nicht schlecht. Sagte mir, daß es ihm leid täte, daß er mich aber festhalten müßte, bis die Gestapo käme.

Wir tranken etwas zusammen. Mir gelang es, ihm mit einer Weinflasche über den Schädel zu schlagen.«

»Was passierte?«

»Er schoß mir in die linke Lunge, und ich erwürgte ihn mit meinen Händen.« Pater da Costa hielt sie hoch. »Seitdem habe ich jeden Tag für ihn gebetet.«

Sie bogen in die Straße, die an der Kirche entlangführte, ein, und Miller sagte: »Na schön, ich habe kapiert.« Der Wagen hielt. Millers Stimme klang wieder sehr formell. »Gesetzlich machen Sie sich durch Ihre Haltung zum Mitschuldigen. Ist Ihnen das klar?«

»Vollkommen.«

»Gut. Ich habe vor, mich an Ihren Vorgesetzten zu wenden. Ein letzter Versuch, Sie zur Vernunft zu bringen.«

»Monsignore O'Halloran ist der Mann, den Sie suchen. Ich wollte ihn bereits selbst aufsuchen, aber er ist nicht in der Stadt. Er wird morgen früh zurück sein. Doch er wird Ihnen nichts nützen.«

»Dann wende ich mich an den Staatsanwalt und beantrage einen Haftbefehl.«

Pater da Costa nickte. »Sie müssen tun, was Sie für richtig halten.« Er stieg aus. »Ich bete für Sie.«

»Für mich beten!«

Miller biß die Zähne zusammen, während der Wagen sich in Bewegung setzte.

Es war feuchtkalt in der Kirche. Pater da Costa war müde – erbärmlich müde. Es war ein schrecklicher Tag gewesen – der schlimmste seit Jahren – seit dem chinesischen Straflager in Chong Sam. Wenn Fallon und Miller sich doch einfach in Luft auflösen würden!

Er tauchte seine Finger in Weihwasser, zu seiner Rechten flammte ein Streichholz in der Dunkelheit auf. Jemand zündete eine Kerze in der kleinen Seitenkapelle für St. Martin de Porres an und erhellte ein vertrautes Gesicht. Nach einer kleinen Pause kam der Teufel auf ihn zu. Pater da Costa wappnete sich, ihm entgegenzutreten.

»Was wollen Sie hier, Meehan?« fragte da Costa.

»Sie wissen, wer ich bin?«

»O ja! Man hat mich schon in jungen Jahren gelehrt, den Teufel zu erkennen.«

Meehan starrte ihn einen Moment überrascht an, dann lachte er schrill, den Kopf zurückgeworfen. Das Gelächter hallte von den Dachsparren wider. »Das ist gut! Das gefällt mir!«

Pater da Costa schwieg, und Meehan wandte sich schulterzuckend dem Altar zu. »Als Kind pflegte ich hierher zu kommen. Ich war Ministrant.« Er wandte sich um und fragte herausfordernd: »Sie glauben mir nicht?«

Meehan nickte in Richtung des Altars. »Ich habe dort viele Male gestanden. Meine alte Dame hat jede Woche mein Meßgewand gewaschen und gebügelt. Sie liebte mich in dieser Rolle. Pater O'Malley war in jenen Tagen Priester.«

»Ich habe von ihm gehört«, sagte da Costa.

Meehan erwärmte sich an seinem Thema. Er erzählte Anekdoten aus jenen Tagen, erinnerte sich glucksend des knallharten Priesters, der ihm mit einem Stock für vierzehn Tage Ehrlichkeit eingebläut hatte.

Pater da Costa wiederholte ruhig: »Was wollen Sie hier?«

Meehan machte eine Geste, die die ganze Kirche einschloß.

»Nicht mehr das, was sie mal war. Einst war sie wunderschön, aber jetzt... « Er hob die Schultern. »Kann jede Sekunde einstürzen. Habe gehört, die Restaurationsgelder haben nicht sehr weit gereicht.«

Pater da Costa begann zu verstehen. »Und Sie möchten gern helfen, ist es so?«

Die Tür öffnete sich hinter ihnen. Beide wandten sich um. Eine alte Dame mit einer Einkaufstasche trat ein. »Wir können hier nicht sprechen. Kommen Sie mit«, sagte da Costa.

Sie fuhren mit dem Aufzug auf die Turmspitze. Der Nebel hatte sich gehoben. Die Sicht war ungewöhnlich gut. Meehan war entzückt. »Ich war als Kind mal hier oben. Im Glockenturm.« Er deutete über das Geländer auf die Bagger. »Dort wohnten wir. Khyber Street 13.« Er wandte sich da Costa zu und sagte leise: »Das Arrangement zwischen Ihnen und Fallon – Sie werden dabei bleiben.?«

Da Costa fragte: »Was für ein Arrangement soll das sein?«

»Tun Sie nicht so!« erwiderte Meehan ungeduldig. »Diese Beichtgeschichte. Ich weiß Bescheid. Er hat es mir erzählt.«

»Dann wissen Sie ja als Katholik auch, daß das Beichtgeheimnis unantastbar ist.«

Meehan lachte rauh. »Er hat Grips, dieser Fallon. Er hat Ihnen ganz schön den Mund gestopft, wie?«

Da Costa atmete tief ein, um seinen Zorn zu unterdrücken. Meehan gluckste. »Macht nichts, Pater. Ich zahle immer meine Schulden. Wieviel « – er machte wieder eine umfassende Geste –, »um all das richten zu lassen?«

»Fünfzehntausend Pfund«, teilte ihm der Pater mit. »Für die wichtigsten Vorarbeiten. Später wird mehr gebraucht.«

»Kein Problem«, sagte Meehan. »Mit meiner Hilfe könnten Sie das innerhalb von zwei oder drei Monaten auftreiben.«

»Darf ich fragen, wie?«

Meehan zündete sich eine Zigarette an. »Da sind zuerst einmal die Klubs. Dutzende über den ganzen Norden verteilt. Sie alle würden den abgewetzten Klingelbeutel herumwandern lassen, wenn ich es ihnen auftrage.«

»Und Sie bilden sich tatsächlich ein, daß ich das annehmen könnte?«

Meehan schien verwirrt. »Es ist nur Geld. Papier. Ein Zahlungsmittel. Ist es nicht das, was Sie brauchen?«

»Für den Fall, daß Sie es vergessen haben, Mr. Meehan: Christus hat die Geldverleiher aus dem Tempel getrieben.«

Meehan runzelte die Stirn. »Das verstehe ich nicht.«

»Meine Religion lehrt mich, daß eine Versöhnung mit Gott immer möglich ist, daß kein menschliches Wesen – wie schlecht es auch immer sein mag – nicht Gottes Gnade teilhaftig werden kann. Und bis jetzt habe ich immer daran geglaubt.«

Meehans Gesicht war bleich vor Wut. Er packte da Costas Arm, stieß ihn gegen das Geländer und deutete nach unten. »Khyber Street 13. Ein Reihen-Kaninchenstall. Ein Raum unten, zwei oben. Eine stinkende Toilette für alle vier Häuser. Mein alter Herr verduftete, als ich noch ein Kind war. Er hatte

Verstand. Meine alte Dame hat uns mit Putzen durchgebracht – sofern sie Arbeit fand. Wenn nicht, standen Sonnabendnacht immer noch die Zehn-Shilling-Bumser hinter der Kneipe. Eine dreckige Hure – das war sie.«

».. . die Zeit fand, jede Woche Ihr Ministrantengewand zu reinigen«, sagte da Costa. »Die Sie gefüttert und gewaschen und in diese Kirche geschickt hat.«

»Zum Teufel damit!« schrie Meehan wütend. »Alles, was sie je bekam – was jemals jemand aus der Khyber Street bekommen hat – war eine Kuhle in der Erde. Aber nicht ich. Nicht Jack Meehan. Ich stehe auf dem Gipfel, wo mir niemand etwas anhaben kann.«

Pater da Costa empfand kein Mitleid, nur Ekel. Er sagte ruhig: »Ich glaube, daß Sie die böseste und verdorbenste Kreatur sind, der ich jemals begegnet bin. Wenn ich könnte, würde ich Sie freudig den zuständigen Behörden übergeben, aber leider ist das unmöglich.«

Meehan schien sich wieder mehr unter Kontrolle zu haben. Er höhnte: »Das ist gut – wirklich. Mich würden Sie nicht mit einer drei Meter langen Stange berühren, aber Fallon – der ist etwas anderes, nicht wahr? Ich meine, er ermordet nur Frauen und Kinder.«

Einen Moment lang rang da Costa nach Luft. Nur mühsam brachte er heraus: »Wovon sprechen Sie?«

»Sagen Sie bloß nicht, daß er es Ihnen nicht erzählt hat«, spottete Meehan. »Nichts über Belfast oder Londonderry oder den Bus mit den Schulkindern, den er in die Luft gesprengt hat?« Er lehnte sich vor, da Costa seltsam gespannt anstarrend, und dann lächelte er. »Gefällt Ihnen wohl nicht, wie? Auf seinen irischen Charme hereingefallen, was? Mochten ihn wohl? Ich habe gehört, einige von euch Priestern...«

Eine Hand war an seiner Kehle, eine eiserne Hand, und die Augen des Priesters sprühten Feuer. Meehan versuchte, ein Knie hochschießen zu lassen, traf aber nur auf einen Oberschenkel, der seinen Stoß abblockte. Pater da Costa schüttelte ihn durch, öffnete dann die Tür und warf ihn in den Aufzug.

Meehan rappelte sich auf, während die Aufzugtür zuschlug.

»Das werden Sie mir büßen!« krächzte er. »Sie sind bereits ein toter Mann.«

»Mein Gott, Mr. Meehan«, rief da Costa durch die Stäbe des Käfigs, »ist ein Gott der Liebe. Aber er ist auch ein Gott des Zorns, ich übergebe Sie in seine Hände.«

Er drückte auf den Knopf.

Als Meehan unter dem Kirchenportal auftauchte, blies ihm eine Windbö Regen ins Gesicht. Er stellte seinen Mantelkragen auf und zündete sich eine Zigarette an. Es begann dunkel zu werden. Als er die Stufen hinunterstieg, sah er eine Anzahl Menschen an einem Seitentor warten. Sie drückten sich gegen die Mauer, Schutz vor dem Regen suchend. Menschliche Wracks in zerlumpten Mänteln und zerschlissenen Stiefeln. Er überquerte die Straße, und Varley trat aus dem Hauseingang des alten Lagerhauses an der Ecke.

»Ich habe gewartet, Mr. Meehan, wie Billy es gesagt hat.«

»Was ist mit Fallon?«

»Fuhr mit Billy im Wagen weg.«

Meehan wandte seine Aufmerksamkeit wieder der kleinen Schlange zu. »Worauf warten die alle? Daß diese verflixte Suppen-Küche aufmacht?«

»So ist es, Mr. Meehan. In der Krypta wird ausgeschenkt.«

Meehan starrte die Leute eine Weile an und lächelte dann plötzlich. Er holte seine Brieftasche hervor und entnahm ihr ein Bündel Ein-Pfund-Noten. »Ich zähle zweiundzwanzig, Charlie. Gib jedem ein Pfund mit meinen Empfehlungen und sag ihnen, daß der Pub an der Ecke eben aufgemacht hat.«

Varley überquerte verwirrt die Straße, um die großzügige Spende zu verteilen, und innerhalb von Sekunden löste sich die Schlange auf. Wenige der Männer tippten sich an die Mützen, zu Meehan hinüberblickend, der ihnen freundlich zunickte.

»Es wird heute abend eine Menge von dieser verdammten Suppe übrigbleiben«, sagte Meehan grinsend, als Varley wieder zu ihm trat.

»Ich weiß nicht, Mr. Meehan. Sie werden zurückkommen, wenn sie das Geld verpulvert haben.«

»Aber dann werden sie schwer geladen haben, so daß sie ihm ein bißchen Ärger machen könnten. Das heißt – ich glaube, wir sollten sichergehen. Schnapp dir diesen Rausschmeißer vom *Kit-Kat-Klub* – diesen Iren O'Hara.«

»Den dicken Mick, Mr. Meehan? Das gefällt mir nicht sehr. Er wird schrecklich, wenn er in Fahrt kommt.«

Meehan schlug ihm die Mütze vom Kopf und packte ihn bei den Haaren. »Du sagst ihm, daß er mit einem seiner Kumpel zur Öffnungszeit draußen vor der Tür sein soll. In der ersten Stunde geht niemand rein. Niemand! Er soll warten, bis ihm mindestens ein Dutzend Betrunkene den Rücken stärken, und dann die Bude auseinandernehmen. Wenn er es gut macht, ist es fünfundzwanzig Pfund wert. Wenn er dem Priester – so nebenbei – den Arm bricht, ist es fünfzig wert.«

Varley kroch auf dem Boden, um seine Mütze aus dem Rinnstein zu fischen. »Ist das alles, Mr. Meehan?«

»Für den Anfang – ja.« Glucksend entfernte er sich.

Pater da Costa hatte nur drei Ministranten für die Abendmesse. Es war eine aussterbende Gemeinde. Er hatte es gewußt, als sie ihn hierher schickten. Seine Vorgesetzten hatten es gewußt. Eine hoffnungslose Aufgabe, um ihm Demut beizubringen, wie der Bischof gesagt hatte. Ein bißchen Demut einem Mann, der so arrogant gewesen war, zu glauben, er könnte die Welt ändern.

Zwei der Jungens waren Westinder, der dritte hatte ungarische Eltern. Alle ein Produkt der wenigen verbliebenen Slum-Straßen. Sie standen wartend in einer Ecke, flüsternd, gelegentlich lachend, frisch gewaschen und gekämmt. Hatte Jack Meehan auch so ausgesehen?

Bei der Erinnerung an Meehan fuhr ihm ein Schwert durchs Herz. Gewalt war so oft schon sein Verderben gewesen. Er dachte an den chinesischen Soldaten in Korea, der eine Flüchtlingskolonne mit dem Maschinengewehr niedermähen wollte. Er hatte dem Mann aus hundert Metern Entfernung eine Kugel durch den Kopf geschossen. Hatte er falsch gehandelt? Obgleich er so viele Menschenleben hatte retten können? Und dann dieser portugiesische Captain in Moçambique, der Partisanen an den Beinen aufgeknüpft hatte. Er hatte den

Mann halbtot geschlagen. Der Vorfall hatte ihn endgültig in die Heimat zurückgebracht.

Gewalt gegen Gewalt, das war Meehans Parole. Deprimiert und angewidert zog sich da Costa für die Messe um. Als er den alten rosa Priestermantel umlegte, öffnete sich die Tür, und Anna trat ein, in einer Hand den Stock, den Regenmantel umgelegt.

Er nahm ihr den Mantel ab. »Alles in Ordnung?«

Sorge spiegelte sich auf ihrem Gesicht. »Was ist los? Du bist deprimiert? Ist etwas geschehen?«

»Ich hatte ein sehr unerfreuliches Gespräch mit Mr. Meehan«, erwiderte er leise. »Er sagte einiges Fallon betreffend – Dinge, die eine Menge erklären könnten. Ich erzähle es dir später.«

Er führte sie in die Kirche hinaus, wartete ein paar Minuten und nickte dann den Jungen zu. Als die Orgel zu spielen begann, gingen sie in die Kirche.

Ungefähr fünfzehn Leute hatten sich eingefunden. Seit Korea hatte sich da Costa nicht mehr so entmutigt gefühlt. In dieser Messe flehte er seinen Gott an, ihm gnädig zu sein, ihm zu helfen und zu zeigen, was er tun sollte, und Tränen kullerten über seine Wangen, die ersten seit vielen Jahren.

9

Der Wind heulte durch die Stadt – wie ein lebendes Wesen, Regen vor sich hertreibend, die Straßen säubernd, an alten Fensterrahmen rüttelnd, an die Scheiben klopfend.

Als Billy Meehan in Jenny Fox' Schlafzimmer trat, stand sie vor dem Spiegel und kämmte sich. Sie trug den schwarzen Mini-Faltenrock, dunkle Strümpfe, hochhackige, glänzende Lackschuhe und eine weiße Bluse.

Billy schloß die Tür und sagte weich: »Hübsch. Sehr hübsch. Er ist immer noch in seinem Zimmer, ja?«

Sie wandte sich um. »Er sagte, er würde wieder ausgehen.«

»Dann werden wir seine Meinung ändern müssen, nicht wahr?«

Billy setzte sich auf ihr Bett. »Komm her!« Sie versuchte

gegen die Panik anzukämpfen, die sie zu ersticken drohte, gegen den Ekel, der ihren Körper mit einer Gänsehaut überzog, während sie sich ihm näherte.

Er fuhr ihr unter den Rock und tätschelte das warme Fleisch oberhalb des Strumpfansatzes. »Das ist gut, Mädchen. Das wird ihm gefallen.« Er sah zu ihr auf, diesen seltsamen verträumten Ausdruck in den Augen. »Wenn du die Sache versaust, wirst du Schwierigkeiten bekommen. Ich müßte dich dann bestrafen. Und das würde dir doch nicht gefallen, oder?"

Ihr Herz klopfte wild. »Billy, bitte!«

»Dann mach es richtig. Ich möchte sehen, was diesen Kerl geil macht.«

Er stieß sie von sich, stand auf und ging zu einem Bild an der Wand, das er abnahm. Darunter befand sich ein winziges Guckloch, durch das er spähte. Nach wenigen Augenblicken wandte er sich um und nickte. »Zieht gerade sein Hemd aus. Geh jetzt zu ihm und vergiß nicht, daß ich zuschaue!«

Sein Mund war weich und konturlos, seine Hände zitterten leicht. Sie schluckte den Ekel hinunter, öffnete die Tür und schlüpfte hinaus.

Fallon stand am Waschbecken, als sie eintrat, den Oberkörper entblößt, Seifenschaum im Gesicht. Er drehte sich grüßend um, in der einen Hand ein geradezu mörderisches Rasiermesser.

Sie lehnte sich gegen die Tür. »Tut mir leid – das mit dem Rasiermesser. Ich konnte kein anderes auftreiben.«

»Macht nichts.« Er lächelte. »Mein Vater hatte so eins. Hätte kein anderes benutzt.«

Eine Linie häßlicher klumpiger Narben zog sich quer über seinen Bauch bis zur linken Hüfte hin.

Ihre Augen weiteten sich. »Was ist da passiert?«

Er sah nach unten. »Oh – eine Maschinengewehrsalve. Eines der wenigen Male, wo ich mich schneller hätte bewegen sollen.«

»Waren Sie in der Armee?«

»Sozusagen.«

Er wandte sich wieder dem Spiegel zu, um seine Rasur zu beenden. Sie trat zu ihm. Er lächelte schief, seinen Mund anspannend und den Rasiermesserbewegungen anpassend.

»Du siehst zum Anbeißen aus. Willst du ausgehen?«

Da war wieder dieses Prickeln, und plötzlich stellte sie überrascht fest, wie sehr sie diesen seltsamen kleinen Mann liebgewonnen hatte. Und im gleichen Moment erinnerte sie sich an Billy, der auf der anderen Seite der Wand lauerte.

Sie lächelte schelmisch, strich mit einem Finger über seinen nackten Arm. »Ich wollte heute abend zu Hause bleiben. Was ist mit Ihnen?«

Fallons Blick huschte zu ihr hin. In seinen Augen spiegelte sich fast so etwas wie Amüsement. »Liebes Mädchen, du weißt nicht, in was du da hineingeraten würdest. Außerdem bin ich zweimal so alt wie du.«

»Ich habe eine Flasche irischen Whisky da.«

»Gott bewahre! Reicht das nicht aus, um den Teufel höchstpersönlich in Versuchung zu führen?«

Er rasierte sich weiter, und sie ging zum Bett und setzte sich. Es lief nicht gut. Es lief überhaupt nicht gut, und bei dem Gedanken an Billys Wut fröstelte sie.

»Darf ich eine Zigarette haben?« fragte sie scheu.

Auf dem Nachttischchen lag eine Packung, daneben eine Schachtel Streichhölzer. Sie nahm sich eine Zigarette, zündete sie an und lehnte sich aufs Bett zurück, ein Kissen im Nacken. »Müssen Sie wirklich ausgehen?«

Sie zog ein Knie an, so daß der Rock hochrutschte, provozierend das nackte Fleisch über den dunklen Strümpfen und den durchsichtigen, schwarzen Nylonslip zur Schau stellend.

Fallon seufzte tief, legte das Rasiermesser weg und griff nach einem Handtuch. Er wischte den Schaum aus dem Gesicht, ging zum Bett hinüber und sah auf sie hinab. »Du wirst dich erkälten« – er lächelte sanft und zog ihren Rock herunter –, »wenn du nicht aufpaßt. Und ich gehe immer noch aus. Aber ich werde vorher ein Glas mit dir trinken. Los, öffne die Flasche!«

Er zog sie hoch und schubste sie energisch durchs Zimmer.

An der Tür wandte sie sich um. Furcht spiegelte sich in ihren Augen.

»Bitte!« flehte sie ungestüm. »Bitte!«

Fallon runzelte leicht die Stirn, und dann umspielte kurz ein trauriges Lächeln seinen Mund. Er küßte sie zart und schüttelte den Kopf. »Nicht ich, mein liebes Mädchen, nicht gerade ich auf dieser großen, weiten Welt. Du brauchst einen Mann. Ich bin nur ein wandelnder Leichnam.«

Die Bemerkung war so schrecklich, daß sie einen Moment lang alle anderen Gedanken verscheuchte. Sie starrte ihn mit großen Augen an, und er öffnete die Tür und stieß sie hinaus.

Niemals im Leben hatte sie solche Angst gekannt. Wenn sie nur nach unten... Aber als sie auf Zehenspitzen an ihrer Schlafzimmertür vorbeischleichen wollte, öffnete sie sich. Billy zog sie so brutal ins Zimmer, daß sie stolperte. Sie verlor einen Schuh und landete quer über dem Bett.

Ängstlich drehte sie sich um. Er schnallte bereits seinen Gürtel auf.

»Du hast es vermasselt«, zischte er leise. »Und das nach allem, was ich für dich getan habe.«

»Billy, bitte! Bitte nicht! Ich werde alles machen!«

»Du wirst jetzt meine Spezialität zu spüren bekommen, damit du auf der rechten Fährte bleibst. Und vielleicht wirst du dann das nächstemal, wenn ich dir was auftrage, verdammt dafür sorgen, daß es klappt.« Er begann seine Hosen aufzumachen. »Los! Dreh dich um!«

Sie erstickte fast. Benommen schüttelte sie den Kopf. Wahnsinn leuchtete ihr aus den blassen Augen entgegen. Er schlug ihr heftig ins Gesicht.

»Du tust, was dir verdammt noch mal gesagt wird, du Hure!«

Er packte sie an den Haaren und drehte sie gewaltsam herum, bis sie mit dem Gesicht nach unten auf der Bettkante lag. Seine andere Hand zog ihren Schlüpfer runter. Und als sie sein steifes Glied spürte, als er sich wie ein Tier zwischen ihre Popobacken zwängte, schrie sie gellend auf, den Kopf in höchster Pein zurückgebogen.

Die Tür wurde so heftig aufgerissen, daß sie gegen die Wand knallte, splitterte. Fallon stand im Türrahmen, das mörderische Rasiermesser in der rechten Hand.

Billy ließ von dem Mädchen ab, brabbelte unzusammenhängendes Zeug, grapschte nach seinen Hosen. Als er sich aufrichtete, machte Fallon rasch zwei Schritte ins Zimmer hinein und trat Billy in die Geschlechtsteile. Billy fiel wie ein

Stein um, die Knie hoch an die Brust gezogen, in der Stellung eines Fötus.

Das Mädchen brachte ihre Kleidung in Ordnung und stand auf. Tränen strömten über ihr Gesicht.

Fallons Augen waren sehr dunkel.

Sie konnte vor Schluchzen kaum sprechen. »Er hat – mich gezwungen – in Ihr Zimmer zu gehen. Er hat – zugeschaut.«

Sie deutete auf die Wand. Fallon ging auf das Guckloch zu.

Langsam wandte er sich um. »Ist so etwas oft passiert?«

»Er sah gern zu.«

»Und du? Was ist mit dir?«

»Ich bin eine Hure«, sagte sie. Und plötzlich brach es aus ihr heraus – all der Ekel, all die Selbstverachtung, aus jahrelanger Erniedrigung geboren. »Haben Sie auch nur irgendeine Ahnung, was das bedeutet? Er hat mich früh dazu gemacht – sein Bruder.«

»Jack Meehan?«

»Wer sonst? Ich war dreizehn. Gerade recht für eine gewisse Art von Kunden. Und von da an ist's bergab gegangen.«

»Du könntest gehen.«

»Wo sollte ich denn hingehen?« Sie hatte ein bißchen ihre Fassung wiedergewonnen. »Dazu braucht man viel Geld. Und ich habe eine drei Jahre alte Tochter, an die ich denken muß.«

»Hier?«

Sie schüttelte den Kopf. »Ich habe sie bei einer Frau untergebracht. Einer netten Frau, in einem anständigen Stadtviertel. Aber Billy weiß, wo sie ist.«

In diesem Augenblick bewegte Billy sich und richtete sich auf. Tränen schimmerten in seinen Augen, und Schaum stand vor seinem Mund.

»Sie sind erledigt«, hauchte er schwach. »Wenn mein Bruder hiervon hört, sind Sie eine Leiche.«

Er begann den Reißverschluß seiner Hose zuzuziehen. Fallon kauerte sich neben ihn.

»Mein Großvater«, begann er im Konversationston, »hatte eine Farm zu Hause in Irland. Schafe hauptsächlich. Jedes Jahr hat er ein paar Hammel kastriert, um den Geschmack des

Fleisches zu verbessern – oder damit die Wolle dichter wächst. Weißt du, was *kastrieren* ist, Billy, mein Junge?«

»Zum Teufel noch mal – Sie sind total verrückt – wie alle verdammten Iren«, krächzte Billy.

»Er hat ihre Hoden mit einer Schafschere abgeschnitten.« Grauen malte sich auf dem Gesicht des Jungen.

Fallon sagte sanft: »Wenn du das Mädchen noch einmal anrührst« – er hielt das mörderische Rasiermesser hoch –, »werde ich mich persönlich um dich kümmern. Mein Wort drauf.«

Der Junge kroch von ihm weg und schob sich an der Wand hoch.

»Sie sind verrückt«, flüsterte er. »Total übergeschnappt.«

»So ist es, Billy. Zu allem fähig. Vergiß das nicht!«

Der Junge haute ab. Seine Stiefel polterten die Treppe hinunter. Die Haustür schlug zu.

Fallon wandte sich zu Jenny um. »Kann ich jetzt gehen?«

Sie hielt ihn an beiden Armen fest. »Bitte, gehen Sie nicht weg! Bitte, lassen Sie mich nicht allein!«

»Ich muß«, sagte er. »Er wird nicht wiederkommen – nicht, so lange ich hier wohne.«

»Und danach?«

»Werden wir uns was einfallen lassen.«

Sie wandte sich ab, und er faßte rasch nach ihrer Hand. »Ich bin nur eine Stunde weg, nicht mehr. Ich verspreche es. Und dann können wir unseren Whisky trinken. Was hältst du davon?«

Sie wandte sich um. Tränen hatten ihr Make-up gemasert. Sie sah jetzt irgendwie sehr jung aus. »Meinen Sie das wirklich?«

»Das Wort eines irischen Gentleman.«

Sie schlang glücklich ihre Arme um seinen Hals. »Ich werde gut zu Ihnen sein. Bestimmt.«

Er verschloß ihren Mund mit einem Finger. »Das ist nicht nötig, ganz und gar nicht nötig.« Er streichelte ihre eine Wange. »Nur etwas kannst du für mich tun.«

»Was?«

»Wasch dir um Himmels willen dein Gesicht!«

Er schloß sanft die Tür hinter sich, und sie trat ans Waschbecken und blickte in den Spiegel. Er hatte recht. Sie sah schrecklich aus, und trotzdem lächelten ihre Augen zum erstenmal seit Jahren.

Pater da Costa konnte es nicht verstehen. Die Krypta war seit über einer Stunde geöffnet, und niemand war gekommen. Es war kein großartiger Platz, aber die Mauern waren weiß getüncht, im Ofen brannte ein Koksfeuer, und Bänke und Tischböcke standen herum. Anna saß hinter einem und strickte einen Pullover. Vor ihr stand in einem wärmespeichernden Behälter die Suppe, daneben stapelten sich Teller und mehrere Brotlaibe vom gestrigen Tag, die eine Bäckerei kostenlos zur Verfügung stellte.

Pater da Costa schüttete Koks in den Ofen und stocherte ungeduldig mit dem Feuerhaken herum.

Anna hörte zu stricken auf. »Wie erklärst du dir das?«

»Weiß der Himmel, was passiert ist!«

Er ging nach draußen. Die Straße wirkte verlassen. Es nieselte im Moment nur. Er ging wieder rein.

Der Ire O'Hara trat aus der Toreinfahrt eines kleinen Hofes, etwas weiter die Straße unten, und stellte sich unter eine Laterne. Es war ein breitschultriger Mann, mindestens einen Meter neunzig groß, mit gekräuseltem, schwarzem Haar und einem stereotypen Lächeln. Der Mann, der aus dem Schatten auftauchte, um sich ihm anzuschließen, war etwa sechs bis acht Zentimeter kleiner und hatte ein gebrochenes Nasenbein.

In diesem Augenblick bog Fallon am Ende der Straße um die Ecke. Er näherte sich lautlos, und als er O'Hara und seinen Freund sah, blieb er kurz stehen, trat dann in einen Hauseingang und lauschte.

»Na, ich glaube, der Pfaffe ist jetzt soweit, Daniel«, sagte O'Hara. »Wie viele haben wir hier versammelt?«

Daniel schnalzte mit den Fingern, und einige Gestalten tauchten aus der Dunkelheit auf. Er zählte rasch. »Acht. Das sind zehn mit uns.«

»Neun«, sagte O'Hara. »Du bleibst draußen und behältst die Tür im Auge – nur für den Fall. Sie wissen, was sie zu tun haben?«

»Dafür hab' ich gesorgt«, versicherte Daniel. »Für ein Pfund pro Mann werden sie den Schuppen auseinandernehmen.«

O'Hara wandte sich den Gestalten zu. »Vergeßt eines nicht: Da Costa gehört mir!«

Daniel fragte: »Macht dir das nichts aus, Kumpel? Ich meine, du bist doch ein Ire und so. Schließlich ist er ein Priester.«

»Ich muß dir ein schreckliches Geständnis machen, Daniel.« O'Hara legte eine Hand auf Daniels eine Schulter. »Einige Iren sind Protestanten – und ich bin einer von ihnen.« Er wandte sich den anderen zu. »Kommt, Jungens!«

Sie überquerten die Straße und verschwanden durch die Tür der Krypta. Daniel wartete am Geländer, die Ohren spitzend.

Hinter ihm hustete jemand leise, und als er sich umwandte, stand Fallon keine zwei Meter von ihm entfernt, die Hände in den Taschen.

»Wo zum Teufel kommen Sie denn her?« fragte Daniel.

»Das spielt keine Rolle. Was geht da drinnen vor?«

Daniel schätzte den Mann restlos falsch ein. Verächtlich zischte er: »Du kleiner Wichtigtuer, verschwinde, verdammt noch mal!«

Er machte eine schnelle Bewegung, die Arme zum Angriff abgewinkelt, aber sie konnten sich nur an der dünnen Luft festhalten, als seine Beine geschickt unter ihm weggeschlagen wurden. Er knallte auf das nasse Pflaster und rappelte sich, Obszönitäten von sich gebend, mühsam wieder auf. Fallon packte sein rechtes Handgelenk mit beiden Händen und drehte es hoch und dann herum. Daniel stieß einen Schmerzensschrei aus. Ihn weiter im Griff haltend, rammte Fallon ihn mit dem Kopf gegen das Geländer.

Daniel zog sich hoch, eine Hand demütig bittend vorgestreckt. Blut strömte über sein Gesicht. »Um Himmels willen, hören Sie auf!«

»Gut. Dann antworte! Worum geht es?«

»Wir sollen den Schuppen auseinandernehmen.«

»Für wen?«

Daniel zögerte, und Fallon schlug ihm wieder die Beine unter dem Leib weg. »Für wen?«

»Jack Meehan«, plapperte Daniel rasch.

Fallon zog ihn in die Höhe und trat zurück. »Das nächste Mal bekommst du eine Kugel in die Kniescheibe. Das ist ein Versprechen. Und jetzt verschwinde!«

Daniel taumelte davon.

Pater da Costa begriff sofort, daß es Ärger geben würde. Er machte ein paar Schritte vorwärts. Eine Bank flog um, dann eine zweite. Hände grapschten nach ihm. Jemand zog an seiner Soutane. Anna schrie ängstlich auf, und er wirbelte herum und sah, wie O'Hara sie von hinten umfaßte, die Arme um ihre Taille gelegt.

»Nun, Liebing, wie wär's mit einem kleinen Kuß?« fragte er.

Sie riß sich in panischem Schrecken los, streckte die Hände vor, prallte gegen den Tisch und stieß ihn um. Die Suppe ergoß sich über den Boden, Teller klapperten.

Pater da Costa kämpfte sich zu ihr durch.

O'Hara lachte schallend. »Na sieh mal, was du angestellt hast!«

Eine leise, ruhige Stimme rief von der Tür her: »Mickeen O'Hara, bist du das?«

Es wurde still im Raum. Alle warteten. O'Hara wandte sich um. Ungläubiges Staunen spiegelte sich in seinem Gesicht, ein Ausdruck, der rasch durch eine Mischung aus Ehrfurcht und Angst ersetzt wurde.

»Gott im Himmel«, murmelte er. »Bist du das, Martin?«

Fallon ging auf ihn zu, die Hände in den Taschen. Alle warteten.

»Sag ihnen, daß sie aufräumen sollen, Mick! Und dann warte draußen auf mich!«

O'Hara gehorchte, ohne zu zögern, und steuerte auf die Tür zu. Die anderen begannen die Tische und Bänke wieder aufzustellen. Einer schnappte sich einen Eimer und einen Schrubber und wischte den Boden auf.

Pater da Costa versuchte Anna zu beruhigen.

Fallon trat zu ihnen. »Tut mir leid, Pater. Es wird nicht wieder vorkommen.«

»Meehan?« fragte da Costa.

Fallon nickte. »Haben Sie etwas Ähnliches erwartet?«

»Er besuchte mich etwas früher am Abend. Man könnte

sagen, daß wir nicht besonders gut miteinander auskamen.«
Er zögerte. »Der große Ire – er kannte Sie?«

»Ich bin bekannt wie ein bunter Hund.« Fallon lächelte und
wandte sich der Tür zu. »Gute Nacht!«

Pater da Costa lief ihm nach und hielt ihn am Arm zurück.
»Wir müssen uns unterhalten, Fallon. Das schulden Sie mir.«

»Gut. Wann?«

»Den Morgen über bin ich beschäftigt, aber die Beichte
mittags fällt aus. Wäre Ihnen ein Uhr recht? Im Pfarrhaus?«

»Ich werde kommen.«

Fallon ging hinaus, schloß die Tür hinter sich und überquerte die Straße. O'Hara wartete nervös unter der Laterne.

»Bei Gott, wenn ich gewußt hätte, daß du in die Sache
verwickelt bist, Martin, hätte ich mich nicht mal bis auf eine
Meile herangewagt. Ich dachte, du wärst schon tot. Alle
dachten das.«

»Wieviel hat dir Meehan gezahlt?« fragte Fallon.

»Fünfundzwanzig Pfund, fünfzig, wenn ich dem Priester
einen Arm breche.«

»Wieviel im voraus?«

»Nichts.«

Fallon zog zwei Zehn-Pfund-Noten aus seiner Brieftasche
und reichte sie ihm. »Reisegeld – eingedenk alter Zeiten. Ich
glaube kaum, daß die Luft jetzt sehr gesund für dich hier sein
wird, wenn Jack Meehan erst herausgefunden hat, daß du ihn
hast hochgehen lassen.«

»Gott segne dich, Martin! Ich werde noch diese Nacht
verduften.« Er wollte sich abwenden, zögerte dann aber.
»Quält es dich immer noch, Martin – das, was damals passiert
ist?«

»Jede einzelne Minute meines Lebens.«

Pater da Costa trat aus der schützenden Dunkelheit des
Portals und sah, wie O'Hara die Straße überquerte und auf das
Pub an der Ecke zusteuerte. Er betrat die Saloon-Bar. Der Pater
folgte ihm.

Es war ruhig im Saloon. O'Hara war immer noch ziemlich
durcheinander. Er bestellte einen großen Whisky, den er auf

einmal hinuntergoß. Als er nach dem zweiten verlangte, öffnete sich die Tür, und Pater da Costa trat ein.

O'Hara versuchte, frech aufzutreten. »Oh, da sind Sie ja, Pater! Wollen Sie einen mit mir heben?«

»Ich würde noch eher mit dem Teufel trinken.« Da Costa zog ihn in eine Nische und setzte sich ihm gegenüber. »Woher kennen Sie Fallon?«

O'Hara starrte ihn erstaunt an, das Glas halb erhoben. »Fallon? Ich kenne niemanden, der Fallon heißt.«

»Martin Fallon, Sie Dummkopf«, sagte da Costa ungeduldig. »Ich habe Sie doch eben vor der Kirche mit ihm sprechen sehen.«

»Oh, Sie meinen Martin! Nennt er sich jetzt Fallon?«

»Was können Sie mir über ihn erzählen?«

»Weshalb sollte ich Ihnen etwas erzählen?«

»Weil ich sonst die Polizei anrufe und Sie wegen des Überfalls verhaften lasse. Kriminal-Superintendent Miller wird sich sicherlich sehr freuen.«

»Also gut, Pater, pfeifen Sie Ihre Hunde zurück.« O'Hara, durch die zwei großen Whiskys enthemmt, ging zur Bar, um sich einen dritten zu holen. »Weshalb fragen Sie?« wollte er wissen, als er zurückkehrte.

»Spielt das eine Rolle?«

»Für mich – ja. Martin Fallon – wie Sie ihn nennen – ist wahrscheinlich der beste Mensch, dem ich je in meinem Leben begegnet bin. Ein Held.«

»Für wen?«

»Für das irische Volk.«

»Ich kann Ihnen versichern, daß ich ihm nichts Böses will.«

»Geben Sie mir Ihr Wort?«

»Natürlich.«

»Also gut. Ich werde Ihnen nicht seinen richtigen Namen sagen. Der spielt keine Rolle. Er war Leutnant in der Provisional IRA. Man nannte ihn in Derry den Henker. Ich habe niemals jemanden gekannt, der so mit der Waffe umzugehen wußte. Und er hätte auch den Papst getötet, wenn er überzeugt gewesen wäre, daß es der Sache dienlich ist. Und Köpfchen hat er! Ein Akademiker, Pater. Würden Sie das glauben? Trinity College. An manchen Tagen floß alles aus ihm heraus – Gedichte, Romane und so. Und er spielte Klavier wie ein Engel.« O'Hara zögerte, angelte sich nachdenklich eine Zigarette. »Und dann kamen andere Zeiten.«

»Was meinen Sie damit?« fragte der Pater.

»Er veränderte sich vollständig. Ging ganz in sich. Keine Gefühlsregung, kein Echo mehr. Nichts. Kalt und dunkel.« O'Hara schüttelte sich, steckte sich die Zigarette in einen Mundwinkel. »Er hat alle das Fürchten gelehrt – einschließlich mich.«

»Sie waren lange mit ihm zusammen?«

»Nur kurze Zeit. Ich bin ein Tramp. Also stieg ich aus.«

»Und Fallon?«

»Er baute den Hinterhalt für den sarazenischen Panzerwagen, irgendwo in Armagh. Verminte die Straße. Jemand hatte die fasche Zeit erfahren, und ein Schulbus mit einem Dutzend Kindern wurde statt dessen in die Luft gejagt. Fünf wurden getötet, der Rest ist verkrüppelt. Es hat Martin fertiggemacht. Ich glaube, er hatte schon eine Weile über das Töten und all das nachgedacht. Das mit dem Bus war sozusagen das letzte Tüpfelchen auf dem i. Ich dachte, er wäre tot. Als letztes hörte ich, daß die IRA ein Hinrichtungs-Kommando nach ihm geschickt hat. *Ich* – ich zähle nicht. Aber Martin – das ist etwas anderes. Er weiß zuviel. Jemand wie er kann nur auf einem Weg die Bewegung verlassen: im Sarg.« Er stand auf, das Gesicht gerötet. »Alsdann, Pater. Ich gehe jetzt. Diese Stadt und ich – wir trennen uns.«

Er steuerte auf die Tür zu, und da Costa begleitete ihn. Draußen knöpfte O'Hara seinen Mantel zu und sagte freundlich: »Haben Sie sich jemals über den Sinn des Lebens Gedanken gemacht?«

»Laufend«, erwiderte der Pater.

»Alsdann in der Hölle, Pater!«

Er entfernte sich pfeifend.

Pater da Costa überquerte die Straße. In der Krypta war inzwischen alles wieder aufgeräumt. Die Männer waren weg. Anna wartete geduldig.

»Tut mir leid, daß ich dich allein lassen mußte«, sagte da Costa, »aber ich wollte mit dem Mann sprechen, der Fallon kannte. Er ging in das Pub an der Ecke.«

»Was hast du herausgefunden?«

Er zögerte und erzählte ihr dann alles. Als er geendet hatte, sagte sie langsam: »Dann ist er also gar nicht das, wofür wir ihn anfangs gehalten hatten.«

»Er tötete Krasko«, erinnerte sie da Costa. »Kaltblütig.«

»Du hast recht – natürlich.« Sie griff nach ihrem Mantel und stand auf. »Was hast du jetzt vor?«

»Was erwartest du denn von mir? Daß ich seine Seele rette?«

»Das wäre eine Idee.«

Sie hakte sich bei ihm ein, und gemeinsam verließen sie die Krypta.

Auf der Rückseite von Meehans Grundstück stand ein altes Lagerhaus. Über eine Feuerleiter kam man bequem auf das alte Dach. Fallon duckte sich hinter einen niedrigen Wall, während er den Schalldämpfer auf den Lauf der Ceska schraubte. Die beiden Mansardenfenster auf der Rückseite von Meehans Dachterrassenwohnung waren keine zwanzig Meter von ihm entfernt. Die Vorhänge waren nicht zugezogen. Er hatte Meehan bereits mit einem Glas in der Hand auf und ab schreiten sehen. Einmal war Rupert zu ihm getreten und hatte einen Arm um ihn gelegt, aber Meehan hatte ihn brüsk weggeschoben – ärgerlich, nach seiner Miene zu urteilen.

Es war schwierig, auf diese Entfernung mit einer Handfeuerwaffe zu treffen, aber nicht unmöglich. Fallon hielt die Ceska mit beiden Händen und zielte auf das linke Fenster. Meehan tauchte kurz auf. Fallon schoß.

In der Dachwohnung zersplitterte ein Spiegel an der Wand, und Meehan ging zu Boden. Rupert, der auf der Couch liegend ferngesehen hatte, wandte sich blitzschnell um. Seine Augen weiteten sich.

»Mein Gott, das Fenster! Jemand hat auf dich geschossen!«

Meehan sah zu dem Loch im Fenster, dann zum Spiegel. Er erhob sich langsam.

Rupert ging zu ihm. »Soll ich dir was sagen, Schätzchen? Dich zu kennen, wird langsam verdammt gefährlich.«

Meehan stieß ihn ärgerlich beiseite. »Hol mir was zu trinken, verflucht noch mal! Ich muß nachdenken.«

Wenige Minuten später läutete das Telefon. Er hob den Hörer ab.

»Sind Sie das, Meehan?« fragte Fallon. »Sie wissen, wer hier spricht?«

»Sie Bastard!« zischte Meehan. »Was haben Sie vor?«

»Diesmal habe ich absichtlich danebengezielt«, sagte Fallon. »Vergessen Sie das nicht! Und sagen Sie Ihren Schlägern, sie sollen sich nicht mehr in der Nähe von *Holy Name* blicken lassen! Das gilt auch für *Sie*.«

Die Verbindung riß ab.

Meehans Gesicht war weiß vor Wut.

Rupert reichte ihm den Drink. »Du siehst nicht besonders gut aus, Schätzchen. Schlechte Nachrichten?«

»Fallon«, stieß Meehan zwischen den Zähnen hervor. »Es war dieser Bastard Fallon. Und er hat nicht getroffen, weil er nicht treffen wollte.«

»Mach dir nichts draus, Schätzchen. Schließlich hast du immer noch mich.«

»Das stimmt«, sagte Meehan. »Das hatte ich ganz vergessen.«

Und er boxte ihm die Faust in den Magen.

Es war schon spät, als Fallon heimkehrte. Er schlüpfte aus den Schuhen und schlich lautlos die Treppe hoch und in sein Zimmer. Dort zog er sich aus, stieg ins Bett und zündete sich eine Zigarette an. Er war müde. Es war ein höllischer Tag gewesen.

Jemand klopfte schüchtern an die Tür. Dann öffnete sie sich, und Jenny kam herein. Sie trug ein dunkelblaues Nylon-Nachthemd. Ihr Haar war zurückgebunden, ihr Gesicht blank geschrubbt.

Sie sagte: »Jack Meehan hat vor einer halben Stunde angerufen. Er möchte Sie morgen früh sehen.«

»Sagte er, wo?«

»Nein. Ich soll Ihnen nur ausrichten, daß es nicht öffentlicher sein könnte, so daß Sie nichts zu befürchten haben. Er schickt um sieben Uhr dreißig einen Wagen vorbei.«

Fallon runzelte die Stirn. »Ein bißchen früh für ihn, hm?«

»Keine Ahnung.« Sie zögerte. »Ich wartete. Sie sagten – eine Stunde. Sie sind nicht gekommen.«

»Tut mir leid. Ich konnte nicht, glaub mir.«

»Ich glaube es. Sie sind seit Jahren der erste Mann, der mich nicht wie Dreck, den er von den Schuhsohlen abgekratzt hat, behandelt.«

Sie begann zu weinen. Wortlos schlug er die Decke zurück und streckte eine Hand aus. Sie stolperte durchs Zimmer und legte sich neben ihn. Er knipste die Lampe aus. Sie lag in seinen Armen, preßte ihr Gesicht gegen seine Brust und schluchzte. Er drückte sie fest an sich, strich ihr übers Haar, und nach einer Weile schlief sie ein.

10

Der Wagen, der Fallon am nächsten Morgen um sieben Uhr dreißig abholte, war eine schwarze Leichen-Limousine. Varley saß am Steuer. Er hatte einen adretten blauen Anzug an und eine Schirmmütze auf.

Fallon kletterte hinten rein, schloß die Tür und schob das Glasfenster zur Fahrerkabine auf.

»Wo fahren wir hin?« fragte er.

Varley startete. »Zum katholischen Friedhof.«

Fallon, der sich gerade seine erste Morgenzigarette anzündete, wollte losbrausen, aber Varley sagte besänftigend: »Kein Grund zur Aufregung, Mr. Fallon. Ehrlich. Mr. Meehan muß heute morgen nur als erstes zu einer Exhumierung.«

»Einer Exhumierung?« echote Fallon.

»Ganz recht. So etwas kommt nicht sehr häufig vor, und Mr. Meehan ist immer gern persönlich zugegen. Er nimmt seine Arbeit sehr genau.«

»Das glaube ich gern. Was ist Besonderes an diesem Fall?«

»Nichts im Grunde. Ich vermute, er glaubte, Sie könnten sich dafür interessieren.«

Sie waren in zehn Minuten am Friedhof. Varley fuhr durch das Tor, an der Kapelle und dem Büro des Friedhofsverwalters vorbei einen schmalen Weg entlang.

Um das Grab scharten sich mindestens ein Dutzend Leute,

ein Lastwagen und zwei Autos standen daneben. Meehan sprach mit einem grauhaarigen Mann in Gummistiefeln und einem Gummimantel. Er selbst trug einen Homburg und seinen doppelreihigen Mantel. Donner hielt einen Schirm über ihn.

Als Fallon ausstieg und durch den Regen platschte, wandte sich Meehan lächelnd um. »Ah, da sind Sie ja! Dies ist Mr. Adams, der Inspektor der Gesundheitsbehörde. Mr. Fallon ist ein Kollege von mir.«

Adams schüttelte Fallon die Hand und wandte sich wieder Meehan zu. »Ich will mal sehen, wie Sie vorankommen, Mr. Meehan.«

Er ging, und Fallon sagte: »Welches Spiel ist nun dran?«

»Kein Spiel«, sagte Meehan. »Das ist Geschäft. Und danach habe ich eine Beerdigung. Aber wir müssen miteinander reden. Und dazu haben wir nachher im Auto Zeit. Bleiben Sie im Augenblick nur in meiner Nähe und tun Sie so, als gehörten Sie zur Firma.«

Er näherte sich dem Grab, Donner mit dem Regenschirm im Schlepptau. Fallon folgte. Es stank entsetzlich.

»Das Wasser steht etwa sechzig Zentimeter hoch, Mr. Meehan«, sagte Inspektor Adams. »Zu viel Lehm. Das bedeutet, daß der Sarg in einem schlechten Zustand sein wird. Wahrscheinlich fällt er auseinander.«

»Auch dafür ist vorgesorgt«, sagte Meehan. »Vielleicht sollten wir den anderen gleich parat haben.«

Er nickte, und zwei Totengräber hoben einen großen Eichensarg vom Lastwagen und stellten ihn neben das Grab. Als sie ihn öffneten, sah Fallon, daß er innen mit Zink ausgekleidet war.

Plötzlich kam Bewegung in die Gruppe. Die sechs Männer, die sich um das Grab geschart hatten, hievten den Sarg hoch, der gewissermaßen von den Tragegurten zusammengehalten wurde. Und als der Sarg auftauchte, brach ein Ende ab und zwei verweste Füße kamen zum Vorschein.

Der Gestank war noch unerträglicher geworden. Die bedauernswerten Totengräber taumelten auf den neuen Sarg zu. Nur Meehan schien riesigen Spaß zu haben, trat nahe heran und bellte Befehle.

Als der Deckel des neuen Sarges geschlossen wurde, wandte er sich strahlend an Fallon: »Alsdann – gehen wir. Ich habe um neun Uhr dreißig eine Einäscherung.«

Donner fuhr, und Meehan und Fallon saßen hinten.

Meehan öffnete einen Schrank an der unteren Hälfte der Trennwand, holte eine Thermosflasche und eine halbe Flasche Cognac heraus, goß eine Tasse halb voll Kaffee, halb voll Cognac und lehnte sich zurück. »Letzte Nacht – das war sehr dumm. Nicht gerade das, was ich eine freundschaftliche Geste nennen würde. Weshalb mußten Sie so etwas tun?«

»Sie haben versprochen, daß man den Priester in Ruhe lassen würde, und dann haben Sie O'Hara in die Krypta geschickt. Ein Glück, daß ich noch rechtzeitig auftauchte. O'Hara und ich sind übrigens sozusagen alte Kameraden. Er hat sich verkrümelt – zu Ihrer Orientierung.«

»Sie sind rührig gewesen.« Meehan goß Cognac nach. »Ich gebe zu, daß ich ein bißchen ärgerlich auf Pater da Costa war. Aber er war auch nicht sehr nett, als ich gestern abend mit ihm sprach. Und dabei habe ich ihm nur helfen wollen, Geld aufzutreiben für die Instandsetzung seiner Kirche.«

»Und Sie haben gedacht, er würde akzeptieren?« Fallon lachte schallend. »Sie müssen scherzen.«

Meehan hob die Schultern. »Auf jeden Fall war diese Kugel ein unfreundlicher Akt.«

»Genauso wie Billys Voyeur-Spielchen bei Jenny Fox«, entgegnete Fallon. »Wann werden Sie übrigens endlich etwas wegen dieses Wurms unternehmen? Ohne Aufseher kann er nicht das Haus verlassen.«

Meehans Miene verdüsterte sich. »Er ist mein Bruder. Er hat seine Fehler, aber die haben wir alle. Jeder, der ihn verletzt, verletzt auch mich.«

Fallon zündete sich eine Zigarette an, und Meehan lächelte breit. »Sie kennen mich nicht, nicht wahr, Fallon? Ich meine mein anderes Gesicht – den Leichenbestatter.«

»Sie nehmen das Geschäft ernst.«

Meehan nickte. »Man muß etwas Respekt vor dem Tod haben. Es ist ein ernstzunehmendes Gewerbe. Viele Kollegen gehen heutzutage zu lässig an die Dinge heran.«

»Das kann ich mir vorstellen.«

Meehan lächelte. »Deshalb hielt ich es auch für eine gute Idee, daß wir uns heute morgen trafen. Wer weiß, vielleicht sehen Sie sogar irgendeine Zukunft in dem Geschäft.«

Er legte eine Hand auf Fallons Knie. Fallon rutschte beiseite.

»Nun, wie auch immer, wir werden Ihre Karriere mit einer Einäscherung beginnen«, schloß er und goß sich eine zweite Tasse ein, diesmal mehr Cognac nehmend. Zufrieden aufseufzend lehnte er sich zurück.

Als der Wagen durch das Tor des Krematoriums *Pine Trees* fuhr, stellte Fallon überrascht fest, daß Meehans Name in goldenen Lettern auf der Tafel stand. Er gehörte zu den sechs Direktoren.

»Ich bin mit einundfünfzig Prozent an dem Laden beteiligt«, erklärte Meehan. »Ist das modernste Krematorium in ganz Nordengland. Kostet uns eine Stange Geld, aber es lohnt sich. Die Leute kommen von überallher.«

Sie fuhren am Haus und Büro des Krematoriumverwalters vorbei und kamen zu einem prächtigen Gebäude mit Kolonnaden. Meehan klopfte an die Glasscheibe, und Donner hielt an.

Meehan kurbelte das Fenster herunter. »Das ist die Urnenhalle. In den Wänden befinden sich Nischen. Die meisten sind voll. Wir versuchen die Leute von diesem Aufbewahrungssystem abzubringen.«

»Und was würden Sie empfehlen?« fragte Fallon.

»Die Asche über den Rasen zu streuen«, erwiderte er ernst.

Die Kapelle und das Krematorium lagen ungefähr in der Mitte des Grundstücks. Neben einigen anderen Autos parkte ein Leichenwagen mit einem Sarg hinten drin. Bonati saß am Steuer. Meehan erklärte, daß Trauerprozessionen bei dem heutigen Verkehr nicht mehr üblich seien und der Leichenwagen daher – falls die Anverwandten einverstanden waren – vorausfahren würde.

Einen Moment später rollte eine Limousine an, der drei weitere folgten. Billy saß in der ersten vorn neben dem Chauffeur.

Meehan stieg aus, um die Trauergäste zu begrüßen, den Hut in der Hand. Es war eine richtige Theatervorstellung, und

Fallon beobachtete fasziniert Meehans Mienenspiel. Besonders gut konnte er es mit den älteren Damen. Er folgte dem Sarg und den Trauernden in die Kapelle und zog Fallon am Ärmel hinter sich her. Dieser war erleichtert, als die kurze unpersönliche Feier beendet war und der Sarg hinter einem Vorhang verschwand. Meehan machte noch eine Runde bei den Angehörigen, dann führte er Fallon zur Rückseite des Gebäudes, im dem vier riesige zylindrische Hochöfen standen. Zwei waren in Betrieb, in einem harkte ein Mann in einem weißen Kittel herum, der vierte war kalt.

Meehan nickte ihm vertraulich zu und erklärte: »Außer Arthur ist niemand hier vonnöten. Alles vollautomatisiert. Über ein Förderband kommt der Sarg aus der Kapelle hierher.«

Meehan führte Fallon an dem Sarg, den er eben noch in der Kapelle gesehen hatte, stolz den reibungslosen Ablauf der Verbrennung vor.

Fallon sah durch ein Glas-Guckloch in den Ofen, beobachtete, wie der Sarg in Flammen aufging, wandte sich aber rasch wieder ab, als ein Kopf sichtbar wurde, dessen Haare Feuer fingen.

Meehan stand neben Arthur, der geschäftig harkte.

»Schauen Sie sich das an!« forderte Meehan Fallon auf. »Das ist alles, was letztlich nach einer Stunde übrigbleibt.«

Die fein säuberlich von Arthur zusammengeharkten Rückstände wurden anschließend samt der Asche, die in einem großen Zinnbehälter aufgefangen worden war, durch einen Zerstäuber gejagt, unter den bereits eine beschriftete Metallurne montiert war. Meehan war stolz auf die Perfektion seines Systems. Er holte aus der Schublade eines Schreibtisches eine schwarzumrandete weiße Karte heraus – eine sogenannte Ruhe-sanft-Karte, die dem nächsten Angehörigen überreicht wurde. Darauf wurde die Parzellennummer eingetragen.

Es regnete noch immer, als sie hinter dem Gelände einen Pfad entlang zwischen Zypressen zu einer Rasenfläche schritten, die von Buchsbaumhecken durchzogen war. Am Rande des Pfades standen numerierte Tafeln. Ein Gärtner hackte etwas abseits in einem Blumenbeet herum, einen Schubkarren neben sich. Meehan übergab ihm die Urne, und der Gärtner mußte in ein kleines, schwarzes Büchlein die Angaben, die auf der Urne standen, notieren.

»Nummer 537, Mr. Meehan«, sagte er, als er fertig war.

Dann ging er zu der Tafel mit der entsprechenden Nummer, streute die Urnenasche über das feuchte Gras und bürstete sie mit einem Reisigbesen in den Boden ein.

Meehan wandte sich an Fallon. »Das ist alles – eine Ruhesanft-Karte mit der korrekten Nummer drauf.«

Während sie zur Kapelle zurückgingen, erklärte Meehan, daß er lieber beerdigt werden wollte. »Es ist passender. Aber man muß den Leuten das geben, was sie haben wollen.«

Als sie die Kapelle erreichten, waren Billy und Bonati bereits gegangen. Donner wartete noch, Varley war mit der zweiten Limousine da.

Der Krematoriumsverwalter erschien und wollte Meehan sprechen. So war Fallon einen Moment lang allein. Er hatte immer noch den Gestank aus dem offenen Grab in der Nase. Gleich im Haupteingang der Kapelle entdeckte er eine Toilette. Er ging hinein und wusch sich Gesicht und Hände in kaltem Wasser. In dem kleinen Fenster über dem Becken fehlte ein Stück in der Glasscheibe. Es regnete durch das Loch. Niedergeschlagen stand Fallon einen Moment da und starrte vor sich hin. Das offene Grab, die verwesten Füße, die aus dem morschen Sarg herausgeragt hatten – das war schon ein höllischer Tagesanfang gewesen. Und nun noch dies.

Als er aus der Toilette trat, wartete Meehan bereits auf ihn.

»Möchten Sie noch einer Verbrennung beiwohnen?« fragte er.

»Wenn es geht – nein.«

Meehan glucste. »Ich habe noch zwei heute morgen, aber Varley kann Sie zu Jennys Wohnung zurückbringen.« Er grinste breit. »Es lohnt sich übrigens nicht, an einem Tag wie diesem auszugehen, wenn man nicht muß. An Ihrer Stelle würde ich zu Hause bleiben. Ich glaube, es könnte interessant werden. Sie ist ein richtiges kleines Feuerwerk, wenn...«

»Ich weiß«, sagte Fallon. »Sie haben's mir schon erzählt.«

Er stieg hinten in die Limousine ein. Varley fuhr nicht durch die Haupteinfahrt zurück, sondern einen abkürzenden Schleichweg.

Als sie ins Zentrum der Stadt kamen, sagte Fallon: »Du kannst mich hier irgendwo rauslassen, Charlie.«

»Aber das können Sie nicht machen, Mr. Fallon!« brummte Varley. »Sie wissen, was Mr. Meehan gesagt hat.«

»Sagen Sie Mr. Meehan mit meinen Empfehlungen, daß er sich ja daran halten könnte.«

Sie fuhren jetzt die Rockingham Street entlang. Als sie zu *Holy Name* kamen, beugte sich Fallon plötzlich vor und drehte den Zündschlüssel herum. Der Wagen rollte aus. Fallon öffnete die Tür, sprang heraus und überquerte die Straße. Varley sah ihn im Seiteneingang der Kirche verschwinden.

11

Monsignore Canon O'Halloran stand am Fenster seines Arbeitszimmers, als Miller und Fitzgerald hereingeführt wurden. Er wandte sich um, grüßte und ging zu seinem Schreibtisch, sich schwer auf einen Stock stützend, das linke Bein nachziehend.

»Guten Morgen, meine Herren – falls es Morgen ist. Manchmal glaube ich, es hört nie mehr zu regnen auf.«

Er sprach mit Belfast-Akzent, und Miller mochte ihn auf Anhieb. Sein Haar war schon weiß, seine Nase schien mehrmals gebrochen zu sein; er sah so aus, als wäre er einst ein tüchtiger Schwergewichtsboxer gewesen.

Miller stellte sich vor. »Ich bin Kriminal-Superintendent Miller. Ich glaube, Inspektor Fitzgerald kennen Sie schon.«

»O ja. Einer unserer Ritter vom St.-Columba-Orden.« Er ließ sich auf dem Stuhl hinter dem Schreibtisch nieder. »Der Bischof ist in Rom. Sie werden mit mir vorliebnehmen müssen.«

»Haben Sie meinen Brief erhalten, Sir?«

»O ja. Er wurde gestern abgegeben.«

»Ich dachte, daß uns das Zeit ersparen würde.« Miller zögerte und äußerte dann vorsichtig: »Ich bat, daß Pater da Costa anwesend sein möge.«

»Er wartet nebenan.« Monsignore O'Halloran stopfte sorgfältig seine Pfeife. »Ich dachte, ich höre mir erst an, was die Anklage zu sagen hat.«

»Nun, Sie haben meinen Brief bekommen. Da steht alles drin.«

»Und was erwarten Sie von mir?«

»Daß Sie Pater da Costa zur Vernunft bringen. Er *muß* uns helfen. Er *muß* diesen Mann identifizieren.«

»Wenn Ihre Vermutung stimmt, kann der Pater Ihnen unmöglich helfen«, erklärte Monsignore O'Halloran ruhig. »Das Beichtgeheimnis ist unantastbar.«

»Auch in einem solchen Fall?« fragte Miller ärgerlich. »Das ist doch lächerlich!«

Inspektor Fitzgerald legte eine Hand auf O'Hallorans Arm, aber dieser war nicht im mindesten verstimmt.

Sanft erwiderte er: »Jedem, der nichts mit der katholischen Kirche zu tun hat, muß die Beichtidee tatsächlich absurd erscheinen. Unsere Kirche hat sie indessen als eine Art Therapie aufgefaßt. Die Sünde ist eine schreckliche Last. Durch die Beichte wird den Menschen ein neuer Start ermöglicht.«

Miller wurde ungeduldig, aber O'Halloran fuhr im gleichen ruhigen Tonfall fort, und er hatte etwas außerordentlich Bezwingendes.

»Aber hier geht es um Mord, Monsignore!« warf Miller schließlich aufgebracht ein. »Um Mord, Korruption und Greueltaten, die Sie erschauern ließen.«

»Das bezweifle ich.« O'Halloran lachte kurz auf und hielt ein neues Streichholz an seine Pfeife. »Die meisten Menschen glauben, daß der Priester von der wirklichen Welt irgendwie abgeschnitten sei, aber glauben Sie mir, ich werde innerhalb einer Woche mit mehr Schlechtigkeit konfrontiert als ein Durchschnittsmensch während seines ganzen Lebens. Und denken Sie, es sei leicht, diese aufgebürdete Last mit sich herumzutragen, Superintendent? Es vergeht kaum eine Woche, in der mir nicht jemand Vergehen anvertraut, für die man ihn strafrechtlich verfolgen würde.«

Miller stand auf. »Dann können Sie uns also nicht helfen.«

»Das habe ich nicht gesagt. Ich werde mit ihm sprechen. Würden Sie, bitte, draußen ein paar Minuten warten?«

»Gewiß. Aber ich würde ihn gern, bevor wir gehen, noch in Ihrem Beisein sehen.«

»Wie Sie wünschen.«

Sie gingen hinaus, und Monsignore O'Halloran ließ Pater da Costa über die Sprechanlage hereinrufen. Eine unangenehme Aufgabe stand ihm bevor. Niedergedrückt starrte er in den triefenden Garten hinaus und überlegte, was er da Costa sagen sollte.

Die Tür hinter ihm klickte. Er wandte sich langsam um. Da Costa näherte sich dem Schreibtisch.

»Michael, was soll ich nur mit Ihnen machen?«

»Es tut mir leid, Monsignore«, sagte Pater da Costa formell, »aber ich habe mir die Situation nicht ausgesucht.«

»Das tut man nie. Ist es wahr, was sie annehmen? Steht diese Geschichte in irgendeinem Zusammenhang mit dem Beichtgeheimnis?«

»Ja«, sagte Pater da Costa schlicht.

»Das dachte ich mir.« Er seufzte tief. »Es ist anzunehmen, daß der Superintendent beabsichtigt, die Sache weiterzuverfolgen. Sind Sie darauf vorbereitet?«

»Natürlich«, entgegnete der Pater ruhig.

»Dann sollten wir es hinter uns bringen.« Monsignore O'Halloran drückte wieder den Knopf der Sprechanlage. »Schicken Sie Superintendent Miller und Inspektor Fitzgerald rein!« Er grinste leicht. „Das Ganze entbehrt nicht der Komik. Das müssen Sie doch zugeben.«

»Wirklich, Monsignore?«

»Man hat Sie nach *Holy Name* geschickt, um Ihnen ein bißchen Demut beizubringen, und nun stehen Sie wieder bis über beide Ohren in einem Skandal. Ich kann mir das Gesicht des Bischofs schon gut vorstellen.«

Die Tür ging auf, und Miller und Fitzgerald wurden wieder hereingeführt. Miller nickte da Costa zu. »Guten Morgen, Pater.«

Monsignore O'Halloran erhob sich. Er hatte das Gefühl, die Situation erforderte es.

»Ich habe das Problem mit Pater da Costa durchdiskutiert, Superintendent«, sagte er. »Um ganz ehrlich zu sein – es scheint, daß ich nicht viel für Sie tun kann.«

»Verstehe, Sir.« Miller wandte sich Pater da Costa zu. »Ich frage Sie zum letztenmal, Pater: Sind Sie bereit, uns zu helfen?«

»Es tut mir leid, Superintendent.«

»Mir auch, Pater.« Miller war jetzt frostig-formell. »Ich habe den Fall mit dem Polizeipräsidenten erörtert und folgenden Entschluß gefaßt: Der Staatsanwalt wird noch heute einen Bericht über die ganze Affäre und Ihre Rolle, die Sie darin spielen, bekommen.«

»Und was glauben Sie, was Ihnen das einbringt?« fragte O'Halloran.

»Sie werden zugeben, daß die Aussichten, einen Haftbefehl für Pater da Costa zu bekommen, ausgezeichnet sind. Die Anklage lautet: Begünstigung eines Mörders.«

Monsignore O'Halloran machte ein ernstes Gesicht und schüttelte bedächtig den Kopf. »Sie vergeuden Ihre Zeit, Superintendent. So ein Haftbefehl wird niemals ausgestellt werden.«

»Wir werden sehen, Sir.«

Miller wandte sich um und verließ das Zimmer. Fitzgerald folgte ihm.

Monsignore O'Halloran seufzte und setzte sich wieder. »Nun können wir nur noch warten.«

»Es tut mir leid, Monsignore«, sagte Pater da Costa.

»Ich weiß, Michael, ich weiß.« O'Halloran sah zu ihm auf. »Kann ich irgend etwas für Sie tun?«

»Würden Sie meine Beichte anhören, Monsignore?«

»Natürlich.«

Pater da Costa ging um den Schreibtisch herum und kniete nieder.

Als Fallon in die Kirche kam, spielte Anna auf der Orgel. Er setzte sich in die erste Reihe und lauschte. Nach einer Weile hörte sie abrupt zu spielen auf. Er stieg die Stufen hoch.

Sie wirbelte herum. »Sie sind früh dran. Onkel Michael sagte ein Uhr.«

»Ich hatte nichts anderes zu tun.«

Sie stand auf. »Möchten Sie gern spielen?«

»Nicht im Moment.«

»Gut. Dann können Sie mit mir spazierengehen. Ich könnte etwas frische Luft brauchen.«

Ihr Trenchcoat hing in der Sakristei. Er half ihr hinein, und sie traten auf den Kirchhof hinaus. Es regnete stark, aber das schien ihr nichts auszumachen.

»Wo wollen Sie hingehen?« fragte er.

»Oh, hier ist es schön. Ich liebe Kirchhöfe. Sie sind so erholsam.«

Anna hakte sich bei ihm ein, uind sie spazierten zwischen den alten viktorianischen Grabmälern entlang. Der Wind wirbelte Blätter auf und jagte sie wie etwas Lebendiges vor ihnen her. Sie blieben neben dem alten Marmor-Mausoleum stehen, als Fallon sich eine Zigarette anzündete. Genau in diesem Augenblick tauchten Billy Meehan und Varley am Seitentor auf. Sie sahen Fallon und das Mädchen augenblicklich und gingen in Deckung.

»Er ist noch da«, sagte Varley. »Gott sei Dank!«

»Fahr zum Paul's Square zurück und warte auf Jack!« sagte Billy. »Erzähl ihm, wo ich bin. Ich werde hier aufpassen.«

Varley verzog sich, und Billy arbeitete sich vorsichtig zu Fallon und Anna vor, die Grabmäler als Deckung nutzend.

Anna sagte: »Ich möchte Ihnen für gestern abend danken.«

»Nicht der Rede wert.«

»Einer der Männer war ein alter Freund von Ihnen. O'Hara – so hieß er doch?«

Fallon sagte rasch: »Nein, Sie haben sich verhört.«

»Ich glaube nicht. Onkel Michael hat sich, nachdem Sie gegangen waren, mit ihm unterhalten, in dem Pub auf der anderen Straßenseite. Er hat eine Menge über Sie erzählt. Belfast, Londonderry – die IRA.«

»Dieser Bastard!« sagte Fallon verbittert. »Er hatte schon immer ein großes Mundwerk. Wenn er nicht achtgibt, wird ihm eines schönen Tages jemand die Äuglein schließen.«

»Ich glaube nicht, daß er es böse gemeint hat. Onkel Michael hatte vielmehr den Eindruck, daß er sehr viel von Ihnen hält.« Sie zögerte und fügte dann behutsam hinzu: »Im Krieg passieren manchmal Dinge, die niemand beabsichtigt hat, die . . .«

Fallon unterbrach sie scharf: »Ich denke nie zurück. Es lohnt sich nicht, ist sinnlos.« Sie bogen in einen anderen Pfad ein, und er blickte zum Himmel empor. »Mein Gott, hört es nie mehr zu regnen auf? Was für eine Welt! Selbst der verdammte Himmel kann das Weinen nicht lassen.«

»Sie haben eine verbitterte Lebenseinstellung, Mr. Fallon.«

»Ich sage, was ich empfinde. Leben – eine höllische Bezeichnung für die Welt, wie sie ist.«

»Und es gibt nichts – keine winzige Kleinigkeit, für die es sich lohnt – in Ihrer Welt?«

»Nur Sie«, sagte er.

Sie befanden sich jetzt in der Nähe des Pfarrhauses. Billy Meehan, hinter einem Grabstein versteckt, beobachtete sie durch ein Fernglas.

Anna blieb stehen. »Was haben Sie gesagt?«

»Sie gehören nicht hierher.« Er machte eine Geste, die den ganzen Friedhof einschloß. »Dieser Platz gehört den Toten – und Sie leben noch.«

»Und Sie?«

Er sagte lange nichts, dann erklärte er ruhig: »Ich bin ein wandelnder Toter. Bin es nun schon seit langem.«

Es war eines der schrecklichsten Bekenntnisse, das sie je in ihrem Leben gehört hatte. Sie sah mit ihren blinden Augen zu ihm auf, irgendeinen Punkt fixierend, und plötzlich zog sie seinen Kopf zu sich herunter und küßte ihn heftig und bewußt herausfordernd. Dann entzog sie sich ihm.

»Haben Sie das gespürt?« fragte sie hitzig. »Bin ich vorgestoßen?«

»Das kann man wohl sagen«, murmelte er verwirrt.

»Gut. Ich gehe jetzt rein. Ich möchte mich umziehen und dann muß ich den Lunch vorbereiten. Sie sollten vielleicht Orgel spielen, bis mein Onkel zurückkommt.«

»Ja«, sagte Fallon und wandte sich um.

Er hatte erst ein paar Schritte gemacht, als sie ihm nachrief: »Oh – Fallon?«

Er drehte sich um. Sie stand in der halboffenen Tür.

»Denken Sie an mich! Erinnern Sie sich an mich! Konzentrieren Sie sich auf mich! Ich existiere! Ich bin da!«

Sie ging ins Haus, schloß die Tür, und Fallon entfernte sich rasch.

Als er außer Sichtweite war, kam Billy aus seinem Versteck.

Fallon und die Nichte des Priesters. Das war interessant. Billy wollte sich schon abwenden, da sah er eine Bewegung an einem der Fenster des Pfarrhauses. Er kroch in sein Versteck zurück und hob das Fernglas an die Augen. Anna stand am Fenster und begann ihre Bluse aufzuknöpfen. Sein Mund wurde trocken, und als sie den Reißverschluß ihres Rockes aufmachte und aus dem Rock herausschlüpfte, begannen seine Hände, die das Fernglas umklammerten, zu zittern. Dieses Flittchen! dachte er. Und sie gehört Fallon. Der Schmerz zwischen seinen Schenkeln war fast unerträglich. Er wandte sich ab und rannte davon.

Fallon hatte fast über eine Stunde Orgel gespielt. Es war lange her, und seine Hände taten ihm weh, aber es war wohltuend. Als er sich umdrehte, sah er Pater da Costa in der ersten Reihe sitzen.

»Wie lange sind Sie schon hier?« Fallon stand auf und kam die Stufen herunter.

»Eine halbe Stunde, vielleicht auch mehr« erwiderte da Costa. »Sie sind brillant. Aber das wissen Sie ja.«

»Ich war es.«

»Ehe Sie zur Waffe griffen, um für die liebe alte Mutter Irland und diese ruhmreiche Sache zu kämpfen?«

Fallon war lange still, und als er sprach, war es fast nur ein Flüstern. »Das ist nicht von Interesse für Sie.«

»Sogar von großem Interesse«, erklärte ihm da Costa. »Guter Mann, wie konnten Sie das, was Sie getan haben, tun – Sie, der Sie so viel Musik in sich haben?«

»Sir Philip Sidney soll einer der vollkommensten Ritter am Hofe Elizabeth Tudors gewesen sein. Er komponierte und schrieb Gedichte. In seinen lichteren Momenten hat er zusammen mit Sir Walter Raleigh Iren an günstigen Punkten zusammengetrieben und sie wie Vieh abgeschlachtet.«

»Also gut. Lassen wir das. Aber sehen Sie sich selbst wirklich so? Als Soldat?«

»Mein Vater war einer.« Fallon lehnte sich an die Chorschranken. »Er war Sergeant bei einem Fallschirmjäger-Regiment. Wurde in Arnheim getötet – für England kämpfend.«

»Und was wurde aus Ihnen?«

»Mein Großvater hat mich aufgezogen. Er hatte eine Berg-Farm in den Sperrins. Hauptsächlich Schafe – ein paar Pferde. Ich wuchs ganz glücklich auf, wild und barfüßig – bis zu meinem siebenten Lebensjahr. Da entdeckte der neue Schulleiter, der auch Organist in der Kirche war, daß ich ein absolutes Gehör besitze. Von da an änderte sich mein Leben.«

»Sie kamen aufs Trinity College, nicht wahr?«

Fallon runzelte leicht die Stirn. »Wer hat Ihnen das gesagt?«

»Ihr Freund O'Hara. Haben Sie promoviert?«

Plötzlich spiegelte sich so etwas wie Humor in Fallons Augen. »Pater, würden Sie mir glauben, wenn ich Ihnen erzählte, daß aus dem Bauernjungen nichts Geringeres als ein Doktor der Musik wurde?«

»Warum nicht? Beethovens Mutter war eine Köchin. Und das andere? Wie kam es dazu?«

»Die Zeit und der Zufall. Ich verbrachte ein Wochenende im August 1969 bei einem Cousin in Belfast. Er wohnte in der Falls Road. Erinnern Sie sich, was damals passierte?«

Pater da Costa nickte ernst. »Und Sie wurden mit hineinverwickelt?«

»Jemand gab mir ein Gewehr in die Hand, und ich entdeckte etwas Seltsames: Worauf ich zielte, traf ich.«

»Eine Naturbegabung also.«

»Genau.« Fallons Miene war düster, und plötzlich holte er die Ceska aus der Tasche. »Wenn ich das hier in der Hand halte, wenn ich den Finger am Abzug habe, geht etwas Merkwürdiges in mir vor. Es ist, als ob sich meine Persönlichkeit erweitern würde. Ergibt das irgendeinen Sinn?«

»O ja. Aber einen höchst schrecklichen. Und Sie fuhren also fort, zu töten.«

»Zu kämpfen«, berichtigte Fallon mit versteinerter Miene. Die Ceska glitt in seine Tasche zurück. »Als Soldat der republikanischen irischen Armee.«

»Und es wurde einfacher. Mit jedem Mal fiel es Ihnen leichter.«

Fallon richtete sich langsam auf. Seine Augen waren wieder sehr dunkel. Er antwortete nicht.

Pater da Costa sagte: »Ich komme gerade von einem letzten

Kräftemessen mit Superintendent Miller. Würde es Sie interessieren, was er vorhat?«

»Erzählen Sie!«

»Er will die Fakten dem Staatsanwalt vorlegen und ihn um einen Haftbefehl für mich ersuchen – wegen Begünstigung eines Mörders.«

»Damit wird er niemals durchkommen.«

»Und was ist, wenn er Erfolg hat? Würde Sie das auch nur im entferntesten beunruhigen?«

»Wahrscheinlich nicht.«

»Nun, wenigstens sind Sie aufrichtig. Es gibt also noch Hoffnung für Sie. Fallon – die Schießereien, die Bomben, die vielen Toten und Verkrüppelten – war die Sache, für die Sie gekämpft haben, all das wert?«

Fallons Gesicht war jetzt weiß, seine Augen pechschwarz.

»Ich genoß jeden goldenen Augenblick«, sagte er leise.

»Und die Kinder? Hat es sich auch dafür gelohnt?«

»Das war ein Unfall«, erklärte Fallon rauh.

»Nun, wenigstens steckte hinter all dem noch so etwas wie eine Idee – wie falsch sie auch immer sein mochte. Aber Krasko – das war kaltblütiger Mord.«

Fallon lachte leise. »Also gut, Pater, Sie wollen Antworten. Ich werde versuchen, Ihnen einige zu geben.« Er trat an die Chorschranken, stellte einen Fuß drauf, stützte einen Ellenbogen aufs Knie, das Kinn in die Hand. »Es gibt ein Gedicht von Ezra Pound, das ich immer geliebt habe. Es handelt vom Glauben an die Lügen der Alten. Dafür habe ich Gott weiß wie viele Menschen getötet.«

»Schön, Sie haben sich geirrt. Gewalt führt nie zu einem Ziel. Das hätte ich Ihnen vorher sagen können. Aber Krasko« – da Costa schüttelte den Kopf –, »das verstehe ich nicht.«

»Schauen Sie, wir leben in verschiedenen Welten. Menschen wie Meehan sind Abtrünnige. Ich auch. Krasko war ein Hurenbock, ein Zuhälter, ein Rauschgifthändler . . .«

»Den Sie ermordeten.«

»Ich kämpfte für eine Sache, Pater, tötete dafür, selbst als ich aufhörte, daran zu glauben, daß sie auch nur ein einziges Menschenleben wert war. *Das war Mord.* Jetzt töte ich nur Schweine.«

Ekel und Selbstverachtung sprachen aus jedem Wort.

»Ich verbrachte mehrere Jahre in einem chinesischen kommunistischen Gefangenenlager in Korea«, erzählte da Costa. »Es war als Schulungszentrum bekannt.«

»Gehirnwäsche?« fragte Fallon interessiert.

»Genau das. Von ihrer Warte aus war ich ein besonderes Zielobjekt – wenn man die Haltung der katholischen Kirche dem Kommunismus gegenüber bedenkt. Man bediente sich einer ganz außerordentlich einfachen Technik, die so oft zum Erfolg führt: Man versuchte die Schuldkomplexe in jedem einzelnen anzusprechen. Mich fragte man als erstes, ob ich in meiner Missionsstation jemanden hätte, der für mich putzt und mir mein Bett macht. Als ich bejahte, zitierte man die Bibel. Ich erlaubte jemandem, dem ich zu helfen gekommen war, mir zu dienen. Erstaunlich, wie schuldig ich mich fühlte.«

Pater da Costa erzählte weiter. Sie hatten die dunklen Seiten in jedem Menschen aufzudecken versucht. Erst dann hatte die Umerziehung eingesetzt. Bei ihm hatten sie es mit Sex versucht. Sie hatten ihn drei Monate lang in einer feuchten Zelle halb verhungern lassen und ihn dann in ein Bett zwischen zwei junge Frauen gelegt. Aber die Erektion, die er hatte, war unter den Umständen eine vollkommen verständliche chemische Reaktion, fand da Costa.

»Gott hätte die Sache nicht anders beurteilt.«

»So sind Sie also ohne alle Sünde«, bemerkte Fallon.

»Ganz und gar nicht. Ich bin ein sehr gewalttätiger Mann, Mr. Fallon. Es gab eine Zeit in meinem Leben, in der ich Freude am Töten hatte. Wahrscheinlich hätten die Umschuler Erfolg gehabt, wenn sie es damit bei mir versucht hätten. Um dieser Seite in mir zu entfliehen, trat ich der Kirche bei. Es war – und es ist noch – meine größte Schwäche, aber wenigstens weiß ich darum. Und Sie?«

»Was verlangen Sie von mir –, daß ich den Becher bis zur Neige austrinke?« Fallon stieg die Stufen zur Kanzel empor. »Mir ist niemals bewußt geworden, daß Sie so eine gute Aussicht von hier oben haben. Was wollen Sie, daß ich sage?«

»Es steht Ihnen frei.«

»Gut. Wir sind letztlich allein. Nichts ist von Dauer. Nichts hat einen Sinn.«

»Sie haben unrecht. Sie haben Gott vergessen.«

»Gott?« schrie Fallon. »Was für ein Gott ist das, der eine Welt zuläßt, in der Kinder in einer Minute glücklich singen – und in der nächsten blutig zerfetzt werden? Können Sie wirklich ehrlich behaupten, daß Sie immer noch an einen Gott glauben, nach dem, was man Ihnen in Korea angetan hat? Wollen Sie mir sagen, daß Sie nie auch nur einen einzigen Moment schwankend geworden sind?«

»Kraft erwächst einem immer aus der Not«, erklärte da Costa. »Sechs Monate habe ich am Ende einer Kette im Finstern in meinem eigenen Kot gelegen, und es gab einen Moment, da wäre ich zu allem fähig gewesen. Doch dann rollte der Stein beiseite, und ich roch den Duft des Grabes und sah *ihn* heraussteigen. Und da wußte ich es, Fallon. *Wußte* es.«

»Wenn er existiert, Ihr Gott, dann wünschte ich, daß Sie ihn verdammt noch mal dazu bringen, sich für etwas zu entscheiden.«

»Haben Sie denn nichts gelernt?«

»O ja. Ich habe gelernt, mit einem Lächeln zu töten. Aber die wichtigste Lektion lernte ich zu spät.«

»Und welche war das?«

»Daß es sich für nichts auf der Welt zu sterben lohnt.«

Fallon kam die Kanzelstufen herunter und blieb neben da Costa stehen. »Und das schlimmste ist, daß es sich auch für nichts zu leben lohnt.«

Er schritt das Seitenschiff entlang. Seine Schritte hallten durch die Kirche. Die Tür schlug zu, die Kerzen flackerten.

Pater da Costa kniete nieder und betete – mit einer Intensität wie selten.

Nach einer Weile öffnete sich eine Tür, und eine vertraute Stimme fragte: »Onkel Michael, bist du da?«

»Hier!«

Sie kam auf ihn zu, und er ging ihr entgegen, erfaßte ihre ausgestreckten Hände und führte sie zur ersten Bankreihe. Und wie immer spürte sie seine Stimmung.

»Was ist?« fragte sie besorgt. »Wo ist Mr. Fallon?«

»Weg. Wir haben uns unterhalten. Ich glaube, ich verstehe ihn jetzt besser.«

»Er ist tot – innerlich«, sagte sie. »Erstarrt.«

»Und von Selbstverachtung zerfressen. Er haßt sich selbst, und darum haßt er das ganze Leben. Ich glaube, er sucht den Tod. Ein möglicher Grund, weshalb er das Leben, das er führt, fortsetzt.«

»Das verstehe ich nicht.«

»Er hat sein ganzes Leben einer Sache gewidmet, die er für ehrenvoll hielt. Ein gefährliches Unterfangen. Denn wenn etwas schiefläuft, wenn man am Ende feststellen muß, daß diese Sache keinen Pfifferling wert ist, steht man mit leeren Händen da.«

»Er sagte, er sei ein wandelnder Toter.«

»Ja, so sieht er sich wohl.«

Sie griff nach seinem einen Arm. »Aber was kannst du tun? Was kann man überhaupt tun?«

»Ihm helfen, sich selbst zu finden. Seine Seele retten, vielleicht. Ich weiß es nicht. Aber ich *muß* etwas tun!«

12

Fallon trank mit Jenny in der Küche Tee, als es an der Tür läutete. Sie ging aufmachen und kam mit Jack Meehan und Billy zurück.

»Komm schon, Süße, mach dich dünn!« befahl ihr Meehan. »Das hier ist Geschäft.«

Sie warf Fallon einen besorgten Blick zu, zögerte und ging dann hinaus.

»Sie hat Sie ins Herz geschlossen«, kommentierte Meehan.

Er setzte sich auf die Tischkante und goß sich eine Tasse Tee ein. Billy lehnte an der Wand neben der Tür, die Hände in den Taschen, mürrisch Fallon fixierend.

»Sie ist ein nettes Mädchen«, sagte Fallon. »Aber Sie sind sicher nicht hergekommen, um über Jenny zu sprechen.«

Meehan seufzte. »Sie sind wieder ein ungezogener Junge gewesen, Fallon. Ich hatte Ihnen heute morgen aufgetragen, hierher zurückzukehren, und was taten Sie bei der erstbesten

Gelegenheit? Sie entschlüpften dem armen Varley erneut. Das ist nicht nett, denn er weiß, wie ärgerlich ich werde und...

»Kommen Sie zur Sache!«

»Also gut. Sie sind wieder zu diesem verdammten Priester gegangen.«

»Er war mit dieser da Costa-Biene im Kirchhof«, warf Billy ein.

»Dem blinden Mädchen?« fragte Meehan.

»Ganz recht. Sie hat ihn geküßt.«

Meehan schüttelte bedauernd den Kopf. »Das arme Mädchen so zu verführen – und übermorgen verlassen Sie das Land.«

»Sie ist ein richtiges Flittchen«, geiferte Billy. »Hat sich an dem verdammten Fenster ausgezogen. Jeder hätte sie sehen können.«

»Was kaum wahrscheinlich ist«, sagte Fallon. »Nicht bei einer sechs Meter hohen Mauer. Ich dachte übrigens, ich hätte dir gesagt, du sollst dich dort nicht mehr blicken lassen?«

»Was ist? Angst, ich könnte Ihnen Ihr Konzept verderben?« spottete Billy. »Möchten wohl alles für sich behalten, wie?«

Fallon erhob sich langsam. »Wenn du noch einmal in die Nähe des Mädchens kommst, ihr auch nur irgend etwas zuleide tust, bringe ich dich um.«

Er hatte gefährlich leise gesprochen.

Jack Meehan klatschte seinem Bruder den Handrücken ins Gesicht. »Du unersättliches kleines Ferkel! Sex ist alles, was du im Kopf hast. Als ob ich nicht schon genug Ärger hätte. Verschwinde! Raus hier!«

Billy öffnete die Tür und starrte Fallon an. Sein Gesicht war weiß. »Warte nur, du Bastard! Ich geb's dir schon noch. Verlaß dich drauf! Dir und deiner pikfeinen Biene.«

»Raus!« brüllte Meehan.

Billy schlug die Tür hinter sich zu.

Meehan wandte sich zu Fallon um. »Ich werde dafür sorgen, daß er nicht mehr aus der Reihe tanzt.«

Fallon steckte sich eine Zigarette zwischen die Lippen. »Und Sie? Wer paßt auf, daß Sie nicht aus der Reihe tanzen?«

Meehan lachte amüsiert. »Nichts bringt Sie aus der Ruhe, wie? Als Miller gestern in die Kirche hereinspazierte und Sie mit dem Priester reden sah, war ich beunruhigt, das kann ich Ihnen flüstern. Aber als Sie sich an die Orgel setzten...« Er schüttelte grinsend den Kopf. »Das war wirklich Klasse.«

Fallon runzelte die Stirn. »Sie waren da?«

»O ja!« Meehan zündete sich eine Zigarette an. »Nur etwas verstehe ich nicht.«

»Und was?«

»Sie hätten mir gestern abend eine Kugel verpassen können. Warum haben Sie es nicht getan? Ich meine, wenn da Costa so wichtig für Sie ist und Sie glauben, daß ich so etwas wie eine Bedrohung für ihn bin, dann wäre es doch das Logischste gewesen, was Sie hätten tun können.«

»Und was wäre aus meinem Paß und meiner Schiffspassage geworden?«

Meehan gluckste. »Sie denken an alles, was? Wir sind uns ziemlich ähnlich, Fallon – wir beide.«

»Ich würde lieber der Teufel höchstpersönlich sein.«

Meehans Miene verdüsterte sich. »Wohl wieder so'n Gefasel von was Höherem, hm? Mein Leben für Irland. Der galante Rebell mit der Waffe in der Hand. Machen Sie mir doch nichts vor, Fallon. Es macht Ihnen Spaß, in einem Trenchcoat und mit einer Kanone in der Tasche herumzulaufen – wie jemand aus einem alten Stummfilm. Das Töten hat Ihnen Spaß gemacht. Und soll ich Ihnen sagen, weshalb ich das weiß? Weil Sie zu verdammt gut darin sind, als daß Sie es hätten sein lassen können.«

Fallon saß da und starrte ihn an. Sein Gesicht war schneeweiß. Und plötzlich war die Ceska in seiner Hand.

Meehan lachte rauh. »Sie brauchen mich, Fallon. Erinnern Sie sich? Also stecken Sie das Ding weg wie ein guter Junge.«

Er ging zur Tür, öffnete sie.

Fallon peilte sein Ziel neu an.

Meehan wandte sich ihm zu. »Na, dann drücken Sie schon ab!«

Die Waffe lag ruhig in Fallons Hand. Meehan wartete, die Hände in den Taschen seines Mantels. Nach einer Weile drehte er sich langsam um und ging hinaus.

Fallon hielt noch einen Moment die Ceska vor sich, ins Leere starrend, dann senkte er sie sehr langsam, die Hand auf dem

Tisch aufstützend, den Finger immer noch am Abzug. So saß er auch noch, als Jenny hereinkam.

»Sie sind weg«, sagte sie.

Fallon antwortete nicht.

Sie blickte auf die Waffe. »Wozu brauchst du das Ding da? Was ist passiert?«

»Nicht viel. Er hat mir einen Spiegel vorgehalten – das ist alles. Aber da war nichts, was ich nicht schon vorher gesehen hätte.« Er stand auf. »Ich glaube, ich werde ein paar Stunden schlafen.«

Er ging zur Tür, und sie fragte schüchtern: »Möchtest du, daß ich hochkomme?«

Es war, als ob er sie nicht gehört hätte. Er ging, und sie setzte sich an den Tisch und barg ihr Gesicht in den Händen.

Als Fitzgerald in Millers Büro kam, stand der Superintendent am Fenster und las den Durchschlag eines Briefes.

Er reichte ihn Fitzgerald. »Das haben wir dem Staatsanwalt geschickt.« Fitzgerald überflog das Schreiben. »Wann können wir eine Entscheidung erwarten?«

»Das ist das Ärgerliche. Wahrscheinlich wird es ein paar Tage dauern. Inoffiziell habe ich mit dem Mann, der die Sache bearbeitet, bereits am Telefon gesprochen.«

»Und was meint er, Sir?«

»Er hegt keine allzu großen Hoffnungen. Sie wissen ja, wie die Leute reagieren, wenn es etwas mit Religion zu tun hat.«

Erst jetzt bemerkte Miller, daß der Inspektor auch einen Durchschlag in der rechten Hand hielt. »Was haben Sie da?«

»Schlechte Nachrichten, fürchte ich, Sir. Vom CRO über die Ceska.«

Miller setzte sich müde. »Na, erzählen Sie schon!«

»Dem Computer zufolge wurde in diesem Land zum letztenmal im Juni 1952 jemand mit einer Ceska getötet, Sir. Ein ehemaliger polnischer Soldat erschoß seine Frau und ihren Liebhaber. Man hat ihn drei Monate später aufgehängt.«

»Hervorragend!«

»Natürlich werden die Waffenhändler im Londoner Raum abgeklappert«, fuhr Fitzgerald fort. »Das wird Zeit beanspruchen, aber es könnte was dabei herauskommen.«

»Schweine könnten auch fliegen«, sagte Miller verdrossen. Er zog seinen Regenmantel an. »Wissen Sie, was das Besondere an diesem Fall ist?«

»Ich glaube nicht, Sir.«

»Dann werde ich es Ihnen sagen. Es gibt nichts zu lösen. Wir wissen bereits, wer hinter dem Mord steckt: Jack Meehan. Und wenn der verdammte Priester seinen Mund aufmachen würde, könnte ich seinen Kopf auf einem Tablett servieren.«

Miller schlug die Tür so heftig hinter sich zu, daß die Glasscheibe einen Sprung bekam.

Fallon hatte nur seine Schuhe und sein Jackett ausgezogen und sich oben aufs Bett gelegt. Als er aufwachte, war es dunkel im Zimmer. Er war mit einer Daunendecke zugedeckt, was bedeutete, daß Jenny dagewesen war. Es war kurz nach acht. Er zog rasch seine Schuhe an, grapschte nach der Jacke und ging nach unten.

Jenny bügelte, als er in die Küche kam. Sie sah auf. »Ich habe vor drei Stunden bei dir reingeschaut.«

»Du hättest mich wecken sollen«, sagte er und griff nach seinem Mantel hinter der Tür.

»Jack Meehan hat gesagt, du sollst nicht ausgehen.«

»Ich weiß.« Er steckte die Ceska in die Tasche des Mantels.

»Es ist das Mädchen, nicht wahr? Du machst dir Sorgen um sie.«

Er runzelte die Stirn, und sie setzte das Bügeleisen ab.

»Ich habe draußen an der Tür gehorcht. Wie ist sie?«

»Sie ist blind. Und das bedeutet, daß sie verletzbar ist.«

»Du hast Angst, Billy könnte sich für gestern abend rächen und sich an sie heranmachen?«

»So etwas Ähnliches.«

»Ich kann es dir nicht verübeln.« Sie begann eine weiße Bluse zu bügeln. »Laß dir von ihm erzählen, damit du weißt, mit wem du es zu tun hast. Mit zwölf sind die meisten Jungen glücklich, wenn sie zu onanieren verstehen. Billy trieb es in diesem Alter bereits mit Frauen. Huren meistens, die für Jack Meehan arbeiteten. Billy war Jacks Bruder, also trauten sie sich nicht, nein zu sagen. Mit fünfzehn war er ein dreckiger perverser Sadist. Danach ging es nur noch bergab. An deiner Stelle würde ich mir also auch Sorgen machen.«

»Danke«, sagte er. »Warte nicht auf mich.«

Die Tür schlug zu.

Anna da Costa wollte gerade ins Bad gehen, als sie das Telefon läuten hörte. Sie zog einen Morgenrock über und ging nach unten. Ihr Onkel legte eben den Hörer wieder auf.

»Wer war es?« fragte sie.

»Das Krankenhaus. Die alte italienische Dame, die ich neulich besucht habe. Sie hat einen Rückfall gehabt. Man erwartet, daß sie irgendwann heute nacht stirbt. Ich muß hin.«

Sie holte seinen Mantel und hielt ihn bereit für ihn. Er zog ihn an und öffnete die Eingangstür. Es goß in Strömen.

»Ich werde zu Fuß gehen«, sagte er. »Geht's dir gut?«

»Mach dir keine Sorgen meinetwegen. Wie lange wirst du ausbleiben?«

»Wahrscheinlich einige Stunden. Warte nicht auf mich.«

Er eilte den Pfad entlang. Billy Meehan flüchtete rasch in die Schatten eines viktorianischen Mausoleums, doch als der Priester weg war, steuerte er weiter aufs Haus zu. Er hatte den Wortwechsel an der Tür mitbekommen, und sein Unterleib hatte sich vor Erregung verkrampft. Billy hatte an diesem Abend schon zweimal mit einer Prostituierten Geschlechtsverkehr gehabt, aber er schien nicht mehr fähig zu sein, irgendwelche Befriedigung dabei zu empfinden. Eigentlich hatte er nach Hause gehen wollen, doch dann hatte er sich an Anna erinnert – Anna, wie sie sich am Fenster stehend ausgezogen hatte. Und Fallon fiel ihm ein und die Erniedrigung vom Abend zuvor.

»Dieser Bastard«, murmelte er. »Dieser kleine fiese Bastard. Ich werde es ihm zeigen.«

Er hatte erst zehn Minuten da draußen herumgelungert, aber ihm war schon bitterkalt. Er zog eine halbe Flasche Scotch aus der Tasche und nahm einen großen Schluck.

Pater da Costa eilte in die Kirche, um eine Hostie und Salbungsöl für die Sterbende zu holen. Etwa fünf Minuten nach seinem Weggang knarrte das Portal gespenstisch, und

Fallon trat ein. Er blickte sich kurz um, ging rasch das Seitenschiff hinunter, trat in den Lastenaufzug und drückte auf den Knopf. Fallon fuhr nicht bis zum Turm hoch, sondern hielt auf der anderen Seite der Zeltleinwand, die das Loch im Dach des Hauptschiffes abdeckte. Er tastete sich bis zu der niedrigen Stützmauer vor und verbarg sich im Schatten eines Strebepfeilers. Von dort aus konnte er das Pfarrhaus ausgezeichnet sehen. Zwei hohe Laternen in der Straße zur Linken warfen einen Lichtkegel über die Vorderfront des Hauses. In einem der Schlafzimmerfenster brannte Licht. Fallon konnte direkt ins Zimmer sehen.

Plötzlich erschien Anna, in ein großes, weißes Handtuch gehüllt. Offensichtlich war sie eben aus dem Bad gestiegen. Sie dachte nicht daran, die Vorhänge zuzuziehen, fühlte sich wahrscheinlich durch die sechs Meter hohe Friedhofsmauer vor fremden Blicken geschützt. Fallon beobachtete, wie sie sich abtrocknete, bewunderte ihre Erscheinung, das schwarze Haar, das fast bis zu den Brustwarzen herabreichte, die schmale Taille, die üppigen Hüften. Sie zog Strümpfe, einen schwarzen Büstenhalter, schwarzen Slip und ein grünes Seidenkleid an; dann begann sie ihr Haar zu bürsten.

Fallon war seltsam traurig. Er begehrte sie nicht physisch; es war vielmehr die plötzliche Erkenntnis, wie unerreichbar sie für ihn war. Sie band ihr Haar zurück, trat aus seinem Blickfeld, und eine Sekunde später wurde das Licht gelöscht.

Fallon fröstelte, als der Wind ihm den Regen ins Gesicht klatschte. Er stellte den Mantelkragen auf. Es war sehr still. Und dann hörte er auf einmal ganz deutlich Schritte auf dem Kiesweg unten. Als er hinunterblickte, trat eine Gestalt in den Lichtkegel. Das weiße, schulterlange Haar verriet ihn augenblicklich. *Billy Meehan!* Er stieg jetzt die Stufen zur Haustür hoch und faßte nach dem Türgriff. Die Tür öffnete sich, und er schlüpfte ins Haus.

Fallon kroch über das Dach zurück und sprang in den Käfig.

Der Anblick Annas am Fenster hatte Billy so erregt, daß er sich nicht länger zurückhalten konnte. Die Schmerzen zwischen seinen Schenkeln waren unerträglich geworden, und die halbe Flasche Whisky hatte den letzten Rest an Selbstdisziplin weggeschwemmt. Als die Klinke tatsächlich nachgab, erstickte er fast vor Aufregung. Er schlich auf Zehenspitzen ins Haus, schloß die Tür und schob den Riegel vor. In einem Zimmer am Ende des Ganges hörte er jemanden leise singen. Er näherte sich lautlos und spähte durch die angelehnte Tür.

Anna saß in einer Ecke des viktorianischen Sofas, einen kleinen Tisch, auf dem ein großer Nähkasten stand, zur Seite. Sie nähte einen Knopf an ein Hemd, griff dann in den Nähkasten, suchte nach der Schere und schnitt den Faden ab.

Billy zog seinen Mantel aus, ließ ihn auf den Boden fallen und steuerte auf sie los.

Stirnrunzelnd wandte sie ihm ihr Gesicht zu. »Wer ist da? Ist da jemand?«

Er hielt kurz inne. Sie stand auf. Billy schlich weiter, und während sie sich halb umwandte, das Hemd an sich pressend, eine Nadel in der anderen Hand, umkreiste er sie.

»Wer ist da?« Angst schwang in ihrer Stimme mit.

Er faßte von hinten unter ihren Rock, zwischen ihre Schenkel und kicherte. »Das ist hübsch. Du magst das, hm? Die meisten Mädchen mögen, was ich mit ihnen mache.«

Sie schrie auf, entzog sich ihm, drehte sich herum, und im selben Moment fuhr eine Hand in ihren Ausschnitt und grapschte nach ihrer einen Brust.

Anna schrie. Ihr Gesicht war eine Maske des Grauens. »Nein – bitte! Im Namen Gottes – wer ist es?«

»Fallon«, sagte Billy. »Ich bin es, Fallon.«

»Lügner!« schrie sie. »Lügner!« Und schlug ihm mitten ins Gesicht.

Billy verpaßte ihr eine Ohrfeige mit dem Handrücken. »Du Hure! Ich werde dich schon noch kriechen lehren!«

Er warf sie rücklings übers Sofa, zerrte an ihrem Höschen, riß brutal ihre Schenkel auseinander und preßte seinen Mund auf den ihren. Sie spürte, wie seine Hand zwischen ihren Beinen am Reißverschluß seiner Hose herumfummelte, und dann stieß das steife Glied zu. Sie kreischte. Er schlug sie abermals und bog ihren Kopf zurück. Sie versuchte sich mit der rechten Hand am Tisch festzuhalten, und ihre Finger umklammerten die Schere. Zu diesem Zeitpunkt war sie schon fast bewußtlos. Sie merkte nicht mehr, wie ihre Hand durch die Luft zuckte und wie sie mit aller Kraft die Schere in seinen Leib rammte, sein Herz durchbohrte und ihn auf der Stelle tötete.

Nachdem die Eingangstür verriegelt war, mußte Fallon ein Küchenfenster einschlagen. Er fand Billy Meehan über dem bewußtlosen Mädchen hingestreckt und stürzte sich auf ihn. Erst als er ihn wegzerrte, sah er den Griff der Schere unterhalb der Rippen herausragen.

Er hob Anna auf die Arme und trug sie nach oben, legte sie auf ihr Bett und deckte sie mit einer Daunendecke zu. Dann setzte er sich zu ihr und hielt ihre eine Hand.

Nach einer Weile zuckten ihre Lider. Sie bäumte sich auf, versuchte, ihm ihre Hand zu entziehen.

Fallon sagte besänftigend: »Ist ja gut. Ich bin's – Martin Fallon. Sie brauchen keine Angst zu haben.«

Sie seufzte. »Gott sei Dank! Was ist passiert?«

»Können Sie sich nicht erinnern?«

»Nur an diesen grauenvollen Mann. Er sagte, er wäre Sie – und dann versuchte er – versuchte er...« Sie schüttelte sich. »O Gott, seine Hände! Es war so schrecklich! Grauenhaft! Ich glaube, ich fiel in Ohnmacht.«

»Das stimmt«, sagte Fallon ruhig. »Dann kam ich, und er rannte davon.«

Sie wandte ihm ihr Gesicht zu. »Haben Sie gesehen, wer es war?«

»Ich fürchte – nein.«

»War es...« Sie zögerte. »Glauben Sie, daß Meehan dahintersteckt?«

»Das glaube ich allerdings.«

Sie schloß die Augen, und als Fallon sanft ihre Hand ergriff, zuckte sie zurück, als ob sie im Moment die Berührung eines Mannes nicht ertragen könnte.

Er riß sich zusammen und stellte die naheliegende Frage: »Hat er seinen Willen durchgesetzt?«

»Nein – ich glaube nicht.«

»Möchten Sie, daß ich einen Arzt rufe?«

»Um Himmels willen, nein! Allein schon der Gedanke, jemand könnte etwas erfahren, erfüllt mich mit Entsetzen.«

»Und Ihr Onkel?«

»Er ist bei einer sterbenden Frau im Krankenhaus. Es kann Stunden dauern, bis er zurückkommt.«

Fallon stand auf. »Gut. Ruhen Sie sich aus! Ich werde Ihnen einen Brandy holen.«

Sie schloß wieder die Augen. Die Lider waren durchscheinend. Sie sah sehr verwundbar aus.

Fallon ging nach unten. Er kniete neben Billy nieder, holte ein Taschentuch hervor, wickelte es um den Griff der Schere und zog sie heraus. Sie war nur sehr wenig blutig. Er reinigte die Schere und hob dann den Mantel des Jungen auf. Autoschlüssel fielen zu Boden. Er nahm sie automatisch an sich und breitete den Mantel über den Leichnam. Ekel und Abscheu erfüllten ihn. Die Menschheit konnte gut ohne Billy Meehan auskommen. Er hatte sein Ende redlich verdient. Aber konnte Anna da Costa mit dem Wissen leben, ihn getötet zu haben? Selbst wenn das Gericht sie freisprechen sollte – die ganze Welt würde es wissen. Und bei dem Gedanken an die Erniedrigung dieses zarten Geschöpfes packte Fallon eine solche Wut, daß er dem Leichnam einen Fußtritt versetzte. Und im gleichen Augenblick kam ihm eine Idee. Was, wenn sie es überhaupt nie erfuhr – weder jetzt noch später? Was, wenn Billy vom Antlitz der Erde hinweggefegt würde, als hätte er nie existiert? Es gab eine Möglichkeit; und er schuldete es ihr auf jeden Fall, sie auszuprobieren.

Die Autoschlüssel sagten ihm, daß Billys Wagen irgendwo in der Nachbarschaft stand; und falls es der rote Scimitar war, würde es ein leichtes sein, ihn zu finden.

Fallon schlüpfte aus dem Haus und eilte über den Friedhof zur Seitenpforte. Der Scimitar stand nur wenige Meter entfernt am Straßenrand. Er sperrte die Hecktür auf, und Tommy, der graue Whippet, bellte einmal und schnüffelte dann an seiner Hand. Die Anwesenheit des Hundes war ungünstig, aber nicht zu ändern.

Fallon schloß die Hecktür wieder und eilte ins Pfarrhaus zurück. Er zog den Mantel vom Leichnam und leerte systematisch Billys Taschen, nahm ihm ein goldenes Medaillon, das an einem Kettchen um den Hals hing, einen Siegelring und eine Armbanduhr ab und steckte alles ein. Dann wickelte er den

Leichnam in den Mantel, hievte ihn sich über die Schulter und ging. An der Pforte blieb er stehen und vergewisserte sich, daß die Luft rein war. Rasch steuerte er auf den Scimitar zu, öffnete die Hecktür mit einer Hand und ließ den Körper hineinplumpsen. Der Whippet fing fast augenblicklich zu winseln an. Fallon schmiß die Tür rasch wieder zu und kehrte ins Pfarrhaus zurück. Er wusch in der Küche die Schere gründlich mit heißem Wasser und legte sie wieder in den Nähkasten. Dann goß er etwas Brandy in ein Glas und ging damit nach oben.

Sie war schon fast eingeschlafen, setzte sich aber auf und trank den Brandy.

Fallon fragte: »Wollen Sie, daß Ihr Onkel erfährt, was passiert ist?«

»Ja – ja, ich glaube schon. Er sollte es wissen.«

»Gut. Schlafen Sie jetzt. Ich werde unten sein. Sie brauchen keine Angst zu haben. Ich warte, bis Ihr Onkel zurückkommt.«

»Das kann noch Stunden dauern«, murmelte sie schlaftrunken.

»Das macht nichts.« Er ging zur Tür.

»Es tut mir leid, daß ich so eine Plage bin«, flüsterte sie.

»*Ich* habe Sie in diese Lage gebracht«, erinnerte er sie.

»Für alles unter diesem Himmel gibt es einen Grund – selbst für meine Blindheit. Wir erkennen ihn bloß nicht immer, weil wir so winzig sind, aber er ist da.«

Gott weiß, warum ihn ihre Worte seltsam trösteten.

Der Whippet verhielt sich ruhig während der Fahrt. Er saß zusammengekauert neben der Leiche, winselte nur gelegentlich.

Fallon fuhr die Abkürzung, die Varley am Morgen benutzt hatte, und näherte sich dem Krematorium von hinten. Die letzten hundert Meter schaltete er den Motor aus und ließ den Wagen den sanften Abhang zwischen den Zypressen hinunterrollen, obgleich das Haus des Verwalters gut eine Viertelmeile weit ab lag. Er parkte den Scimitar seitlich von der Kapelle und verschaffte sich durch die zerbrochene Fensterscheibe in der Toilette Zutritt ins Gebäude. Die Tür der Kapelle ließ sich von innen mühelos öffnen. Er kehrte zum Scimitar zurück, fand im Handschuhfach eine Taschenlampe, die er an sich nahm, und hob dann den Leichnam aus dem Wagen. Der Whippet wollte ihm folgen, aber es gelang Fallon, ihn mit der freien Hand in den Wagen zurückzuschubsen.

Fallon ließ den Leichnam auf dem Förderband aus der Kapelle in den Raum mit den Hochöfen rollen und kroch selbst durch die Gummitüren hinterher. Die Öfen waren kalt und dunkel. Er schob den Leichnam in den ersten und inspizierte rasch im Schein der Taschenlampe die verschiedenen Gegenstände, die er aus Billys Taschen geholt hatte. Außer dem Ring, der Uhr und dem Medaillon legte er alles auf Billys Brustkorb, dann schloß er die Ofentür und drückte auf den Knopf. Höchstens eine Stunde, hatte Meehan gesagt.

Er zündete sich eine Zigarette an und trat durch die Hintertür nach draußen. Das Getöse des Hochofens war außerhalb des Gebäudes kaum hörbar. Er ging hinein und stellte fest, daß das Meßgerät soeben die Tausend-Grad-Celsius-Marke erreicht hatte, und als er durch das Guckloch blinzelte, sah er, wie die Brieftasche gerade in Flammen aufging.

Er zündete sich eine neue Zigarette an und wartete an der Hintertür. Als er nach einer Stunde den Ofen ausschaltete, waren noch Teile des Skeletts deutlich sichtbar, aber sie zerfielen bei der ersten Berührung mit der Harke. Fallon füllte den Zinnbehälter, kehrte mit einem Handfeger und einer Schaufel sorgfältig die letzten Aschenreste aus dem Ofen und ließ die Tür angelehnt, wie er sie vorgefunden hatte. Er fand eine leere Urne, schraubte sie unter den Zerstäuber, schüttete den Inhalt des Zinnbehälters hinein und setzte den Apparat in Betrieb. Aus der Schublade des Schreibtisches holte er eine leere Ruhe-sanft-Karte. Als er etwa zwei Minuten später den Zerstäuber ausschaltete und die Urne abschraubte, waren von Billy Meehan nur noch ungefähr fünf Pfund grauer Asche übrig.

Fallon blieb neben dem Schubkarren und den Gerätschaften des Gärtners stehen, merkte sich die Parzellennummer und verstreute sorgfältig die Asche, sie mit dem Besen vom Schubkarren gewissenhaft in den Rasen einbürstend. Schließlich legte er den Besen wieder zurück, wandte sich zufrieden ab und spazierte zum Scimitar zurück. Als er die Tür öffnete, schlüpfte der Whippet zwischen seinen Beinen hindurch und flitzte davon. Fallon folgte ihm. Der Hund lief um die Ecke der Kapelle, den Pfad hinunter, den Fallon soeben gekommen war, und kauerte sich dort, wo er Billys Asche verstreut hatte, leise winselnd ins nasse Gras.

Fallon hob ihn auf, kraulte ihn hinter den Ohren und redete beruhigend auf ihn ein.

Erst als er in die Hauptstraße einbog, entspannte er sich etwas. Mit zitternden Händen zündete er sich eine Zigarette an. Es hatte geklappt. Billy Meehan war vom Antlitz der Erde gefegt. Und Fallon hatte nicht die geringsten Gewissensbisse.

Am Paul's Square fuhr er vorsichtig durch die versteckte Toreinfahrt, und das Glück blieb ihm treu. Der Hof lag verlassen da. Er fuhr den Scimitar in die Garage, ließ die Schlüssel und den Hund zurück und machte sich rasch aus dem Staub.

Pater da Costa war bei seiner Rückkehr ins Pfarrhaus noch nicht da. Fallon schlich auf Zehenspitzen nach oben und sah in Annas Schlafzimmer. Sie schlief tief. Er schloß die Tür und ging wieder nach unten. Im Wohnzimmer untersuchte er nochmals genau den Teppich, entdeckte aber keinerlei Blutspuren. Dann trat er ans Büffet und schenkte sich einen großen Whisky ein. Als er Soda dazugoß, ging die Haustür auf.

Fallon wandte sich um. Der Priester blieb überrascht in der Zimmertür stehen.

»Fallon, was machen Sie denn hier?« Und dann wurde er sehr blaß. »O Gott, Anna!«

Er wollte die Treppe hoch, aber Fallon hielt ihn zurück. »Es geht ihr gut. Sie schläft.«

Pater da Costa wandte sich langsam um. »Was ist passiert?«

»Jemand ist ins Haus eingedrungen. Ich kam rechtzeitig, um ihn davonzujagen.«

»Einer von Meehans Männern?«

»Vielleicht. Ich habe ihn nicht richtig gesehen.«

Da Costa schritt auf und ab. »O mein Gott, wann hört das nur endlich alles auf?«

»Ich verschwinde Sonntag nacht«, teilte ihm Fallon mit. »Sie haben auf einem Schiff, das von Hull ausläuft, eine Passage für mich gebucht.«

»Und Sie glauben, daß damit alles zu Ende ist?« Da Costa schüttelte den Kopf. »Sie sind ein Dummkopf, Fallon. Jack Meehan wird sich nie mehr sicher fühlen, solange ich unter den Lebenden weile. Vertrauen, Wahrhaftigkeit, Ehrenwort – das sind alles Begriffe, die für ihn nicht existieren. Weshalb sollte er glauben, daß sie für jemand anderen eine Bedeutung haben?«

»Es ist alles meine Schuld. Was wollen Sie, daß ich tue?«

»Sie können nur eines tun: Entbinden Sie mich von meiner Schweigepflicht.«

»Damit ich mein Leben in einer streng bewachten Zelle verbringe? Die Art von Held bin ich nicht.«

Er steuerte auf die Haustür zu, und da Costa fragte noch einmal: »Geht es ihr wirklich gut?«

Fallon nickte. »Eine Nacht Schlaf ist alles, was sie braucht.«

Er ging, und da Costa rief ihm nach: »Sie kamen nicht zufällig gerade in jenem Moment?«

»Nun ja – ich habe das Haus beobachtet.«

Pater da Costa schüttelte traurig den Kopf. »Sie sehen, mein Freund – trotz Ihrer Einstellung gute Taten. Sie sind ein verlorener Mann.«

»Zur Hölle mit Ihnen!« Und Fallon stürmte in den Regen hinaus.

13

Pater da Costa packte seine liturgischen Gewänder in einen kleinen Koffer, als Anna ins Arbeitszimmer trat. Es war ein grauer Morgen; immer noch prasselte der Regen gegen die Scheiben. Sie war etwas blasser als sonst.

Da Costa ergriff ihre Hände. »Wie fühlst du dich?«

»Gut. Wirklich. Willst du fortgehen?«

»Leider muß ich. Eine der Nonnen in der Klosterschule starb gestern. Man hat mich gebeten, zu amtieren.« Er zögerte. »Ich lasse dich nicht gern allein.«

»Unsinn! Mir geht es gut. Schwester Claire wird um zehn Uhr dreißig die Kinder aus der Grundschule zur Chorprobe bringen. Danach habe ich bis zwölf eine Privatstunde.«

»Fein. Bis dahin werde ich zurück sein.«

Sie nahm seinen Arm, und gemeinsam gingen sie zur Haustür. »Du wirst deinen Regenmantel brauchen.«

»Der Regenschirm genügt.« Er öffnete die Tür und zögerte. »Ich habe nachgedacht, Anna. Vielleicht solltest du weggehen – bis diese Angelegenheit in irgendeiner Form abgeschlossen ist.«

»Nein!« sagte sie entschieden.

Er setzte seinen Koffer ab und faßte sie an den Schultern. »Noch nie habe ich mich so hilflos gefühlt. Nach dem Vorfall gestern nacht wollte ich sogar schon mit Miller sprechen.«

»Aber das kannst du doch nicht machen!« sagte sie rasch – zu rasch. »Nicht, ohne Fallon mit hineinzuziehen.«

Er musterte sie. »Du magst ihn, nicht wahr?«

»Das ist nicht genau das Wort, das ich wählen würde«, erwiderte sie ruhig. »Ich habe Mitleid mit ihm. Er ist in einer unfairen Weise vom Leben benutzt worden.« Und plötzlich voller Leidenschaft: »Niemand kann so viel Musik in sich haben und ohne Seele sein. Gott kann nicht so unmenschlich sein.«

»Das größte Geschenk, das Gott dem Menschen gegeben hat, ist sein freier Wille, Liebes.«

»Ich weiß nur etwas mit Sicherheit: Als ich letzte Nacht Hilfe brauchte – war es Fallon, der mich gerettet hat.«

»Er hat das Haus beobachtet.«

Farbe schoß in ihre bleichen Wangen. »Und dir ist egal, was ihm zustößt?«

»O nein. Ich sorge mich mehr um ihn, als du vielleicht glaubst. Ich sehe einen genialen Menschen vor mir, der in der Gosse gelandet ist und aus irgendwelchen dunklen Gründen eine Art Selbstmord begeht.«

»Dann hilf ihm!«

Pater da Costa schüttelte traurig den Kopf. »Er ist ein Mann, der den Tod sucht, Anna, der ihn mit offenen Armen willkommen heißen würde. Er haßt das, was aus ihm geworden ist. O ja, ich sorge mich sehr darum, was aus ihm wird –, die Tragödie ist nur, daß es *ihm* egal ist.«

Er eilte über den Kirchhof, den Kopf gesenkt, und dachte gar nicht daran, den Schirm aufzuspannen. Als er in die Sakristei kam, sah er Fallon auf der schmalen Bank sitzen, den Kopf auf die Brust gesunken, die Hände in den Taschen seines Trenchcoats.

Da Costa schüttelte ihn an den Schultern, und Fallon hob den Kopf und öffnete augenblicklich die Augen. Er hatte dringend eine Rasur nötig, die Haut spannte über den Backenknochen, sein Blick war leer.

»Eine lange Nacht«, sagte Pater da Costa sanft.

»Zeit zum Nachdenken«, erwiderte Fallon mit seltsam erloschener Stimme.

»Irgendwelche Entschlüsse gefaßt?«

»O ja.« Fallon stand auf und trat in den Regen hinaus. »Der richtige Platz für mich – ein Friedhof.« Er wandte sich um, ein Lächeln in den Mundwinkeln. »Ich habe endlich etwas sehr Wichtiges erkannt.«

»Und was ist das?«

»Daß ich nicht mehr mit mir leben kann.«

Er entfernte sich sehr rasch. Pater da Costa streckte eine Hand aus – als wollte er ihn zurückhalten.

»Fallon!« rief er heiser.

Ein paar Saatkrähen flogen aus einem Baum auf, flatterten wie eine Handvoll schmutzig-schwarzer Lumpen im Wind, ärgerlich krächzend.

Als Anna die Haustür des Pfarrhauses schloß, hörte sie die Orgel spielen. Sie stand ganz still da und lauschte. Ihr Herz schlug schneller, während sie mit ihrem Stock den Weg abklopfend über den Kirchhof hastete. Sie öffnete die Sakristeitür. Die Musik schien die Kirche auszufüllen.

Die letzten Töne verhallten. Einen unendlich langen Augenblick saß er mit hängenden Schultern da. Als er auf dem Stuhl herumschwang, stand sie an den Chorschranken.

»Ich habe niemals jemanden so spielen hören«, sagte sie.

Er stieg herab und blieb auf der anderen Seite der Barriere stehen. »Gute Beerdigungsmusik.«

Seine Worte griffen ihr eiskalt ans Herz. Sie zwang sich zu einem Lächeln. »So dürfen Sie nicht reden. Wollten Sie mich sehen?«

»Sagen wir, ich hoffte, Sie würden kommen.«

»Hier bin ich also.«

»Ich möchte, daß Sie Ihrem Onkel eine Botschaft überbringen. Sagen Sie ihm, daß es mir leid tut, mehr leid tut, als ich sagen kann, aber ich werde alles in Ordnung bringen. Sie brauchen keine Angst mehr zu haben. Er hat mein Wort darauf.«

»Aber wie? Ich verstehe nicht.«

»Es ist meine Affäre«, sagte er ruhig. »Ich habe sie begonnen, ich werde sie auch beenden. Leben Sie wohl, Anna da Costa! Sie werden mich nicht wiedersehen.«

»Ich habe Sie nie *gesehen*«, sagte sie traurig und legte eine Hand auf seinen Arm. »Ist das nicht schrecklich?«

Er zog sich langsam zurück, lautlos.

Ihr Gesichtsausdruck veränderte sich. Unsicher streckte sie eine Hand aus. »Mr. Fallon, sind Sie da?«

Fallon strebte rasch der Tür zu. Sie knarrte, als er sie öffnete, und als er sich umwandte, um ein letztesmal zurückzublicken, rief sie: »Martin, komm zurück!«, und furchtbare Verzweiflung schwang in ihrer Stimme mit.

Fallon ging.

Tränen strömten über Annas Gesicht. Sie fiel auf die Knie.

Jenny Fox hatte am Abend zuvor zwei Schlaftabletten eingenommen. Es war schon nach elf, als sie aufwachte. Sie zog ihren Morgenrock an und ging nach unten in die Küche. Fallon saß am Tisch, die Flasche mit irischem Whisky vor sich, ein halbvolles Wasserglas daneben. Er hatte die Ceska auseinandergenommen und setzte sie nun gewissenhaft wieder zusammen.

»Du fängst früh an«, kommentierte sie.

»Es ist schon lange her, seit ich getrunken habe – wirklich getrunken habe. Ich mußte nachdenken.«

Er leerte sein Glas mit einem Zug, rammte das Magazin in die Ceska und schraubte den Schalldämpfer auf den Lauf.

Jenny fragte vorsichtig: »Bist du zu irgendwelchen Entschlüssen gekommen?«

»O ja. Ich glaube, das kann man sagen.« Er goß sich einen weiteren Whisky ein und schüttete ihn hinunter. »Ich habe beschlossen, eine Jack-Meehan-muß-weg-Kampagne zu starten. Eine Art Ein-Mann-Feldzug, wenn du so willst.«

»Du mußt verrückt sein. Du hast nicht die geringste Chance.«

»Er wird irgendwann heute nach mir schicken. Er *muß* — weil er mich morgen nacht von Hull aus ausschiffen will.«

Er schielte über den Lauf der Waffe, und Jenny flüsterte: »Was hast du vor?«

»Ich werde den Bastard umbringen«, sagte er schlicht. »Eine gute Tat in einer unanständigen Welt.«

Er war betrunken, aber auf seine Weise.

Sie sagte verzweifelt: »Sei kein Dummkopf! Wenn du ihn tötest, gibt es keine Schiffspassage.«

»Das könnte mir wirklich nicht gleichgültiger sein.«

Sein Arm schoß hoch, und er feuerte. Ein dumpfer Laut, und ein kleiner Porzellanhund auf dem obersten Brett über dem Kühlschrank zerschellte.

»Nun, wenn ich nach einer halben Flasche Whisky noch so gut treffe, ist kaum zu befürchten, daß ich Dandy Jack verfehle.«

Er stand auf und packte die Whiskyflasche.

»Martin, hör mir zu, um Gottes willen!« flehte sie.

Er ging an ihr vorbei auf die Tür zu. »Ich war letzte Nacht nicht im Bett, also werde ich es jetzt nachholen. Weck mich, wenn Meehan anruft, und laß mich auf keinen Fall länger als bis fünf schlafen. Ich muß was erledigen.«

Sie lauschte seinen Schritten auf der Treppe, hörte, wie er die Tür seines Schlafzimmers öffnete und schloß.

Der Bull and Bell yard war nicht weit von Paul's Square entfernt, eine schmutzige sonnenlose gepflasterte Gasse, die nach dem Pub, das dort seit mehr als zweihundert Jahren stand, benannt worden war. Neben dem Eingang drängten sich überquellende Mülleimer, stapelten sich Pappschachteln und Packkisten.

Das *Bull and Bell* machte sein Hauptgeschäft abends, weshalb Jack Meehan es bevorzugte, nachmittags hinzugehen. Er saß auf einem Stuhl, einen Krug Bier vor sich, auf einem Roastbeef-Sandwich kauend und die *Financial Times* lesend. Donner hockte am Fenster und legte Patience.

Meehan leerte seinen Krug und schob ihn über die Bar. »Noch einmal, Harry!«

Harry war ein großer, stämmiger junger Mann mit der Figur eines professionellen Rugby-Spielers. Er hatte lange, dunkle Koteletten und sah kalt und gefährlich aus. Als er den Krug füllte, öffnete sich die Tür, und Rupert und Bonati traten ein. Rupert hatte einen knöchellangen, großkarierten Kapuzenmantel an. Er schüttelte sich heftig und knöpfte ihn auf.

Meehan trank einen Schluck Bier und rülpste. »Was, zum Teufel, willst du hier? Wer paßt auf den Laden auf?«

Rupert glitt auf den Stuhl neben ihm und legte eine Hand auf seinen einen Schenkel. »Ich muß manchmal essen, Schätzchen. Ich glaube, es ist angebracht, daß ich bei Kräften bleibe, oder?«

»Also gut, Harry«, grunzte Meehan. »Gib ihm seine Bloody Mary!«

Rupert fragte: »Weiß übrigens jemand, wo Billy steckt?«

»Ich habe ihn seit gestern abend nicht mehr gesehen«, sagte Meehan. »Wer will was von ihm?«

»Der Verwalter von *Pine Trees* hat eben angerufen.«

»Und was wollte er?«

»Es scheint, daß Billys Whippet dort herumstreunt, total aufgeweicht und wie Espenlaub zitternd. Er wollte wissen, was er mit ihm machen soll.«

Meehan runzelte die Stirn. »Was, zum Teufel, treibt das Vieh da?«

Donner sagte: »Ich sah Tommy etwas gegen halb acht Uhr heute morgen, als ich in die Garage ging. Er saß im Scimitar. Ich glaubte, Billy hätte ihn dort letzte Nacht vergessen und ließ ihn raus. Ich meine, es ist doch schon vorgekommen, wenn er verärgert war – daß er Tommy im Wagen gelassen hat.«

»Er war heute morgen noch nicht zurück«, sagte Meehan. »Wenn er den Wagen in der Garage hat stehenlassen, dann kann er nur in einen Klub im Zentrum gegangen sein. Wahrscheinlich liegt er noch mit irgendeiner Hure im Bett, dieser dreckige kleine Bastard.« Er wandte sich an Bonati. »Fahr nach *Pine Trees* und hol das Vieh! Und gib ihm was zu fressen!«

»In Ordnung, Mr. Meehan.« Bonati verschwand.

Meehan schüttete weiter Bier in sich hinein. »Rücksichtsloses kleines Ferkel. Ich werde ihm den Arsch versohlen.«

»Er ist jung, Mr. Meehan«, sagte Harry. »Er wird's schon noch kapieren.«

Er ergriff einen Kübel mit Schmutzwasser, kam hinter der Bar hervor, öffnete die Tür und trat hinaus. Als er das Wasser ausgoß, tauchte Pater da Costa auf. Er trug seine Soutane und hatte den Schirm aufgespannt. Harry musterte ihn leicht erstaunt.

Pater da Costa sagte höflich: »Ich suche Mr. Meehan – Mr. Jack Meehan. Man hat mir in seinem Büro gesagt, daß ich ihn hier treffen könnte.«

»Drinnen«, sagte Harry.

Er ging voran, und der Pater folgte ihm. Er blieb auf der Schwelle stehen, um seinen Schirm zuzumachen.

Rupert entdeckte ihn im Spiegel hinter der Bar.

»Allmächtiger!« rief er aus.

Meehan drehte sich sehr langsam um. »Und was, zum Teufel, machen *Sie* hier? Wollen Sie für Weihnachten oder dergleichen sammeln? Werde ich Sie mit einem Pfund los?«

Er zog großkotzig seine Brieftasche heraus, und Pater da Costa sagte ruhig: »Ich hoffte, Sie kurz unter vier Augen sprechen zu können.«

Er stand da, den Schirm in der Hand, der Saum der Soutane klitschnaß vom hohen Gras des Klosterfriedhofs, die Schuhe voll Morast, der graue Bart zerzaust.

Meehan lachte schallend. »Ich wünschte, Sie könnten sich sehen! Männer in Röcken! Wie lächerlich!«

Pater da Costa fragte geduldig: »Nun, können wir reden?«

Meehan wies mit einer kurzen Handbewegung auf Donner und Rupert. »Es gibt nichts, was Sie mir sagen könnten, was diese beiden nicht hören dürften.«

»Also gut. Ich möchte, daß Sie *Holy Name* fernbleiben. Und ich wünsche keine Wiederholung des Vorfalls von gestern nacht.«

Meehan runzelte die Stirn. »Wovon, verflixt noch mal, sprechen Sie?«

»Letzte Nacht, als ich weg war, ist jemand ins Pfarrhaus eingedrungen und ist über meine Nichte hergefallen. Wenn Fallon nicht im richtigen Moment aufgetaucht wäre und den Mann davongejagt hätte – weiß Gott, was passiert wäre. Aber ich vermute, Sie werden mir jetzt erzählen, Sie wüßten nichts davon.«

»Verdammt noch mal, so ist es!« schrie Meehan.

Pater da Costa versuchte sich zu beherrschen.

»Sie lügen«, sagte er schlicht.

Meehan schoß das Blut in den Kopf, seine Augen traten aus den Höhlen. »Wer, zum Teufel, glauben Sie, daß Sie sind?«

»Es ist meine letzte Warnung. Als wir uns das letztemal unterhielten, sagte ich Ihnen, daß mein Gott auch ein Gott des Zornes ist. Sie täten gut daran, es nicht zu vergessen.«

Meehans Gesicht war jetzt purpurrot. Wütend wandte er sich an den Barkeeper. »Schaff ihn raus!«

Harry kam hinter der Bar hervor. »Auf den Weg, Kamerad!«

»Ich gehe, wenn ich fertig bin«, erklärte ihm da Costa.

Harrys rechte Hand packte ihn am Kragen, die linke am Gürtel, und so stürzten sie durch die Tür, begleitet vom Gelächter Donners und Ruperts. Beide drängten hinaus, um dem Spaß beizuwohnen, und Meehan schloß sich ihnen an.

Pater da Costa kauerte auf Händen und Knien in einer Pfütze.

»Na, was ist los, Schätzchen?« höhnte Rupert. »Hast dich vollgepißt?

Es war eine dumme Bemerkung, kindisch und vulgär, aber sie war der letzte Tropfen, der da Costas Wut zum Überkochen brachte. Als Harry ihn auf die Füße zog, einen Arm um seinen Hals, reagierte er, wie er es dreißig Jahre zuvor in der harten, brutalen Schule des Guerillakampfes gelernt hatte.

Harry grinste breit. »Wir können so aufgeblasene Angeber, die uns die Kundschaft verärgern, nicht leiden.«

Zu mehr kam er nicht. Da Costas rechter Ellbogen landete zwischen seinen Rippen. Der Pater schwenkte auf einem Fuß herum, während Harry, nach Luft schnappend, zurücktaumelte.

»Du solltest niemals jemanden so nah herankommen lassen.«

Harry sprang vorwärts, mit der rechten zu einem fürchterlichen Faustschlag ausholend. Da Costa neigte sich zur Seite, packte mit beiden Händen Harrys Handgelenk, drehte es herum und nach oben und stieß ihn mit dem Kopf voran in die Kisten.

Als er sich umwandte, kam Donner angerannt. Er bekam einen Fußtritt unter die linke Kniescheibe und krümmte sich vor Schmerz. Da Costa rammte rasch ein Knie in Donners Gesicht, daß dieser hochschnellte und rückwärts gegen die Wand knallte.

Rupert stieß einen entsetzten Schrei aus. Er hatte es so eilig, in die Pinte zu kommen, daß er auf der obersten Stufe ausrutschte und Meehan mit sich riß. Als Meehan sich erheben wollte, versetzte ihm da Costa einen Faustschlag ins Gesicht. Knochen knirschten, und Meehans Nase wurde von da Costas Knöcheln plattgewalzt. Blut schoß aus seinen Nasenlöchern, und er fiel aufstöhnend in die Kneipe.

Rupert kroch auf Händen und Knien hinter die Bar, während da Costa über Meehan stand, die Fäuste geballt, das Gesicht in mörderischer Wut verzerrt. Und plötzlich blickte er auf seine Hände herab, sah das Blut daran, und Entsetzen malte sich in seinen Zügen. Langsam wich er zurück auf die Gasse. Harry lag mit dem Gesicht nach unten zwischen den Kisten, Donner kotzte gegen die Wand. Da Costa betrachtete noch einmal voll Grauen das Blut an seinen Händen und entfloh.

Als er sein Arbeitszimmer betrat, saß Anna strickend am Feuer.

Sie wandte ihm ihr Gesicht zu. »Du kommst spät. Ich habe mir Sorgen gemacht.«

Er war immer noch äußerst erregt und hatte Mühe, ruhig zu sprechen. »Tut mir leid. Es ist etwas dazwischengekommen.«

Sie legte ihr Strickzeug beiseite und erhob sich. »Nachdem du weg warst, ging ich in die Kirche. Fallon spielte auf der Orgel.«

»Hat er irgend etwas gesagt? Hast du mit ihm gesprochen?«

»Er hat mir eine Botschaft für dich gegeben. Es wäre alles seine Schuld gewesen, sagte er, und es täte ihm leid.«

»Sonst noch was?«

»Ja. Wir sollten von nun an keine Angst mehr haben. Er hätte es begonnen und er würde es beenden. Und wir würden ihn nicht wiedersehen. Was meint er? Glaubst du, daß er sich freiwillig stellen will?«

»Weiß der Himmel!« Er legte eine Hand auf ihre eine Schulter. »Ich gehe kurz in die Kirche. Es wird nicht lange dauern.«

Pater da Costa eilte in die Kirche um zu beten, aber im tiefsten Innern spürte er, daß er nichts bedauerte. Und was noch viel schlimmer war: Eine winzige Stimme in ihm raunte, daß er der Menschheit einen Gefallen tun würde, wenn er Jack Meehan vom Erdboden fegte.

Meehan trat aus dem Badezimmer, einen seidenen Kimono an, einen Eisbeutel ans Gesicht drückend. Der Arzt war gegangen, die Blutung war gestillt, aber seine Nase war ein häßlich geschwollener zerquetschter Fleischklumpen. Donner, Bonati und Rupert warteten ergeben an der Tür. Donners Unterlippe war zweimal so dick wie gewöhnlich.

Meehan warf den Eisbeutel durch den Raum. »Taugt überhaupt nichts, das Zeug. Jemand soll mir einen Drink bringen.«

Rupert eilte zur Getränkebar, goß einen großen Brandy ein und brachte ihn Meehan, der am Fenster stand. Plötzlich wandte sich Meehan um und war wieder ganz er selbst.

»Frank, wie hieß doch dieser Knabe, der so gut mit Sprengstoff umzugehen wußte?« fragte Donner.

»Ellermann, Mr. Meehan. Meinen Sie den?«

»Genau. Er sitzt nicht, oder?«

»Nicht, daß ich wüßte.«

»Gut. Dann möchte ich, daß er innerhalb der nächsten Stunde hier ist. Sag ihm, daß zweihundert Dollar für ihn drin sind.«

Er trank von seinem Brandy und wandte sich Rupert zu. »Und für dich, mein Schatz, habe ich auch einen Job. Du kannst Jenny besuchen. Wir werden sie brauchen bei dem, was ich vorhabe.«

»Glaubst du, daß sie mitspielt? Sie kann ein schreckliches Weibsstück sein, wenn sie nicht mag.«

»Diesmal nicht.« Meehan gluckste. »Du wirst mit einem Angebot von mir kommen, das sie nicht ablehnen kann.«

Er lachte, und Rupert sah unsicher zu Donner hinüber.

Donner fragte vorsichtig: »Wozu das alles, Mr. Meehan?«

»Ich habe genug«, zischte Meehan. »Vom Priester, Fallon und der ganzen Geschichte. Ich werde ein für allemal reinen Tisch machen. Noch diese Nacht.«

Harvey Ellerman war fünfzig Jahre, sah aber zehn Jahre älter aus, wahrscheinlich weil er alles in allem zweiundzwanzig Jahre seines Lebens hinter Gittern verbracht hatte. Er war ein kleiner schüchterner Mann, der gewöhnlich die Tweed-Mütze und einen braunen Regenmantel trug. Doch dieser ängstlich aussehende Mann stand in dem Ruf, der beste Sprengstoffexperte von ganz Nordengland zu sein. Seine Genialität hatte sich letztlich jedoch als sein Verderben erwiesen. Seine Einzigartigkeit hatte ihn jedesmal verraten, als hätte er seinen Namen hinterlassen, und lange Jahre hindurch verhaftete ihn die Polizei mit monotoner Regelmäßigkeit.

Er trat aus dem Lift der Dachterrassenwohnung, in einer Hand einen billigen Vulkanfiber-Koffer, der mit einem Lederriemen zusammengehalten wurde. Meehan ging ihm mit ausgestreckter Hand entgegen, und Ellerman setzte den Koffer ab.

»Eine Freude, dich zu sehen, Harvey!« sagte Meehan. »Ich hoffe, du wirst uns helfen können. Hat dir Frank schon erklärt, um was es geht?«

»Ja, Mr. Meehan.« Ellerman zögerte. »Sie wünschen doch nicht meinen persönlichen Einsatz bei dieser Sache?«

»Natürlich nicht«, beruhigte ihn Meehan.

Ellerman sah erleichtert aus. »Ich habe mich nämlich von jeglicher aktiven Beteiligung distanziert, Mr. Meehan. Sie wissen ja, warum.«

»O ja, Harvey. Du warst zu verdammt gut für sie.« Er legte Ellermans Koffer auf den Tisch. »Na, was hast du mitgebracht?«

Ellerman öffnete den Koffer. Er enthielt ein ganzes Sortiment verpackter Sprengsätze, Zünder, Sprengkapseln, Draht-knäuel und Werkzeuge.

»Frank sagte mir, daß Sie etwas Ähnliches wollen, wie die IRA in Irland verwendet hat.«

»Nicht ähnlich, Harvey – ich möchte genau dasselbe. Wenn die Jungens von der Spurensicherung die Reste der Bombe untersuchen, möchte ich nicht, daß auch nur der leiseste Zweifel besteht, aus welcher Richtung das Ding kommt.«

»In Ordnung, Mr. Meehan«, sagte Ellerman mit seiner farblosen Stimme. »Wie Sie wünschen.«

Nachdem er Meehan kurz über sein Projekt informiert hatte, machte er sich an die Arbeit.

Meehan stellte sich ans Fenster und pfiff fröhlich vor sich hin.

14

Fallon wachte auf und merkte, daß Jenny ihn an den Schultern rüttelte.

»Wach auf! Wach auf!« sagte sie immer wieder.

Er fühlte sich seltsam benommen, und hinter seinem rechten Auge registrierte er einen leichten, hartnäckig klopfenden Schmerz. Er setzte sich auf, schwang die Beine aus dem Bett und fuhr sich mit den Händen über das stoppelige Kinn.

»Wie spät ist es?« fragte er.

»Gegen vier. Dein Freund, Pater da Costa, hat angerufen. Er möchte dich gern sehen.«

Fallon runzelte leicht verwirrt die Stirn. »Wann rief er an?«

»Etwa vor zehn Minuten. Ich wollte dich holen, aber er sagte, er könnte nicht warten.«

»Und wo will er mich sehen? In *Holy Name?*«

Sie schüttelte den Kopf. »Nein. Er sagte, er würde seine Nichte aufs Land bringen. Er glaubt, sie wäre dort sicherer. Ein kleines Nest – Grimsdyke genannt. Etwa zwanzig Meilen von hier in der Marsch. Er möchte dich dort möglichst bald treffen.«

Fallon fragte: »Weißt du, wo das ist?«

Sie nickte. »Als ich noch ein Kind war, sind wir oft zum

Picknick dort hingefahren. Bei dem *Mill House* bin ich allerdings nie gewesen, aber er hat mir gesagt, wie ich es finde.«

»Und du würdest mich hinbringen?«

»Wenn du es gern möchtest. Wir könnten mit meinem Wagen fahren. Wir brauchen nicht viel mehr als eine halbe Stunde bis dorthin.«

Er starrte sie an, ausdruckslos, die Augen sehr dunkel.

Sie blickte nervös zur Seite, wurde rot. Ärgerlich sagte sie: »Hör zu, es ist nicht mein Bier. Willst du hin oder nicht?«

Er wußte, daß sie log, aber er war todsicher, daß sie ihn an das richtige Ziel bringen würde.

»Gut«, sagte er. »Ich will mich nur rasch frischmachen. Wir treffen uns unten.«

Sobald Jenny gegangen war, holte er die Ceska aus seiner Jackentasche, lud sie mit acht Patronen nach und steckte sie in die rechte Tasche seines Trenchcoats. Dann ging er zum Fenster, hob den Teppich etwas an und zog die Browning Automatic heraus. Darunter lag ein großer, dicker Briefumschlag, der das meiste der zweitausend Pfund in Zehn-Pfund-Noten enthielt. Er steckte den Umschlag in seine Brusttasche und überprüfte rasch den Browning. In dem Schränkchen über dem Waschbecken fand er eine Rolle Heftpflaster. Er schnitt mit dem Rasiermesser ein paar Lagen ab, heftete den Browning an die Innenseite seines linken Beines, direkt über dem Sprungbein, und verdeckte ihn mit dem Socken.

Während er hinunterging, knöpfte er seinen Trenchcoat zu. Jenny wartete in einem roten Gummiregenmantel. Sie lächelte verkrampft und zog Handschuhe an.

Er öffnete die Haustür und hielt sie an der Schulter zurück, als sie hinausgehen wollte. »Du hast mir nicht irgendwas zu erzählen vergessen?«

Sie wurde rot, und ihre Stimme klang wieder ärgerlich. »Wäre es denn wahrscheinlich, daß ich so etwas tue?«

Er lächelte. »Dann sollten wir jetzt fahren.«

Der Mini-Cooper parkte am Straßenrand.

Die Marsch bei Grimsdyke an der Flußmündung war eine wildromantische einsame Landschaft, die etwas Gespenstisches hatte, eine fremde Welt, hauptsächlich von Vögeln bewohnt, die den Winter über aus dem Süden Sibiriens hierherzogen.

Sie fuhren durch das Dorf. Dreißig oder vierzig Häuser, eine Tankstelle, ein Pub – dann waren sie durch. Es regnete ziemlich stark. Der Wind jagte Wolkenberge über die Marsch.

»Eine halbe Meile nach dem Dorf rechts.« Jenny sah kurz zu Fallon hinüber. »Das hat er gesagt.«

»Hier scheint's zu sein«, murmelte Fallon.

Sie bogen von der Hauptstraße ab und fuhren einen schmalen erhöhten Grasdamm entlang. Zu beiden Seiten wogten meilenweit Sumpfgras und Schilf, und der Wind trieb feine Nebelfetzen vom Meer herein.

Fallon kurbelte das Fenster an seiner Seite herunter und atmete tief die prickelnde Salzluft ein. »Ein verdammt schönes Plätzchen!«

»Als Kind liebte ich diese Gegend«, sagte sie. »Es ist eine ganz andere Welt, wenn man aus der Stadt kommt.«

Je mehr sie sich der Flußmündung näherten, um so dichter schien sie der Nebel einzuhüllen. Als sie auf eine kleine Anhöhe kamen, sahen sie etwa hundert Meter südlich aus einer Baumgruppe etwas aufragen. Das mußte die Mühle sein.

Fallon legte eine Hand auf ihren Arm, und sie hielt an.

»Wir werden von hier ab zu Fuß gehen«, sagte er.

»Ist das notwendig?«

»Wenn ich etwas im Leben gelernt habe, dann: niemals etwas unbesehen zu akzeptieren.«

Sie stieg wortlos aus, und Fallon verließ die Fährte und durchquerte mit ihr eine Tannenschonung. Schließlich kroch er hinter einen Busch, zog Jenny zu sich herunter und inspizierte die Gegend. Er sah einen dreistöckigen Stein-Turm, oben offen. An der einen Seite davon eine Art Holzscheune, die in einem besseren Zustand zu sein schien als der Rest. Ein dünner Rauchfaden wehte aus einem Eisen-Schornstein. Auf der anderen Seite drehte sich, gespenstisch knarrend und stöhnend, ein riesiges Wasserrad.

»Sein Mini-Caravan ist nirgends zu sehen«, sagte Fallon leise.

»Er wird ihn in der Scheune stehen haben«, meinte Jenny und fügte ungeduldig hinzu: »Um Himmels willen, entschließ dich endlich! Gehen wir weiter oder nicht? Ich werde klitschnaß.«

Sie schien ärgerlich, doch er bemerkte das Zittern ihrer linken Hand.

»Geh vor!« sagte er. »Und ruf mich, wenn die Luft rein ist!«

Sie musterte ihn, hob dann die Schultern, stand auf und steuerte auf die Scheune zu. Am Tor drehte sie sich einmal um, dann öffnete sie es und verschwand im Innern.

Einen Moment später erschien sie wieder und rief: »Alles in Ordnung! Komm!«

Fallon zögerte noch einen Moment und trat dann auf die Lichtung hinaus, ein leicht starres Lächeln um den Mund. Als er bis auf vier oder fünf Meter herangekommen war, sagte Jenny: »Sie sind da.«

Damit kehrte sie in die Scheune zurück, und er folgte ihr.

Es roch nach altem Heu und Mäusen. In einer Ecke stand ein klappriger Karren, und über drei Seiten lief ein großer Heuboden mit runden glaslosen Fenstern, durch die Licht hereinfiel. In einem alten Eisenofen in der Ecke knisterte ein Feuer.

Pater da Costa und Anna waren nicht zu sehen, doch Fallon hatte sie auch nicht hier vermutet. Jenny lehnte an der Wand gegenüber, neben einem schmalen, eisernen Feldbett stehend, auf dem ein kleines blondhaariges Mädchen offensichtlich schlief.

»Es tut mir leid, Martin«, sagte sie unglücklich. »Ich hatte keine Wahl.«

»Hände hoch, Fallon!« rief eine Stimme.

Fallon blickte nach oben und sah Donner am Rande des Heubodens, ein Armalite-Gewehr in den Händen. Rupert stand neben ihm mit einer abgesägten Schrotflinte, und der Barkeeper aus dem *Bull and Bell* tauchte auf der anderen Seite des Heubodens auf, irgendeinen Revolver in der Rechten.

Donner hob das Gewehr etwas an. »Man hat mir gesagt, daß eine Kugel aus einem solchen Ding einen Körper durchschlägt und ein beachtliches Stück Fleisch des Betreffenden mit auf den Weg nimmt. Also rate ich dir, brav stillzustehen.«

»Oh, das werde ich«, versicherte Fallon ironisch und hob die Hände hoch.

Harry stieg als erster die Leiter herunter. Er sah schrecklich aus. Sein linkes Auge war total zugeschwollen und die eine Gesichtshälfte böse zugerichtet. Er blieb ein oder zwei Meter vor Fallon stehen, während Rupert herabstieg, und als sie beide ihre Stellungen bezogen hatten, schloß sich Donner ihnen an.

»Trau niemals einem Weib, Schätzchen«, sagte Rupert mit einem mokanten Lächeln. »Unverläßliche Flittchen – die meisten von ihnen. Ich zum Beispiel...«

Donner trat nach seinen Beinen. »Halt's Maul und filz ihn! Er hat vermutlich das Schießeisen in der rechten Tasche.«

Rupert fand die Ceska auf Anhieb und auch den dicken Umschlag mit dem Geld.

Donner sah in den Umschlag, pfiff durch die Zähne und fragte: »Wieviel?«

»Zweitausend«, sagte Fallon.

Donner grinste. »Das ist wohl das, was man unter einem unerwarteten Bonus versteht.«

Er steckte den Umschlag in seine Innentasche, und Rupert begann Fallons Körper abzutasten.

»Bezaubernd«, säuselte er. »Ich könnte mich wirklich in dich verknallen, mein Schätzchen.« Und er tätschelte Fallons Wangen.

Fallon stieß ihn zurück, daß er taumelte. »Wenn du mich noch einmal anfaßt, brech ich dir das Genick!«

Ruperts Augen funkelten. Er nahm die abgesägte Schrotflinte auf und spannte den Hahn. »Du meine Güte, sind wir nicht das Weibchen, das die männliche Rolle spielen möchte? Na, das kriegen wir schon hin.«

Donner trat ihm in den Hintern. »Du verdammter dämlicher kleiner Homo! Willst du alles verderben?« Er schubste ihn wütend beiseite. »Hau ab und mach Tee! Zu was anderem taugst du ja nicht.«

Rupert trottete mürrisch zum Ofen, und Donner holte Polizeihandschellen aus einer seiner Taschen. Er ließ sie um Fallons Handgelenke zuschnappen, schloß sie ab und ließ den Schlüssel in seine Brusttasche gleiten.

»Du kannst die harte Tour haben oder die weiche. Mir ist es einerlei. Verstanden?«

»Ich bemühe mich«, sagte Fallon.

»Gut. Geh und setz dich neben das Mädchen, damit ich euch beide im Auge habe!«

Fallon ging zu dem Feldbett und setzte sich daneben, mit dem Rücken gegen die Wand gelehnt. Er betrachtete das Kind. Es atmete ruhig.

»Die Tochter – von der du mir erzählt hast? Fehlt ihr nichts?

»Sie haben ihr nur ein Beruhigungsmittel gegeben.« Jennys Augen schwammen in Tränen. »Es tut mir so leid, Martin. Ich holte sie nach dem Lunch ab, wie jeden Sonnabend, und brachte sie zum Spielplatz im Stadtpark. Dort haben Rupert und dieser Wurm Harry uns aufgelauert.«

»Und sie haben dich bedroht?«

»Sie haben gesagt, daß sie sich an Sally halten würden. Und daß ich sie zurückhaben könnte, wenn es mir gelingt, dich hier heraus zu locken. Was hätte ich tun sollen? Du kennst Jack Meehan nicht so wie ich. Er ist zu allem fähig – genau wie Billy.«

»Billy wird dich nie mehr belästigen«, sagte Fallon. »Ich habe ihn letzte Nacht umgebracht.«

Sie starrte ihn mit aufgerissenen Augen an.

»Und ebenso beabsichtige ich, Dandy Jack zu töten«, fuhr er ruhig fort. »In meiner linken Jackentasche steckt ein Päckchen Zigaretten. Bist du ein gutes Mädchen und zündest mir eine an?«

Sie schien fassungslos über das eben Gehörte, kam aber seiner Aufforderung nach und steckte ihm eine Zigarette in den Mund. Als sie ein Streichholz anriß, trat Donner zu ihnen, eine karierte Tasche in der einen Hand. Er ging vor Fallon in die Hocke und zog den Reißverschluß der Tasche auf. Nacheinander brachte er drei Flaschen irischen Whisky zum Vorschein, die er auf den Boden vor ihn stellte. »*Jameson*«, sagte Fallon. »Meine Lieblingsmarke. Wie kamst du drauf?«

»Sind alle für dich. Alle drei Flaschen.«

»Ich muß sagen, das hört sich interessant an. Erzähl weiter!«

»Die Idee ist tatsächlich sehr gut. Ich glaube, sie wird dir gefallen. Wir haben drei Probleme: den Priester, seine Nichte...«

»...und mich«, vollendete Fallon.

»Genau.« Donner angelte sich eine Zigarette. »Mr. Meehan

hat also folgende ausgeprochene hübsche Idee. Sie ist herrlich einfach. Wir werden da Costa und seine Nichte los und schieben dir die Schuld in die Schuhe.«

»Verstehe«, sagte Fallon. »Und wie soll das vor sich gehen?«

»Du warst ein As mit der Bombe in der Hand – drüben, in Ulster, nicht wahr? Also wird es nur natürlich erscheinen, wenn du hier genauso verfährst, um jemanden loszuwerden.«

»Mein Gott!« stöhnte Jenny.

Donner ignorierte sie. Offensichtlich machte ihm das Ganze Spaß. Er fuhr fort. »Um sechs Uhr ist Abendmesse in *Holy Name.* Gleich anschließend werden Meehan und Bonati Pater da Costa und seine Nichte auf den Turm hochbringen – zusammen mit etwa zwanzig Pfund Kunststoff-Gelatine-Dynamit, verpackt in einer Waverley-Keksbüchse und mit einem chemischen Zünder versehen. Wenn die Kleinigkeit hochgeht – genau zwanzig Minuten nachdem die Zündkapsel abgebrochen ist – werden sie mitgerissen, und die Kirche stürzt ein.«

»Und was ist mit mir?« fragte Fallon.

»Bonati fährt in da Costas Mini-Caravan hier raus. Man wird drei Flaschen irischen Whisky durch deine Kehle laufen lassen, dann setzen wir dich hinter das Lenkrad und schicken dich auf die Reise. Etwa drei Meilen von hier entfernt kommst du zu einem Berg – *Cullen's Bend.* Ein unfallträchtiger Platz.«

»Und du glaubst, dadurch werden die Zusammenhänge verschleiert?«

»Wenn man das Autowrack untersucht, wird man Material finden, das zur Bombenherstellung benutzt wurde, und ein bißchen Gelatine-Dynamit – nicht zu vergessen die Kanone, mit der Krasko erledigt wurde. Die Jungens von der Spurensicherung werden einen Paradetag haben und seien wir doch offen: Das Sonderdezernat und der Geheimdienst sind seit Jahren hinter dir her. Sie werden entzückt sein.«

»Miller wird das keine Sekunde lang schlucken«, sagte Fallon. »Er weiß, daß Meehan hinter dem Krasko-Mord steckt.«

»Vielleicht. Aber er wird es nicht beweisen können.«

Jenny flüsterte: »Es ist Mord. Kaltblütiger Mord.«

»Halt dein Maul!« schnauzte Donner sie an.

Sie wich ängstlich zurück. Und plötzlich bemerkte sie etwas

sehr Merkwürdiges. Fallons Augen schienen leicht die Farbe verändert zu haben, leuchteten auf, und als er zu ihr hochblickte, spürte sie die Kraft, die von ihm ausging. Als hätte er geschlafen und wäre nun wieder aufgewacht. Er sah zu den beiden anderen hinüber. Harry untersuchte den alten Karren, ihnen den Rücken zukehrend, Rupert stand neben dem Ofen, an der Schrotflinte herumfummelnd.

»Dann ist also nichts mehr zu machen?« fragte Fallon leise.

Donner schüttelte mit gespieltem Bedauern den Kopf. »Du hättest zu Hause bleiben sollen, Fallon. Das hier ist nicht deine Kragenweite.«

»So könnte es aussehen«, sagte Fallon.

Donner neigte sich vor, um sich noch eine Zigarette zu angeln. Fallon griff mit beiden Händen nach dem Kolben des Browning, zog ihn heraus und schoß Donner aus allernächster Nähe ins Herz. Die Wucht des Geschosses hob Donner hoch. Er knallte rückwärts auf den Boden, und im selben Moment schoß Fallon Harry in den Rücken, ehe dieser sich umdrehen konnte. Die Kugel zerschmetterte sein Rückgrat. Er fiel kopfüber in den Karren.

Jenny schrie. Fallon stieß sie zur Seite. Er stand jetzt. Der Browning schwenkte zu Rupert herum, der sich erschrocken umwandte – aber zu spät –, die Schrotflinte mit beiden Händen umklammernd. Sein Mund öffnete sich zu einem lautlosen Schrei. Fallons dritte Kugel traf ihn direkt in die Stirn. Blut und Gehirnmasse spritzte über den grauen Steinboden. Rupert wurde rückwärts gegen die Wand geschleudert. Sein Finger verkrampfte sich im Tod um den Hahn der Schrotflinte, deren beide Läufe sich entluden.

Jenny warf sich schützend über das Kind. Es war totenstill. Sie blickte ängstlich auf und sah, daß Fallon mit gespreizten Beinen dastand, vollkommen ruhig, ausbalanciert, den Browning mit beiden Händen vor sich haltend. Sein Gesicht war schneeweiß, ausdruckslos, die Augen waren sehr dunkel. Sein rechter Ärmel war zerrissen. Blut tropfte auf den Boden.

Sie kam unsicher auf die Beine. »Du bist verletzt.«

Er schien sie nicht zu hören, ging zu dem Karren, stieß Harry mit einem Fuß an. Dann steuerte er auf Rupert zu. Jenny folgte ihm.

»Ist er tot?« flüsterte sie.

Und dann sah sie den Hinterkopf und wandte sich ab. Ihr Magen hob sich, und sie mußte sich an der Wand stützen. Als sie sich wieder umdrehte, kniete Fallon neben Donner und fummelte in der Brusttasche des Toten herum. Er fand den gesuchten Schlüssel und stand auf.

»Befrei mich hiervon!«

Sie wankte benommen auf ihn zu, stolperte und wäre fast hingefallen.

Er faßte nach ihrem einen Arm und hielt sie fest. »Ruhig, Mädchen! Mach jetzt nicht schlapp! Ich brauche dich.«

»Ich bin in Ordnung«, sagte sie. »Wirklich.«

Sie schloß die Handschellen auf. Fallon schmiß die Dinger weg, fiel auf ein Knie nieder und holte den prallen Briefumschlag aus Donners Innentasche, aus einer anderen die Ceska.

Als er sich erhob, sagte Jenny schwach: »Du solltest mich deinen Arm anschauen lassen.«

»Na schön.«

Er zog auch seine Jacke aus und setzte sich auf die Bettkante, eine Zigarette rauchend, während sie ihn, so gut sie konnte, versorgte. Der Arm war zerfetzt. Die Schrotkugeln hatten drei oder vier häßliche Wunden ins Fleisch gerissen. Sie bandagierte ihn mit einem Taschentuch aus Donners Brusttasche. Fallon packte eine der *Jameson*-Flaschen, zog den Korken mit den Zähnen heraus und nahm einen großen Schluck.

Als sie fertig war, setzte sie sich neben ihn aufs Bett, und ihr Blick schweifte durch die Scheune. »Wie lange hat es gedauert? Zwei – vielleicht drei Sekunden.« Sie fröstelte. »Was für ein Mensch bist du, Martin?«

Fallon zog unbeholfen seine Jacke an. »Du hast Donner ja gehört. Ein kleiner Ire, der zu Hause hätte bleiben sollen.«

»Er hatte unrecht.«

»Wo ich herkomme, hätte er nicht einen Tag überlebt. Wie spät ist es?«

Sie sah auf ihre Uhr. »Fünf Uhr dreißig.«

»Gut.« Er stand auf und griff nach seinem Trenchcoat. »Die Abendmesse in *Holy Name* beginnt um sechs und endet gegen sieben. Bring mich jetzt dorthin.«

»Das Schiff – das von Hull ausläuft – ich hörte den Namen. Donner und Rupert sprachen darüber. Du könntest immer noch hin.«

»Ohne Paß?«

»Geld spricht für sich«, sagte sie. »Und du hast eine Menge davon in dem Umschlag da.«

Sie stand sehr nahe bei ihm, seinen Gürtel zuschnallend und zu ihm aufblickend.

Fallon sagte ruhig: »Ich vermute, daß du gern mit mir mitkommen möchtest.«

Sie schüttelte den Kopf. »Es ist zu spät für mich, noch ein neues Leben zu beginnen. Ich denke an *dich*.«

Fallon starrte sie lange düster an und sagte schließlich: »Nimm das Kind und komm!«

Er schritt auf die Tür zu. Jenny hob ihre Tochter hoch, wickelte sie in die Decke, die über ihr lag, und folgte Fallon. Er stand draußen, die Hände in den Taschen, zu den Wildgänsen emporblickend.

»Sie sind frei, und ich bin es nicht, Jenny. Begreifst du das?«

Als er seine rechte Hand aus der Tasche zog, tropfte Blut von seinen Fingern.

»Du brauchst einen Arzt«, sagte sie.

»Ich brauche Dandy Jack und sonst niemanden. Los, machen wir, daß wir von hier wegkommen.«

15

Meehan war zufrieden mit sich, zufrieden und erregt. Er trug eine Segeltuchreisetasche in der Rechten, in der die Bombe war. Sie spazierten am Rathaus vorbei und überquerten die Straße.

»Ich möchte doch zu gern wissen, wo unser Billy gerade steckt«, sagte er zu Bonati. »Dafür werde ich ihm den Arsch versohlen.«

»Sie wissen doch, wie es ist, wenn diese jungen Burschen mit 'ner Biene zusammen sind, Mr. Meehan«, sagte Bonati besänftigend. »Er wird schon auftauchen.«

»Dreckige kleine Nutten«, brummte Meehan angewidert. »Der Junge denkt an nichts weiter als an seinen Schwanz.«

Sie bogen in die Rockingham Street ein, und er bekam seinen ersten Schock, als er die Orgel spielen und die Gemeinde ein Lied anstimmen hörte.

Rasch drückte er sich in einen Hauseingang und zischte Bonati zu. »Was, zum Teufel, hat das zu bedeuten? Die Abendmesse beginnt doch um sechs, und es ist erst zehn vor?«

»Keine Ahnung, Mr. Meehan.«

Sie überquerten die Straße, sich gegen den Regenwind stemmend, und blieben vor dem Anschlagbrett stehen.

Bonati las laut:»*Abendmesse sechs Uhr, Sonnabend fünf Uhr dreißig.*«

Meehan fluchte leise. »Verdammt gut, daß wir zu früh dran sind. Komm, laß uns reingehen!«

Es war feuchtkalt in der Kirche und roch intensiv nach Kerzen. Etwa ein Dutzend Leute hatten sich versammelt. Pater da Costa stand betend vor dem Altar, Anna da Costa spielte auf der Orgel. Sie setzten sich hinter eine Säule. Die Segeltuchtasche stellte Meehan zwischen seine Beine. Es war wirklich sehr angenehm, hier in dem flackernden Dämmerlicht zu sitzen und dem Orgelspiel zu lauschen, dachte Meehan. Wehmutsvoll gedachte er seiner Jugend. Und plötzlich stellte er überrascht fest, daß er freudig und enthusiastisch die Liturgie mitsang und für seine Seele betete.

Als der Cooper über eine bucklige Brücke fuhr, setzte sich Fallon, dessen Kopf auf die Brust herabgesunken war, ruckartig auf. »Wie geht es dir?« fragte Jenny ängstlich.

»Gut.«

Seine Stimme klang ruhig und beherrscht. Behutsam tastete er über seinen rechten Arm. Er begann jetzt höllisch zu schmerzen. Jenny bemerkte, wie er zusammenzuckte.

»Ich glaube, ich sollte dich schnurstracks ins Krankenhaus bringen.«

Er wandte sich nach dem Kind um, das auf dem Rücksitz lag, immer noch in seinem narkotischen Schlaf befangen.

»Sie ist ein hübsches Mädchen«, sagte er.

Der starke Regen und die hereinbrechende Dunkelheit machten die Fahrerei äußerst gefährlich. Die Straße erforderte ihre ganze Aufmerksamkeit. Doch etwas in seiner Stimme veranlaßte sie, kurz zur Seite zu schauen.

Er zündete sich eine Zigarette an und lehnte sich zurück. »Diese Kinder in dem Schulbus – du hast sicher davon gehört – das war ein Unfall – ein Irrtum.«

Er schlug mit der linken Faust auf sein rechtes Knie. Tränen füllten ihre Augen.

Die Gemeinde strömte aus der Kirche. Anna spielte weiter, und Pater da Costa ging mit den Ministranten in die Sakristei, wo sie sich umzogen. Er verabschiedete die Jungen am Seitenausgang. Anna spielte immer noch. Es war wieder Bach – »Präludium und Fuge in D-Dur«. Plötzlich hörte sie abrupt zu spielen auf.

Da Costa wollte gerade sein Chorhemd anziehen. Er wartete, daß sie fortfuhr, aber es blieb still. Stirnrunzelnd öffnete er die Sakristeitür und trat in die Kirche hinaus.

Anna stand an den Chorschranken. Jack Meehan hatte ihren einen Arm gepackt.

Pater da Costa wollte ärgerlich auf Meehan zugehen, da trat Bonati hinter einer Säule hervor, eine Luger in der Linken. Pater da Costa erstarrte.

Meehan lächelte. »So ist's recht. Jetzt werden wir alle gemeinsam eine kleine Fahrt zum Turm hoch machen. Da immer nur zwei in den Aufzug passen, werden wir uns aufteilen müssen. Ich halte mich an das Mädchen. Sie, Pater, fahren mit Bonati. Und merken Sie sich eines: Alles, was Sie unternehmen, wird sich in der Behandlung des Mädchens niederschlagen. Also keine Gewalttätigkeiten!«

»Gut, Mr. Meehan«, sagte da Costa. »Was wünschen Sie von mir?«

»Alles zu seiner Zeit.« Meehan stieß Anna auf den Lastenaufzug zu, öffnete die Tür und folgte ihr in den Förderkorb. Noch einmal sah er zu Pater Costa hinaus. »Vergessen Sie nicht, was ich gesagt habe! Keine krummen Touren!«

Da Costa versuchte seine mörderische Wut unter Kontrolle zu bringen. Was wollte der Mann? Was sollte das alles? Als der

Förderkorb wieder nach unten schwebte, stürzte er eifrig hinein. Bonati folgte ihm und drückte auf den Knopf.

Meehan hatte Licht oben gemacht. Die regennassen Laufplanken glitzerten.

Anna hielt sich mit einer Hand am Geländer fest. Grenzenlose Unsicherheit spiegelte sich in ihrem Gesicht. Da Costa machte einen Schritt auf sie zu, und Meehan zog seinen Browning.

»Bleiben Sie, wo Sie sind!« Er nickte Bonati zu. »Fessele seine Handgelenke!«

Da Costa blieb nichts anderes übrig, als seine Hände auf den Rücken zu legen. Bonati band seine Handgelenke mit einer dünnen Schnur zusammen.

»Nun das Mädchen!« befahl Meehan.

Anna ließ schweigend die Prozedur über sich ergehen.

Ihr Onkel trat zu ihr und fragte leise: »Alles in Ordnung?«

»Ich denke schon. Was passiert mit uns?«

»Ich fürchte, diese Frage mußt du an Mr. Meehan richten.«

Meehan zog den Reißverschluß der Segeltuchtasche auf, faßte hinein, brach die Zündkapsel ab, zog den Reißverschluß wieder zu und stellte die Tasche beiseite ins Dunkle.

»Alsdann, Pater. Ich werde Sie und Ihre Nichte jetzt hier oben fünfzehn Minuten allein lassen – zum Meditieren. Wenn ich zurückkehre, sind Sie hoffentlich etwas vernünftiger geworden. Wenn nicht, dann ...«

»Aber ich verstehe nicht«, unterbrach ihn da Costa. »Was in aller Welt versprechen Sie sich davon?«

In diesem Moment ertönten auf der Orgel unten die ersten Töne von Bachs »Präludium und Fuge in D-Dur«.

»Das kann nicht sein«, widersprach Bonati.

»Wen, zum Teufel, höre ich dann? Einen Geist? Geh und hol ihn rauf!« brüllte er, und der Zorn durchraste ihn wie ein heißer Lavastrom. »Bring den Bastard her! Und sag ihm, daß das Mädchen dranglauben muß, wenn er nicht kommt!«

Bonati betrat den Förderkorb, schloß die Tür und fuhr nach unten. Als er auf halber Höhe war, hörte die Orgel zu spielen auf. Es war plötzlich sehr still. Der Käfig kam ratternd zum Stehen. Er spannte den Hahn der Luger, stieß die Tür auf und trat hinaus.

Als der Cooper in die Rockingham Street einbog und gegenüber von *Holy Name* stehenblieb, lehnte Fallon in der Ecke, die Augen geschlossen. Zuerst glaubte Jenny, er sei bewußtlos – oder zumindest eingeschlafen, doch als sie ihn ganz sanft berührte, öffnete er augenblicklich die Augen und lächelte sie an.

»Wo sind wir?«

»*Holy Name.*«

Er atmete tief durch und richtete sich auf. »Gutes Mädchen.« Er griff in die Tasche seines Mantels, holte den prallen Umschlag hervor und überreichte ihn ihr. »Das sind fast zweitausend Pfund. Ich werde sie nicht brauchen – dort, wo ich hingehe. Nimm das Kind und versuch es noch mal. Geh irgendwohin – an einen Ort, von dem du zuvor noch nie gehörst hast.«

»O mein Gott!« stöhnte sie und knipste die Innenbeleuchtung an. »O Martin! Du bist voll mit Blut!«

»Das macht nichts.« Er öffnete die Autotür.

Sie stieg ebenfalls aus.

»Er wird dich umbringen«, sagte sie verzweifelt. »Du kennst ihn nicht so wie ich. Du hast keine Chance. Laß mich die Polizei holen! Überlaß ihn Mr. Miller!«

»Ich habe nie in meinem Leben einen Polizisten um Hilfe gebeten.« Ein leicht ironisches Lächeln umspielte seinen Mund. »Zu spät, jetzt damit zu beginnen.«

Er streichelte zärtlich über ihr Gesicht. »Du bist ein nettes Mädchen, Jenny. Ein liebes Mädchen. Das alles geht dich nichts an. Und jetzt hau ab! Und Gott segne dich!«

Er wandte sich um und überquerte die Straße. Jenny stieg in den Cooper und ließ den Motor an. Er ging in seinen Tod. Sie mußte ihn retten. Entschlossen fuhr sie um die Ecke, hielt bei der nächsten Telefonzelle, wählte 9–9–9 und verlangte Kriminal-Superintendent Miller.

Fallon registrierte verwirrt, daß keinerlei Musik aus der Kirche drang. Er sah auf das Anschlagbrett und machte dieselbe Entdeckung wie Jack Meehan. Panik erfaßte ihn. Die Pforte krachte gegen die Wand, so heftig hatte er sie aufgestoßen.

Die Kirche war leer. Er rannte zum Lastenaufzug. Der Korb

war nicht unten. Sie waren also noch oben. Er drückte auf den Knopf, um den Korb herunterzuholen, aber nichts erfolgte, was bedeutete, daß die Tür oben offenstand. Aber es mußte doch einen Weg geben, Meehan herunterzulocken? Und es gab ihn auch. Natürlich. Die Idee war so herrlich einfach, daß er laut lachte.

Er steuerte auf die Chorschranken zu, stieg die Stufen zur Orgel empor, setzte sich an die Orgel, zog fieberhaft die Register und begann Bachs ›Präludium in D-Dur‹ zu spielen. Blut tropfte auf die Tasten, aber das machte nichts. Er ignorierte den Schmerz in seinem rechten Arm und legte alles in sein Spiel, was er zu geben vermochte.

»Komm her, du Bastard!" schrie er laut. »Laß dich fertigmachen!«

Er unterbrach sein Spiel und vernahm augenblicklich das leise surrende Geräusch des Aufzugs. Langsam stand er auf, stieg die Stufen hinunter, zog die Ceska aus der Tasche, schraubte mühevoll mit einer Hand den Schalldämpfer auf den Lauf und stand genau in dem Moment am günstigsten Punkt, als der Korb unten ankam. Er drückte sich gegen die Wand und wartete.

Die Tür des Aufzugs wurde aufgestoßen. Bonati trat heraus, die Luger umklammernd. Fallon schoß ihm durch die Hand.

Bonati ließ die Luger mit einem spitzen Aufschrei fallen und wirbelte herum.

»Meehan – ist er dort oben?« fragte Fallon.

Bonati zitterte wie Espenlaub. Er versuchte zu sprechen, war aber nur fähig, nachdrücklich mit dem Kopf zu nicken.

»Gut.« Fallon lächelte. »Geh nach Hause und ändere dein Leben!«

Bonati brauchte keine zweite Aufforderung. Das Tor schlug hinter ihm zu, die Kerzenflammen flackerten.

Fallon trat in den Förderkorb und drückte auf den Knopf.

Oben warteten Meehan, Anna und da Costa. Der Aufzug hielt an. Die Tür schwang auf. Fallon stand noch im Dunkeln.

Meehan hob seinen Browning leicht an. »Bonati?«

Fallon trat ins Licht – ein bleiches Gespenst. »Hallo, Bastard!«

Meehan zielte. Pater da Costa duckte sich, schubste ihn mit

der Schulter zum Geländer und stellte ihm so geschickt ein Bein, daß Meehan hinschlug. Der Browning schlitterte über die Planken, und Fallon stieß ihn in den Abgrund. Er lehnte sich ans Geländer, plötzlich seltsam müde. Sein Arm schmerzte jetzt sehr. Er gestikulierte mit der Ceska herum.

»Marsch, binden Sie ihn los!«

Meehan folgte zögernd.

Pater da Costa befreite anschließend Anna von ihren Fesseln und wandte sich besorgt an Fallon. »Sind Sie in Ordnung?«

Fallon konzentrierte sich ganz auf Meehan. »Die Bombe? Haben Sie sie gezündet?«

»Kümmern Sie sich um Ihren eigenen Dreck!« knurrte Meehan.

»Bombe?« echote Pater da Costa.

»Ja«, sagte Fallon. »Hatte er eine Tasche bei sich?«

»Dort drüben!« Pater da Costa deutete ins Dunkle.

»Gut«, sagte Fallon. »Sie sollten Anna rasch von hier wegbringen, hören Sie? Wenn dieses Ding da losgeht, wird die ganze Kirche wie ein Kartenhaus zusammenfallen.«

Pater da Costa zögerte keine Sekunde. Er faßte Anna am Arm und führte sie zum Aufzug, aber sie riß sich los und wandte sich Fallon zu.

»Martin!« schrie sie und klammerte sich an seinen Mantel. »Wir können nicht ohne Sie gehen!«

»Es passen nur zwei in den Korb. Seien Sie vernünftig!« Blut von seinem Ärmel klebte an ihrer Hand. Sie hielt sie nahe vors Gesicht, als ob sie versuchen wollte, es zu sehen.

»O mein Gott«, flüsterte sie.

Pater da Costa legte einen Arm um ihre Schultern und fragte Fallon: »Sind Sie verletzt?«

»Sie verlieren Zeit«, entgegnete Fallon ungeduldig.

Pater da Costa schob Anna in den Korb und folgte ihr. Er drückte auf den Knopf und rief durch die Stäbe: »Ich komme zurück, Martin! Warten Sie auf mich!«

Fallon wandte sich Meehan zu und lächelte. »Sie und ich, Jack – am Ende aller Dinge. Ist das nicht was? Wir können gemeinsam zur Hölle fahren.«

»Sie sind verrückt«, sagte Meehan. »Ich warte hier nicht

auf meinen Tod. Ich werde mich dieses Dings da entledigen.«

Er steuerte auf die Tasche zu, und Fallon hob drohend die Ceska. »Ich habe Erfahrung – erinnern Sie sich? In diesem Stadium würde die Bombe bei der leisesten Berührung hochgehen.« Er lachte vor sich hin. »Wir werden es Gott überlassen. Wenn der Aufzug rechtzeitig zurückkommt, werden wir verschwinden. Wenn nicht...«

»Sie verdammter Wahnsinniger!« brüllte Meehan.

Fallon sagte ruhig: »Übrigens, mir fällt gerade ein, daß ich etwas für Sie habe.« Er brachte eine zerknitterte schwarzumrandete weiße Karte zum Vorschein und hielt sie ihm hin.

Meehan fragte: »Was, zum Teufel, soll das denn sein?«

»Eine Ruhe-sanft-Karte. So bezeichneten Sie sie doch? Für Billy. Nummer 582. *Pine Trees*.«

»Sie lügen!«

Fallon schüttelte den Kopf. »Ich tötete ihn letzte Nacht, weil er versuchte, Anna da Costa zu vergewaltigen. Dann brachte ich ihn ins Krematorium und ließ ihn den Prozeß durchmachen, den Sie mir am Morgen vorgeführt hatten. Als ich Ihren Bruder das letztemal sah, war er fünf Pfund graue Asche.«

Meehan schien zu explodieren.

»Billy!« schrie er und warf sich mit eingezogenem Kopf auf Fallon.

Fallon zog den Abzug der Ceska durch. Meehan schmetterte ihn gegen das Geländer. Es splitterte und gab nach. Fallon stürzte in die Tiefe. Er landete auf der Zeltplane, die über das Loch im Kirchendach gespannt war, und segelte durch.

Meehan wandte sich um und griff nach der Tasche. Als er sie hochhob und sich umdrehte, um sie in die Dunkelheit hinauszuschleudern, explodierte sie.

Pater da Costa und Anna traten auf die Straße. Zwei Polizeiwagen kamen angebraust. Miller hechtete aus dem ersten und stürmte auf sie zu. Als er den Fuß auf die erste Stufe zum Portal setzte, explodierte die Bombe. Die ganze Kirche begann in sich zusammenzufallen – fast im Zeitlupentempo.

Miller packte Annas anderen Arm, und gemeinsam mit Pater da Costa zerrte er sie über die Straße. Als sie die Autos erreichten, prallte eine Gerüststange von der Wand des Lagerhauses ab, und alle gingen zu Boden.

Pater da Costa war als erster wieder auf den Beinen. Die Hände zu Fäusten geballt, blickte er zur Kirche empor. Als sich die Staubwolke setzte, sah er, daß die Wände zum großen Teil noch standen.

Ein junger Polizist rannte aus einem der Polizeiwagen auf sie zu, eine Scheinwerferlampe in Händen haltend.

Pater da Costa nahm sie ihm ab und wandte sich Miller zu. »Ich gehe hinein.«

Miller hielt ihn am Arm zurück. »Sie müssen verrückt sein!«

»Fallon war drinnen. Er hat uns gerettet. Vielleicht ist er noch am Leben. Ich muß es wissen.«

»Fallon?« wiederholte Miller verblüfft. »Mein Gott, dann war es also Fallon die ganze Zeit!«

Pater da Costa lief die Stufen zum Portal empor und stieß die Tür auf. Das Bild, das sich ihm bot, war niederschmetternd. Am zerstörtesten war der Turm. Pater da Costa schritt das Hauptschiff entlang. Vor dem Altar hatte sich ein Berg aus Backsteinen und Mörtel gebildet – die Überreste des Turms und des Daches. Das Scheinwerferlicht erfaßte etwas, das ein Gesicht sein konnte.

Da Costa sank auf Hände und Knie und kroch durch eine Art Tunnel, der entstanden war. Er fand Fallon am Ende des Tunnels. Nur sein Kopf und seine Schultern lagen frei. Das große Kreuz Christi, das neben dem Altar gestanden hatte, war auf ihn gefallen und schützte ihn für den Moment.

Pater da Costa kauerte sich neben ihn, und das Kreuz senkte sich etwas unter dem auf ihm lastenden Gewicht. Mörtel rieselte herab.

»Martin? Können Sie mich hören?« fragte er.

Hinter sich vernahm er scharrende Geräusche. Miller war ihm gefolgt.

»Um Himmels willen, Pater, wir müssen hier raus! Der ganze verdammte Mist kann jeden Moment in sich zusammensacken.«

Pater da Costa ignorierte ihn. »Martin?«

Fallon öffnete die Augen. »Haben Sie Anna hinausgebracht?«

»Ja, Martin.«

»Das ist gut. Es tut mir leid. Alles.«

Das Kreuz senkte sich noch ein bißchen mehr. Steine und Geröll regneten auf da Costas Rücken. Er beugte sich schützend über Fallon.

»Martin, können Sie mich hören?«

Fallon öffnete wieder die Augen.

»Ich möchte, daß Sie bereuen. Sprechen Sie mir nach: O mein Gott, der du endlich gut bist...«

»O mein Gott«, wiederholte Fallon und starb.

Aus irgendeinem seltsamen Grund hatte Miller plötzlich das Gefühl, kein Recht zu haben, hier zu sein. Er kroch zurück.

Hinter ihm begann Pater da Costa für die Seele des Mannes zu beten, der sich Martin Fallon genannt hatte.

Schlüssel zur Hölle

1

Als Chavasse den Ballsaal der britischen Botschaft betrat, sah er zu seiner Überraschung, daß sich die Angehörigen der chinesischen Delegation um den Kamin zusammenscharten; in ihren blauen Uniformen, umgeben von der Creme der römischen Gesellschaft, wirkten sie seltsam fehl am Platz.

Tschou En-lai saß neben dem Botschafter und seiner Gattin in einem großen vergoldeten Sessel und blickte über die Menge hinweg. Seine teilnahmslose, undurchdringliche Miene verriet nichts. Hin und wieder führte der Erste Sekretär entsprechend illustre Gäste zu ihm und stellte sie ihm vor.

Die Kapelle spielte einen Walzer. Chavasse zündete sich eine Zigarette an und lehnte sich an eine Säule. Es war wie ein Bild aus längst vergangenen Zeiten: die kristallenen Kronleuchter, deren Licht die großen Wandspiegel wieder und wieder reflektierten, die schönen Frauen, die gutaussehenden Männer, die Galauniformen, das Scharlachrot und Purpur der kirchlichen Würdenträger, die tanzenden Paare, die sich endlos zu der leisen Musik drehten.

Er blickte zu den Chinesen hinüber, und einen kurzen Moment schien es, als springe Tschou En-lais weißes Gesicht aus der Menge heraus, als sähen seine Augen ihn an. Er nickte leise, als ob sie einander kennten, und seine Augen schienen zu sagen: *All dies ist dem Untergang geweiht – dies ist meine Stunde. Wir beide wissen es.*

Chavasse erschauderte; ohne jeden erkennbaren Anlaß erfüllte ihn ein unheimliches Gefühl. Es war, als warne ihn ein sechster Sinn – jene geheimnisvolle Gabe aller uralten Rassen, die er von seinem bretonischen Vater geerbt hatte – vor einer drohenden Gefahr.

Der Moment ging vorbei, die Tanzenden drehten sich weiter. Er war müde, das war alles. Kein Wunder – in den letzten vier Tagen hatte er sich nur wenige Stunden Schlaf gönnen können. Er zündete sich noch eine Zigarette an und betrachtete sich im Wandspiegel.

Der dunkle Abendanzug saß tadellos und unterstrich die breiten Schultern und die muskulöse, sehnige Figur, doch die Haut über den hohen Backenknochen war etwas zu straff gespannt, und er hatte dunkle Ringe unter den Augen.

Du brauchst einen Drink, dachte er und im gleichen Augenblick sah er auch schon im Spiegel, daß durch die hohe Flügeltür hinter ihm ein junges Mädchen von der Veranda hereinkam.

Chavasse drehte sich langsam um. Ihre Augen lagen etwas zu weit auseinander, und ihr Mund war ein wenig zu üppig. Das dunkle Haar hing locker auf die Schultern herab, und ihr weißes Seidenkleid, das bis knapp unter die Knie reichte, war von raffinierter Einfachheit. Sie trug keinen Schmuck. Das hatte sie nicht nötig. Wie alle großen Schönheiten war sie eigentlich nicht schön, und doch wirkten neben ihr alle anderen Frauen im Saal reizlos.

Sie ging, verfolgt von den Blicken der Männer, an denen sie vorbeikam, auf die Bar zu und wurde sofort von einem italienischen Fliegeroberst in Beschlag genommen, der sichtlich ein Glas zuviel getrunken hatte. Chavasse ließ dem Mann genug Zeit, ihr gründlich lästig zu fallen; dann drängte er sich durch die Menge und trat zu ihr.

»Ach, da bist du ja, Liebling«, sagte er auf italienisch. » Ich hab dich schon überall gesucht.«

Ihr Reaktionsvermögen war hervorragend. Sie wandte sich halb um und musterte ihn eine Sekunde. Dann hob sie den Kopf und küßte ihn leicht auf die Wange. »Zehn Minuten hast du gesagt. Es ist wirklich schrecklich mit dir.«

Der Fliegeroberst zog sich verlegen zurück, und Chavasse grinste. »Wie wär's mit einem Glas Bollinger? Ich glaube, wir haben allen Grund zum Feiern.«

»Eine gute Idee, Mr. Chavasse«, sagte sie in ausgezeichnetem Englisch. »Am besten, wir gehen auf die Terrasse. Draußen ist es kühler.«

Chavasse nahm zwei Gläser Champagner vom Tisch und folgte ihr, leicht die Stirn runzelnd, durch die Menge. Es war wirklich angenehm kühl auf der Terrasse; in der Ferne hörte man leise den Verkehrslärm, und ein starker Jasminduft erfüllte die Nachtluft.

Sie setzte sich auf die Balustrade und atmete tief ein. »Eine herrliche Nacht, nicht?« Sie drehte sich um, sah ihn an und lachte leise. »Francesca – Francesca Minetti.«

Sie streckte die Hand aus, und Chavasse gab ihr das eine Champagnerglas. Er grinste. »Wer ich bin, wissen Sie ja offensichtlich schon.«

Sie lehnte sich zurück und blickte zu den Sternen auf. Dann sagte sie in einem Ton, als leiere sie etwas mühsam auswendig Gelerntes herunter: »Paul Chavasse, geboren 1928 in Paris, Vater Franzose, Mutter Engländerin. Studium an der Sorbonne, in Cambridge und Harvard. Dr. phil. Moderne Sprachen. Bis 1954 Universitätslektor. Seither...«

Sie hielt inne und betrachtete ihn nachdenklich. Chavasse zündete sich eine Zigarette an. Seine Müdigkeit war verflogen. »Seither...?«

»Geführt werden Sie als Dritter Sekretär, aber Sie sehen bei Gott nicht so aus.«

»Wie sehe ich denn Ihrer Meinung nach aus?« fragte Chavasse leise.

»Ach, ich weiß nicht. Jedenfalls wie jemand, der weit herumgekommen ist.« Sie nippte an dem Champagner, dann sagte sie: »Wie war's in Albanien? Ich hätte nicht gedacht, daß Sie heil herauskommen. Als unsere Verbindung mit Tirana zusammenbrach, haben wir Sie abgeschrieben.«

Sie legte den Kopf zurück und lachte wieder leise, und im gleichen Moment sagte hinter Chavasse eine Stimme: »Hat sie dich in die Zange genommen, Paul?«

Murchison, der Erste Sekretär, schlenderte über die Terrasse auf sie zu. Er war ein gutaussehender, gebildeter Mann mit einem sympathischen, sonnengebräunten Gesicht; auf der linken Brustseite seines Jacketts prangte eine Ordensspange.

»Ich weiß noch nicht recht, was ich davon halten soll. Für meinen Geschmack weiß sie ein bißchen zuviel über mich.«

»Das wundert dich?« sagte Murchison. »Francesca arbeitet für S2. Sie hat die ganze letzte Woche in Funkverbindung mit dir gestanden. Eine unserer besten Mitarbeiterinnen.«

Chavasse sah sie überrascht an. »Sie waren es, die die Meldung aus Skutari weitergegeben und mich aufgefordert hat, das Land zu verlassen?«

Sie verneigte sich. »Freut mich, Ihnen zu Diensten gewesen zu sein.«

Bevor Chavasse etwas darauf erwidern konnte, packte Murchison ihn am Arm. »Bezähme deine Gefühle, Paul. Dein Chef ist eben gekommen. Er will dich sprechen. Ihr könnt später Eure Erinnerungen austauschen.«

Chavasse drückte ihr lächelnd die Hand. »Abgemacht. Bis später also.«

»Ich warte hier«, sagte sie, und er folgte Murchison.

Sie schoben sich durch den überfüllten Ballsaal zur Eingangshalle und stiegen über eine breite Treppe zum ersten Stock hinauf.

In dem langen, mit dicken Läufern ausgelegten Korridor war es still, und die Musik, die leise vom Ballsaal heraufdrang, schien aus einer anderen Welt zu kommen. Sie gingen den Korridor ein Stück hinunter, dann bogen sie in einen kürzeren Seitengang ein und blieben vor einer weißlackierten Tür stehen.

»Hier herein, Alter«, sagte Murchison. »Bleib nicht zu lange. In einer halben Stunde beginnt ein Kabarett. Das darfst du unter keinen Umständen versäumen.«

Er kehrte durch den Gang zurück, und Chavasse klopfte an die Tür, öffnete sie und trat ein.

Es war ein kleines, einfach eingerichtetes Büro, dessen Wände in einem unauffälligen Grün gestrichen waren. Die junge Frau, die am Schreibtisch saß, war üppig und trotz ihrer dunklen, dick gerahmten Lesebrille sehr hübsch.

Sie blickte auf, und Chavasse grinste. » Welche Überraschung!«

Jean Frazer nahm die Brille ab und musterte ihn erfreut. »Sie sehen ziemlich mitgenommen aus. Wie war's in Albanien?«

»Scheußlich«, sagte Chavasse. »Kalt und feucht. Und von internationaler Brüderlichkeit nicht viel zu merken.« Er setzte sich auf die Schreibtischkante und nahm eine Zigarette aus einer mit Silber eingefaßten Teakdose. »Was führt Sie und den Alten denn hierher? So wichtig ist doch die albanische Sache nun auch wieder nicht.«

»Wir waren in Bonn, bei einer Konferenz der NATO-Geheimdienste. Als wir erfuhren, daß Sie aus Albanien herausgekommen sind, beschloß der Chef, nach Rom zu fahren, um sich gleich von Ihnen Bericht erstatten zu lassen.«

»Das ist doch nicht der einzige Grund«, sagte Chavasse. »Hat der alte Bastard etwa schon wieder einen neuen Auftrag für mich?«

»Fragen Sie ihn doch selbst«, sagte sie. »Er erwartet Sie.«

Sie deutete mit dem Kopf auf eine mit grünem Stoff bespannte Tür. Chavasse starrte die Tür einen Moment an, dann seufzte er tief und zerdrückte seine Zigarette im Aschenbecher.

Der Raum war halbdunkel; nur auf dem Schreibtisch brannte eine Stehlampe. Der Mann, der am Fenster stand und auf die Lichter von Rom hinausblickte, war mittelgroß. Er hatte ein irgendwie altersloses Gesicht und seltsam düster und nachdenklich dreinblickende Augen.

»Da bin ich«, sagte Chavasse leise.

Der Chef drehte sich um und musterte Chavasse mit seinen dunklen Augen. Er nickte. »Schön, daß Sie heil herausgekommen sind, Paul. Die Zustände dort drüben sollen nicht gerade erfreulich sein?«

»Das kann man wohl sagen.«

Der Chef ging zu seinem Sessel und setzte sich. »Erzählen Sie.«

Chavasse zuckte die Achseln. »Ich fürchte, in Albanien wird für uns nicht viel zu machen sein. Kein Mensch kann behaupten, daß die Leute viel gewonnen haben, seit die Kommunisten bei Kriegsende die Macht übernahmen. Doch eine Konterrevolution wäre von vornherein zum Scheitern verurteilt. Die *Sigurmi*, die Geheimpolizei, hat ihre Augen überall. Sie dürfte die bestorganisierte Europas sein.«

»Sie sind mit dieser Freundschaftsdelegation der italienischen Kommunisten hingefahren, nicht?«

»Das hat mir nicht viel genützt. Die *Sigurmi* haben, sowie wir in Tirana eintrafen, sofort auf jeden von uns einen Agenten angesetzt, und diese Burschen verstanden sich auf ihr Handwerk. Es war äußerst schwierig, sie abzuschütteln, und als es mir gelang, rochen sie sofort Lunte und leiteten eine Großfahndung nach mir ein.«

»Wie steht es mit der Freiheitspartei? Wie stark ist sie eigentlich?«

»Die existiert seit vergangener Woche praktisch nicht mehr. Als ich eintraf, war sie auf zwei Zellen zusammengeschmolzen – eine in Tirana, der Hauptstadt, und eine in Skutari. Beide waren noch in Kontakt mit unserer S2-Zentrale hier in Rom.«

»Konnten Sie mit ihrem Anführer, diesem Luci, sprechen?«

»Nur kurz. An dem Abend, an dem wir uns treffen und eingehend unterhalten wollten, wurde er von den *Sigurmi* verhaftet. Offenbar haben sie sein Haus besetzt und auf mich gewartet.«

»Wie – wie haben Sie davon erfahren?«

»Luci verständigte über Funk die Zelle in Skutari, als die Polizei bei ihm eindrang. Und die Leute in Skutari gaben die Meldung an unsere S2-Zentrale hier in Rom weiter. Zum Glück hatte dort gerade ein Mädchen Dienst, das schnell schaltete – eine gewisse Francesca Minetti.«

»Eine unserer besten Mitarbeiterinnen«, sagte der Chef. »Ich muß Ihnen bei nächster Gelegenheit mal mehr über sie erzählen.«

»Entwischt bin ich aus Albanien mit der *Buona Esperanza*, einem Motorboot, das einem Mann namens Giulio Orsini gehört. Ein toller Bursche. Während des Krieges war er ein Kampfschwimmer bei der italienischen Marine – eins von diesen menschlichen Torpedos. Sein Meisterstück war die Versenkung mehrerer unserer Zerstörer im Hafen von Alexandria im Jahr 1941. Heute ist er Schmuggler und fährt ziemlich oft nach Albanien. Seine Großmutter stammte von dort.«

»Soviel ich mich erinnere, sollte er drei Nächte in einer Bucht in der Nähe von Durres warten. Das liegt etwa fünfzig Kilometer von Tirana, nicht?«

Chavasse nickte. »Als Francesca Minetti die Meldung aus Skutari erhielt, verständigte sie Orsini auf seinem Boot. Der ging an Land, stahl in Durres ein Auto und raste nach Tirana. Er erwischte mich noch im letzten Moment im Hotel. Ich wollte zu Luci gehen.«

»Es war sicher nicht einfach, sich bis zur Küste durchzuschlagen.«

»Wir hatten eine Panne und mußten die letzten zehn Kilometer zu Fuß laufen. Sobald wir an Bord der *Buona Esperanza* waren, ging alles glatt. Die albanische Marine ist kaum der Rede wert: ein halbes Dutzend Minensucher und ein paar U-Boot-Jäger. Alle zehn Knoten langsamer als die *Buona Esperanza*.«

»Dieser Orsini scheint sich eine ordentliche Prämie verdient zu haben?«

»Das will ich meinen.«

Der Chef nickte, schlug die Akte mit Chavasses Bericht auf und blätterte ihn durch. »In Albanien ist also im Moment nicht viel zu machen?«

Chavasse schüttelte den Kopf. »Ich fürchte, nein. Sie wissen ja, wie die Dinge seit dem 20. Parteitag im Jahr 1956 gelaufen sind. Die Chinesen haben die Zügel fest in der Hand.«

»Besteht irgendwie Anlaß zur Besorgnis?«

»Kaum«, sagte Chavasse. »Es ist das rückständigste Land Europas, das ich je gesehen habe, und die Chinesen können nicht viel damit anfangen. Es liegt zu weit von China entfernt.«

»Was ist mit diesem Marinestützpunkt, den die Russen bei Valona errichteten, bevor sie sich zurückzogen? Angeblich wollten sie ihn doch zu einer Art rotem Gibraltar im Adriatischen Meer ausbauen.«

»Alb-Tourist hat am zweiten Tag für uns einen Abstecher nach Valona arrangiert. Hafen ist kaum das richtige Wort dafür. Außer Fischerbooten habe ich nichts gesehen. Von U-Boot-Bunkern keine Spur.«

»Und Enver Hodscha – glauben Sie, daß er noch fest im Sattel sitzt?«

»Ohne Zweifel. Wir haben ihn am dritten Tag bei einer Militärparade gesehen. Er wirkt recht imposant – vor allem in Uniform. Im Moment ist er jedenfalls der Abgott des Volkes. Wie lange, weiß der Himmel.«

Mit einer energischen Bewegung, mit der er die ganze Angelegenheit abzuschließen schien, schlug der Chef die Akte zu.

»Gute Arbeit, Paul. Wir wissen jetzt wenigstens, woran wir sind. Sie wollten ein paar Tage Urlaub machen, nicht?«

»Genau«, sagte Chavasse und wartete.

Der Chef stand auf, ging zum Fenster und blickte über das Lichtermeer hinunter zum Tiber. »Was haben Sie vor?«

»Ich möchte für ein oder zwei Wochen nach Matano fahren«, sagte Chavasse ohne Zögern. »Das ist ein kleiner Fischerhafen in der Nähe von Bari. Der Strand dort ist herrlich und Orsini hat in Matano ein kleines Restaurant, das *Tabu*. Er sagt, es gibt sehr schöne Stellen zum Tauchen. Ich freu mich schon drauf.«

»Das glaube ich«, sagte der Chef. »Klingt verlockend.«

»Kann ich den Urlaub haben?«

Der Chef schien leicht die Stirn zu runzeln. »Ja, natürlich, Paul – aber zuerst müssen Sie noch einen kleinen Auftrag erledigen.«

Chavasse stöhnte, und der Chef drehte sich um und ging wieder zum Schreibtisch. »Keine Angst, Sie werden nicht lange brauchen, aber Sie müssen noch heute abend aufbrechen.«

»Ist das unbedingt notwendig?«

Der Chef nickte. »Die Sache eilt, und Sie werden nicht lange brauchen. Nach allem, was Sie mir erzählt haben, dürfte dieser Orsini der richtige Mann dafür sein. Wir werden ihn gut bezahlen.«

Chavasse seufzte; er dachte an Francesca Minetti, die auf der Terrasse wartete, und an das kalte Büfett und den guten Wein. Wütend drückte er seine Zigarette aus.

»Worum geht es?«

Der Chef schob ihm eine Akte zu. »Um Enrico Noci, einen Doppelagenten, der für uns und für die Albaner arbeitet. Bisher hatte ich nichts dagegen, aber jetzt haben ihn sich die Chinesen gekapert, und da versteh ich keinen Spaß. In Bari wartet morgen ein Boot auf Noci, das ihn nach Albanien bringen soll. Sämtliche Einzelheiten stehen hier drin.«

Chavasse schlug die Akte auf und betrachtete das Foto – das ausdruckslose, fleischige Gesicht, den dünnen Mund. Wahrscheinlich ein Mann, der mit nichts, was er versuchte, Erfolg hatte, außer vielleicht bei Frauen. Er war einer von diesen braungebrannten, am Strand herumlungernden Typen, auf die manche von ihnen flogen.

»Soll ich ihn hierherbringen?«

»Um Himmels willen – wozu denn das?« Der Chef schüttelte den Kopf. »Machen Sie ihn kalt; denken Sie sich irgendwas aus, einen Schwimmunfall oder so. Nichts Schmutziges.«

»Natürlich«, sagte Chavasse gelassen.

Er blätterte die Akte durch und prägte sich die darinstehenden Details ein. Dann schob er sie beiseite und stand auf. »Wir treffen uns in London?«

Der Chef nickte. »In drei Wochen, Paul. Nach Ihrem Urlaub. Erholen Sie sich gut.«

»Vielen Dank.«

Der Chef schlug eine Akte auf und beugte sich darüber, und Chavasse ging zur Tür und verließ leise das Zimmer.

2

Enrico Noci lag eine Zigarette rauchend im Dunkeln und starrte vor sich hin. Die Frau neben ihm schlief; er spürte ihren warmen Schenkel. Einmal drehte sie sich um und stieß ihn an, wachte aber nicht auf.

Er wollte eben nach einer neuen Zigarette greifen, als er draußen auf dem Gang ein leises kratzendes Geräusch hörte. Jemand hatte etwas durch den Briefschlitz geschoben. Vorsichtig, um sie nicht zu wecken, schlug er die Decke zurück, stand auf und schlich barfuß über den gekachelten Fußboden.

Auf dem Läufer vor der Tür lag ein großes gelbes Kuvert. Er ging damit in die Küche, zündete das Gas unter dem Kaffeetopf an und riß den Umschlag auf. Darin lagen das kleine versiegelte Kuvert, das er mitnehmen sollte, und ein mit Maschine beschriebener Briefbogen, auf dem seine Anweisungen standen. Er prägte sie sich ein, dann hielt er das Blatt an die Gasflamme und verbrannte es.

Er blickte auf die Uhr. Kurz vor Mitternacht. Er hatte noch bequem Zeit, ein heißes Bad zu nehmen und etwas zu essen. Er streckte sich genießerisch. Die Frau war wirklich toll gewesen. Sie war genau das Richtige für seinen letzten Abend.

Er war kaum in dem heißen Wasser untergetaucht, als die

Tür aufging, und sie eintrat. Gähnend band sie den Gürtel ihres seidenen Morgenmantels zu.

»Komm doch wieder ins Bett, *caro*«, sagte sie vorwurfsvoll. Er konnte sich nicht um alles in der Welt an ihren Namen erinnern.

»Ein andermal, Süße«, grinste er. »Ich muß in zwanzig Minuten weg. Sei schön brav und mach mir ein paar Rühreier und etwas Kaffee.«

Als er zehn Minuten später das Badezimmer verließ, hatte er sich frisch rasiert und sein dunkles Haar glatt zurückgekämmt. Er trug einen handgestrickten Pullover und eine leichte Popelinehose. Sie hatte einen kleinen Tisch am Fenster gedeckt und stellte einen Teller mit Rührei vor ihn hin, als er sich setzte.

Während er aß, schob er mit der Hand den Vorhang beiseite und blickte über die Lichter von Bari hinweg zum Meer hinunter. Im Schein der gelben Straßenlaterne sah er, daß draußen ein feiner Sprühregen niederging.

»Kommst du zurück?« fragte sie.

»Wer weiß, Süße?« entgegnete er achselzuckend.

Er trank seinen Kaffee aus, holte einen dunkelblauen Nylonmantel und eine Segeltuchtasche aus dem Bad und kam damit ins Wohnzimmer zurück. Sie saß mit aufgestützten Ellbogen am Tisch, eine Tasse Kaffee in den Händen. Er nahm ein paar Geldscheine aus seiner Brieftasche und legte sie auf den Tisch.

»Es hat Spaß gemacht, Süße«, sagte er und ging zur Tür. »Du kennst ja meine Adresse.«

Als er die Haustür hinter sich schloß und auf die Straße trat, war es genau halb eins. Es regnete jetzt ziemlich stark, und dichter Nebel senkte sich nieder. Man sah höchstens dreißig bis vierzig Meter weit.

Er schritt rasch den Gehsteig entlang und bog ein Stück weiter in eine Seitenstraße ein. Zehn Minuten später blieb er neben einem kleinen schwarzen Fiat stehen. Er öffnete die Tür, hob die Fußmatte hoch und fand sofort den Zündschlüssel. Er stieg ein und fuhr los.

Am Stadtrand von Bari hielt er an und studierte die Straßenkarte, die er im Handschuhfach fand. Matano lag etwa zwanzig Kilometer weiter südlich an der nach Brindisi führenden Küstenstraße. Wenn der Nebel ihn nicht allzusehr aufhielt, würde er bald dort sein.

Er zündete sich eine Zigarette an und fuhr weiter. Der Nebel wurde immer dichter, und er mußte die Geschwindigkeit drosseln, bis er nur noch ganz langsam dahinkroch. Erst nach einer knappen Stunde erreichte er die Abzweigung nach Matano.

Während er die schmale Straße entlangfuhr, roch er durch den Nebel das Meer, und allmählich wurde es etwas klarer. Fünfzehn Minuten später war er in Matano und fuhr durch die leeren Straßen zum Hafen.

Er parkte den Wagen instruktionsgemäß in einer Seitenstraße in der Nähe des *Club Tabu* und ging das letzte Stück zu Fuß. Es war finster und still. Das einzige Geräusch, das er hörte, als er die steinerne Treppe zum Anlegesteg hinunterstieg, war das leise Klatschen, mit dem das Wasser an die Bohlen schlug. Er blieb im gelben Licht einer Laterne stehen und betrachtete die am Ende des Steges festgemachte Motorjacht. Sie war neun Meter lang, hatte einen Stahlrumpf und schien in ausgezeichnetem Zustand zu sein. Das hatte er nicht erwartet. Mit zusammengekniffenen Augen entzifferte er ihren Namen: *Buona Esperanza.*

Als er an Deck kletterte, sah er, daß auf dem Hinterschiff Netze hingen. Sie waren noch naß und stanken nach Fisch, und das Deck war voll schlüpfriger Schuppen.

Irgendwo in der Ferne ging die Tür eines Nachtcafés auf, und leise Musik drang herüber. Noci lief es plötzlich kalt über den Rücken. Er spürte jetzt deutlich, daß er beobachtet wurde.

Der Mann war jung, mager und sehnig, und sein sonnenverbranntes Gesicht war unrasiert. Er trug eine Drillichhose, eine alte Ölhaut und eine Matrosenmütze und hatte kalte, ausdruckslose Augen. Er stand, in der einen Hand ein zusammengerolltes Tau, an der Ecke des Deckhauses und sagte nichts. Als Noci einen Schritt auf ihn zu machte, ging die Tür des Ruderhauses auf, und ein anderer Mann trat heraus.

Er war mindestens einsfünfundachtzig groß, hatte gewaltige Schultern, die die Nähte seiner blauen Jacke zu sprengen drohten, und trug eine alte italienische Marineoffiziersmütze, deren Goldborte von der salzigen Luft zerfressen war. Er hatte das häßlichste Gesicht, das Noci je gesehen hatte; seine Nase war eingeschlagen und platt, und vom rechten Auge bis zur Kinnspitze lief eine alte weiße Narbe. Zwischen seinen Zähnen steckte eine dünne Zigarre, wie sie holländische Seeleute zu rauchen pflegen. Ohne sie herauszunehmen, sagte er: »Giulio Orsini, Besitzer der *Buona Esperanza*.«

Noci spürte, wie ein Gefühl der Erleichterung in ihm aufstieg.

»Enrico Noci.«

Er streckte die Hand aus. Orsini drückte sie kurz; dann nickte er dem jungen Matrosen zu. »Leg ab, Carlo.« Er deutete auf die Kajütentreppe. »Gehen Sie runter und nehmen Sie sich einen Drink. Bleiben Sie unten, bis ich Sie hole.«

Während Noci zur Treppe ging, machte Carlo die Jacht los und lief schnell zum Heck. Der Motor sprang donnernd an, und die *Buona Esperanza* glitt in den Nebel.

Die Kajüte war warm und gemütlich eingerichtet. Noci sah sich befriedigt um, stellte seine Segeltuchtasche auf den Tisch, nahm eine Flasche aus einem Eckschrank und schenkte sich einen Whisky ein. Er kippte ihn hinunter, legte sich auf eine der Kojen und zündete sich eine Zigarette an. Eine angenehme Wärme durchströmte ihn.

Im Vergleich zu dem alten Kahn, mit dem er bisher nach Albanien gefahren war, war diese Jacht luxuriös. Orsini war ein neues Gesicht, doch daran war nichts Überraschendes. Die Gesichter wechselten ständig. In dieser Branche durfte man kein Risiko eingehen.

Ein zufriedenes Lächeln umspielte Nocis Mund, während die Jacht voranschoß. Wenn man die Geschwindigkeit beibehielt, würde man ihn noch vor Morgengrauen an der Küste bei Durres absetzen. Gegen Mittag würde er in Tirana sein. Dies war seine sechste Reise innerhalb sechs Monate, und wenn er sie hinter sich hatte, würden weitere fünftausend Dollar auf seinem Konto bei der Genfer Bank liegen. Kein schlechtes Geschäft, doch man durfte es nicht übertreiben. Nach dieser Fahrt war ein Urlaub angebracht – ein langer Urlaub.

Er hatte beschlossen, ihn auf den Bahamas zu verbringen.

Weiße Strände, ein tiefblauer Himmel und ein hübsches bronzebraunes Mädchen, das durchs Wasser auf ihn zuwatete. Am liebsten eine Amerikanerin. Sie waren so naiv und hatten noch so viel zu lernen.

Plötzlich verschluckte sich der Motor und starb ab; der Bug der *Buona Esperanza* senkte sich, und sie verlor rasch an Fahrt. Noci setzte sich auf, neigte den Kopf zur Seite und lauschte. Er hörte nichts außer dem plätschernden Geräusch, mit dem die Wellen an den Rumpf schlugen.

Irgendein sechster Sinn, den er in all den Jahren des Doppelspiels und Verrats entwickelt hatte, sagte ihm, daß etwas nicht stimmte. Er sprang auf, zerrte den Reißverschluß der Segeltuchtasche auf und nahm eine Beretta heraus. Er entsicherte sie und schlich zum Fuß der Kajütentreppe. Die Jacht schaukelte hin und her, und oben drehte sich leise quietschend die Tür in den Angeln.

Er lief rasch, sich mit der Hand die Wand entlangtastend, die Treppe hinauf und steckte vorsichtig den Kopf hinaus. Das Deck schien leer zu sein; der Nebel umhüllte die Navigationslichter wie silberne Spinnweben.

Als er hinauskam, sah er rechts von sich ein Streichholz aufflammen. Ein Mann trat aus dem Dunkel. Er beugte den Kopf und zündete sich eine Zigarette an. Im Schein der Flamme sah Noci ein scharfgeschnittenes Teufelsgesicht mit hohen Backenknochen, unter denen die Augen wie schwarze Höhlen lagen. Der Mann warf das Streichholz weg und steckte dann die Hände in die Hosentaschen. Er trug einen dicken Seemannspullover, und sein dunkles Haar glänzte feucht.

»Signor Noci?« sagte er leise in fließendem Italienisch.

»Wer sind Sie, zum Teufel?« fragte Noci. Sein Magen krampfte sich zusammen.

»Mein Name ist Chavasse – Paul Chavasse.«

Es war ein Name, den Noci nur zu gut kannte. Er seufzte unwillkürlich und hob die Beretta. Da packte eine Hand mit eisernem Griff seinen Arm und entwand ihm die Waffe. Als Noci herumfuhr, sah er, daß es Giulio Orsini war. Er sagte: »Machen Sie keine Dummheiten.«

Links von ihm trat Carlo aus dem Dunkel und starrte ihn an.

Noci blickte sich hilflos um, und Chavasse streckte die Hand aus.

»Geben Sie mir das Kuvert.«

Noci holte es zögernd hervor, reichte es ihm und stand regungslos da, während Chavasse den Inhalt studierte. Die Küste konnte kaum einen Kilometer weit weg sein. Keine Entfernung für einen geübten Schwimmer wie ihn, und Noci war klar, was passieren würde, wenn er nicht machte, daß er wegkam.

Als Chavasse das erste Blatt umdrehte, schlüpfte Noci unter Orsinis Arm durch und rannte auf die Heckreling zu. Er hörte Carlo aufschreien, und dann rutschte er auf den Fischschuppen aus und stürzte der Länge nach auf die aufgehängten Netze.

Er versuchte sich hochzurappeln, doch da stellte ihm jemand ein Bein, und dann zogen sich die klebrigen stinkenden Maschen um ihn zusammen. Er wurde niedergerissen, und als er aufblickte, sah er durch die Maschen des Netzes Chavasses Teufelsgesicht ruhig und gelassen auf sich herabstarren.

Dann bemerkte Noci, daß Orsini und Carlo ein Tau in den Händen hatten. Ihm wurde klar, was sie vorhatten, und er schrie entsetzt auf.

Orsini zerrte an dem Tau, und Noci schlitterte über das Deck und krachte gegen die Reling. Jemand versetzte ihm einen Fußtritt, und er stürzte ins kalte Wasser.

Als er, hilflos an den Maschen des Netzes zerrend, auftauchte, sah er, daß Orsini das Ende des Taues um die Reling schlang, und aus dem Fenster des Ruderhauses beugte sich Carlo. Eine Hand hob sich, und die *Buona Esperanza* setzte sich in Bewegung.

Noci ging mit einem Schrei unter und tauchte, nach Atem ringend, auf einer Welle wieder auf. Sein Blick fiel auf Chavasse, der mit ruhigem Gesicht neben der in Nebel gehüllten Lampe an der Reling stand und ihn ansah. Dann schoß die Jacht vorwärts, und er versank.

Er zappelte verzweifelt, als das Wasser die Luft aus seinen Lungen preßte, doch er spürte keinen Schmerz, nicht den mindesten Schmerz. Ihm war, als liege er unter einem strahlendblauen Himmel in weichem, weißem Sand, und aus dem Meer stieg ein schönes, bronzebraunes Mädchen und watete lächelnd auf ihn zu.

3

Chavasse war müde, und sein Hals schmerzte von zu vielen Zigaretten. Unter der niedrigen Decke hingen Rauchschwaden, drehten sich um die Glühbirne über dem mit grünem Stoff bespannten Tisch, schwebten ins Dunkel davon.

Ein halbes Dutzend Männer saß um den Spieltisch: Chavasse, Orsini, Carlo Arezzi, der Matrose, zwei Fischerbootkapitäne und der Polizeisergeant. Orsini zündete sich eine seiner stinkenden Zigarren an und schob zwei Chips zur Mitte des Tisches.

Chavasse schüttelte den Kopf und deckte seine Karten auf. »Da kann ich nicht mithalten, Giulio.«

Giulio Orsini grinste und strich seinen Gewinn ein. »Bluffen, Paul, immer auf Teufel komm raus bluffen. Das ist der ganze Witz bei diesem Spiel.«

Chavasse fragte sich, ob er deshalb so ein schlechter Kartenspieler war. Er pflegte nur nach genauer Überlegung und sorgfältiger Abschätzung des Risikos, das er einging, zu handeln. In dem großen Spiel um Leben und Tod, das er schon so lange spielte, konnte man selten öfter als einmal mit Erfolg bluffen. Er schob seinen Stuhl zurück und stand auf. »Genug für heute, Giulio. Ich bin morgen früh am Pier.«

Orsini nickte. »Um Punkt sieben, Paul.«

Das Spiel war schon wieder in Gang, als Chavasse die Tür öffnete und auf den weißgetünchten Korridor trat. Trotz der späten Stunde hörte er aus der Bar Musik und fröhliches Lachen. Er nahm seine Jacke vom Haken, zog sie an und öffnete die Seitentür.

Während er langsam die Straße hinunterging, atmete er tief die kalte Nachtluft ein, um den Kopf klar zu bekommen. Dünner Nebel wallte vom Wasser herüber, und es herrschte tiefe Stille. Sie wurde nur hin und wieder von den Musikfetzen zerrissen, die aus dem *Tabu* drangen.

Er zog eine zerknüllte Zigarettenschachtel aus der Tasche, nahm eine Zigarette heraus und strich an der Wand ein Streichholz an. Die Flamme beleuchtete einen Moment sein Gesicht. Gegenüber kam eine Frau aus einer schmalen Seitengasse, blieb zögernd stehen und ging dann auf den Pier zu. Das Klappern ihrer hohen Absätze hallte laut durch die Nacht. Gleich darauf traten zwei Matrosen aus dem Vordereingang des *Tabu*, überquerten vor Chavasse die Straße und folgten ihr.

Chavasse lehnte sich an die Mauer. Er fühlte sich seltsam deprimiert. Manchmal fragte er sich, was für einen Sinn dies alles hatte – nicht nur das gefährliche Spiel, das er spielte, sondern das ganze Leben. Er lächelte im Dunkeln. Kein Wunder, wenn man um drei Uhr morgens in einer schmutzigen Hafenstraße auf solche Gedanken kam.

Da hörte er plötzlich die Frau schreien. Er warf seine Zigarette weg und horchte. Sie schrie wieder auf, merkwürdig gedämpft, und er rannte zum Pier. Als er um die Ecke bog, sah er, daß sie unter einer Straßenlaterne mit den beiden Matrosen rang. Als der eine erschrocken herumfuhr, trat ihn Chavasse mit dem Fuß so fest ins Gesicht, daß er vom Pier stürzte. Der andere sprang fluchend auf ihn zu. Ein Messer glitzerte in seiner rechten Hand.

Chavasse sah den schwarzen Bart, die funkelnden Augen und die seltsame hakenförmige Narbe auf seiner rechten Wange; dann schlug er dem Mann seine Mütze ins Gesicht und rammte ihm das Knie in den Bauch. Der Mann wand sich, nach Luft ringend, auf dem Boden, und Chavasse versetzte ihm einen wohlgezielten Fußtritt gegen den Kopf.

Er hörte im Wasser unterhalb des Piers lautes Plätschern, und als er an den Rand trat, sah er den ersten Mann eilig ins Dunkel davonschwimmen. Chavasse blickte ihm nach, bis er verschwunden war; dann wandte er sich der Frau zu.

Sie stand in einem dunklen Haustor. Er ging zu ihr und fragte: »Sind Sie okay?«

»Ich glaube schon«, erwiderte sie mit einer Stimme, die ihm irgendwie bekannt vorkam. Sie trat aus dem Schatten hervor.

Chavasse riß erstaunt die Augen auf. »Francesca – Francesca Minetti. Was, um Himmels willen, machen Sie denn hier?«

Ihr Kleid war vom Hals bis zur Hüfte aufgerissen, und sie hielt es, das Gesicht zu einem leisen Lächeln verzogen, zusammen. »Wir wollten uns doch vor einer Woche auf der Terrasse der Botschaft treffen. Warum haben Sie mich versetzt?«

»Mir ist was dazwischengekommen,«, sagte er. »Das passiert bei mir öfter. Aber was machen Sie mitten in der Nacht im Hafen von Matano?«

Sie schwankte, und er fing sie gerade noch rechtzeitig auf und drückte sie einen Moment an sich. Sie hob den Kopf und lächelte mühsam.

»Entschuldigen Sie bitte, aber mir wurde plötzlich so schwindlig.«

»Haben Sie einen weiten Weg?«

Sie strich sich eine Haarsträhne aus der Stirn. »Mein Wagen steht hier irgendwo in der Nähe, aber in dem Nebel sehen alle Straßen gleich aus.«

»Am besten, Sie kommen mit in mein Hotel«, sagte er. »Es ist gleich um die Ecke.« Er zog seine Jacke aus und legte sie ihr um die Schultern. »Es wird sich sicherlich ein Bett für Sie finden.«

Sie lachte auf, und einen Moment lang war sie wieder das fröhliche, übermütige Mädchen, das er auf dem Botschaftsball kennengelernt hatte.

»Davon bin ich überzeugt.«

Er grinste und legte den Arm um sie. »Ich glaube, Aufregung haben Sie heute nacht schon genug gehabt.«

Hinter ihnen scharrte ein Schuh über die Pflastersteine. Er fuhr herum und sah, daß der andere Mann, die Hände vor dem zerschlagenen Gesicht, durch den Nebel davonschwankte.

Chavasse wollte ihm nachlaufen, doch Francesca hielt ihn am Ärmel fest. »Lassen Sie ihn. Ich möchte nicht die Polizei hineinziehen.«

Er blickte auf ihr gespanntes, ängstliches Gesicht nieder und runzelte die Stirn. »Meinetwegen. Wie Sie wollen, Francesca.« Er hatte ein merkwürdiges Gefühl; irgendwie gefiel ihm das Ganze nicht. Sie gingen den Pier entlang und bogen in die Straße ein, an der das Hotel lag. Für eine Hafenstadt war

Matano ungewöhnlich friedlich, doch nicht so friedlich, daß junge hübsche Mädchen um drei Uhr nachts im Dockviertel spazierengehen konnten, ohne unbehelligt zu bleiben. Eins stand jedenfalls fest: Francesca Minetti mußte aus einem ganz besonderen Grund hier sein.

Das Hotel war ein kleines, stuckverziertes Eckgebäude mit einer uralten Leuchtreklame über dem Eingang, doch es war sauber und billig, und das Essen war gut. Der Besitzer war ein Freund von Orsini.

Er saß schlafend, den Kopf auf die Hände gestützt, hinter dem Empfangspult, und Chavasse nahm, ohne ihn zu wekken, den Schlüssel vom Brett. Sie durchquerten das Foyer, stiegen eine schmale Holztreppe hinauf und gingen einen langen weißgetünchten Korridor hinunter.

Das Zimmer war einfach möbliert – es enthielt ein Messingbett, einen Waschtisch und einen Kleiderschrank. Wie im ganzen Hotel waren die Wände gekalkt und der Fußboden auf Hochglanz poliert.

Francesca blieb neben der Tür stehen und sah sich, mit der einen Hand ihr Kleid zusammenhaltend, beifällig um.

»Hübsch«, sagte sie. »Sind Sie schon lange hier?«

»Fast eine Woche. Mein erster Urlaub seit über einem Jahr.«

Er öffnete den Schrank, wühlte zwischen seinen Sachen herum und zog schließlich einen schwarzen Rollkragenpullover hervor. »Probieren Sie ihn an. Ich mache Ihnen inzwischen einen Drink – Sie sehen aus, als ob Sie einen vertragen könnten.«

Sie wandte sich ab und zog den Pullover über den Kopf, während er zu einem kleinen Schrank in der anderen Ecke ging. Er nahm eine Flasche Whisky heraus und spülte in der Schüssel auf dem Waschtisch zwei Gläser. Als er sich umdrehte, stand sie neben dem Bett und blickte zu ihm herüber. Sie sah in dem viel zu weiten Pullover seltsam hilflos aus.

»Um Gottes willen, setzen Sie sich, bevor Sie zusammenklappen«, sagte er.

Sie ließ sich in den Rohrsessel neben der Balkontür sinken, legte ihren Kopf an das Fenster und starrte in die Dunkelheit hinaus. Draußen auf dem Meer heulte unheimlich ein Nebelhorn. Sie erschauerte.

»Das dürfte wohl das trostloseste Geräusch sein, das es gibt.«

»Thomas Wolfe hielt das Pfeifen einer Lokomotive für noch trostloser«, sagte Chavasse. Er schüttete Whisky in das eine Glas und gab es ihr.

Sie sah ihn fragend an. »Thomas Wolfe? Wer war das?«

Er zuckte die Achseln. »Ach, ein Dichter – ein Mann, der wußte, was Trostlosigkeit ist.« Er trank einen Schluck. »Mädchen wie Sie sollten sich nicht mitten in der Nacht am Hafen herumtreiben – das müßten Sie eigentlich wissen. Wenn ich nicht zufällig aufgekreuzt wäre, hätten sie Sie wahrscheinlich vergewaltigt und ins Wasser geworfen.«

Sie schüttelte den Kopf. »Sie wollten mich nicht vergewaltigen.«

Er trank noch einen Schluck Whisky und dachte einen Moment nach. »Wollen Sie mir nicht erzählen, was los ist? Vielleicht kann ich Ihnen helfen.«

Sie hielt ihr Glas in beiden Händen und starrte mit düsterem Gesicht darauf nieder. Er fügte leise hinzu: »Ist es eine Geheimdienstsache? Hat Sie die S2-Zentrale hierhergeschickt?«

Sie blickte erschrocken auf und schüttelte heftig den Kopf. »Nein, die Zentrale weiß nichts davon, und sie darf es auch nicht erfahren. Das müssen Sie mir versprechen. Es ist eine Familienangelegenheit, etwas völlig Privates.«

Sie stellte ihr Glas hin, stand auf und ging im Zimmer auf und ab. Dann blieb sie stehen und sah ihn an. Angst stand in ihrem Gesicht. Sie warf mit einer raschen nervösen Bewegung den Kopf zurück und lachte.

»Das Dumme ist, daß ich immer nur im Innendienst gearbeitet habe, nie im Außendienst. Ich weiß einfach nicht, was man in so einer Situation tut.«

Chavasse holte seine Zigaretten hervor, steckte sich eine in den Mund und warf ihr die Schachtel zu. »Warum schütten Sie mir nicht Ihr Herz aus? Ich habe große Erfahrung im Trösten hübscher Mädchen.«

Sie fing die Schachtel automatisch auf und sah ihn stirnrunzelnd an. »Gut, Paul, aber alles, was ich Ihnen sage, muß unter uns bleiben. Meine Vorgesetzten bei S2 dürfen nichts davon erfahren. Es könnte mich in ernstliche Schwierigkeiten bringen.«

»Okay.«

Sie setzte sich, nahm eine Zigarette aus der Schachtel und zündete sie an. »Was wissen Sie von mir, Paul?«

Er zuckte die Achseln. »Daß Sie für S2 in Rom arbeiten. Mein Chef hat mir gesagt, daß Sie eine unserer besten Mitarbeiterinnen hier unten sind.«

»Ich bin seit zwei Jahren bei S2«, begann sie. »Meine Mutter war Albanierin, daher spreche ich fließend Albanisch. Ich nehme an, deshalb hat sich S2 für mich interessiert. Sie war die Tochter eines *Geg*-Häuptlings. Mein Vater war 1939 Alpinioberst bei der italienischen Besatzungsarmee. Er fiel gleich zu Beginn des Krieges.«

»Lebt Ihre Mutter noch?«

»Sie ist vor fünf Jahren gestorben. Nachdem Enver Hodscha und die Kommunisten die Macht übernommen hatten, konnte sie nicht mehr nach Albanien zurück. Zwei Brüder von ihr gehörten den *Legaliteti* in Nordalbanien an, die für die Monarchie eintraten. Während des Krieges kämpften sie unter Abas Kupi. 1945 wurden sie von Hodscha liquidiert.«

In ihrem Gesicht war kein Schmerz. Sie schien sich schon lange damit abgefunden zu haben.

»Das erklärt, warum Sie bereit waren, für S2 zu arbeiten«, sagte Chavasse leise.

»Der Entschluß fiel mir nicht schwer. Ich hatte nur noch einen alten Onkel, einen Bruder meines Vaters, der uns aufgezogen hatte, und meinen Bruder, der an der Sorbonne Volkswirtschaft studierte.«

»Wo ist er jetzt?«

»Ich sah ihn zum letztenmal in den Bojanasümpfen in Nordalbanien. Er lag mit dem Gesicht nach unten in einem Schlammloch. Sein Rücken war von einer Maschinengewehrsalve zerfetzt.«

Einen Moment herrschte Schweigen. Dann sagte Chavasse behutsam: »Wann war das?«

»Vor drei Monaten. Ich war damals auf Urlaub in Albanien.« Sie hielt ihm ihr Glas hin. »Kann ich noch etwas haben?«

Er schenkte ihr ein. Sie trank einen Schluck, nahm sich

zusammen und fuhr fort. »Sie waren ja selbst erst vor kurzem in Albanien. Sie wissen, wie es dort steht.«

Er nickte. »Ziemlich schlimm.«

»Haben Sie bei Ihren Fahrten irgendwelche Kirchen gesehen?«

»Eine oder zwei schienen noch geöffnet zu sein, doch die Partei ist bestrebt, jegliches religiöse Leben zu unterdrükken.«

»Den Islam haben sie fast völlig unterdrückt«, sagte sie in sachlichem Ton. »Die orthodoxe Kirche Albaniens ist etwas besser davongekommen. Sie hat ihren Erzbischof seines Amtes enthoben und durch einen dem kommunistischen Regime ergebenen Priester ersetzt. Am brutalsten ging man gegen die katholische Kirche vor.«

»Wie überall«, sagte Chavasse. »Sie fürchten die Kommunisten am meisten.«

»Zwei Erzbischöfe und zwei Bischöfe wurden verhaftet. Davon wurden zwei erschossen, und einer soll im Gefängnis gestorben sein. Die katholische Kirche ist in Albanien so gut wie vernichtet. Zumindest nimmt das Regime das an.«

»Ehrlich gesagt – ich hatte auch den Eindruck.«

»Im vergangenen Jahr kam es im Norden zu einem erstaunlichen Wiederaufblühen des kirchlichen Lebens«, sagte sie. »Dahinter standen die Franziskanermönche von Skutari. Sogar Nichtkatholiken strömten dort in die Kirchen. Die Regierung in Tirana war ziemlich beunruhigt. Sie beschloß, etwas dagegen zu unternehmen. Etwas Spektakuläres.«

»Und was?«

»Außerhalb der Stadt gibt es ein berühmtes, der Madonna von Skutari geweihtes Heiligtum. Es besteht aus einer Grotte und einer Heilquelle, und die Gläubigen pilgern schon seit der Zeit der Kreuzzüge dorthin. Die Statue ist aus vergoldetem Ebenholz. Man nennt sie die Schwarze Madonna. Nach alter Überlieferung ist es ihren wunderbaren Kräften zu verdanken, daß das Christentum in Albanien die türkische Fremdherrschaft überstand.«

»Und was wollte die Regierung tun?«

»Das Heiligtum zerstören und die Statue auf dem Hauptplatz von Skutari öffentlich verbrennen. Doch die Franziskaner wurden gewarnt und konnten die Madonna im letzten Moment in Sicherheit bringen.«

»Wo ist sie jetzt?«

»Im Motorboot meines Bruders. Es liegt auf dem Grund einer Lagune in den Bojanasümpfen.«

»Wie ist sie dorthin gekommen?«

Sie zuckte die Achseln. »Das ist schnell erzählt. Marco stand mit einer Gruppe albanischer Flüchtlinge in Taranto in Verbindung. Einer von ihnen, ein gewisser Ramiz, hat einen Vetter in Albanien, der in Tama lebt. Das ist eine kleine Stadt, zwanzig Kilometer von der Küste. Durch ihn erfuhr er von der Sache mit der Madonna.«

»Und sie beschlossen, sie herauszuholen?«

»Die Schwarze Madonna ist keine gewöhnliche Statue, Paul«, sagte sie ernst. »Sie ist für die Albaner ein Symbol der Hoffnung. Sie wußten, daß die Nachricht, die Statue sei unversehrt nach Italien gebracht worden, eine ungeheure psychologische Wirkung auf die Albaner haben würde.«

»Und Sie haben sie begleitet?«

»Die Überfahrt ist nicht schwierig, und da die albanische Marine sehr schwach ist, stellt es kein Problem dar, in die Sümpfe zu gelangen. Wir holten die Statue in der ersten Nacht an einem vereinbarten Ort ab. Leider begegneten wir am nächsten Morgen bei der Rückfahrt einem Patrouillenboot. Es kam zu einer Schießerei, und das Motorboot wurde schwer beschädigt. Es versank in einer kleinen Lagune, und wir mußten ins Schlauchboot umsteigen. Sie jagten uns fast den ganzen Tag. Am Abend wurde Marco erschossen. Es war schrecklich, ihn liegenlassen zu müssen, doch es blieb uns nichts anderes übrig. In der Nacht erreichten wir die Küste, und Ramiz stahl ein kleines Segelboot. Damit sind wir zurückgefahren.«

»Und wo ist dieser Ramiz jetzt?« fragte Chavasse.

»Hier in Matano. Er rief mich gestern in Rom an und bat mich, mich mit ihm in einem Hotel am Hafen zu treffen. Er sagte, es sei ihm gelungen, ein Motorboot aufzutreiben.«

Chavasse starrte sie ungläubig an. »Soll das heißen, daß Sie hinüberfahren und die Madonna holen wollen?«

»Ja, natürlich.«

»Sie beide allein?« Er schüttelte den Kopf. »Sie würden nicht einen Kilometer weit kommen.«

»Kann sein, aber ich muß es versuchen.« Er wollte sie unterbrechen. Sie hob die Hand. »Der Gedanke, daß mein Bruder umsonst gestorben ist, würde mich mein Leben lang quälen. Die Minettis sind eine stolze Familie, Paul. Wir achten unsere Toten. Ich bin die einzige, die ausführen kann, was Marco vorhatte.«

Stolz und schön saß sie da, das Gesicht blaß im Licht der Lampe. Chavasse ergriff ihre Hände, beugte sich vor und küßte sie zart auf den Mund.

»Sind Sie sicher, daß Sie die Lagune, in der das Boot liegt, wiederfinden würden?«

Sie nickte. »Wieso?«

Er grinste. »Sie dachten doch nicht etwa, daß ich Sie allein fahren lasse?«

Sie sah ihn zutiefst erstaunt an. »Was soll das heißen? Aus welchem Grund wollen Sie Ihr Leben für mich riskieren?«

»Ich weiß nicht. Vielleicht habe ich es einfach satt, hier herumzufaulenzen. Wie heißt denn das Hotel, in dem Sie sich mit diesem Ramiz treffen sollten?«

Sie nahm einen Zettel aus ihrer Handtasche und gab ihn ihm. »Ich glaube, es ist nicht weit von hier.«

Er steckte ihn ein. »Gut. Gehen wir.«

»Zu Ramiz?«

Er schüttelte den Kopf. »Nein. Zuerst werden wir mit einem guten Freund von mir sprechen, einem Mann, der genau richtig für so eine Sache ist. Er schreckt vor nichts zurück, kennt die albanische Küste wie seine Hosentasche und besitzt die schnellste Jacht weit und breit.«

An der Tür drehte sie sich um und sah ihn groß an. Ihre Augen glänzten, und ihre Wangen waren gerötet. Plötzlich schien sie voll Zuversicht und Selbstvertrauen.

»Es wird bestimmt alles gutgehen, Mädchen. Verlassen Sie sich nur auf mich.«

Er führte kurz ihre Hand an die Lippen, öffnete die Tür und schob sie sanft auf den Korridor.

4

Die Luft in dem Zimmer war immer noch voll Zigarettenrauch, doch die Spieler waren gegangen. Unter der Lampe auf dem Tisch lag eine ausgebreitete britische Admiralitätskarte von Nordalbanien. Chavasse und Orsini beugten sich darüber, Francesca saß neben ihnen.

»Der Bojana-Fluß fließt vom Skutari-See hinunter zur Küste«, sagte Orsini.

»Was ist mit diesen Sümpfen an der Küste? Sind sie wirklich so schlimm, wie Francesca sagt?«

Orsini nickte. »Eine furchtbare Gegend. Ein Labyrinth von schmalen Wasserläufen, Salzwasserlagunen und malariaverseuchten Sümpfen. Wenn man nicht genau wüßte, wo das Boot liegt, könnte man ein Jahr lang danach suchen.«

»Ist das Gebiet bewohnt?«

»Es gibt ein paar Fischer und Jäger, hauptsächlich *Gogen*. Die Roten haben dort nicht viel zu sagen. Die Sümpfe waren schon immer ein Schlupfwinkel für Verfolgte.«

»Du kennst sie gut?«

Orsini grinste. »Ich war in diesem Jahr bestimmt schon ein halbes Dutzend Mal dort. Mit dem Schmuggel von Penicillin, Sulfonamiden, Waffen und Nylonstrümpfen ist eine Menge Geld zu verdienen, und die albanische Marine kann nicht viel dagegen tun.«

»Trotzdem eine riskante Sache.«

»Für Amateure ist alles riskant.« Orsini wandte sich zu Francesca. »Wovon lebt eigentlich dieser Ramiz?«

»Er ist Maler. Ich glaube, die meisten seiner Fahrten hat er an Wochenenden gemacht.«

Orsini blickte zur Decke und rang die Hände. »Mein Gott, was für ein Leichtsinn. Ein Wunder, daß es ihm gelungen ist, Sie nach Italien zurückzubringen, Signorina.«

Die Tür ging auf, Carlo trat ein und stellte vor jeden eine Tasse hin. Chavasse schlürfte genießerisch den heißen Kaffee. Er warf einen Blick auf die Karte und wandte sich an Francesca.

»Woher wollen Sie so genau wissen, wo das Boot liegt? Diese Lagunen sehen doch alle gleich aus.«

»Marco hat, kurz bevor das Boot unterging, eine Kreuzpeilung vorgenommen«, sagte sie. »Ich habe mir die Zahlen gemerkt.«

Orsini schob ihr ein Blatt Papier und einen Bleistift zu, und sie schrieb die Zahlen auf. Er studierte sie nachdenklich und berechnete dann mit großer Sorgfalt die Position. Er zog einen Kreis um den Mittelpunkt und richtete sich grinsend auf.

»Ich habe die Stelle angekreuzt.«

Chavasse warf einen Blick auf die Karte. »Etwa acht Kilometer von der Küste. Fünf oder sechs Kilometer weiter liegt dieses Tama. Was für eine Stadt ist das?«

»Früher war es eine blühende kleine Hafenstadt, doch seit Beginn der Streitigkeiten zwischen Albanien und den anderen kommunistischen Staaten hat es immer mehr an Bedeutung verloren.« Orsini fuhr mit dem Finger den Fluß entlang. »Der Bojana bildet einen Teil der Grenze zwischen Albanien und Jugoslawien. Der Hauptstrom ist heute stellenweise stark verschlammt. Man muß die Mündung und das Delta sehr gut kennen, um bis Tama zu kommen.«

»Du könntest uns aber hinbringen?«

Orsini drehte sich zu Carlo um. »Was meinst du?«

»Bis jetzt hatten wir nie Schwierigkeiten. Warum sollte es diesmal nicht klappen?«

»Dann müssen wir uns nur noch über den Preis einigen«, sagte Chavasse.

»Der spielt keine Rolle«, warf Francesca ein.

»Bitte, Signorina.« Orsini küßte ihr galant die Hand. »Kein Wort mehr darüber. Ich betrachte es als Ehrensache, Ihnen zu helfen.«

Sie schien den Tränen nahe, und Chavasse lenkte schnell auf ein anderes Thema ab. »Ich habe das Gefühl, mit diesem Ramiz stimmt irgendwas nicht. Sind Sie sicher, daß er Sie angerufen hat?«

Sie nickte. »Völlig. Er stammt aus dem Kreis Vlora. Die Leute dort sprechen mit einem besonderen Akzent. Er war es bestimmt.«

Chavasse beschloß, Ramiz trotzdem genau unter die Lupe zu nehmen. Möglicherweise waren die *Sigurmi* dem Ganzen auf die Spur gekommen. Vielleicht hatten sie Marco Minettis

Leiche gefunden, oder sie hatten, was noch wahrscheinlicher war, die Leute, durch deren Hände die Madonna in Albanien gegangen war, geschnappt. Jeder Mensch ertrug nur ein bestimmtes Maß an Schmerzen. Wenn dieses Maß überschritten wurde, hielten die wenigsten dicht.

Daß die Albaner mit allen Mitteln versuchen würden, die Madonna zurückzubekommen, stand außer Zweifel. Ihr Verschwinden mußte sie viel politisches Prestige gekostet haben, und das Wissen, daß sie noch in ihrem eigenen Land war, spornte sie bei ihrer Suche sicherlich zusätzlich an.

»Wenn Ramiz selbst angerufen hat, dann hat man ihn wahrscheinlich dazu gezwungen. Oder zumindest wußte man von seinem Anruf.« Er zog den Zettel hervor, den Francesca ihm gegeben hatte. »Kennst du dieses Hotel?«

Orsini nickte. »Es ist nicht weit von hier. Eine drittklassige Absteige, wo man keine Fragen stellt und Huren stundenweise Zimmer mieten.« Er wandte sich an Francesca. »Nichts für eine Dame.«

Sie wollte protestieren, doch Chavasse schnitt ihr das Wort ab. »Giulio hat recht. Sie können sich sowieso kaum noch auf den Beinen halten. Was Sie brauchen, sind ein paar Stunden Schlaf. Sie können mein Hotelzimmer haben.« Er wandte sich zu Carlo um. »Würden Sie sie bitte hinbringen?«

Er zog seine Jacke an, und sie stand auf. »Seien Sie bloß vorsichtig.«

»Um mich brauchen Sie sich keine Sorgen zu machen.« Er gab ihr einen Klaps. »Sperren Sie die Zimmertür zu, und schlafen Sie sich richtig aus. Ich komme später.«

Sie ging hinaus, und Carlo folgte ihr. Als Chavasse sich umdrehte, grinste Orsini ihn an. »Wie herzerfrischend jung und schön.«

»Etwas, das du nie gewesen bist«, sagte Chavasse. »Komm, gehen wir.«

Es regnete draußen immer noch, und am Geländer der Hafenmauer, an dem sie entlanggingen, hingen silberne Tropfen. Die alten stuckverzierten Häuser ragten dunkel und unwirklich aus dem Nebel auf, und die Straßenlaternen waren wie helle Oasen in einer finsteren Welt.

Das Hotel lag fünf Minuten vom *Tabu* entfernt – ein schäbiges Haus, von dessen Mauern der Verputz abgebröckelt war. Die Tür stand offen, und sie traten in die dunkle Halle. Hinter dem Empfangspult saß niemand, und als Orsini ungeduldig auf die Klingel drückte, rührte sich nichts.

»Hat sie dir die Zimmernummer gesagt?«

Chavasse nickte. »Sechsundzwanzig.«

Der Italiener ging hinter das Pult zum Schlüsselbrett. Er kam zurück und schüttelte den Kopf. »Der Schlüssel ist nicht da. Er muß auf seinem Zimmer sein.«

Sie stiegen eine wacklige Holztreppe zum ersten Stock hinauf. Es roch unangenehm nach Bratenfett und Urin. Eine tiefe, unheimliche Stille herrschte. Sie gingen den Korridor hinunter, bis Chavasse durch eine Tür Musik und hohes, schrilles Lachen hörte. Er wollte schon klopfen, als Orsini, der vor der gegenüberliegenden Tür stehengeblieben war, sagte: »Hier ist es.«

Er stieß die Tür auf, ging hinein und drehte am Lichtschalter. Es blieb finster. Er zündete ein Streichholz an, und Chavasse trat neben ihn.

Das Zimmer war fast leer. Nur ein eisernes Bett und ein Waschtisch standen darin. Auf dem Fußboden, neben einer Binsenmatte, lag ein umgekippter Stuhl.

Als Chavasse sich bückte, um ihn aufzuheben, verbrannte das Streichholz Orsinis Finger, und er warf es fluchend weg. Chavasse wartete, auf einem Knie hockend, bis er ein neues anzündete, und plötzlich spürte er, daß Feuchtigkeit durch das Knie seiner Hose drang. Als das Streichholz aufflammte, hob er die Hand und sah, daß Blut an den Fingern klebte.

»Soviel zu Ramiz...«

Sie durchsuchten rasch das Zimmer, fanden aber nichts – nicht einmal einen Koffer. Als sie auf den Korridor traten, hörten sie durch die gegenüberliegende Tür wieder das schrille Lachen, und Orsini runzelte nachdenklich die Stirn.

»Fragen kostet nichts«, meinte Chavasse.

Der Italiener klopfte. Das Lachen verstummte, und eine Frauenstimme rief: »Ich hab jetzt keine Zeit. Komm später.« Orsini hämmerte an die Tür. Sie hörten Schritte, und dann wurde die Tür aufgerissen. Die Frau, die vor ihnen stand, war klein und dick und hatte feuerrotes Haar. Der schwarze Nylonmantel, den sie trug, verhüllte kaum ihren üppigen Busen. Offensichtlich kannte sie Orsini, denn ihr wütendes Gesicht verzog sich zu einem freundlichen Lächeln.

»Oh, Giulio. Lange nicht gesehen.«

»Zu lange, *cara*«, sagte er und tätschelte ihre Wange. »Du wirst immer hübscher. Mein Freund und ich wollten zu dem Mann im Zimmer gegenüber, aber er scheint nicht da zu sein.«

»Ach, der«, sagte sie angewidert. »Sonst hockt er doch die ganze Zeit in seinem Zimmer. Ein unsympathischer Kerl. Grüßt nicht mal, wenn man ihn auf dem Gang trifft.«

»Er muß blind sein«, sagte Orsini galant.

»Vorhin waren zwei Männer bei ihm«, sagte sie. »Sie müssen Krach miteinander gehabt haben – es ging ziemlich laut zu. Ich hab gesehen, wie sie mit ihm weggegangen sind. Sie haben ihn gestützt. Er war ziemlich blaß.«

»Sind Sie gar nicht auf die Idee gekommen, die Polizei zu holen?«

»Diesen Schweinehund von einem Sergeant würde ich nicht mal vom Galgen abschneiden.« Aus dem Zimmer rief wütend eine Männerstimme. Sie grinste. »Manche sind schrecklich ungeduldig.«

»Das kann ich mir vorstellen«, sagte Chavasse.

Sie lächelte. »Sie sind mir ausgesprochen sympathisch. Bring ihn doch mal mit, Giulio. Wir feiern dann 'ne Party mit allen Schikanen.«

»Ich ruf dich an«, sagte Orsini.

Der Mann im Zimmer rief wieder ungeduldig, und sie hob verzweifelt die Augenbrauen und schloß die Tür.

Orsini und Chavasse gingen die Treppe hinunter und traten auf die Straße. Der Italiener zündete sich eine Zigarre an und warf das Streichholz ins Dunkel.

»Was nun?«

Chavasse zuckte die Achseln. »Wir können nicht viel tun. Am besten, ich leg mich erst mal ein paar Stunden aufs Ohr.«

Orsini nickte. »Ja, geh in dein Hotel und paß auf das Mädchen auf. Daß mir aber keine Klagen kommen. Morgen früh wird uns schon was einfallen.« Er klopfte Chavasse auf die Schulter. »Keine Sorge, Paul. Wir werden die Sache schon schaukeln.«

Er verschwand im Nebel, und während Chavasse ihm nachblickte, packte ihn plötzlich eine tiefe Müdigkeit. Seine Schritte hallten in der engen Gasse, als er weiterging. An der nächsten Ecke blieb er stehen und holte eine Zigarette hervor.

Als er das Streichholz anzündete, spürte er plötzlich, wie sich etwas Nadelspitzes durch die Jacke in seinen Rücken bohrte. Eine Stimme sagte leise: »Keine Bewegung, bitte, Mr. Chavasse.«

Hände glitten über seinen Körper und tasteten ihn nach einer Waffe ab.

»Jetzt gehen Sie weiter, aber drehen Sie sich nicht um. Tun Sie genau, was ich Ihnen sage. Ich würde es zutiefst bedauern, wenn ich Sie umbringen müßte.«

Erst im Weitergehen wurde es Chavasse bewußt, und er zuckte zusammen, als hätte ihn ein Schlag getroffen: Die Stimme hatte Albanisch gesprochen.

5

Es waren zwei Männer – er hörte es an den Schritten, die in den engen Gassen widerhallten, als sie durch die Altstadt gingen. Die barsche Stimme des einen, der ihn angesprochen hatte, durchdrang hin und wieder die Stille und befahl ihm, nach rechts oder links abzubiegen. Sonst fiel kein Wort, und die beiden hielten sich ein ziemliches Stück hinter ihm.

Nach fünfzehn Minuten stießen sie auf einen Kai in einem abgelegenen Teil des Hafens. Ein mehrstöckiges altes Haus ragte in die Nacht auf; daneben führte eine steinerne Treppe hinunter zu einem Landungssteg.

Ein altes Patrouillenboot war daran festgemacht. Es sah schäbig und verkommen aus, und vom Rumpf blätterte die Farbe ab. Über das Heck zog sich die verblaßte Inschrift *Stromboli – Taranto.*

Der Landungssteg lag leer und verlassen im Licht einer einzigen Lampe. Weit und breit war kein Mensch zu sehen. Chavasse drehte sich langsam um und betrachtete die beiden

Männer. Der eine war klein und unscheinbar. Er trug einen dicken Pullover und eine tief in die Stirn gezogene Wollmütze.

Der andere war ein auffälliger Typ – ein großer, gefährlich aussehender Mann mit einem dichten Stoppelbart. Er hatte ein von Narben zerfurchtes, brutales Gesicht und kurzgeschnittenes Haar und trug eine Seemannsjacke und Stiefel.

Er schob sich eine Zigarette zwischen die Lippen und strich an der Mauer ein Streichholz an. »Hier hinunter, bitte, Mr. Chavasse«, sagte er.

Chavasse ging langsam die Treppe hinunter. Unten auf dem Landungssteg drängte sich der kleine Mann an ihm vorbei, eilte voraus zur anderen Seite des Hauses und öffnete eine Tür in der dicken Mauer. Eine Steintreppe tauchte aus dem Dunkel auf. Chavasse folgte ihm. Der große Mann hielt sich ein paar Schritte hinter ihm.

Der kleine Mann blieb auf einem Treppenabsatz stehen, öffnete eine weitere Tür und deutete mit dem Kopf darauf. Chavasse ging an ihm vorbei und trat ein. Der Raum enthielt einen Tisch und mehrere Stühle. An der einen Wand stand ein schmales Eisenbett.

Am Tisch saß ein Mann und schrieb einen Brief. Er war klein und dunkelhaarig und trug einen makellosen Anzug aus leichtem blauen Kammgarn. Seine Haut hatte die Farbe feinen Leders, und mit seinem dünnen Backenbart sah er aus wie ein *Conquistadore*.

Chavasse blieb, die Hände in den Hosentaschen, ein paar Schritte vor ihm stehen. Der Mann drehte den Kopf und sah ihn mit seinen schwarzen, glänzenden Augen an. Dann wandte er sich halb um und lächelte freundlich.

»Oh, Mr. Chavasse – es ist mir ein Vergnügen, Sir.«

Sein Englisch war fehlerlos und fast ohne Akzent. Chavasse musterte ihn. Er fand ihn ausgesprochen unsympathisch. Trotz seiner höflichen, liebenswürdigen Miene waren seine Augen kalt und erbarmungslos – die Augen eines Killers.

»Ich kann das alles nicht besonders vergnüglich finden«, sagte Chavasse.

Der kleine Mann lächelte. »Oh, das tut mir leid. Aber vielleicht gelingt es uns, Ihr Interesse zu wecken. Hätten Sie Lust, sich zehntausend Pfund zu verdienen?«

Am anderen Ende des Tisches stand ein Tablett mit Flaschen und Gläsern. Chavasse ging darauf zu. Er merkte, wie der große Mann neben der Tür eine leichte Bewegung machte.

Eine der Flaschen enthielt Smirnow, seinen Lieblingswodka. Er schenkte sich ein halbes Glas davon ein, ging zum Fenster und blickte, während er trank, auf die *Stromboli* hinunter, deren Umrisse verschwommen durch den Nebel zu sehen waren.

»Nun?« fragte der kleine Mann.

Chavasse drehte sich um. »Wie sieht's denn jetzt in Tirana aus?«

Der kleine Mann lächelte. »Eine sehr geschickte Fangfrage, Mr. Chavasse. Doch ich muß Sie enttäuschen. Ich bin seit fünf Jahren nicht in Tirana gewesen. Eine kleine Meinungsverschiedenheit mit dem gegenwärtigen Regime.« Er zog eine weiße Karte hervor und reichte sie Chavasse. »Meine Karte, Sir. Ich bin Adem Kapo, Vertreter von Alb-Tourist in Taranto.«

»Unter anderem, vermute ich.«

Kapo nahm eine Zigarette aus einer Dose und steckte sie in eine Spitze. »Man könnte mich als eine Art Mittelsmann bezeichnen. Die Leute kommen mit ihren Wünschen zu mir, und ich versuche sie zu erfüllen.«

»Gegen Honorar?«

»Selbstverständlich.« Er hielt Chavasse die Dose hin. »Zigarette?«

Chavasse nahm eine. »Zehntausend Pfund sind ein Haufen Geld. Wie kommen Sie auf die Idee, daß ich daran interessiert sein könnte?«

»Menschenkenntnis gehört zu meinem Geschäft, und Sie würden staunen, wie gut ich Sie kenne, mein Freund. Sie sind ein Mann, der sich an den Meistbietenden verkauft. Doch zur Sache. Die zehntausend Pfund könnten Sie sich sehr leicht verdienen. Meine Auftraggeber würden Ihnen diese Summe im voraus zahlen, wenn Sie sich bereiterklären, sie zu einem bestimmten Boot zu führen, das vor kurzem in den Bojanasümpfen in Nordalbanien gesunken ist. Sind Sie interessiert?«

»Das Ganze klingt sehr verlockend, doch leider habe ich keine Ahnung, wovon Sie reden.«

»Ich bin sicher, Signorina Minetti hat Sie bereits eingehendst über die Sache informiert. Lassen wir doch das Theater, Mr. Chavasse. Nach den Informationen, die mir meine Auftraggeber zur Verfügung gestellt haben, wurde in einem Schlammloch an der Mündung des Bojanaflusses die Leiche eines italienischen Staatsbürgers, eines gewissen Marco Minetti, gefunden. Kurz zuvor war der Versuch unternommen worden, eine religiöse Reliquie von unschätzbarem Wert aus dem Land zu schmuggeln.«

»Was Sie nicht sagen!«

Kapo achtete nicht darauf. »Einige Stunden zuvor war sein Motorboot in den Bojanasümpfen verschwunden. Später wurden in der Stadt Tama von den *Sigurmi* ein Priester und zwei Männer verhaftet. Der Priester blieb bis zum Ende verstockt – Sie wissen ja, wie störrisch Pfaffen sein können –, doch die beiden Männer packten aus. Sie verrieten, daß Minetti, seine Schwester und ein albanischer Flüchtling namens Ramiz hinter der Sache steckten. Man bot mir für ihre Aufspürung ein sehr ansehnliches Honorar.«

»Und haben Sie sie gefunden?«

»Wir haben Ramiz wochenlang beobachtet und darauf gewartet, daß er etwas unternimmt. So unglaublich es klingen mag – aber er hatte offenbar die Absicht, noch einmal nach Albanien zu fahren. Wissen Sie, er war ein Intellektueller – einer von diesen unangenehmen Leuten, die sich einbilden, eine Mission erfüllen zu müssen.«

»Wieso sagen Sie: ›Er *war*‹?«

»Ja, das ist eine sehr traurige Geschichte.« Kapo schien ehrlich ergriffen. »Ich beschloß, heute abend ein wenig mit ihm zu plaudern. Hadschi und Taschko sollten ihn hierherbringen. Unterwegs kam es zwischen ihm und den beiden zu einer kleinen Auseinandersetzung. Er stürzte von der Hafenmauer und brach sich das Genick.«

»Ein unglückseliger Zufall, nehme ich an?«

»Selbstverständlich, und noch dazu völlig überflüssig. Es ist erstaunlich, wie leicht man mißverstanden werden kann. Ein früherer Versuch von mir, mich mit Signorina Minetti in Verbindung zu setzen, schlug unbegreiflicherweise ebenfalls fehl.«

»Und wie komme gerade ich zu der Ehre dieses Gesprächs?«

»Nehmen Sie mir's nicht übel – aber es fällt mir schwer, an einen reinen Zufall zu glauben, wenn genau in dem Moment, in dem Signorina Minetti Hilfe braucht, Mr. Chavasse vom britischen Geheimdienst auftaucht.«

Chavasse nahm die Wodkaflasche und schenkte sich nach. »Und was würden Sie sagen, wenn ich Ihnen trotzdem versichern würde, daß ich keine Ahnung habe, wovon Sie reden?«

»Wenn Sie darauf beharren, bleibt mir keine andere Wahl, als mich nochmals an die Signorina zu wenden. Glauben Sie mir, das wäre mir äußerst unangenehm.« Kapo seufzte. »Andererseits wird man mit einer Frau wesentlich leichter fertig. Meinst du nicht auch, Taschko?«

Der große Mann kam tückisch grinsend auf den Tisch zu, und Chavasse nickte nachdenklich. »Irgendwie habe ich geahnt, daß Sie das sagen werden.«

Er umklammerte die Wodkaflasche und hieb sie Taschko über den Schädel. Sie zersprang, und Taschko schrie laut auf. Blut lief ihm übers Gesicht. Chavasse kippte den Tisch um. Er fiel auf Kapo und riß ihn mit seinem Stuhl rücklings zu Boden.

Hadschi stürzte auf Chavasse zu, in der rechten Hand ein Messer. Als er zustieß, wehrte Chavasse ihn mit dem Arm ab, packte den kleinen Mann am linken Handgelenk und schleuderte ihn gegen die Wand.

Taschko war aufgesprungen. Sein Gesicht war blutüberströmt. Er holte zu einem fürchterlichen Schlag aus, doch Chavasse duckte sich und rannte zur Tür. Kapo stellte ihm ein Bein, Chavasse stolperte und stürzte dann krachend zu Boden.

Taschko fiel über ihn her und hämmerte auf sein Gesicht und seine Brust ein. Chavasse rollte sich zur Seite und sprang auf. Er setzte über den umgekippten Tisch, ergriff einen Stuhl und schleuderte ihn mit aller Kraft gegen das Fenster. Das ausgetrocknete Holz des Rahmens zersprang, und tausend Glassplitter prasselten auf den Boden.

Er hörte Kapo aufschreien und sah Taschko auf sich zustürzen. Er hieb dem Riesen mit der Handkante ins Gesicht, kletterte auf das Sims hinaus und sprang ins Dunkel.

Die Luft sauste zischend an seinen Ohren vorbei, und der

Nebel schien ihn zu verschlingen; dann schlug er klatschend aufs Wasser auf und versank in tiefer Finsternis.

Als er endlich auftauchte, blickte er zu dem dunkel aufragenden Haus hoch. Licht drang, durch den dichten Nebel gedämpft, aus dem zerschlagenen Fenster. Er hörte Kapo etwas rufen, und von der *Stromboli* her, die er schattenhaft rechts von sich im Nebel sah, antwortete eine andere Stimme.

Chavasse erkannte, daß es nur eine Möglichkeit gab, zu entkommen. Er wandte sich ab und schwamm weg vom Landungssteg – auf den Pier auf der anderen Seite des Hafenbeckens zu. Es mußten etwa fünfhundert Meter sein – keine große Entfernung, und das Wasser war überraschend warm.

Er ließ sich Zeit und schwamm langsam. Der Nebel verschluckte die Stimmen hinter ihm, und er war allein. Alles schien zu versinken, und eine merkwürdige Ruhe und Gelassenheit erfüllte ihn. Bald tauchten die schwankenden Lichter der am Pier festgemachten Fischerboote vor ihm auf. Er schwamm zwischen ihnen durch und stieß auf eine zum Pier hinaufführende Treppe. Er setzte sich einen Moment hin und holte tief Luft; dann stieg er rasch hinauf und ging den Pier entlang.

Zuerst würde er sich in seinem Hotel umziehen. Dann würde er ins *Tabu* gehen und Orsini das Ganze erzählen. Vielleicht würden sie sich Adem Kapo und seine Bande vorknöpfen, doch wahrscheinlich war die *Stromboli* bis dahin schon in See gestochen.

Die Leuchtreklame über dem Hotel schimmerte durch den Nebel. Er öffnete die Tür und trat ein. Das Pult war leer. Er rannte schnell die Treppe hinauf und lief den Korridor entlang.

Seine Zimmertür stand offen; die Füllung war eingeschlagen. Die Lampe brannte. In der Mitte des Zimmers lag ein Stuhl auf dem Boden, und das Bettzeug war zerwühlt, als hätte ein Kampf stattgefunden. Er stand einen Moment da und spürte, wie ein Gefühl der Übelkeit in ihm aufstieg. Dann drehte er sich um und rannte die Treppe wieder hinunter.

Als er zur Tür lief, fiel sein Blick auf einen Fuß, der hinter dem Pult hervorragte, und er hörte ein leises Stöhnen. Er beugte sich über das Pult und sah, daß der alte Hotelbesitzer mit dem Gesicht nach unten auf dem Boden lag. Das weiße Haar an seinem Hinterkopf war blutverschmiert.

6

Der Landungssteg war leer, als Chavasse, Orsini und Carlo mit dem alten Ford-Kombi vorfuhren. Der große Italiener stellte den Motor ab, sprang hinaus und ging zur Treppe.

Er drehte sich um und schüttelte den Kopf. »Es ist zwar Zeitverschwendung, Paul, aber vielleicht sollten wir trotzdem das Haus schnell durchsuchen.«

Sie liefen die Stufen hinauf und gingen über den Treppenabsatz zur Tür. Sie war unversperrt, und Chavasse trat als erster ein, in der Hand einen alten automatischen Colt, den Orsini ihm gegeben hatte.

Die Tür zu dem Zimmer, in dem Kapo mit ihm gesprochen hatte, war angelehnt; Licht fiel durch den Spalt auf den finsteren Treppenabsatz. Chavasse stieß sie mit dem Fuß auf und wartete, doch nichts rührte sich. Er hob den Revolver und trat ein.

Auf dem Fußboden war eine große, mit Blut vermischte Wodkapfütze, und der Tisch lag immer noch umgekippt da. Orsini ging zu dem zerschlagenen Fenster, durch das der Nebel hereinwallte, und blickte hinaus.

Er drehte sich um und sah Chavasse respektvoll an. »Ziemlich tief.«

»Ich hatte keine andere Wahl. Was machen wir jetzt?«

Der Italiener zuckte die Achseln. »Am besten, wir fahren zum *Tabu* zurück. Vielleicht ist der alte Gilberto inzwischen zu sich gekommen und kann uns erzählen, was passiert ist.«

»Kaum anzunehmen«, sagte Chavasse. »Der Schlag war zu fest.«

»Dann müssen wir uns eben was anderes ausdenken.«

Sie gingen zu dem Kombi zurück, zwängten sich in die enge Kabine, und Carlo fuhr durch die leeren Straßen zum *Tabu* zurück. Als er anhielt, blickte Chavasse auf seine Uhr.

Es war kurz vor halb drei. Er stieg aus und ging mit den beiden Italienern zur Seitentür hinein.

Vorn in der Bar saßen noch ein paar Gäste. Als sie durch den Korridor gingen, blickte der Barmixer um die Ecke.

»Rom am Apparat«, rief er. »Der Teilnehmer wartet.«

»Das wird mein Gespräch mit S2 sein«, sagte Chavasse zu Orsini. »Ich bin gespannt, was sie mir über Kapo sagen werden.«

»Ich schau inzwischen mal nach Gilberto«, sagte Orsini.

Chavasse ließ das Gespräch in das kleine Büro hinter der Bar durchstellen. Der Mann, mit dem er sprach, war der Beamte vom Nachtdienst. Er hatte nichts über Kapo herausgefunden, was Chavasse nicht bereits wußte. Es schien unglaublich, doch alles, was Kapo ihm über sich erzählt hatte, stimmte. Er war früher ein hoher Beamter im albanischen Innenministerium gewesen und im Jahr 1958 einer der ersten Säuberungsaktionen Hodschas zum Opfer gefallen. Man hatte ihm in Italien politisches Asyl gewährt, und er lebte seither in Taranto und verdiente seinen Unterhalt als Import- und Exportkaufmann. 1963 hatte ihn Alb-Tourist zu seinem Vertreter in Taranto ernannt. Der italienische Geheimdienst, der ihn im gleichen Jahr überprüfte, hatte an dieser Ernennung nichts Bedenkliches gefunden.

Chavasse bedankte sich bei dem diensthabenden Beamten. Nein, erklärte er ihm, es sei nichts Wichtiges. Er habe Kapo nur während seines Urlaubs in Matano kennengelernt und wissen wollen, mit wem er es zu tun habe.

In seinem kleinen Büro in Rom legte der diensthabende Beamte nachdenklich den Hörer auf. Er hob ihn sofort wieder ab und meldete ein Gespräch mit der Geheimdienstzentrale in London an.

Vielleicht steckte wirklich nichts dahinter, doch Chavasse war einer der wichtigsten Agenten – das wußte jeder innerhalb der Organisation. Wenn er in einer Klemme war und der Chef nichts davon erfuhr, dann würden verschiedene Köpfe rollen, und der Beamte wollte nicht riskieren, daß sein eigener darunter war.

Fünf Minuten später summte das Telefon auf seinem

Schreibtisch. Er nahm es ab. »Hallo, Sir... ja, ganz recht...
vielleicht ist es ohne jede Bedeutung, aber ich halte es doch für
richtig, Ihnen mitzuteilen, daß eben Paul Chavasse aus Matano angerufen hat...«

Der alte Gilberto schüttelte sich, als der Kognak seine Kehle
hinabrann, und grinste Orsini verzerrt an. »Ich werde langsam alt, Giulino. Ich habe nicht den leisesten Laut gehört. Es
waren höchstens zwanzig Minuten vergangen, seit Carlo die
junge Frau hergebracht hatte. Ich las eine Illustrierte, und
plötzlich wurde es finster um mich.« Er hob die knorrige
Faust. »Wenn ich diesen gemeinen Hund zwischen die Finger
kriege, dann kann er was erleben.«

Orsini grinste und klopfte ihm auf die Schulter. »Um Gottes
willen, Gilberto, du würdest ihn umbringen.«

Sie ließen den alten Mann am Kamin sitzen und gingen
hinaus auf den Korridor. »Er war mal ein guter Schwerge-
wichtler«, sagte Orsini. »Einer, der vernünftig genug war,
auszusteigen, bevor man ihm das Gehirn zu Brei schlug.
Irgendwas Neues aus Rom?«

Chavasse schüttelte den Kopf. »Alles, was Kapo mir von
sich erzählt hat, stimmt. Er ist tatsächlich der Vertreter von
Alb-Tourist in Taranto – ein Parteiveteran aus Tirana, der
zuviel gemeckert hat und mit Mühe und Not seinen Kopf
retten konnte. Der italienische Geheimdienst, der im allgemei-
nen sehr auf Draht ist, hält ihn für harmlos.«

»Das hat M.I.5 von Klaus Fuchs auch gedacht«, erwiderte
Orsini. »Niemand ist vollkommen, und der beste Agent ist
der, dem es am besten gelingt, sich zu tarnen.«

»Jedenfalls sind wir keinen Schritt weitergekommen«,
meinte Chavasse. »Das einzige, was feststeht, ist, daß sie
abgehauen sind und Francesca Minetti mitgenommen haben.« Sie gingen in das Büro hinter der Bar, und Orsini nahm
eine Flasche Whisky und drei Gläser aus einem Schrank. Mit
düsterer Miene schenkte er ein.

»Kapo und seine Männer können das Mädchen nicht entführt haben – das ist zeitlich völlig unmöglich. Was ist mit den
Männern, die sie am Abend überfallen haben? Beschreib sie
mir mal.«

»Der eine, der mit dem Messer auf mich losging, schien Italiener zu sein«, sagte Chavasse. »Seinen Flüchen nach zu urteilen, stammte er aus der Gosse von Taranto.«

»Was ist dir sonst noch an ihm aufgefallen?«

»Er hatte einen dunklen Bart, und sein Gesicht war voller Narben. Eine besonders auffallende hakenförmige Narbe hatte er unter dem linken Auge.«

Orsini brüllte vor Lachen und klopfte ihm auf die Schulter. »Mensch, Paul, so hab ich mich schon lange nicht amüsiert.«

»Heißt das, du kennst ihn?«

»Ob ich ihn kenne?« Orsini wandte sich zu Carlo um. »Erzähl ihm mal ein bißchen von unserem guten Freund Toto.«

»Er arbeitet für einen Mann namens Vacelli«, begann Carlo. »Ein ganz übler Bursche. Er hat ein paar Fischerboote, mit denen er Waren nach Albanien schmuggelt. Außerdem gehören ihm das hiesige Bordell und ein Café in der Altstadt.« Er spuckte verächtlich aus. »Ein Schwein.«

»Wahrscheinlich hat Kapo Vacelli beauftragt, das Mädchen zu entführen und zu ihm zu bringen«, sagte Orsini. »Unglücklicherweise bist du aufgetaucht und hast das verhindert.«

»Das erklärt aber immer noch nicht, warum Kapo mit mir sprechen wollte.«

»Vielleicht dachte er, er kann dich kaufen. Doch du bist aus dem Fenster gesprungen, und er ist aus Angst, du könntest ihm womöglich die Polizei auf den Hals hetzen, schnellstens verduftet.«

»Und inzwischen haben Vacelli und seine Jungen das Mädchen entführt?«

Orsini nickte. »Und Kapo ist, bevor sie sie ihm bringen konnten, abgehauen.«

»Du glaubst also, sie ist noch bei Vacelli?«

Orsini öffnete die Lade seines Schreibtischs, nahm eine Luger heraus und steckte sie in seine Hüfttasche. Er lächelte, und sein großes, häßliches Gesicht schien plötzlich wie verwandelt.

»Am besten, wir sehen mal nach.«

Vacellis Lokal lag am Hafen, an der Ecke einer Gasse, die in die Altstadt führte. Auf dem Schild über dem Eingang stand nur *Café*. Im Innern spielte jemand Gitarre. Sie parkten den Kombi vor der Tür und traten ein. Orsini ging ihnen voran die Treppe hinunter.

Vor der Tür war ein Perlenvorhang, durch den man das Stimmengewirr aus der Bar hörte. Der Gitarrespieler saß gleich hinter dem Eingang auf einem Stuhl an der Wand – ein junger Bursche mit schwarzgelocktem Haar. Er hatte die Ärmel seines karierten Hemdes hochgerollt, und man sah seine muskulösen Arme.

Orsini schob den Vorhang beiseite und blickte auf seine ausgestreckten Beine nieder. Als der Gitarrespieler sich nicht rührte, riß Orsini den Stuhl unter ihm weg. Er krachte zu Boden, und im Raum herrschte plötzlich tiefe Stille.

Die eine Wand des Lokals nahm eine schmale Theke mit einer Marmorplatte ein, hinter der ein Regal mit Flaschen stand. Die Wände waren weiß getüncht, der Fußboden aus Stein. An den Tischen saßen nur wenige Gäste, hauptsächlich Männer.

Der Gitarrist sprang auf und zog ein Messer, doch Carlo war schneller. Er packte sein Handgelenk und drehte den Arm nach hinten. Der Bursche schrie auf und ließ das Messer fallen. Mit schmerzverzerrtem Gesicht taumelte er zur Wand zurück. Orsini schüttelte den Kopf.

»Diese Jugend von heute...«, sagte er. »Keinerlei Manieren.« Er drehte sich um und ließ seinen Blick durch den Raum schweifen. Der bärtige Mann mit dem Narbengesicht saß an einem Tisch an der Wand. Sein einer Arm lag in einer Schlinge.

Orsini grinste. »He, Toto, du siehst ziemlich mitgenommen aus. Wo ist Vacelli?«

Man hörte einen Schuh über den Steinboden scharren; dann brummte eine unfreundliche Stimme: »Was willst du, zum Teufel?«

Vacelli stand am oberen Ende der Steintreppe, die in den ersten Stock führte. Er war gebaut wie Primo Carnera, ein Stier von einem Mann mit einem runden Kopf, der im Verhältnis zu seinem Körper viel zu klein war.

»Da bist du ja, du Schweinehund«, rief Orsini grinsend. »Wir suchen das Minetti-Mädchen.«

Vacellis brutales Gesicht lief zornrot an, und man merkte, daß er sich nur mühsam beherrschte. »Ich hab keine Ahnung, wovon du redest.«

»Wirklich nicht?« Orsini packte einen Stuhl und schleuderte ihn gegen das Regal hinter der Theke. Der Spiegel zersprang klirrend, und ein Dutzend Flaschen krachten zu Boden. »Weißt du's jetzt?«

Vacelli brüllte wütend auf und rannte die Treppe herunter. Orsini nahm eine volle Flasche Chianti von einem Tisch, sprang beiseite und zerschlug sie auf Vacellis Schädel, als er vorbeischoß.

Vacelli ging in die Knie. Orsini ergriff einen Stuhl und schmetterte ihn auf Vacellis breiten Rücken. Vacelli sank stöhnend vornüber. Orsini hieb wieder und wieder auf ihn ein, bis der Stuhl in Stücke ging. Dann warf er ihn weg und wartete.

Langsam richtete Vacelli sich auf, umklammerte den Rand der Theke und zog sich daran hoch. Er stand einen Moment schwankend da, dann stürzte er mit gesenktem Kopf, das Gesicht blutüberströmt, auf Orsini zu. Orsini wich aus und versetzte ihm, als er vorbeitaumelte, mit der Handkante einen Schlag in die Nierengegend.

Vacelli stürzte aufschreiend, mit dem Gesicht nach unten, zu Boden. Er versuchte sich hochzurappeln, doch es gelang ihm nicht. Laut stöhnend brach er zusammen und blieb regungslos liegen.

»Der Nächste bitte!« rief Orsini.

Als sich niemand rührte, wandte er sich zu Carlo. »Du bleibst hier und paßt auf. Wir werden nicht lange brauchen.« Chavasse folgte ihm die Treppe hinauf. Oben schob Orsini einen Vorhang beiseite und ging einen langen Korridor hinunter. An einer Tür lehnte eine junge Frau in einem billigen Morgenmantel, eine Zigarette im Mundwinkel.

»Hast du das Schwein umgebracht, Giulio?«

»Nicht ganz.« Er grinste. »Aber er ist für eine Weile außer Gefecht. Auf jeden Fall lange genug, daß du packen und verschwinden kannst. Heute nacht ist ein Mädchen hierhergebracht worden. Weißt du, wo sie ist?«

»Im letzten Zimmer. Er wollte eben zu ihr reingehen, als du

kamst. Ich glaube nicht, daß er sie mit Samthandschuhen anfassen wollte.«

»Vielen Dank, *carissima*.« Orsini küßte sie auf die Wange. »Fahr heim zu deiner Mutter.«

Chavasse war schon vorausgelaufen, doch die Tür war verschlossen.

»Ich bin's, Francesca – Paul!«

Er hörte, wie sie drinnen zur Tür lief; dann rief sie: »Er hat von außen zugesperrt.«

Orsini machte einen Schritt zurück, hob den Fuß und trat mit seinem schweren Stiefel zweimal gegen das Schloß. Das morsche Holz zersplitterte krachend. Er trat noch einmal dagegen, und die Tür löste sich aus den Angeln und fiel zu Boden.

Francesca Minetti stand vor ihnen. Sie war totenblaß und trug noch immer Chavasses alten Pullover, in dem sie aussah wie eine Fünfzehnjährige. Chavasse hörte, wie Orsini erleichtert aufatmete; dann ging der Italiener rasch zu ihr.

Mit merkwürdig sanfter, zärtlicher Stimme, wie ein Vater, der ein erschrockenes Kind beruhigt, sagte er: »Jetzt ist alles in Ordnung, *cara*. Sie brauchen keine Angst mehr zu haben.«

Sie ergriff seine Hand und blickte mühsam lächelnd zu dem häßlichen, zerfurchten Gesicht auf. Plötzlich begann sie zu zittern. Sie wandte sich von Orsini ab, stieg taumelnd über die zerschmetterte Tür und sank in Chavasses Arme.

7

Am nächsten Abend, kurz nach acht Uhr, legte die *Buona Esperanza* vom Pier ab und stach in See. Die Nacht war warm, und das Wasser schimmerte sanft. Über dem Horizont türmten sich düstere Wolken auf und verdeckten den Mond.

Orsini bediente das Steuer. Chavasse stand neben ihm und starrte durch das Deckhausfenster in die Dunkelheit.

»Was sagt denn der Wetterbericht?« erkundigte er sich.

»Windstärke vier, Neigung zu Regenschauern. Kein Grund zur Beunruhigung.«

»Und im Drin-Golf?«

»Ein paar Nebelfelder. Doch das kann uns nur recht sein.«

Chavasse zündete zwei Zigaretten an und gab eine dem Italiener. »Komisch, wie das Leben spielt. Ich hätte nie gedacht, daß ich noch einmal albanischen Boden betreten würde.«

»Ja, ja – was tut man nicht alles den Frauen zuliebe.« Orsini grinste. »Aber Francesca ist wirklich etwas ganz Besonderes. Glaub mir, davon verstehe ich was. Sie erinnert mich lebhaft an meine Frau, Gott hab sie selig.«

Chavasse sah ihn verwundert an. »Ich hatte keine Ahnung, daß du verheiratest warst.«

»Das ist schon lange her.« Orsinis Gesicht war ruhig und gelassen, doch seine Stimme klang traurig. »Wir heirateten 1941, als ich bei der Marine war. Sie war erst neunzehn. Wir verbrachten einen Urlaub zusammen, das war alles. Im nächsten Jahr hat sie ihre Mutter in Mailand besucht und ist bei einem Luftangriff umgekommen.«

Chavasse schwieg – darauf gab es nichts zu sagen. Nach einer Weile erhöhte Orsini die Geschwindigkeit. »Übernimm du das Steuer, Paul. Ich muß unseren Kurs berechnen.«

Chavasse zwängte sich hinter ihn, und der Italiener ging zum Kartentisch. Er beugte sich eine Weile über die Karten. Schließlich nickte er befriedigt.

»Wir werden kurz vor Sonnenaufgang die Küste erreichen.« Er steckte sich eine Zigarre in den Mund und grinste. »Was dann geschieht, liegt in Gottes Hand.«

»Soll ich dich ablösen?« fragte Chavasse.

Orsini schüttelte den Kopf und trat wieder hinter das Steuer. »Später, Paul – zuerst kommt Carlo dran. Ich muß zusehen, daß ich am Morgen, wenn wir einlaufen, frisch bin.«

Chavasse verließ das Deckhaus und ging nach hinten in die Kombüse, wo Francesca eben Kaffee kochte. Er steckte den Kopf durch die Tür und grinste. »Das mag ich an den italienischen Mädchen. Sie sind so gute Köchinnen.«

Sie drehte sich um und lächelte kokett. »Das soll alles sein, wozu wir gut sind – Kochen?«

Sie trug eine alte Drillichhose, einen dicken Pullover und hatte ihr langes Haar zu einem Zopf geflochten, der über ihre Schulter herabhing. Sie sah unglaublich frisch und munter aus. Chavasse schüttelte den Kopf. »Ich wüßte schon noch was anderes, aber hier ist nicht der richtige Ort dafür.«

»Wie wär's mit der Terrasse der britischen Botschaft?«

»Zu wenig intim.«

Sie schenkte Kaffee in einen Becher und gab ihn ihm. »Ich kenne ein Lokal in den Bergen außerhalb von Rom. Es ist nur ein Dorfgasthaus, aber das Essen ist himmlisch. Man ißt bei Kerzenlicht auf einer Terrasse über einem Weinberg. Glühwürmchen tanzen in der Dunkelheit, und den Blumenduft hat man noch eine Woche danach in der Nase. Ein Erlebnis, das man sich nicht entgehen lassen sollte.«

»Leider bin ich die nächsten Tage völlig besetzt«, sagte Chavasse, »aber danach hab ich ein paar Abende noch frei.«

»Na, so ein Zufall – ich auch. Übrigens stehe ich im Telefonbuch. Ich darf Sie daran erinnern, daß Sie mir noch ein Rendezvous schuldig sind.«

»Wie könnte ich das vergessen?«

Er duckte sich, um der trockenen Brotkruste, die sie nach ihm warf, auszuweichen. Dann ging er durch die Heckkajüte in den Salon. Carlo saß am Tisch und bastelte an zwei Tauchgeräten.

»In der Kombüse gibt's frischen Kaffee«, sagte Chavasse.

»Später. Ich muß zuerst die Dinger überprüfen.«

Er war ein sonderbarer, schweigsamer, doch Orsini treu ergebener Bursche, und man konnte sich auf ihn verlassen. Chavasse sah ihm eine Weile zu, dann ging er in die andere Kajüte.

Er legte sich hin und dachte, auf die Wand starrend, über die vor ihnen liegende Aufgabe nach. Wenn Francesca sich nicht geirrt hatte und ihre Angaben über die Lage des Bootes stimmten, dann war das Ganze nicht schwierig. Das Wasser in diesen Lagunen war sicherlich nicht tiefer als zehn oder zwölf Meter, und sie würden nicht lange brauchen, um die Statue zu finden. Wenn sie Glück hatten, dann würden sie in vierundzwanzig Stunden wieder in Matano sein.

Er hörte Stimmen in der Kombüse; Francesca sagte etwas, und Carlo lachte – etwas sehr Ungewöhnliches. Ein leises Gefühl der Eifersucht stieg in ihm auf. Er lag da und dachte an sie, und die Stimmen vermischten sich mit dem Tuckern des Motors und dem plätschernden Geräusch, mit dem das Wasser an den Rumpf des Bootes schlug.

Erst als er plötzlich hochfuhr und mit einem Blick auf die Uhr erschrocken feststellte, daß es zwei Uhr morgens war, wurde ihm bewußt, daß er eingeschlafen war. In der Koje gegenüber schlief mit entspanntem Gesicht, einen Arm unter dem Kopf, Orsini. Chavasse zog seine Jacke an und ging an Deck.

Die *Buona Esperanza* schoß mit voller Kraft durch den Nebel, der vom Wasser aufstieg. Der Mond war nicht zu sehen, doch Sterne funkelten am Himmel wie Diamanten auf einem schwarzen Samtkissen, und das Wasser schien immer noch auf seltsame Weise zu leuchten.

Carlo stand am Steuer. Chavasse trat zu ihm und zündete sich eine Zigarette an. »Na, wie sieht's aus?«

»Alles okay«, sagte Carlo. »Behalten Sie bis drei Uhr eins-vier-null bei, und ändern Sie dann den Kurs auf eins-vier-fünf. Giulio löst Sie um vier ab. Wir werden dann schon nahe an der Küste sein.«

Die Tür fiel hinter Chavasse zu. Er setzte sich und lehnte sich, mit beiden Händen fest das Steuer umklammernd, zurück.

Dies liebte er mehr als alles andere: allein zu sein mit dem Meer und der Nacht und einem Boot. Wahrscheinlich hatte er diese Leidenschaft von seinen bretonischen Vorfahren geerbt – Männern, die bis zur nordamerikanischen Küste gesegelt waren, um Dorsche zu fangen, lange bevor Kolumbus den Atlantik überquerte.

Plötzlich ging die Tür auf, und starker Kaffeegeruch erfüllte den Raum, vermischt mit einem anderen zarteren Duft.

»Ich dachte, Sie liegen längst im Bett?« sagte er.

Sie lachte leise. »Oh, hier ist es viel interessanter. Wie kommen wir voran?«

»Ausgezeichnet. Wir werden bald da sein. In einer Stunde übernimmt Orsini das Steuer.«

Sie setzte sich neben ihn, stellte das Tablett auf den Karten-tisch und schenkte Kaffee in zwei Becher ein. »Möchten Sie ein Sandwich?«

Er hatte einen erstaunlichen Appetit, und sie saßen schweigend und eng aneinandergeschmiegt da und aßen. Als sie fertig waren, gab er ihr eine Zigarette, und sie schenkte Kaffee nach.

»Wie stehen unsere Chancen, Paul?« fragte sie. »Seien Sie, bitte, ganz ehrlich.«

»Es hängt alles davon ab, wie genau Ihr Bruder die Position berechnet hat, bevor das Boot sank. Sobald wir es gefunden haben, dürfte alles weitere glatt gehen. Nach der Madonna zu tauchen, ist in Wasser von dieser Tiefe kein Kunststück. Wenn uns das Wetter keinen Strich durch die Rechnung macht, können wir heute abend schon die Rückfahrt antreten.«

»Und Sie glauben, daß wir unbehelligt durch den Drin-Golf kommen werden?«

»Sie meinen, wegen der albanischen Marine?« Er schüttelte den Kopf. »Die kann uns nicht viel anhaben. Ihre Kampfkraft ist gleich Null. Die Russen hatten vor dem großen Krach an der Küste starke Marineeinheiten stationiert, doch als Hodscha von ihrer Linie abschwenkte, zogen sie sich zurück. Damit hatte er nicht gerechnet, und China ist zu weit weg, um ihn in dieser Hinsicht unterstützen zu können.«

»Ein merkwürdiges Land.« Sie seufzte. »Die alte Sage, daß Gott nichts mehr als Leid und Sorgen zu vergeben hatte, als Albanien an die Reihe kam, scheint zu stimmen.«

Chavasse nickte. »Wenn man sich die Geschichte Albaniens ansieht, könnte man es meinen.«

»Eine Kette fremder Eroberer, die alle das Land unterdrückten: Griechen, Römer, Goten, Byzantiner, Serben, Bulgaren, Sizilianer, Venezianer, Normannen und Türken.«

»Und immer kämpfte das Volk um Freiheit.« Chavasse sah sie nachdenklich an. »Wie ironisch das Leben doch sein kann. Nach jahrhundertelangem Kampf wird Albanien endlich unabhängig und gerät zugleich unter eine Tyrannei, die schlimmer ist als alle vorhergehenden.«

»Ist es wirklich so schlimm, wie man hört?«

Er nickte. »Die *Sigurmi* sind überall. Sogar die Urlaubsorganisation der italienischen Gewerkschaften beklagt sich darüber, daß ihre Mitglieder bei ihren Ferienaufenthalten ständig von *Sigurmi*-Agenten beschattet werden. Grob geschätzt, haben Hodscha und seine Leute seit ihrer Machtübernahme über hunderttausend Menschen liquidiert oder eingesperrt. Wie die verschiedenen religiösen Gruppen behandelt wurden, wissen Sie ja selbst. Stalin wäre sicher stolz auf Hodscha gewesen. Er ist ein gelehriger Schüler.«

Er merkte, wie nahe ihr dieses Thema ging, und ihm fiel ein, was ihre Angehörigen in Albanien durchmachten. Er hätte sich für seine Gedankenlosigkeit am liebsten geohrfeigt.

Rasch holte er seine Zigaretten hervor und bot ihr eine an. Sie rauchte eine Weile schweigend, dann sagte sie langsam: »Vergangenes Jahr sind zwei Leute, die für S2 in Rom arbeiteten, verschwunden. Der eine in Albanien, der andere in der Türkei.«

Chavasse nickte. »Matt Sorley und Jules Dumont. Beide gute Männer.«

»Wie ertragen Sie bloß dieses Leben? Sie müssen doch ständig damit rechnen, daß Ihnen auch so etwas passiert. Es hätte nicht viel gefehlt, und Sie wären letztes Mal nicht mehr aus Albanien herausgekommen.«

»Vielleicht bin ich immer noch nicht richtig erwachsen«, sagte er scherzhaft. »Ein ewiger Schuljunge, der Räuber und Gendarm spielt.«

»Wie sind Sie eigentlich zu diesem Job gekommen?«

»Durch Zufall. Ich unterrichtete Sprachen an einer englischen Universität, und ein Freund wollte einen Verwandten aus der Tschechoslowakei herausholen. Ich hab ihm dabei geholfen. Der Chef hat von der Sache erfahren und mich engagiert. Er brauchte damals Leute, die osteuropäische Sprachen beherrschen.«

»Eine ungewöhnliche Fertigkeit.«

»Manche Menschen können in Sekundenschnelle im Kopf Kubikwurzeln ziehen, andere vergessen kein Wort, das sie gelesen haben. Bei mir ist es so ähnlich mit Sprachen. Ich sauge sie auf wie ein Schwamm – ohne jede Mühe.«

Sie schaltete auf Albanisch um. »Kommen Sie nicht manchmal durcheinander?«

»Bis jetzt ist mir das noch nicht passiert«, antwortete er fehlerlos in der gleichen Sprache. »Gott sei Dank – denn Schnitzer kann ich mir nicht leisten. Aber auch meine Begabung hat Grenzen – ich kann immer noch keine chinesische

Zeitung lesen. Allerdings bin ich bisher auch nur zwei Europäern begegnet, die das konnten.«

»Mit diesen Kenntnissen und Ihrer akademischen Ausbildung könnten Sie doch praktisch an jeder englischen oder amerikanischen Universität einen Lehrstuhl bekommen«, sagte sie. »Würde Sie das nicht reizen?«

»Nicht im mindesten.«

»Heißt das etwa, Sie lieben Ihren Job?«

»Sicher. Wenn ich in Albanien zur Welt gekommen wäre, wäre ich vielleicht ein sehr tüchtiger *Sigurmi*-Agent geworden. Wer weiß?«

Sie schien schockiert. »Das ist doch nicht Ihr Ernst?«

»Warum nicht? Alle Männer und Frauen, die diesen Beruf ausüben, verbindet eine Art Verwandtschaft. Warum soll ich nicht die Fähigkeiten meiner Gegner anerkennen und schätzen? Daran ist doch nichts Schlechtes.«

Einen Moment herrschte gespanntes Schweigen, und er spürte irgendwie, daß sie von ihm enttäuscht war. Sie nahm das Tablett. »Ich trag das Geschirr lieber hinunter. Wir müssen schon nahe an der Küste sein.«

Als sie die Tür hinter sich geschlossen hatte, öffnete Chavasse das Fenster und atmete tief die frische Morgenluft ein. Er war deprimiert. Wie so viele dieser Leute, die in den Büros saßen, die die Schreibarbeit machten, die die Funkgeräte bedienten, die Meldungen dechiffrierten, hatte sie keine Ahnung, wie es im Außendienst aussah. Wie schwer und gefährlich und entsagungsvoll dieser Job war.

Warum, zum Teufel, habe ich mich bloß auf diese Sache eingelassen? dachte er reumütig. Wie hatte Orsini gesagt? Was tut man nicht alles den Frauen zuliebe... Er hatte tatsächlich recht – Francesca war etwas ganz Besonderes.

Die Tür ging auf, und Orsini trat ein. Er trug seine alte Seemannsjacke, und eine Schirmmütze saß schief auf seinem Kopf. »Alles in Ordnung, Paul?«

Chavasse nickte und übergab ihm das Steuer. »Bestens.«

Orsini zündete sich eine von seinen geliebten Zigarren an. »Ausgezeichnet. Wir werden bald da sein.«

Der Himmel färbte sich allmählich grau, und dichter Nebel stieg vom Wasser auf. Orsini bat Chavasse, noch einmal das

Steuer zu übernehmen, und ging zum Kartentisch. Er überprüfte die Angaben, die Francesca über die Position des Bootes gemacht hatte, und zeichnete in das Labyrinth von Wasserläufen auf der Karte den Kurs ein, den er einzuschlagen gedachte.

»Alles okay?« fragte Chavasse.

Orsini trat wieder hinter das Steuer. Er zuckte die Achseln. »Ich kenne diese Kanäle. Sie sind zehn bis zwölf Meter tief, und die Flutströmung ist sehr stark. Einen Tag sind sie voller Sandbänke, und am nächsten ist das Wasser zwanzig Meter tief. Bei solchen weitverzweigten Flußmündungen weiß man nie, wie man dran ist. Wir werden den Hauptarm des Bojana benützen und etwa eineinhalb Kilometer landeinwärts in die Sümpfe abbiegen. So werden wir am sichersten und schnellsten vorankommen.«

Der Nebel wurde immer dichter und hüllte die Jacht schließlich völlig ein, so daß Orsini die Geschwindigkeit auf zehn Knoten vermindern mußte. Gleich darauf kamen Carlo und Francesca herauf. Chavasse verließ das Deckhaus und stellte sich, die Hände in die Hosentaschen vergraben, an den Bug. Das sumpfige Ufer glitt im Nebel vorbei. Modriger Gestank drang ihm in die Nase, und über sich hörte er das Geschrei von Wildenten, die über die Jacht hinwegzogen. Carlo trat neben ihn und bekreuzigte sich.

»Eine scheußliche Gegend. Ich bin immer froh, wenn ich wieder von hier wegkomme.«

Es war eine Landschaft wie in einem Alptraum. Lange schmale Sandbänke ragten aus dem Wasser auf, und landeinwärts erstreckte sich kilometerweit in Nebel gehülltes, mit Sumpfgras und Schilf bewachsenes Marschland, das von tausend Wasserläufen und Lagunen durchzogen wurde.

Orsini ging auf drei Knoten herunter, lehnte sich aus dem Fenster und ließ seinen Blick über die vorbeiziehenden Schilfbänke gleiten. Chavasse ging über das Deck zu ihm.

»Wie weit sind wir von der Stelle, wo das Boot liegt?«

»Vielleicht fünf Kilometer, aber wir können mit der Jacht nicht bis zu der Stelle fahren. Noch ein kurzes Stück, dann müssen wir ins Schlauchboot umsteigen.«

»Und wer bleibt an Bord?«

»Carlo. Es paßt ihm überhaupt nicht, aber ihm kann man es ja fast nie recht machen.«

Er grinste Carlo an, und dieser warf ihm einen wütenden Blick zu. Chavasse ging wieder zum Bug und stellte sich neben Francesca. Ein paar Minuten später lief die Jacht in eine kleine, etwa dreißig Meter breite Lagune ein, und Orsini schaltete den Motor ab.

Die Jacht glitt noch ein Stück weiter und stieß gegen eine Sandbank. Orsini verließ das Deckhaus und trat zu ihnen. Er legte seinen Arm um Francesca und lächelte sie an.

»Jetzt haben wir's bald geschafft, *cara*. In ein paar Stunden geht's wieder heimwärts. So wahr ich Giulio Orsini heiße.«

Sie sah mit ernstem Gesicht zu ihm auf; dann wandte sie sich zu Chavasse um und starrte ihn mit einem seltsamen düsteren Blick an, der ihn aus irgendeinem unerklärlichen Grund erschaudern ließ.

8

Francesca bereitete eine warme Mahlzeit – wahrscheinlich die letzte für längere Zeit –, und als sie gegessen hatten, holten Carlo und Chavasse das große Schlauchboot hervor, pumpten es auf und befestigten den Außenbordmotor.

Dann gingen sie hinunter in den Salon, um die Tauchgeräte zu holen. Orsini saß am Tisch und lud eine Maschinenpistole. Die eine Sitzbank war aufgeklappt, und Chavasse sah, daß ein ganzes Waffensortiment darunter verstaut war: eine Maschinenpistole, mehrere Selbstladegewehre und ein leichtes MG.

»Bediene dich«, sagte Orsini. »Es ist für jeden Geschmack etwas dabei.«

Chavasse nahm eins der Selbstladegewehre, ein Garrand, und nickte. »Das ist genau richtig. Und Munition?«

»Auch unter der Bank. In einer Schachtel.«

Chavasse bückte sich und sah, daß drei Schachteln unter der Bank standen. Die erste enthielt Handgranaten und die zweite einen Gurt mit mehreren kleinen Päckchen. Chavasse nahm eins heraus.

Orsini schüttelte den Kopf. »Das ist ein Sprengstoff, den wir im Krieg bei Unterwasseraktionen benützten. Ich hab ihn mir damals aufgehoben.«

»Ein angenehmer Gedanke, darauf zu sitzen«, sagte Chavasse.

Orsini grinste. »Eignet sich prima zum Fischen. Man steckt einen chemischen Zünder in ein faustgroßes Stück, schmeißt es ins Wasser und wartet. Sie kommen zu Tausenden hochgeschossen. Ich werde ein paar Päckchen mitnehmen – für den Fall, daß wir irgendwas sprengen müssen.«

In der dritten Schachtel fand Chavasse die Munition. Er lud sein Gewehr und wickelte sich einen Gurt mit hundert Schuß um den Bauch. Dann trug er mit Carlo ein Tauchgerät nach oben, und sie verstauten es zusammen mit verschiedenen Ausrüstungsgegenständen im Schlauchboot. Kurz nachdem sie fertig waren, kamen Orsini und Francesca an Deck.

Sie trug eine alte Seemannsjacke von Carlo, deren Ärmel sie hochgerollt hatte, und ein Kopftuch. Sie schien ruhig, doch sie war sehr blaß und hatte blaue Schatten unter den Augen.

Als Chavasse ihr ins Schlauchboot half, drückte er ihre Hand und flüsterte ihr zu: »Jetzt haben wir's bald hinter uns. Es wird schon schiefgehen.«

Sie lächelte zaghaft, gab aber keine Antwort. Er kletterte zu ihr ins Schlauchboot, setzte sich neben sie und legte das Gewehr auf seine Knie. Orsini folgte ihm und hockte sich ans Heck. Er blickte grinsend zu Carlo auf.

»Wenn alles klappt, sind wir vielleicht schon heute abend zurück. Spätestens aber morgen früh vor Sonnenaufgang.«

»Und wenn es nicht klappt?«

»Du bist ein schrecklicher Pessimist.«

Orsini drückte auf den automatischen Starter, und der kräftige Motor sprang an. Wildgänse flatterten erschrocken aus dem Schilf auf, und ihr Kreischen erfüllte die Luft. Als Carlo die Leine losließ, schoß das Schlauchboot davon. Chavasse warf noch einen Blick auf sein Gesicht, das düster über die Reling auf sie herunterschaute; dann verschwand es im Halbdunkel.

Die Schilfbüschel ragten wie fahle Gespenster aus dem Nebel auf, und man hörte nichts als das gleichmäßige Rattern des

Außenbordmotors. Orsini blickte immer wieder auf den Kompaß und steuerte, von einem schmalen Wasserweg in den anderen einbiegend, auf die Stelle zu, die er nach Francescas Angaben auf der Karte markiert hatte.

Sie saß schweigend da, die Hände in den Taschen ihrer Seemannsjacke vergraben. Chavasse musterte sie verstohlen und fragte sich, woran sie wohl dachte. Wahrscheinlich an ihren Bruder und seinen schrecklichen Tod. Stechender modriger Sumpfgestank stieg ihm in die Nase, und er zündete sich schnell eine Zigarette an.

Nach ungefähr einer Stunde stießen sie auf einen breiteren Wasserlauf, und Orsini stellte den Motor ab. »Wenn die Position, die Sie mir gegeben haben, stimmt, dann müssen wir ganz in der Nähe sein«, sagte er zu Francesca. »Erkennen Sie die Stelle wieder?«

Sie stand auf und blickte sich um. Dann setzte sie sich wieder und sagte stirnrunzelnd: »Diese Wasserläufe sehen alle gleich aus, aber hier war es bestimmt nicht. Die Stelle war viel schmaler. Ich weiß noch, daß mein Bruder in das Schilf hineinfuhr, um das Boot zu verstecken, und da stießen wir plötzlich auf diese kleine Lagune.«

Orsini stand auf und sah sich um. Die Schilfbänke erstreckten sich weit in den Nebel und bildeten eine scheinbar undurchdringliche Barriere. Er wandte sich zu Chavasse um und sagte: »Dies ist haargenau die von ihm berechnete Position – die Lagune kann also nicht weit weg sein. Es bleibt uns nichts anderes übrig, als sie zu suchen.«

Chavasse begann sich auszuziehen. »Ich hoffe nur, daß die letzten Malariaspritzen, die ich bekommen habe, noch wirken.«

Er behielt gegen die Kälte Hemd, Unterhose und Schuhe an, sprang ins Wasser und schwamm quer durch den Wasserlauf. Orsini folgte ihm gleich darauf und verschwand in der anderen Richtung im Nebel.

Es war bitterkalt, und Chavasse hustete. Der stechende, widerliche Gestank verursachte ihm Brechreiz. Er schwamm durch das Schilf und folgte einem schmalen Wasserlauf, der ihn in einem Halbkreis wieder zum Hauptkanal zurückführte.

Er bog in einen anderen ein und stieß nach ein paar

Metern auf eine seichte, nur ein oder zwei Meter tiefe Lagune, die er durchquerte. Im gleichen Moment hörte er Orsini von der anderen Seite des Schilfdickichts her rufen. Er schwamm zu ihm und erreichte nach etwa dreißig Metern eine kleine Lagune, in deren Mitte Orsini eben prustend, eine nasse Haarsträhne in der Stirn, auftauchte. Chavasse blickte hinunter in das klare Wasser und sah in etwa zehn Meter Tiefe das Boot. Er tauchte steil nach unten, wobei er schluckte, um den Druck in seinen Ohren zu vermindern, packte die Reling und hielt sich daran fest. Er hangelte sich an der Reling des umgekippten Bootes bis zum Heck, an dem in goldenen Buchstaben der Name *Teresa-Bari* stand. Nachdem er sich kurz vom Zustand des Wracks überzeugt hatte, ließ er die Reling los und schoß nach oben.

Nach Luft schnappend, grinste er Orsini an. »Gute Navigationsarbeit.«

»Meine Mutter, Gott hab sie selig, hat mich schon immer für ein Genie gehalten.«

Orsini wandte sich ab, schwamm quer durch die Lagune und verschwand zwischen dem Schilf. Chavasse folgte ihm. Sie stießen nicht weit von dem Schlauchboot auf den Hauptkanal und schwammen darauf zu.

»Glück gehabt?« fragte Francesca.

Orsini nickte. »Es liegt genau an der markierten Stelle. Ohne die Kreuzpeilung wäre es hoffnungslos gewesen. Wir hätten die Sümpfe ein Jahr lang absuchen können, ohne es zu finden.«

Sie kletterten in das Schlauchboot, Orsini ließ den Motor an und steuerte auf die Schilfbank zu. Einen Moment lang erschien sie wie eine unüberwindliche Barriere, dann teilte sich das Schilf, und sie glitten in die Lagune.

Als sie in der Mitte waren, stellte Orsini den Motor ab. Francesca beugte sich über den Rand des Schlauchboots und starrte mit blassem Gesicht in das klare Wasser hinunter. Plötzlich erschauderte sie und hob den Kopf.

»Wird es lange dauern?«

Orsini verneinte. »Einer von uns wird hinuntertauchen und ein Tau befestigen, damit wir nicht abtreiben. Wenn alles gutgeht, sind wir in ein paar Stunden fertig.« Er wandte sich an Chavasse. »Hast du was dagegen, nochmal reinzu-springen?«

Chavasse schüttelte den Kopf. »Kälter als hier oben kann es auch nicht sein.«

Der Wind schnitt wie ein Messer durch sein nasses Hemd, während Orsini das schwere Tauchgerät an seinem Rücken festschnallte. Als er merkte, daß Francesca ihn mit ängstlich aufgerissenen Augen anstarrte, lächelte er.

»Ein Kinderspiel. Sie werden staunen, wie schnell es geht.«

Sie lächelte gequält. Er legte die Tauchmaske an, setzte sich auf den Rand des Schlauchboots und ließ sich langsam ins Wasser gleiten. Als er hochkam, warf Orsini ihm das Tau zu. Chavasse stellte sein Sauerstoffgerät ein, tauchte und schwamm in einem weiten Bogen auf das Boot zu.

Er band das Ende des Taues an der Heckreling fest und schwamm zum Deckhaus des auf der Seite liegenden Bootes. Klaffende Schußlöcher im Rumpf und in den Aufbauten zeugten von dem verbissenen Feuergefecht zwischen der *Teresa* und dem albanischen Patrouillenboot. Das Dach des Salons hatte einen Volltreffer abbekommen, und die Kajüten-treppe war schwer beschädigt.

Er glitt hinunter und zwängte sich durch die Tür. Der Salontisch hatte sich aus seiner Befestigung gelöst und schwebte zusammen mit mehreren Flaschen und ledernen Sitzkissen unter der Decke.

Von der Madonna war nichts zu sehen. Er schwamm zu der Tür, die in die vordere Kajüte führte. Das Dach war an dieser Stelle offenbar von einer Granate zerfetzt worden, und verbo-gene Metallteile blockierten die Tür. Er wandte sich um, schwamm durch den Salon zurück, zwängte sich durch die Tür und schoß zur Oberfläche hoch.

Er tauchte ein paar Meter hinter dem Schlauchboot auf und schwamm darauf zu. Orsini zog ihn herauf, und er setzte sich und nahm die Maske ab.

»Im Innern sieht's furchtbar aus. Ein unbeschreibliches Durcheinander.«

»Und die Madonna?«

»Keine Spur davon zu sehen. In die vordere Kajüte konnte

ich nicht. Am Ende des Salons hat eine Granate die Decke durchschlagen, und die Trümmer blockieren die Tür.«

»Aber dort drin ist sie!« sagte Francesca. »Jetzt fällt es mir ein. Als die Schießerei begann, hat Marco sie unter eine Koje gelegt. Sie war in eine Decke gewickelt und gegen die Feuchtigkeit in Wachstuch eingeschlagen. Das Bündel war etwa eineinhalb Meter lang.«

Orsini zog ein Päckchen unter dem Achtersitz hervor. »Gut, daß ich etwas von dem Sprengstoff mitgenommen habe. Du wirst die Tür aufsprengen müssen.«

Er öffnete das Päckchen und holte ein wie eine Wurst geformtes Stück von dem Plastiksprengstoff heraus. »Das wird genügen. Wir dürfen nicht das ganze Boot in die Luft jagen.«

Aus einem anderen Paket nahm er eine kleine Holzschachtel, die mehrere, einzeln in Plastikfolie verpackte chemische Zünder enthielt.

»Wie lange dauert es, bis die Dinger hochgehen?« fragte Chavasse.

»Eine Minute. Ich hab auch welche, die länger brauchen, aber die hab ich auf der Jacht gelassen.«

»Hast du vor, meine Lebensversicherung zu kassieren?« fragte Chavasse.

»Eine Minute reicht doch, um sich in Sicherheit zu bringen. Du mußt das Ding bloß in den Sprengstoff stecken, das Ende abbrechen und verschwinden. Wenn du willst, mach ich's.«

»Gib doch nicht so an«, sagte Chavasse grinsend. »Du weißt ganz genau, daß du mit deinem Bauch nicht einmal durch die Salontür kämst.«

Er warf einen Blick auf Francescas blasses, besorgtes Gesicht, klemmte das Gummimundstück des Sauerstoffgeräts zwischen die Zähne, stülpte die Maske über und sprang ins Wasser.

Er glitt rasch hinab, passierte ohne Schwierigkeiten die Kajütentreppe und schwamm durch den Salon. Er preßte den Plastiksprengstoff an die untere Türkante und steckte vorsichtig den Zünder hinein. Er zögerte einen Moment, dann brach er das Ende ab.

Die Zündschnur flammte zischend und sprühend wie ein

Feuerwerksschwärmer auf, und er schwamm zur Treppe. Als er sich durch die schmale Öffnung zwängte, blieb sein Tauchgerät hängen. Er unterdrückte seine Angst, machte es los, glitt hindurch und schoß zur Oberfläche hoch.

Er tauchte neben dem Schlauchboot auf, und Orsini zog ihn hinein. Im gleichen Moment hörte man ein dumpfes Dröhnen, und das Schlauchboot begann heftig zu schwanken. Das Wasser sprudelte auf, Trümmer schnellten empor, Sand und Schlamm quollen hoch.

Sie warteten fünfzehn Minuten. Allmählich wurde das Wasser klar, und man konnte wieder den Rumpf des Bootes erkennen. Orsini nickte, und Chavasse tauchte abermals.

Obwohl immer noch eine Menge Sand und Schlamm im Wasser schwebte und er nicht weit sehen konnte, fand er die *Teresa* ohne Schwierigkeiten. Die Explosion hatte sogar die Tür zur Kajütentreppe weggerissen, und so konnte er unbehindert in den Salon eindringen. An der Stelle, wo die Tür zur Kajüte gewesen war, klaffte jetzt ein gähnendes Loch. Er schwamm darauf zu, hielt einen Moment inne und glitt dann in die Kajüte.

Die Kojen waren unbeschädigt, doch das Bettzeug schwebte, sich langsam im Wasser bewegend, als sei es lebendig, unter der Decke. Er schwamm zwischen den weiß schimmernden Laken hindurch und sah sich nach der Madonna um. Er erkannte sofort, daß es sinnlos war, danach zu suchen. In der Kajüte war kein eineinhalb Meter langes, in Wachstuch eingeschlagenes Bündel.

Die Madonna war aus Ebenholz, das zwar schwer war, aber schwamm, und so glitt er noch einmal, verzweifelt Umschau haltend, zwischen den flatternden Laken hindurch. Dann gab er es auf.

Er verließ das Boot, hielt sich an der Reling fest und dachte einen Moment nach. Vielleicht hatte Francesca sich geirrt. Vielleicht hatte ihr Bruder die Statue irgendwo anders im Boot versteckt. Und natürlich bestand auch die Möglichkeit, daß sie bei der Explosion herausgeschleudert worden war.

Er beschloß, noch einmal in das Boot einzudringen und es von einem Ende zum anderen genau zu durchsuchen. Doch zuerst mußte er Orsini Bescheid sagen.

Er kam ein paar Meter neben dem Schlauchboot hoch und tauchte sofort wieder unter. Orsini stand mit abgewandtem Gesicht da und streckte die Hände über den Kopf. Auf der andern Seite des Schlauchbootes lag ein flacher Sumpfkahn, in dem drei Albaner standen. Sie trugen schäbige, schmutzige Uniformen, und an ihren Schirmmützen prangte der rote Stern. Zwei von ihnen hielten Orsini und Francesca mit Maschinenpistolen in Schach, und der dritte wollte eben auf das Schlauchboot springen.

Während Chavasse unter dem Schlauchboot durchtauchte, zerpflügte eine Maschinenpistolensalve das Wasser an der Stelle, wo er hochgekommen war. Sein Tauchgerät scharrte über die Unterseite des Kahns. Er streckte die Hand aus dem Wasser, packte den Rand und kippte das leichte Boot um.

Einer der Soldaten klammerte sich verzweifelt zappelnd an ihn. Chavasse schlang einen Arm um seinen Hals und zerrte ihn in die Tiefe. Er hielt sich mit einer Hand an der Reling der *Teresa* fest und drückte ihm die Kehle zu.

Der Kopf des Soldaten zuckte; seine Hände krallten sich um den Sauerstoffschlauch und rissen ihn Chavasse aus dem Mund. Chavasse preßte die Lippen zusammen und drückte noch fester zu. Die Bewegungen des Mannes wurden immer schwächer, und plötzlich erschlaffte er. Chavasse ließ ihn los, und er schwebte durchs Wasser davon.

Der Sand am Grund der Lagune war zu einer großen Wolke aufgewühlt. Chavasse klemmte das Mundstück des Sauerstoffschlauchs wieder zwischen die Zähne und glitt nach oben. Er sah über sich ein wildes Gezappel, als ob zwei Männer verzweifelt im Wasser miteinander rangen.

Er schoß auf die Stelle zu, zog sein Messer aus der Scheide und stach auf eine dunkle, in eine Khakiuniform gekleidete Gestalt ein. Der Soldat schlug heftig um sich und stieß Chavasse weg, so daß er auftauchte.

Ein paar Meter vor ihm rammte ein großes Motorboot gegen das Schlauchboot. Zwei Soldaten umklammerten Francesca, und neben dem Motorboot trieb mit blutüberströmtem Gesicht Orsini im Wasser.

Ein Soldat stürzte, die Maschinenpistole im Anschlag, an die Reling, doch ein Mann in einer dunklen Lederjacke mit

Pelzkragen sprang vor und schlug den Lauf weg, so daß die Schüsse in einigen Metern Entfernung ins Wasser prasselten.

»Ich will ihn lebendig!« schrie er.

Einen Moment blickte Chavasse in Adem Kapos wutverzerrtes Gesicht; dann tauchte er und schwamm mit hastigen Schlägen zum Rand der Lagune. Mühsam arbeitete er sich durch das Schilf durch und tauchte auf. Hinter sich hörte er aufgeregtes Stimmengewirr, und dann sprang knatternd die Maschine des Motorbootes an.

Er durchquerte den Hauptkanal, glitt auf der anderen Seite in einen schmalen Seitenarm und schwamm, so schnell er konnte, davon.

9

Das Motorboot bog, das mit einem Tau befestigte Schlauchboot hinter sich herziehend, aus einem Nebenkanal in den Hauptstrom des Bojana-Flusses ein. Am Heck kauerten vier Soldaten. Sie rauchten und unterhielten sich flüsternd. Neben ihnen lagen, mit einer Persenning zugedeckt, ihre zwei Kameraden, die Chavasse in der Lagune getötet hatte.

Orsini war mit Handschellen an die Reling gefesselt; sein Kopf, den ein wuchtiger Gewehrkolbenhieb getroffen hatte, war verbunden, und er schien halb bewußtlos. Francesca Minetti war nicht zu sehen. Auf dem Vorderdeck ging, nervös eine Zigarette paffend, den Pelzkragen seiner Lederjacke hochgeschlagen, Adem Kapo auf und ab.

Orsini beobachtete ihn aus halbgeschlossenen Augen. Nach einer Weile kam ein anderer Mann die Kajütentreppe herauf. Er war etwa ebenso groß wie Orsini, hatte ein narbenzerfurchtes, brutales Gesicht und trug die Uniform eines Obersts der albanischen Armee mit den grünen Insignien des militärischen Nachrichtendienstes am Kragen.

Kapo drehte sich zu ihm um und starrte ihn aus weitaufgerissenen Augen an. »Na?«

Der Oberst zuckte die Achseln. »Es ist nichts aus ihr herauszukriegen.«

Kapos Gesicht lief zornrot an. »Sie haben doch gesagt, es wird klappen, verdammt nochmal. Wir brauchten bloß zu warten; sie würden uns garantiert ins Netz gehen. Was, zum Teufel, soll ich denn jetzt nach Tirana melden?«

»Was soll er tun – immer weiterschwimmen?« Der Oberst lachte spöttisch. »Keine Angst, wir kriegen ihn schon. Eine Nacht im Sumpf wird genügen, ihn mürbe zu machen.«

»Hoffen wir, daß Sie recht haben.«

Kapo ging zu Orsini, blickte einen Moment auf ihn nieder und versetzte ihm dann einen wütenden Fußtritt. Orsini biß die Zähne zusammen und rührte sich nicht. Kapo wandte sich ab und begann wieder ruhelos auf und ab zu wandern.

Als das Motorboot die in den Fluß ragende Landspitze umfuhr, lugte Chavasse vorsichtig durchs Schilf. Es glitt in knapp fünf Meter Entfernung an der Stelle vorbei, an der er bis zur Brust im Wasser stand, und seine geübten Augen erfaßten alles – Orsini und die Soldaten, Kapo, der, im Mundwinkel die Zigarettenspitze, am Bug stand.

Die interessanteste Entdeckung war, daß sich Taschko an Bord befand. Als Chavasse ihn zum letztenmal gesehen hatte, war er wie ein gewöhnlicher Matrose aus Taranto gekleidet gewesen, und jetzt trug er die Uniform eines Obersts des albanischen Nachrichtendienstes, was so manches erklärte. Hinter ihm, durch das Deckhausfenster, sah Chavasse den Kopf und die Schultern Hadschis, des Messerstechers, der am Steuer stand.

Als das Motorboot im Nebel verschwunden war, watete er an Land und setzte sich auf einen einigermaßen trockenen Fleck Boden, um die Situation zu überdenken. Der Sumpfgestank stieg ihm in die Nase und er fror so sehr, daß er sich nur mühsam konzentrieren konnte.

So unklar manches an der Angelegenheit war – eins stand fest: Adem Kapo war kein gewöhnlicher Agent, sondern wesentlich mehr: Wahrscheinlich ein hoher *Sigurmi*-Offizier. Das mußte er sein, wenn ein Oberst des Militärischen Nachrichtendienstes Befehle von ihm entgegennahm.

Auf jeden Fall war er ein Mann, der wußte, was er tat. Offenbar war er von Matano aus direkt hierhergefahren, und der vierundzwanzigstündige Vorsprung hatte es ihm ermöglicht, aus Tama Verstärkung zu holen und sie auf diese Weise zu empfangen.

Zweifellos hatte man die *Buona Esperanza*, sobald sie die Küste erreichte, beobachtet, und die Verfolgung des Schlauchbootes konnte für Männer, die sich in den Sümpfen auskannten, kein Kunststück gewesen sein.

Er fragte sich, was sie wohl mit Carlo gemacht hatten. Wahrscheinlich brachten sie ihn ebenfalls nach Tama. Es war die einzige größere Stadt in der Gegend, und Kapo hatte dort sicher sein Hauptquartier.

Als das Knattern des Motorbootes nur noch ganz leise zu hören war, glitt er ins Wasser und schwamm ihm nach. In spätestens einer Stunde würden sie ihn zu suchen beginnen und sich dabei vermutlich auf das Gebiet entlang der Küste konzentrieren. Es schien deshalb wesentlich günstiger, sich in Tama zu verstecken. Dort gab es wenigstens in der Nähe des Flusses Häuser, und wo es Häuser gab, dort gab es auch trockene Kleider und Nahrung. Vielleicht bot sich sogar eine Möglichkeit, den anderen zu helfen, doch allzu groß schien ihm die Hoffnung darauf nicht.

Nach etwa fünfzehn Minuten ging ihm der Sauerstoff aus. Er tauchte rasch auf, stieg aus dem Wasser und watete zwischen das Schilf. Er zog seine Schwimmflossen aus, schnallte das schwere Tauchgerät ab und warf es ins Wassser.

Mühsam bahnte er sich einen Weg durchs Schilf – ständig begleitet von den Schreien der Wildgänse, die erschrocken aufflatterten, wenn er sich ihnen näherte.

Es war ein anstrengender Marsch. Immer wieder mußte er schmale Wasserläufe durchwaten, und manchmal versank er bis zu den Hüften in zähem, klebrigem Schlamm. Das Salzwasser brannte in seinen Augen, und die beißende Kälte machte seine Glieder bald völlig gefühllos.

Als er eine Weile durch die graue Einöde marschiert war, wurde der Boden fester, und er spürte Sand und federndes Sumpfgras unter den Füßen. Er blieb auf einem kleinen Hügel stehen und neigte den Kopf zur Seite. Er nahm einen beißenden Rauchgeruch wahr, den der Wind von irgendwoher mitbrachte.

Als er sich umsah, fiel sein Blick auf eine kleine, von einem Seitenarm des Flusses umschlossene Insel, auf der ein niedriges Haus aus dem Nebel aufragte. Es war kein Mensch zu sehen, und an dem schmalen Landungssteg davor war kein Boot festgemacht. Wahrscheinlich war es die Hütte eines Fischers oder Fallenstellers. Chavasse ging ein Stück flußaufwärts, dann stieg er ins Wasser und ließ sich von der Strömung zu der Insel hinübertragen.

Er kletterte an Land und schlich vorsichtig, sein Messer in der Hand, durchs Schilf. Bis zu dem Haus, einer armseligen Blockhütte mit einem Schindeldach und einem gemauerten Schornstein, waren es nur etwa zehn Meter.

Zwei oder drei magere Hühner, die apathisch im Boden herumpickten, stoben aufgeregt auseinander, als er aus dem Schilf trat. Die Hintertür bestand aus primitiv zusammengenagelten Brettern; sie ging knarrend auf, als er die Kette, die sie zuhielt, losmachte.

Er trat in einen kleinen Raum, der offenbar als Küche diente. Die Einrichtung bestand aus einem Geschirrschrank und einem klapprigen Tisch, und neben der Tür stand ein Eimer mit frischem Wasser. Im Wohnzimmer gab es einen Tisch, ein paar Stühle und zwei oder drei Schränke; vor dem Kamin, in dem ein paar Holzklötze brannten, lag ein Fell.

Als er vor dem Kamin niederkniete, um seine Hände an dem Feuer zu wärmen, streifte plötzlich ein kühler Luftzug seine Wange. Eine Stimme sagte leise: »Stehen Sie auf. Nehmen Sie die Hände hoch und machen Sie keine Dummheiten.«

Er richtete sich langsam auf. Hinter sich hörte er Schritte, und dann bohrte ihm jemand einen Gewehrlauf in den Rücken. Als eine Hand nach dem Messer an seiner Hüfte griff, fuhr er herum und stieß den Gewehrlauf weg. Die Stimme schrie erschrocken auf, und dann umklammerten sie einander und stürzten zu Boden. Chavasse hob den rechten Arm, um dem anderen mit der Handkante einen tödlichen Karateschlag zu versetzen.

Er hielt inne. Erst jetzt sah er, daß es ein junges Mädchen von höchstens neunzehn oder zwanzig Jahren war. Sie trug ein dickes, wasserdichtes Jagdwams, Kordbreeches und Stiefel und hatte dunkles, kurzgeschnittenes Haar wie ein Junge, hohe Backenknochen und dunkelbraune Augen.

»Das ist aber mal eine Überraschung«, sagte er leise.

Sie lag da und starrte ihn verblüfft an; dann sprang sie mit katzenhafter Gewandtheit auf, riß das Gewehr hoch und richtete es auf seine Brust. Er wartete. Der Lauf schwankte; dann ließ sie ihn langsam sinken. Sie lehnte das Gewehr an den Tisch und musterte ihn neugierig. Ihr Blick schweifte über seine nackten Füße und die Hose und das Hemd, die naß an ihm klebten.

Sie nickte. »Sie sind auf der Flucht, was? Wer sind Sie? Ein entsprungener Sträfling?«

Er schüttelte den Kopf. »Auf der Flucht bin ich, aber ich bin kein Sträfling.«

Sie runzelte die Stirn und packte wieder das Gewehr. »Eins steht fest: Sie sind kein *Geg*. Sie sprechen wie ein *Tosk* aus der großen Stadt.«

Chavasse wußte von der Feindschaft, die immer noch zwischen den beiden Hauptbevölkerungsgruppen Albaniens herrschte: »den *Gegen* im Norden mit ihrer Stammes- und Familientreue und den *Tosken* im Süden, bei denen der Kommunismus auf fruchtbaren Boden gefallen war.

Es gab Situationen, in denen ein Mann bluffen mußte, und dies war so eine. Er verzog sein Gesicht zu dem unwiderstehlichen charmanten Lächeln, das eine seiner stärksten Waffen war, und hob die Hand, als er sah, daß sie das Gewehr wieder hob.

»Ich bin weder *Geg* noch *Tosk*. Ich bin Ausländer.«

Sie sah ihn zutiefst verblüfft an. »Ausländer? Woher kommen Sie? Aus Jugoslawien?«

Er schüttelte den Kopf. »Aus Italien.«

Ihre Miene hellte sich auf. »Aha, ein Schmuggler.«

»So was Ähnliches. Wir wurden von Soldaten überrascht. Ich konnte entkommen. Ich glaube, meine Freunde haben sie nach Tama gebracht.« Sie starrte ihn nachdenklich an, und er streckte ihr die Hand hin.

»Paul Chavasse.«

»Franzose?«

»Und Engländer. Halb und halb.«

Sie entschloß sich endlich und drückte seine Hand. »Liri Kupi.«

»Es gab einmal einen *Geg*-Häuptling namens Abas Kupi. Er

war der Anführer der *Legaliteti,* der monarchistischen Partei.«

»Er war der Häuptling unseres Stammes. Nachdem die Kommunisten die meisten seiner Parteifreunde bei einem sogenannten Verbrüderungstreffen ermordet hatten, floh er nach Italien.«

»Sie scheinen Hodscha und seine Leute nicht besonders zu mögen.«

»Hodscha?«

Sie spuckte verächtlich aus.

10

Chavasse stand auf der Bastmatte neben dem großen Bett und rieb sich mit einem Handtuch ab, bis seine Haut glühte. Dann zog er schnell die Sachen an, die Liri ihm gegeben hatte: eine Kordhose, ein kariertes Wollhemd und knielange Lederstiefel, die eine Nummer zu groß waren, so daß er sie noch einmal ausziehen und ein zweites Paar Socken überstreifen mußte.

Die Sachen hatten ihrem Bruder gehört. Er war mit achtzehn Jahren zur Armee eingezogen worden und bei einem der Feuergefechte, zu denen es fast täglich an der jugoslawischen Grenze kam, gefallen. Ihr Vater hatte den *Legaliteti,* der monarchistischen Partei, angehört, und war im letzten Kriegsjahr bei den Kämpfen in den Bergen gefallen. Seit dem Tod ihrer Mutter lebte sie allein in den Sümpfen, wo sie geboren und aufgewachsen war, und verdiente sich ihren Lebensunterhalt mit Jagen und Fallenstellen.

Als er ins Wohnzimmer zurückkam, saß sie am Feuer und rührte in einem großen, an einem Haken hängenden Topf. Sie drehte sich um, strich sich das Haar aus der Stirn und lächelte.

»Gleich gibt es was zu essen. Sie müssen ja ganz ausgehungert sein.«

Er zog einen Stuhl an den Tisch und sah gierig zu, wie sie einen Blechteller mit Fleisch und Gemüse füllte. Ohne viele Worte zu verlieren, nahm er seinen Löffel und begann zu essen. Als er fertig war, tat sie ihm eine zweite Portion auf den Teller.

Er lehnte sich seufzend zurück. »So gut hat es mir schon lange nicht geschmeckt.«

Sie öffnete eine Flasche und schenkte eine klare, farblose Flüssigkeit in ein Glas. »Ich würde Ihnen gern eine Tasse Kaffee anbieten, aber er ist bei uns sehr schwer zu bekommen. Das hier ist ein selbstgebrannter Schnaps. Sehr stark, wenn man ihn nicht gewöhnt ist, aber das beste Mittel gegen Sumpffieber.«

Der Schnaps explodierte förmlich in seinem Magen, und eine angenehme Wärme durchströmte ihn. Er hustete, und Tränen stiegen ihm in die Augen. Sie öffnete eine alte Dose und bot ihm eine Zigarette an. Es waren mazedonische aus grobem, braunem, lockerem Tabak mit langem Mundstück. Chavasse verstand damit umzugehen: Er knickte das Mundstück um, beugte sich über den Tisch, und sie gab ihm mit einem brennenden Holzspan Feuer.

Sie zündete sich ebenfalls eine an, tat einen tiefen Zug und sagte leise: »Sie sind kein Schmuggler. Und auch kein Seemann. Dafür haben Sie zu zarte Hände.«

»Sie haben mich durchschaut. Ich habe gelogen.«

»Dafür haben Sie sicher einen guten Grund gehabt.«

Er blickte einen Moment nachdenklich in sein Glas, dann beschloß er, seine Karten aufzudecken. »Haben Sie schon mal von der Jungfrau von Skutari gehört?«

»Von der Schwarzen Madonna? Selbstverständlich. Sie ist vor drei Monaten verschwunden. Man nimmt allgemein an, daß die Regierung in Tirana sie gestohlen hat. Es paßt ihr nicht, daß die Kirche in letzter Zeit wieder so großen Einfluß auf die Bevölkerung gewinnt.«

»Ich bin hier, um sie zu suchen«, sagte Chavasse. »Sie soll an Bord eines Motorbootes sein, das in einer Sumpflagune in der Nähe der Küste gesunken ist. Meine Freunde und ich wurden bei der Suche von Militär überrascht.«

Er erzählte ihr von Francesca Minetti und Giulio Orsini und Carlo und der *Buona Esperanza*. Als er fertig war, nickte sie.

»Eine schlimme Sache. Die *Sigurmi* werden sie ausquetschen. Sie haben ihre eigenen Methoden, Leute zum Reden zu bringen – keine feinen Methoden. Das Mädchen tut mir leid. Weiß Gott, was sie mit ihr machen werden.«

»Ob es wohl möglich ist, nach Tama hineinzukommen?«
sagte Chavasse. »Vielleicht kann ich herauskriegen, was mit
ihnen geschieht.«

Sie sah ihn ernst an. »Es gibt bei uns ein altes Sprichwort:
Nur ein Narr steckt seinen Kopf in den Rachen des Tigers.«

»Sie werden ihre Suche bestimmt auf die Sümpfe entlang
der Küste konzentrieren«, sagte Chavasse. »Wer könnte mich
nach Tama hineinschmuggeln?«

»Vielleicht wüßte ich eine Möglichkeit.« Sie stand auf, ging
zum Kamin und blickte, die Hand auf den Sims stützend, ins
Feuer. Dann drehte sie sich um und sagte: »Es gibt jemand,
der Ihnen helfen könnte, einen Franziskaner – Pater Schedu.
Im Krieg war er ein berühmter Widerstandskämpfer, eine fast
legendäre Gestalt. Es wäre von den Kommunisten politisch
sehr unvernünftig, solch einen Mann zu verhaften oder zu
erschießen. Sie begnügen sich damit, ihm das Leben schwer-
zumachen – natürlich stets mit äußerster Höflichkeit.«

»Lebt dieser Pater Schedu in Tama?« fragte Chavasse.

»Am Rand der Stadt liegt ein mittelalterliches Kloster. Man
hat darin die örtlichen Militärdienststellen untergebracht. Die
katholische Kirche wurde zu einem Restaurant umgebaut,
doch am Wasser gibt es noch eine alte Klosterkapelle. Dort hält
Pater Schedu seine Gottesdienste.«

»Ist es schwierig, hinzukommen?«

»Es ist nur eine halbe Stunde von hier. Ich habe einen
Außenbordmotor. Nicht sehr zuverlässig, aber so weit wird
er's schon schaffen.«

»Könnten Sie ihn mir leihen?«

»Unmöglich.« Sie schüttelte den Kopf. »Auf dem Fluß
würden Sie nicht einen Kilometer weit kommen. Ich kenne
alle möglichen Seitenwege.«

Sie holte eine Ölhaut und eine alte Schirmmütze von
einem Haken an der Tür und warf ihm beides zu. »Kommen
Sie.«

Sie nahm ihr Jagdgewehr, und sie verließen das Haus und
gingen zum Fluß hinunter. Chavasse sah auch jetzt kein Boot
an dem kleinen Landungssteg. Sie ging daran vorbei und
führte ihn durch dichtes Unterholz zu einer kleinen gerodeten
Stelle, die sanft ins Wasser abfiel. Ihr Boot, ein flacher Kahn

mit einem alten Motor am Heck, war an einem Baum festge-
bunden.

Chavasse stieß ab, und sie startete den Motor. Er sprang
knatternd an, und sie glitten durch das Schilf auf den Fluß
hinaus.

Liri Kupi verstand ausgezeichnet mit dem Boot umzugehen.
Als sie an eine Stelle kamen, wo Sandbänke und zackige
Felsen aus dem Wasser ragten, steuerte sie geschickt um die
Hindernisse herum.

Nach einer Weile verließen sie den Bojana und bogen in
einen schmalen Seitenarm ein, der sich in einem Halbkreis
durch einen großen, von zahllosen Lagunen und Wasserläufen durchzogenen Sumpf schlängelte.

Als sie schließlich wieder den Fluß erreichten, tauchte eine
große, in Nebel gehüllte Insel vor ihnen auf. Nachdem sie sie
umschifft hatten und sich dem jenseitigen Ufer näherten, roch
er Rauch, und irgendwo bellte ein Hund.

Liri fuhr dicht am Ufer entlang, und bald sah man durch den
Nebel die Umrisse der ersten Häuser. Sie holte ihre Zigarettendose hervor und warf sie Chavasse zu. Er nahm eine heraus,
zündete sie an, lehnte sich zurück und blickte zur Stadt
hinüber. Soviel er wußte, hatte sie nur noch knapp fünfhundert
Einwohner. Seit Beginn der Feindseligkeiten zwischen Jugoslawien und Albanien war der Verkehr auf dem Fluß fast völlig
zum Erliegen gekommen, und der Bojana war mit der Zeit so
stark versandet, daß er kaum noch befahren werden konnte.

Das Kloster tauchte aus dem Nebel auf, ein etwas abseits
vom Ufer liegender riesiger, weitausgedehnter mittelalterli-
cher Bau mit zerbröckelnden Mauern.

Eine albanische Fahne mit dem roten Stern und dem
schwarzen doppelköpfigen Adler hing schlaff im Regen, und
von irgendwoher erklang leise ein Hornsignal.

Ein Stück weiter arbeiteten vierzig oder fünfzig Häftlinge
am Ufer. Sie standen zum Teil bis zu den Hüften im Wasser
und rammten Pfähle für einen neuen Landungssteg in den
Flußboden. Chavasse sah, daß die Füße der an Land arbeiten-
den mit Ketten aneinandergefesselt waren.

»Das sind Politische«, sagte Liri. »Man schickt sie aus dem

ganzen Land hierher. Sie gehen in den Sümpfen schnell zugrunde, wenn die Hitze kommt.«

Sie steuerte auf eine kleine verfallene Kapelle zu, deren verwitterte Mauern direkt in den Fluß abfielen. Am Fuß der Mauer klaffte dunkel die Öffnung eines schmalen Tunnels, in den Liri den Kahn hineinlenkte.

Der Tunnel mochte etwa zwei Meter hoch sein, und als Chavasse die Hand ausstreckte, stieß er an eine kalte, feuchte Mauer. Mit zusammengekniffenen Augen starrte er in die Finsternis, bis es plötzlich heller wurde. Liri stellte den Motor ab, und das Boot glitt an einem aus großen Holzstämmen zusammengefügten Landungssteg entlang.

Sie legten neben einer steinernen Treppe an, Chavasse machte den Kahn an einem Eisenring fest und half Liri heraus. In dem schwachen Lichtschein, der irgendwo von oben hereinfiel, sah er, daß sie ihm zulächelte.

»Ich bin gleich wieder da«, sagte sie und stieg eine Steintreppe hinauf. Chavasse setzte sich auf den Landungssteg, zündete sich eine Zigarette an und wartete. Mindestens fünfzehn Minuten verstrichen. Als sie zurückkam, lief sie die Treppe nicht wieder herunter, sondern rief ihm von oben zu: »Kommen Sie, Paul.«

Er stieg hinauf. Sie öffnete eine große Eichentür und führte ihn durch einen schmalen Gang. Am anderen Ende machte sie eine zweite Tür auf, und sie traten in die kleine Kapelle.

Es war halbdunkel. Nur vorn am Altar flackerten einige Kerzen, deren Schein auf die Gottesmutter fiel. Es roch stark nach Weihrauch, und Chavasse fühlte sich leicht benommen. Es war lange her, seit er zum letztenmal in einer Kirche gewesen war – viel zu lange, wie seine Mutter ihm immer wieder vorwarf. Er lächelte leise, als er daran dachte, während sie den Mittelgang hinuntergingen.

Pater Schedu kniete in seiner dunkelbraunen Kutte betend vor dem Altar. Seine Augen waren geschlossen, das hagere Gesicht von tiefer Ruhe erfüllt. Merkwürdigerweise schien die häßliche wulstige Narbe von der alten Schußverletzung, die ihn das linke Auge gekostet hatte, sein Gesicht überhaupt nicht zu entstellen.

Er war ein Mann, der in seinem Glauben ruhte, dessen Überzeugung unerschütterlich war – ein Fels in der Brandung, dem Männer wie Enver Hodscha und Adem Kapo nichts anhaben konnten.

Er bekreuzigte sich, stand mit einer geschmeidigen Bewegung auf und drehte sich zu ihnen um. Sein scharfer, bohrender Blick erfüllte Chavasse mit Unsicherheit. Einen Moment lang war er wieder der kleine Junge, der im Dorf seines Großvaters bei Finistère kurz nach Kriegsende vor dem strengen alten Gemeindepfarrer stand und verlegen schluckend zu erklären versuchte, warum er die Messe versäumt hatte.

Pater Schedu reichte ihm lächelnd die Hand. »Es freut mich, Sie kennenzulernen, mein Sohn. Liri hat mir erzählt, warum Sie hier sind.«

Chavasse drückte die Hand des Paters und atmete erleichtert auf. »Sie meinte, Sie könnten mir vielleicht helfen, Pater.«

»Ich weiß von der Sache mit der Statue«, sagte der Priester. »Mein Vorgänger, Pater Kupescu, hat sie dem jungen Mann, der später in den Sümpfen erschossen wurde, anvertraut. Pater Kupescu hat übrigens für seine Handlungen mit dem Leben bezahlt.«

»Das Mädchen, das uns begleitete, ist die Schwester des jungen Mannes«, sagte Chavasse. »Sie hat uns gezeigt, wo Minettis Boot liegt.«

Pater Schedu nickte. »Sie und ein Italiener namens Orsini wurden heute am frühen Nachmittag nach Tama gebracht. Sie sind im Kloster.«

»Woher wissen Sie das?«

»Ich besuchte gerade kranke Häftlinge – eins der wenigen Privilegien, die man mir noch gelassen hat.«

»Erstaunlich, daß Sie überhaupt noch Ihr Amt ausüben dürfen.«

Pater Schedu lächelte leise. »Wie Sie vielleicht bemerkt haben, habe ich den gleichen Namen wie unser geliebter Präsident, und das erfüllt die kleinen Parteifunktionäre mit einer abergläubischen Ehrfurcht. Sie sind sich nicht ganz sicher, ob ich nicht entfernt mit ihm verwandt bin. Aber viel hilft das auch nicht. Wir hatten hier eine herrliche Kirche. Sie haben ein Restaurant daraus gemacht. Der Altar dient als

Theke, und im Mittelschiff stehen Tische, an denen die glücklichen Arbeiter sich zum Ruhme Enver Hodschas mit *Kebab* und *Schaschlik* vollstopfen können.«

»Die Bäume werden nicht in den Himmel wachsen, Pater.«

Der Priester lächelte. »Um auf Ihr Anliegen zurückzukommen, Mr. Chavasse – ich glaube, ich kann Ihnen tatsächlich helfen. Ihre Freunde befinden sich im Moment in einer Wachstube, die innerhalb der inneren Klostermauer liegt. Der Oberst vom Nachrichtendienst und Kapo, der übrigens ein hoher *Sigurmi*-Offizier ist, sind sofort, nachdem sie sie abgeliefert hatten, mit sämtlichen Soldaten, die sie auftreiben konnten, wieder aufgebrochen.«

»Um mich zu suchen.«

»Wahrscheinlich. Sie haben bestimmt nicht mehr als einen oder höchstens zwei Soldaten zu ihrer Bewachung zurückgelassen.«

»Aber wie kommen wir denn hinein, Pater?« fragte Liri.
»Wir müssen durch zwei Mauern, die Tore sind bewacht.«

»Wir kriechen drunter durch, meine Liebe. Es geht ganz einfach. Die guten Patres, die das Kloster erbaut haben, haben an alles gedacht. Kommen Sie mit.«

Er ging durch die Kapelle und trat in den Gang, der zum Landungssteg hinunterführte. Er nahm eine Taschenlampe von einem Sims, auf dem eine Ikone stand, und stieg zum Wasser hinunter. Als er die Lampe anknipste, fiel ihr Strahl auf die modrige Wand des Tunnels, der sich, immer enger werdend, ins Dunkel erstreckte.

»Das unterirdische Kloakensystem des Klosters mündet hier in den Fluß«, sagte er. »Kein angenehmer Weg, aber leider der einzige, auf dem man ungesehen ins Kloster kommt.«

»Ich möchte Sie nur darum bitten, mich zu führen, Pater«, sagte Chavasse. »Alles übrige überlassen Sie mir.«

»Es wäre absurd, von Ihnen zu verlangen, gegen diese Leute keine Gewalt anzuwenden«, sagte Pater Schedu, »doch Sie haben sicherlich Verständnis dafür, daß ich mich an keiner Gewaltaktion beteiligen kann.«

»Selbstverständlich.«

Der Priester wandte sich zu Liri um. »Sie warten wohl am besten hier?«

Sie schüttelte den Kopf. »Vielleicht kann ich irgendwie helfen. Bitte, lassen Sie mich mitkommen, Pater.«

Er gab keine Antwort, stopfte seine lange Kutte unter den ledernen Gürtel, den er um die Hüfte trug, und stieg auf der linken Seite des Tunnels ins Wasser. Es war kaum knöcheltief, und Chavasse folgte ihm mit eingezogenem Kopf einem breiten Sims entlang.

Es roch muffig, ein leichter Dunst stieg vom Wasser auf und hing schwebend unter der Decke. Vorsichtig tasteten sie sich durchs Dunkel. Allmählich wurde das Wasser tiefer, und Chavasse spürte, wie es seine Knie umspülte. Der Gestank war so widerlich, daß sich ihm der Magen umdrehte.

Endlich bog der Priester in einen Seitengang ein, der zu einer Höhle von etwa fünfzehn Metern Durchmesser führte. Mindestens ein Dutzend Tunnels mündeten in die Höhle, und das Wasser darin war etwa einen Meter hoch. Der Franziskaner watete hindurch und zählte die Tunnels.

»Ich glaube, der achte von links ist es.«

Der Tunnel war höchstens einen Meter zwanzig hoch. Chavasse blieb davor stehen und drehte sich zu Liri um. »Wie fühlen Sie sich?«

Sie lachte leise. »Machen Sie sich um mich keine Sorgen. Der Gestank hier ist längst nicht so schlimm wie im Sommer in den Sümpfen.«

Sie bückten sich und krochen Pater Schedu nach. Nach einer Weile hielt er an. Durch ein kleines Gitter, zu dem ein kurzer Gang hinaufführte, fiel Licht in den Tunnel.

»Falls ich mich nicht irre«, sagte der Priester, »sind wir unter dem alten Kreuzgang hinter dem Hof, an dem das Wachhaus steht.«

Der Gang war nur etwa fünfzehn Meter lang, doch die Steinquader waren naß und schlüpfrig, so daß es nicht einfach war, hinaufzuklettern. Der Priester ging zuerst, Liri folgte ihm, und als letzter kam Chavasse. Er stemmte sich zwischen die engen Mauern und arbeitete sich Schritt für Schritt vor. Einmal rutschte Liri aus und fiel auf ihn, doch er konnte sie festhalten, und sie kletterten weiter.

Pater Schedu hatte bereits den Ausstieg erreicht, eine kunstvoll verzierte, durchbrochene Steinplatte. Er stemmte sich mit den Schultern dagegen und schob sie weg. Dann kletterte er hinaus und zog Liri durch die Öffnung.

Chavasse folgte ihnen und sah sich um. Sie befanden sich in einer kleinen Zelle, die an dem halbverfallenen Kreuzgang lag.

Geborstene Säulen ragten zum Himmel auf, Gras wucherte zwischen großen, zersprungenen Steinplatten.

»Durch den Kreuzgang kommen Sie zu dem Hof«, sagte Pater Schedu. »Das Wachhaus ist ein niedriger Bau aus Ziegeln und Zement mit einem flachen Dach.« Ein leises Lächeln umspielte seinen Mund. »Alles weitere ist Ihre Angelegenheit. Ich kann mich, wie ich schon sagte, an dieser Sache nicht aktiv beteiligen. Ich werde hier warten.« Er wandte sich zu Liri. »Bleiben Sie bei mir?«

Sie schüttelte störrisch den Kopf. »Vielleicht kann ich irgendwie helfen.«

»Pater Schedu hat recht«, sagte Chavasse. »Sie bleiben hier.«

»Wenn Sie mein Gewehr wollen, müssen Sie mich mitnehmen.« Sie klopfte auf den Kolben der alten Jagdflinte. »Das ist mein letztes Wort.«

Chavasse sah den Priester an. Der seufzte tief. »Sie hat einen eisernen Willen, und sie haßt die Roten.«

»Schön«, sagte Chavasse zu Liri. »Sie können bis zum Rand des Hofes mitkommen. Dort warten Sie auf mich, und ich gehe hinein. Wenn es mißlingt, haben Sie genug Zeit, zu Pater Schedu zurückzulaufen und abzuhauen. Ist das klar?«

Er schlich vorsichtig bis zum Ende des Kreuzganges. Ruhig und verlassen lag der Hof vor ihm. Die Wache stand in der Mitte der seitlichen Mauer und war schwierig ungesehen zu erreichen. Das große, in den angrenzenden Hof führende Tor in der gegenüberliegenden Mauer war geschlossen.

Chavasse drehte sich zu Liri um. »Sie bleiben hier, und ich schleiche an der Mauer entlang zur Seite des Gebäudes. Dort ist kein Fenster. Wenn irgendwas passiert, laufen Sie schnellstens zu Pater Schedu.« Sie wollte protestieren, doch er entwand ihr mit einem energischen Griff das Gewehr. »Seien Sie brav und tun Sie, was ich Ihnen gesagt habe.«

Er schlich hinter der verfallenen Mauer bis zu der Stelle, wo sie an die andere grenzte, trat ins Freie und rannte geduckt auf die Seite des Wachgebäudes zu. Er blieb einen Moment stehen, dann wollte er weiterschleichen. In diesem Moment ging die Tür der Wache auf, und jemand trat heraus.

Chavasse hörte die Stimmen zweier Männer. Der eine lachte, dann zischte ein Streichholz auf. Er stand regungslos. Wenn einer der beiden um die Hausecke blickte, war er verloren.

Da rief plötzlich eine helle, junge Stimme: »He, du! Ja, du, du Rindvieh. Komm her!«

Liri Kupi schlenderte langsam, die Hände in den Taschen, über den Hof. Offenbar wollte sie die Posten ablenken, und sie hatte tatsächlich Erfolg. Als Chavasse um die Ecke lugte, sah er, daß die zwei Soldaten auf Liri zugingen.

Sie waren nicht einmal bewaffnet, und der eine trug kein Hemd – anscheinend hatte er sich gerade gewaschen. Chavasse stürzte vor, hob das Gewehr und hieb es ihm mit aller Kraft auf den Nacken. Der Soldat brach stöhnend zusammen, und der andere fuhr herum. Chavasse rammte ihm den Gewehrkolben in den Bauch. Dumpf aufschreiend ging er in die Knie, und Chavasse schmetterte ihm den Gewehrkolben auf den Kopf.

Als er auf die Tür zuging, kam Liri angerannt. »Es ist bestimmt keiner mehr drin. Sie wären herausgekommen, als ich rief.«

»Hoffentlich haben Sie recht.«

Im Vorraum war niemand. Ein Windstoß fegte durch die offene Tür, und die Papiere auf dem Schreibtisch flatterten durcheinander. An der gegenüberliegenden Wand war ein Schlüsselbund. Chavasse ging zur inneren Tür und öffnete sie. Es gab nur sechs Zellen. Die ersten vier waren leer. In der fünften saß Giulio Orsini auf einer schmalen Pritsche, den Kopf auf die Hände gestützt.

»Na, du alter Gauner«, sagte Chavasse freundlich.

Der Italiener hob den Kopf und starrte ihn fassungslos an. Dann sprang er auf und lief zum Gitter. »Paul, bei allen Heiligen! Das geht doch nicht mit rechten Dingen zu!«

»Bittet, so wird euch gegeben werden«, sagte Chavasse.

»Du hast keine Ahnung, wie wahr das ist. Wo ist Francesca?«

»Nebenan. Wir sind hier, seit sie uns eingeliefert haben. Kapo ist sofort wieder abgehauen. Wahrscheinlich um dich zu suchen.«

»Da wird er kein Glück haben.«

Liri trat mit den Schlüsseln zu ihm. Während sie Orsini herausließ, lief Chavasse zum nächsten Gitter. Francesca Minetti stand dahinter und sah ihn mit ihren dunklen Augen groß an.

»Ich habe gewußt, daß Sie kommen werden, Paul.«

Er ließ sich von Liri die Schlüssel geben und sperrte auf. Francesca fiel ihm um den Hals. Er drückte sie einen Moment an sich, dann machte er sich los.

»Wir müssen uns beeilen.«

Orsini und Liri waren bereits vorausgelaufen. Chavasse nahm das Gewehr und schob Francesca durch den Gang. Der Italiener blieb in der Tür stehen und schaute auf den Hof hinaus.

»Alles ruhig«, flüsterte er.

Da zerriß plötzlich das ohrenbetäubende Heulen einer Sirene die Stille. Chavasse fuhr herum und erstarrte. Francesca stand auf der anderen Seite des Raumes. Sie hatte einen kleinen Metallkasten an der Wand geöffnet und drückte den Daumen fest auf einen roten Knopf.

Er riß sie so heftig weg, daß sie gegen den Schreibtisch taumelte. »Was soll das, zum Teufel?«

Sie spuckte ihm ins Gesicht und schlug ihn mit aller Kraft auf die linke Wange. Chavasse reagierte instinktiv. Er ballte die Faust und schlug zurück. Sie sank stöhnend zu Boden. Orsini packte Chavasse am Ärmel und riß ihn herum: »Um Himmels willen, was ist denn los?«

Draußen auf dem Hof krachte ein Schuß, und der Türpfosten zersplitterte. Orsini duckte sich und zerrte Liri zu Boden. Chavasse spähte aus dem Fenster und sah, daß sich auf der Mauer über dem großen Tor etwas bewegte. Im gleichen Moment fiel ein weiterer Gewehrschuß. Dann begann eine Maschinenpistole zu knattern, und vor dem Haus spritzte die Erde hoch.

Er schlug mit dem Gewehrkolben das Fenster ein, zielte rasch und feuerte. Man hörte einen leisen Aufschrei, und ein Soldat stürzte, sein Gewehr umklammernd, von der Mauer.

Einer der beiden Soldaten, die auf dem Hof lagen, richtete sich, verwirrt um sich blickend, auf die Knie auf. Chavasse schoß ihn in den Kopf und duckte sich, bevor die Kameraden des Mannes ihre Aufmerksamkeit auf das Fenster richten konnten.

Er schlich zur Tür und hockte sich neben Orsini und das Mädchen. »Es muß ein halbes Dutzend dort oben auf der Mauer sein, und weitere sind bestimmt unterwegs. Ich werde sie ablenken. Dann kannst du mit Liri flüchten. Sie kennt den Weg.«

Orsini wollte protestieren, doch Chavasse lief bereits auf den Hof hinaus. Er warf sich neben den Soldaten, den er erschossen hatte, zu Boden, zielte und nahm die Männer auf der Mauer unter Feuer.

Hinter ihm stürzten Orsini und das Mädchen aus dem Wachgebäude und rannten davon. Im gleichen Moment sprang das große Tor auf der gegenüberliegenden Seite des Hofes auf. Ein Motor heulte auf, und ein Jeep raste, eine riesige Staubwolke aufwirbelnd, hindurch. Auf eine Lafette am hinteren Teil des Jeeps war ein leichtes MG montiert, hinter dem Oberst Taschko saß. Er schwenkte es in einem Halbkreis herum, und die Geschosse prasselten neben Orsini und dem Mädchen in den Boden. Sie blieben stehen und streckten die Hände hoch.

Chavasse lief ein Schauer über den Rücken. Ein Trupp Soldaten marschierte, die Gewehre schräg vor der Brust, durch das Tor. Im gleichen Moment, als der Jeep anhielt, taumelte Francesca an ihm vorbei und rannte auf ihn zu. Chavasse sprang auf und feuerte im Laufen sein Gewehr aus der Hüfte ab.

Sein erster Schuß schlug neben ihr in den Boden, dann spürte er einen Schlag gegen den linken Arm. Er strauchelte, und das Gewehr entglitt seiner Hand. Zusammengekrümmt hockte er da und umklammerte seinen Arm. Blut quoll zwischen seinen Fingern hervor. Dann hörte er in der plötzlichen Stille den Kies knirschen. Schritte näherten sich.

Als er den Kopf hob, sah er, daß Adem Kapo sich über ihn beugte, den schmalen Mund zu einem leisen Lächeln verzogen.

11

Regen wehte durch das Fenstergitter. Chavasse richtete sich auf und blickte über die Klostermauer hinweg auf den Fluß. Plötzlich spürte er einen stechenden Schmerz im linken Arm und sank fluchend nieder.

Das Geschoß war glatt durchgegangen. Es war eine ungefährliche Fleischwunde, die man bisher nicht behandelt, sondern nur schlampig verbunden hatte. Sie befanden sich in einer Art Lagerraum im zweiten Stock des Hauptgebäudes. In der Ecke lag Liri, eine Decke um die Schultern geschlungen.

Orsini bückte sich zu ihr nieder, um die Decke glattzustreichen. Er richtete sich auf und runzelte die Stirn. »Ein prächtiges Mädchen. Schrecklich, daß sie in so eine Sache hineingeraten ist.«

»Ich hab dir doch schon gesagt, daß ich sie davon abbringen wollte, mitzukommen.« Chavasse ging zur Tür und starrte durch das Gitter. »Mein Gott, was für ein Idiot bin ich gewesen. Wie konnte ich mich so hinters Licht führen lassen.«

»Francesca?« Orsini schüttelte den Kopf. »Ich kann es einfach nicht glauben.«

»Sie hat uns die Tür aufsprengen lassen, obwohl sie ganz genau wußte, daß die Madonna nicht in der vorderen Kajüte war. Genügt dir das nicht?« Er trat wütend mit dem Fuß nach einer Kiste. »Diese falsche kleine Hexe. Denk doch an den Überfall auf sie vor dem *Tabu*. Sie haben bestimmt darauf gewartet, daß ich auftauche. Das Ganze war eigens für mich inszeniert.«

»Aber wozu?« fragte Orsini. »Ich sehe keinen Sinn darin. Und was ist mit der Madonna geschehen?«

»Das möchte ich selbst gern wissen. Dieser Teil der Geschichte stimmte. Pater Schedu hat es bestätigt. Ich bin nur froh, daß sie ihn nicht auch geschnappt haben.«

Ein Schlüssel drehte sich im Schloß. Die Tür ging auf, und

Taschko trat mit zwei Soldaten ein. Liri fuhr aus dem Schlaf hoch und sprang auf. Taschko sah sie lächelnd an.

»Du kommst später dran.«

Sie spuckte ihm ins Gesicht. Seine Hand zuckte blitzschnell vor und packte sie an der Schulter. Als Orsini und Chavasse sich auf ihn stürzen wollten, hoben die beiden Soldaten drohend ihre Maschinenpistolen.

Mit ausdrucksloser Miene bohrte Taschko seinen Daumen in ihre Schulter und drückte einen Nerv gegen einen Knochen. Liri schrie laut auf und sank stöhnend zu Boden. Er wandte sich, seine Lederhandschuhe glattstreichend, zu Chavasse.

»Karate, mein Freund. Schon mal davon gehört? Sie hatten Glück mit dieser Wodkaflasche. Das nächstemal werde ich Glück haben – verlassen Sie sich drauf.«

Er nickte, und der eine Soldat packte Chavasse an der Schulter und zerrte ihn hinaus. Er sah noch, wie Orsini neben dem Mädchen niederkniete; dann fiel die Tür ins Schloß.

Sie führten ihn durch einen mit Fliesen belegten Gang und dann eine schmale gewundene Treppe hinauf. Oben öffnete Taschko eine Tür, und sie traten in ein behaglich eingerichtetes Büro.

Hinter einem Schreibtisch saß Adem Kapo und las ein Schriftstück. Er blickte auf, und ein Lächeln huschte über seine Züge. »Sie können sich gar nicht vorstellen, wie sehr ich mich freue, Sie wiederzusehen. Seit dem kleinen Zwischenfall vergangene Woche in Tirana sind wir ununterbrochen hinter Ihnen her.«

»Die *Sigurmi?*«

Kapo nickte. »Meine italienische Fassade ist nur eine der zahlreichen Seiten meiner Persönlichkeit. Das haben Sie sicherlich bereits bemerkt.«

»O ja, allerdings«, sagte Chavasse. »Aber dürfte ich Ihnen ein paar Fragen stellen? Es steckt rein sportliches Interesse dahinter, wissen Sie.«

»Bitte, fragen Sie nur«, sagte Kapo freundlich. »Vermutlich treibt Sie die englische Seite Ihres Wesens dazu?«

»Was war mit der Sache in Matano? War das alles nur Theater? Gab es gar keinen Ramiz und keinen Marco Minetti?«

»Ramiz war bloß eine Blutpfütze auf dem Boden und ein ansehnliches Geldgeschenk an eine junge Dame, die im Zimmer gegenüber wohnte. Minetti war ein Fantasieprodukt.«

»Deshalb wollte Francesca also nicht, daß ich die S2-Zentrale in Rom von der Sache unterrichtete?«

Kapo nickte. »Die Geschichte selbst stimmte. Ein etwas überspannter, junger Italiener namens Carbeggio versuchte die Statue zu entführen und wurde dabei erschossen.«

»Und wo ist die Statue?«

»Wir haben sie sofort aus dem Wrack herausgeholt.«

Er nickte Taschko zu, und dieser ging zu einem Schrank und nahm ein unförmiges Bündel heraus. Er öffnete es, zog aus einer grauen Decke die Statue hervor und stellte sie auf den Schreibtisch.

Sie war etwa einen Meter zwanzig hoch und aus einem einzigen Stück Ebenholz geschnitzt. Ihr Gewand war vergoldet, und ihr Gesicht strahlte eine wundervolle Heiterkeit und Ruhe aus.

»Okay«, sagte Chavasse. »Die Geschichte, die Francesca Minetti mir erzählte, stimmte also im großen und ganzen, und sie erfüllte ihren Zweck – mich nach Albanien zurückzulocken. Aber warum haben Sie sich all die Mühe eigentlich gemacht?«

Kapo nahm eine Zigarette aus einer Holzdose und lehnte sich zurück. »Wie Sie sicherlich wissen, haben sich die Beziehungen zwischen meinem armen Land und der Sowjetunion und ihren Satellitenstaaten zunehmend verschlechtert. In unserer schlimmen Lage kam uns nur ein Freund zu Hilfe – China.«

»Wie rührend.«

»Wir sind nun mal gefühlvolle Menschen. Und es ist uns ein Bedürfnis, uns unseren Freunden gegenüber dankbar zu erweisen. Der Bericht unserer Abwehrabteilung, wonach Sie beabsichtigten, mit einer Gruppe italienischer Arbeiter in unser Land einzureisen, wurde an die Zentrale des chinesischen Geheimdienstes in Tirana weitergegeben. Er zeigte großes Interesse dafür. Soviel ich erfahren habe, haben Sie den Chinesen vergangenes Jahr in Tibet Scherereien gemacht.

Irgendeine Sache mit einem Dr. Hoffner, soviel ich weiß. Wir versprachen den Chinesen, Sie auszuliefern.«

»Und dann bin ich Ihnen entwischt.«

»Aber nicht für lange, wie Sie zugeben müssen. Und das ist das Verdienst einer äußerst fähigen Mitarbeiterin der *Sigurmi*-Abwehrabteilung. Vielleicht möchten Sie sie kennenlernen?«

Taschko öffnete die Tür, und sie trat ein. Sie trug immer noch die Sachen, die sie im Boot angehabt hatte, doch sie schien irgendwie verwandelt. Sie wirkte härter, selbstsicherer.

»Warum, Francesca?« fragte er. »Warum?«

»Ich bin ebensosehr Albanerin wie Italienerin«, sagte sie leise.»Doch man kann nicht in beiden Lagern zugleich stehen. Ich habe meine Entscheidung schon lange getroffen.«

»Heißt das, daß Sie bereits die ganze Zeit für die andere Seite arbeiteten?«

»Was glauben Sie, wie unsere Leute sonst erfahren hätten, daß Sie kamen? Diese Funkwarnung aus Skutari habe ich nur deshalb weitergegeben, weil der Beamte, der in dieser Nacht Dienst hatte, dabei war, als sie einging.«

Erst in diesem Moment wurde ihm alles klar, und es traf ihn wie ein Tritt in die Magengrube. Mitten in der römischen S2-Zentrale hatte zwei Jahre lang jemand von der Gegenseite gesessen und Informationen verraten, für die andere ihr Leben eingesetzt hatten – ja, hatte vielleicht einige von ihnen sogar in den Tod geschickt.

Man merkte ihm anscheinend seine Bestürzung an, denn sie sagte lächelnd: »Ja, Paul, ich habe gute Arbeit geleistet. Erinnern Sie sich an Matt Sorley und an Dumont, den Franzosen? Ich habe dafür gesorgt, daß sie unschädlich gemacht wurden. Und sie waren nicht die einzigen.«

»Sie gemeines Biest!«

»Sie haben meinen Mann umgebracht, Paul«, sagte sie leise, und kalter Haß blitzte in ihren Augen auf.

»Ihren Mann?« Er runzelte die Stirn und schüttelte den Kopf. »Ich habe keine Ahnung, wovon Sie reden. Ich habe mir doch Ihre Personalakte angesehen. Darin stand, daß Sie unverheiratet sind.«

»Wenn man es richtig anstellt, ist es nicht schwer, so etwas geheimzuhalten. Sein Name war Enrico Noci. Sie haben ihn wie eine Ratte ertränkt, in einem Fischernetz. Keine Verletzungen, keine Spur von Gewalt. Ein reiner Unfall.«

»Ich muß zugeben, das haben Sie verdammt geschickt gemacht«, warf Kapo ein.

Hierzu war nichts mehr zu sagen, und so wandte sich Chavasse dem kleinen Mann zu. »Und was kommt jetzt? Ein kleiner Abstecher nach Peking?«

»Nicht so hastig.« Kapo grinste. »Wir haben schrecklich viel Zeit, und es gibt so viel, was ich gern von Ihnen wissen möchte. Zum Beispiel, wie Sie in das Kloster hineingekommen sind. Wir haben natürlich gewußt, daß Sie kommen werden. Wir waren überzeugt, daß ein Mann wie Sie seine Freunde nicht im Stich lassen würde, aber, um ganz ehrlich zu sein – Ihr plötzliches Erscheinen aus dem Nichts heraus hat mich denn doch überrascht.«

»Das ist ein Trick, den ich vor Jahren in Indien von einem alten Fakir gelernt habe.«

»Hochinteressant. Sie müssen mir davon erzählen, wenn ich zurückkomme. Falls Sie nicht wollen, wird es Taschko sicherlich nicht schwerfallen, die junge Dame, die Sie unterwegs aufgegabelt haben, zum Reden zu bringen.«

Chavasse ignorierte die verhüllte Drohung und nahm gelassen eine Zigarette aus der Holzdose auf dem Schreibtisch. »Sie müssen weg?«

»Ja, leider.« Kapo nahm sich ebenfalls eine Zigarette, zündete sie an und warf Chavasse die Streichhölzer zu. Man hätte sie für zwei gute Freunde halten können. »Die Pflicht ruft. Ich hoffe, Sie halten mich nicht für angeberisch, aber ich kann nicht umhin, den Plan, den wir uns ausgedacht haben, als genial zu bezeichnen. Wie Sie wissen, sitzt Ihr junger Freund Carlo auf der *Buona Esperanza* und wartet auf Ihre Rückkehr.«

Chavasse sah ihn verständnislos an, und Kapo lächelte. »Ich werde Francesca heute nacht mit dem Motorboot in angemessener Entfernung von der Jacht absetzen. Sie wird in der Morgendämmerung mit Ihrem Schlauchboot aus dem Nebel auftauchen, in etwas derangiertem Zustand, wie ich wohl nicht zu erwähnen brauche.«

»Und eine höchst traurige Geschichte erzählen.«

»Genau. Man wird bei S2 äußerst betrübt sein, wenn man erfährt, daß der tapfere Chavasse und sein Freund Orsini draufgegangen sind.«

»Und Sie glauben, man wird Francesca, ohne irgendwelche Fragen zu stellen, wieder in die Arme schließen?« Chavasse schüttelte den Kopf. »Mein Chef hat eine Nase wie ein Spürhund. Er wird jeden Schritt überprüfen, den sie seit ihrem sechsten Lebensjahr getan hat.«

»Da bin ich mir nicht so sicher.« Kapo lächelte. »Sie wird nämlich die Schwarze Madonna mitbringen. Die Begeisterung darüber wird so groß sein, daß gar kein solcher Gedanke aufkommt.«

Er hatte recht. Der Plan war gut. Verdammt gut. Kapo lachte übermütig und nickte Taschko zu. »Bringen Sie ihn zu seinen Freunden zurück. Ich werde ihn mir morgen früh, sobald ich da bin, wieder vorknöpfen.«

Chavasse sah Francesca an. Sie hielt seinem Blick einen Moment stand; dann schaute sie weg, und Taschko schob ihn zur Tür. Sie gingen die Treppe hinunter und durch den Korridor zurück. Kurz vor dem Lagerraum blieb Taschko stehen und zündete sich eine lange russische Zigarette an. Die zwei Soldaten warteten respektvoll in einigem Abstand; anscheinend hatten sie Angst vor ihm.

Er starrte Chavasse böse an. »Ich mache nicht so viele Worte wie der da oben. Ich habe andere Methoden. Das werden Sie bald merken.«

»Da bin ich aber neugierig«, sagte Chavasse ruhig.

Wut flackerte in Taschkos Augen auf. Er trat einen Schritt vor; dann nahm er sich mit sichtlicher Mühe zusammen. Chavasse wollte sich schon abwenden und weitergehen, als plötzlich die rechte Faust des Albaners vorschoß und mit einem schrecklichen Karateschlag die Tür, neben der Chavasse stand, traf. Das zentimeterdicke Holz zersplitterte.

Es gab einen japanischen Professor in London, dessen Kursus Chavasse jedesmal besuchte, wenn er dort war; er konnte drei Bretter auf einmal durchschlagen und war nur halb so groß wie Taschko. Seine Worte klangen Chavasse im Ohr: *Geschicklichkeit, Chavasse San. Geschicklichkeit, nicht rohe Kraft, Gott will nicht, daß Brutalität die Erde regiert.*

»Stellen Sie sich vor, wie Ihr Gesicht jetzt aussehen würde«, sagte Taschko.

»Ich fürchte, Gesicht wäre nicht mehr die richtige Bezeichnung dafür.«

Chavasse ging schweigend weiter. Der eine Soldat sperrte die Tür auf, und sie stießen ihn hinein. Er blickte durch das Gitter in Taschkos kalte Augen.

Der Albaner nickte. »Verlassen Sie sich drauf, wir sprechen uns noch.«

Als seine Schritte auf dem Korridor verhallt waren, wandte Chavasse sich zu den anderen um. Orsini saß mit Liri am Fenster. Sie hatten sich die Decke um die Schultern gelegt, denn es war bitterkalt.

»Was war los?« fragte Orsini.

Chavasse erzählte ihm alles. Als er fertig war, schüttelte Liri den Kopf. »Dieses Weib muß ein Teufel sein.«

»Nein, *cara*, kein Teufel«, sagte Orsini. »Sie ist nur wie alle diese Menschen davon überzeugt, daß sie den einzig richtigen Weg geht. Und sie hält jedes Mittel für erlaubt, um ihr Ziel zu erreichen.«

»Diese weiße Erkenntis hilft uns leider nicht im mindesten weiter«, sagte Chavasse.

Er setzte sich auf eine Kiste, schlug den Kragen seiner Jacke hoch, verschränkte die Arme und dachte über Francesca Minetti nach. Enrico Noci war also ihr Mann gewesen? Merkwürdig, daß eine Frau von solcher Intelligenz auf so einen Kerl hereingefallen war. Es bewies wieder einmal, wie unzuverlässig Frauen in dieser Beziehung waren. Sie ließen sich viel zu leicht von ihren Gefühlen lenken.

Orsini und Liri unterhielten sich leise miteinander; eine seltsame Vertrautheit schien zwischen ihnen zu herrschen.

Welche Ironie, daß Giulio Orsini, der mit einem der ersten Einmann-U-Boote in den Hafen von Alexandria eingedrungen war, der zwei britische Zerstörer versenkt hatte, der Dutzende tollkühner Unternehmungen überstanden hatte, nun so enden mußte, weil ihn der vorgetäuschte Kummer eines jungen Mädchens gerührt hatte. Das Leben hielt manchmal merkwürdige Pointen bereit. Nach einer Weile sank ihm der Kopf auf die Brust, und er schlief ein.

12

Er wußte nicht, was ihn geweckt hatte. Er lag einen Moment da und starrte in die Dunkelheit. Sein Rücken schmerzte, und er fror. Auf dem Leuchtzifferblatt seiner Uhr sah er, daß es zwei Uhr morgens war. Er zögerte einen Moment und horchte auf das Heulen des Windes draußen auf dem Hof, dann stand er auf.

Er hörte ein Geräusch auf dem Korridor, und als er durch das Gitter spähte, sah er, daß der Posten vor seinem Stuhl stand und mit angstverzerrtem Gesicht Oberst Taschko anstarrte.

»Geschlafen hast du also, du Wurm.«

Er holte aus und versetzte dem Posten einen solchen Schlag ins Gesicht, daß er krachend auf den Stuhl stürzte. Als er wieder aufsprang, gab Taschko ihm einen Fußtritt.

»Hau ab. Mensch, hau ab! Melde dich in der Wache. Du hörst noch von mir.«

Orsini und Liri, die der Lärm geweckt hatte, liefen zur Tür. »Taschko«, sagte Chavasse knapp. »Ich glaube, er ist betrunken.«

Der Albaner trat an die Tür und sah Chavasse durch das Gitter hindurch mit einem seltsamen Blick an. Seine Uniformjacke war offen. Darunter war er nackt, und Chavasse sah seine prallen Muskeln.

Er nahm eine Mauser aus dem schwarzen Lederhalfter an seiner Hüfte; dann sperrte er die Tür auf und öffnete sie langsam. Als Liri seinen nach Schnaps stinkenden Atem roch, wich sie unwillkürlich einen Schritt zurück. Orsini legte den Arm um sie.

»Wie rührend«, spottete Taschko.

»Es war ein anstrengender Tag, und wir würden gern ein bißchen schlafen«, sagte Chavasse. »Erzählen Sie, was Sie wollen, und verschwinden Sie.«

»Immer noch kampflustig?« sagte Taschko. »Das gefällt mir. Kommen Sie raus.«

»Und wenn ich mich weigere?«

»Dann schieß ich das Mädchen ins linke Knie. Schade drum – aber wie Sie wollen.«

Orsini trat einen Schritt vor, doch Chavasse schob ihn zurück. »Überlaß das mir, Giulio.« Er ging auf den Korridor, und Taschko sperrte die Tür zu. »Ich glaube kaum, daß Kapo das recht sein wird. Er hat mich den Chinesen versprochen.«

»Zum Teufel mit den Chinesen«, sagte Taschko. »Jetzt habe ich das Kommando. Kapo und das Mädchen sind vor einer halben Stunde aufgebrochen.«

Er gab Chavasse einen Stoß, daß er den Korridor hinunter-taumelte, und folgte ihm in einem Meter Abstand, in der Hand die Pistole. Sie gingen eine Wendeltreppe hinunter, bogen in einen breiten Gang ein und stiegen eine steinerne Treppe hinab, die kein Ende zu nehmen schien.

Als sie unten angelangt waren, zog Taschko seine Schlüssel hervor und sperrte eine mit dicken Eisenbändern beschlagene Eichentür auf. Chavasse trat ein, Taschko knipste das Licht an und schloß die Tür wieder zu.

Sie standen am oberen Ende einer breiten Steintreppe, und unter ihnen lag, von einigen Glühbirnen nur schwach beleuchtet, ein großes römisches Schwimmbecken: etwa dreißig Meter lang und von geborstenen Säulen flankiert. Es roch stark nach Schwefel, und vom Wasser stieg Dampf auf.

»Erstaunlich, was diese Römer alles gebaut haben«, sagte Taschko. »Die mittelalterlichen Patres, die dieses Kloster errichtet haben, waren natürlich nicht daran interessiert, solche heidnischen Einrichtungen zu erhalten. Sie haben einfach darübergebaut.«

Sie gingen die Treppe hinunter und über die zersprungenen Fliesen. Das Becken war etwa einen Meter achtzig tief, und von seinem mit einem bunten Mosaik ausgelegten Boden blickte durch das klare Wasser ein Gesicht zu ihnen herauf.

»Das Wasser kommt aus einer natürlichen Quelle«, sagte Taschko. »Es hat fünfzig Grad. Sehr angenehm. Angeblich gut gegen Rheuma.«

Chavasse drehte sich langsam zu ihm um. Der Albaner zog seine Uniformjacke aus und schleuderte sie zu Boden. Er hob mit der einen Hand die Schlüssel und mit der anderen die Mauser hoch, dann warf er beides in die Mitte des Beckens.

»Diesmal hilft Ihnen nichts, mein Freund.«

Erst jetzt ging Chavasse ein Licht auf: Dieser Mann war so eitel und so stolz auf seine brutale Kraft, daß er es nicht ertragen konnte, von jemandem geschlagen zu werden. Er wich ein paar Schritte zurück, als sei er von panischer Angst ergriffen. Wenn Taschko glaubte, daß er ihn leicht erledigen konnte, dann würde er vielleicht einen Fehler begehen.

Der Albaner kam, beide Hände in die Hüften gestemmt, auf ihn zu. Er lachte diabolisch, und im gleichen Moment versetzte er Chavasse einen fürchterlichen Umkehrschlag, einen Karate-Grundschlag, der einen Uneingeweihten völlig unvorbereitet trifft, weil er mit der Hand geführt wird, die sich auf der abgewandten Körperseite befindet.

Chavasse kreuzte die Hände über dem Kopf zur X-Sperre, dem berühmten *Juji-uke,* und antwortete mit einem Ellbogenschlag, der Taschko mitten auf den Mund traf und seine Zähne wie morsches Holz zersplitterte.

Der Albaner taumelte zurück. Blut quoll zwischen seinen aufgeplatzten Lippen hervor. Chavasse grinste. »Ein *Gjakuzuki*, und noch dazu ein schlechter. Ist das alles, was Sie können?«

Taschko sah ihn haßerfüllt an. Er nahm sofort die Verteidigungsstellung ein, und Chavasse ging, den rechten Arm vorgestreckt, mit dem linken seinen Körper deckend, auf ihn zu. Sie umkreisten einander langsam, bis Taschko wieder angriff.

Er stieß mit der Kante des Handballens nach dem Gesicht seines Gegners, und als Chavasse den Schlag abwehrte, zielte er blitzschnell nach seinem Magen. Chavasse drehte sich zur Seite und boxte Taschko in die Leistengegend. Der Albaner stürzte vornüber, und Chavasse rammte ihm, alle Vorsicht außer acht lassend, sein Knie ins Gesicht.

Die Lichter schienen plötzlich ganz weit weg... es brauste in seinen Ohren... irgendwoher glaubte er die monotone, leiernde Stimme des Professors zu hören: *Geschicklichkeit – Geschicklichkeit und Intelligenz sind stärker als brutale Kraft.*

Er riß sich zusammen und spuckte mitten in das große stinkende Gesicht seines Gegners. Taschko zuckte instinktiv zurück. Chavasse machte seine Finger steif und stieß sie gegen seine Kehle. Taschko brüllte auf und ließ ihn los.

Chavasse rollte sich ein paarmal herum, sprang auf und erwartete den Hünen, der sich, alle Vorsicht vergessend, mit ausgestreckten Händen auf ihn stürzte. Er duckte sich und schlug Taschko mit der Faust in den Bauch. Als er zusammensank, rammte ihm Chavasse sein Knie ins Gesicht.

Taschko stand schwankend, mit blutüberströmtem Gesicht am Rand des Beckens. Chavasse machte einen Luftsprung und versetzte ihm einen Fußtritt, den vernichtenden *Mae-tobigeri,* ins Gesicht, so daß der Albaner rücklings ins Wasser stürzte.

Chavasse sprang ihm nach und tauchte rasch auf. Taschko, der etwa sechs Meter weit weg war, schwamm hastig zur Mitte des Beckens, wo am Grund die Mauser lag. Chavasse war mit ein paar raschen Stößen bei ihm. Er packte ihn von hinten, schob seine Arme unter Taschkos Achseln durch, verschränkte sie in seinem Nacken und drückte zu. Taschko brüllte laut auf. Sein Kopf sank ins Wasser. Er wand sich und zappelte und schlug mit den Händen auf das Wasser ein. Doch Chavasse hielt ihn mit eisernem Griff umklammert. Das Ende kam mit überraschender Schnelligkeit. Taschko erschlaffte plötzlich, und als Chavasse ihn losließ, sank er auf den Grund des Beckens.

Chavasse holte tief Luft und tauchte nach der Mauser. Drei Meter davon lagen die Schlüssel. Er mußte Taschko wegstoßen, um sie nehmen zu können. Die Augen des Albaners starrten ins Leere, und in braunen Fäden sickerte Blut aus seinem zerschlagenen Mund. Chavasse wandte sich angewidert ab und schwamm zum Rand des Beckens.

Etwa fünf Minuten saß er da und rang mühsam nach Luft. Als er sich besser fühlte, stand er auf und stieg die Treppe hinauf. Er mußte vier Schlüssel ausprobieren, bis er den richtigen fand. Er öffnete die Tür und warf noch einen letzten Blick auf Taschko, der durch das Wasser zu ihm emporstarrte. Dann knipste er das Licht aus, schloß die Tür und versperrte sie.

Die Gänge waren still und leer, und er traf auf dem Rückweg keinen Menschen. Vor dem Lagerraum lag immer noch der

Stuhl, auf dem der Posten eingeschlafen war. Er hob ihn auf, steckte die Mauser in die Tasche und begann die Schlüssel auszuprobieren.

Während er einen nach dem anderen ins Schloß steckte, trat Giulio Orsini ans Gitter. Er blickte nach beiden Richtungen den Gang hinunter; dann sah er Chavasse verblüfft an.

»Was ist mit Taschko?«

»Er hat einen Fehler begangen«, sagte Chavasse und stieß die Tür auf. »Seinen letzten. Los, kommt raus.«

Er lief den Gang hinunter und überlegte, welchen Weg sie gekommen waren. Eine Treppe führte in den ersten Stock, eine andere in den Keller. Er ging durch einen schmalen, weißgetünchten Korridor voran. In der Eingangshalle an seinem Ende war kein Posten, doch das war auch völlig überflüssig, denn das Gebäude war von zwei zehn Meter hohen Mauern umgeben, deren Tore streng bewacht waren. Sie hatten Orsini schon früher erklärt, wie sie in das Kloster eingedrungen waren, und der Italiener folgte Chavasse mit dem Mädchen ohne Zögern.

Sie liefen gegenüber dem Wachgebäude, in dem Licht brannte, im Schatten der Mauer über den Hof und schlüpften durch einen Spalt in den Kreuzgang. Es war stockdunkel. Chavasse tastete sich vorsichtig zwischen den Säulen durch und bog in den Gang, an dem die Zellen lagen.

Erst in der dritten fand er die durchbrochene Steinplatte. Orsini hob sie hoch.

»Ich gehe zuerst«, sagte Chavasse. »Dann kommt Liri. Dann du, Giulio. Du mußt die Platte wieder einsetzen.«

Er rutschte, die Arme vor dem Gesicht verschränkt, den Schacht hinunter und landete mit lautem Klatschen unten im Tunnel. Liri kam so schnell nach, daß sie auf ihn prallte. Einen Moment später folgte Orsini.

In dem Tunnel war es so finster, daß sie einander nicht sehen konnten. Chavasse flüsterte: »Wir müssen unter allen Umständen dicht beisammen bleiben. Sobald wir den Haupttunnel erreicht haben, kann nichts mehr schiefgehen, denn er führt auf jeden Fall zum Fluß.«

»Alles ist besser als das, was hinter uns liegt«, sagte Orsini. »Gehen wir.«

Chavasse kroch gebückt durch den Tunnel und zog Liri, die sich an seiner Jacke festhielt, hinter sich her. Ein seltsames, beklemmendes Gefühl erfüllte ihn, doch er hatte keine Angst, denn die Dunkelheit war ihr Verbündeter.

Bald stießen sie auf die Höhle. Chavasse blieb im knietiefen Wasser stehen und starrte in die Finsternis.

»Pater Schedu zählte acht Öffnungen nach links, als wir hier herauskamen«, sagte Liri.

Er nickte. »Stellt euch beide hinter mich. Ich habe eine Idee.«

Er holte die Mauser hervor, richtete sie aufs Wasser und feuerte. Es blitzte auf, und in dem Lichtschein sah man einen Moment lang die Tunnelöffnungen. Er feuerte noch einmal, zählte rasch und watete durch die Höhle.

»Hier hinein«, flüsterte er, als seine tastende Hand die Öffnung gefunden hatte.

»Jetzt haben wir's bald geschafft.«

Nach fünfzehn Metern mündete der Gang in den Haupttunnel, und er hörte das Plätschern und Gurgeln, das dem Fluß entgegeneilende Wasser. Der Gestank schien bereits nachzulassen, und Chavasse atmete tief ein, um seinen Kopf klar zu bekommen. Von den Kerzen, die neben der Ikone in der Nische oberhalb der Treppe brannten, fiel Licht in den Tunnel, und aus dem Dunkel tauchte der Landungssteg auf, an dem Liris Kahn festgemacht war. Chavasse setzte sich auf den Rand des Landungsstegs und strich sich erschöpft mit dem Handrücken über die Stirn.

»Wieviel Sprit haben Sie im Tank?« fragte er Liri. »Kommen wir damit bis zur Küste?«

»Ich glaube schon.«

»Wir brauchen aber unbedingt einen Kompaß, um zur *Buona Esperanza* zurückzufinden«, sagte Orsini. »Zumindest, wenn wir bei Dunkelheit fahren.«

»Wir können nicht warten, bis es hell wird«, sagte Chavasse. »Wenn wir Kapo und Francesca zuvorkommen wollen, dann müssen wir gleich aufbrechen.«

»Pater Schedu hat bestimmt einen Kompaß«, sagte Liri. »Wartet hier. Ich hole ihn.«

Sie ging die Treppe hinauf und schloß die Tür hinter sich.

Orsini hockte sich neben Chavasse. »Ein tolles Mädchen! Jede andere hätte längst die Nerven verloren.«

»Sie muß mit uns kommen«, sagte Chavasse. »Hier kann sie nicht bleiben.«

»Meinst du, daß sie eine Aufenthaltsgenehmigung bekommt? Du weißt doch, wie schwer man es diesen staatenlosen Flüchtlingen macht.«

»Keine Sorge. Ich kenne die richtigen Leute im Ministerium in Rom. Wir werden ihr auch eine Stellung besorgen. Sie hat es verdient.«

»Vielleicht braucht sie gar keine Stellung.«

Chavasse sah ihn überrascht an. »Das scheint ja bei dir ziemlich schnell zu gehen.«

Orsini zuckte die Achseln. »Bei der Richtigen weiß man es vom ersten Moment an.«

Chavasse schloß die Augen. Sein linker Arm tat schrecklich weh, und er war hundemüde. Nach einer Weile ging die Tür auf, und Pater Schedu kam mit Liri die Treppe herunter.

»Es geschehen also immer noch Wunder«, sagte er, als er auf sie zutrat.

»Mein Freund Giulio Orsini, Pater«, sagte Chavasse. »Es war gut, daß Sie zurückgeblieben sind. Sie haben nicht die leiseste Ahnung, wie wir hineingekommen sind.«

Der Priester schenkte Brandy in einige Blechbecher und gab Liri einen kleinen Korb. »Es ist leider nicht viel. Brot und Käse und etwas Dörrfleisch.«

»Vielen Dank«, sagte Chavasse. »Wir werden es essen.«

Er trank einen Schluck Brandy und hustete, als er heiß seine Kehle hinabrann. »Liri hat mir alles erzählt«, sagte der Priester. »Unglaublich, wie gemein diese Frau Sie hintergangen hat.«

»Und sie wird dieses Spiel weiterspielen, wenn es uns nicht gelingt, ihr das Handwerk zu legen«, sagte Chavasse. »Liri meinte, Sie hätten einen Kompaß?«

Der Priester holte ihn hervor. Er drückte auf einen kleinen Knopf, und der Deckel sprang auf. Chavasse betrachtete ihn. Er trug die Inschrift W.D. 1941.

»Das ist ja ein britischer Armeekompaß?«

»Ein Andenken aus einem anderen Leben. Nehmen Sie ihn.

Ich hoffe, er bringt Ihnen Glück.« Er wandte sich zu Liri um und legte ihr die Hand auf die Schulter. »Und was geschieht mit dir, Liri?«

»Sie kommt mit uns, Pater«, brummte Orsini. »Ich werde mich um sie kümmern.«

Der Priester sah ihn fragend an, dann lächelte er. »Gottes Wege sind unerforschlich. Jetzt brecht lieber auf, sonst schafft ihr es nicht.«

Sie stiegen in den Kahn, und Liri setzte sich ans Steuer. Laut brüllend sprang der Motor an, und das Boot glitt rasch davon.

Als sie durch die Öffnung des Tunnels fuhren, drehte Chavasse sich um und sah, daß der Franziskaner immer noch dastand und ihnen nachblickte. Gleich darauf gelangten sie in die Hauptströmung und glitten geräuschvoll durch die Dunkelheit.

13

Der Fluß war durch den Regen stark angeschwollen und eilte schneller als sonst dem Meer zu.

Der leichte Kahn nahm ständig Wasser auf, und Chavasse und Orsini mußten ihn abwechselnd mit einer alten Blechschüssel ausschöpfen. Sie aßen die Lebensmittel, die ihnen der Priester mitgegeben hatte, und tranken die Flasche Brandy aus.

Chavasse setzte sich an den Bug, stellte den Kragen auf und zündete sich eine Zigarette an. Er fragte sich, was Kapo wohl tun würde. Wahrscheinlich würde er bis zur Morgendämmerung ein Stück flußabwärts anlegen und dann Francesca mit dem Schlauchboot losschicken. Carlo würde bestimmt alles schlucken, was sie ihm erzählte.

Nach etwa einer halben Stunde starb plötzlich der Motor ab, und der Kahn legte sich breitseits zur Strömung. »Unter dem Sitz liegen Paddel«, rief Liri. »Wir müssen versuchen, ihn herumzudrehen.«

Chavasse tastete im Finstern unter der Bank herum und fand zwei primitive Paddel. Er beugte sich über den Rand und stieß eins der Paddel tief ins Wasser. Mit äußerster Kraftanstrengung gelang es ihm, den Kahn langsam wieder in die Strömung zu lenken.

Orsini kroch zum Heck und montierte fluchend das Motorgehäuse ab. Da er nichts sehen konnte, mußte er versuchen, durch Tasten den Defekt zu finden, und tatsächlich stellte er mit seinen feinfühligen Fingern fest, daß ein Kabel, das zu einer Zündkerze führte, gerissen war. Der Draht war alt und spröde und zerbröckelte zwischen seinen Fingern, doch schließlich gelang es ihm, ihn zu flicken. Als er startete, drehte sich der Motor zweimal und starb wieder ab. Dann sprang er endlich an. Der Kahn schoß voran, und Chavasse atmete auf.

»Kann das noch öfter passieren?« rief er leise.

»Würde mich nicht überraschen. Das scheint der Motor zu sein, der die Arche Noah angetrieben hat.«

Orsini blieb am Heck sitzen, um den Motor zu überwachen, und Liri ging zur Mitte und schöpfte Wasser. Es war immer noch ziemlich dunkel und die Sicht gleich Null. Das einzige, wonach sie sich orientieren konnten, waren die weiß aufschäumenden Wellen, mit denen das Wasser ans Ufer schlug.

Plötzlich tauchten aus der Nacht die Umrisse einer großen Insel auf. Liri stieß einen Entsetzensschrei aus, und Orsini riß das Ruder im letzten Moment herum und lenkte den Kahn zur Mitte des Flusses.

Die Strömung hatte sie schon gepackt, als Chavasse links von sich einen Ruf hörte. Er drehte sich um und sah, daß im Schutz der Insel das Motorboot ankerte. Im Ruderhaus brannte Licht.

Auf dem Deck liefen Menschen hin und her, und man hörte Stimmengewirr. Dann wurde ein auf dem Dach des Ruderhauses befestigter starker Scheinwerfer eingeschaltet. Der Strahl huschte über das dunkle Wasser, kam dem Kahn immer näher und erwischte ihn schließlich.

Jemand schrie erschreckt auf, und dann hörten sie, wie Francesca rief: »Kapo! Kapo! Kommen Sie schnell! Kommen Sie!«

Chavasse beugte sich über den Rand des Kahns und begann

fieberhaft zu paddeln, und Orsini holte aus dem alten Motor heraus, was er hergab. Der Kahn schoß vorwärts, und die Dunkelheit nahm sie wieder auf.

Einige Sekunden später sprang der Motor von Kapos Boot an. Liri kroch schnell zum Heck. »Laßt mich ans Steuer«, sagte sie. »Etwa fünfhundert Meter weiter zweigt ein Seitenarm ab. Wenn wir ihn erreichen, sind wir in Sicherheit. Er ist für das Motorboot zu schmal. Sie müssen auf dem Fluß bleiben.«

Orsini hockte sich neben Chavasse, nahm das andere Paddel und stieß es ins Wasser. Der Fluß verengte sich plötzlich, und das laut rauschende gestaute Wasser übertönte das Tuckern des Motorboots. Chavasse vergaß seine Müdigkeit und Erschöpfung und paddelte mit aller Kraft.

Als der Fluß sich wieder verbreiterte und das Rauschen des Wassers nachließ, hörten sie plötzlich das Motorboot dicht hinter sich.

Er drehte sich um und sah das beleuchtete Ruderhaus und den Scheinwerfer, der suchend über das Wasser glitt. Eine Maschinenpistole begann zu bellen. Dann verschwand der Kahn hinter einer kleinen Insel und bog ab.

Der Scheinwerfer huschte über das Schilf, und im gleichen Moment, als er sie traf, tauchte der Seitenarm aus dem Dunkel auf. Der Kahn schoß darauf zu und glitt knirschend über eine unsichtbare Sandbank. Dann schloß sich das Schilf hinter ihnen. Sie hatten es geschafft.

Liri verringerte die Geschwindigkeit, und sie glitten, raschelndes Schilf streifend, weiter. Der Motor von Kapos Boot war verstummt. Jetzt hörten sie, wie er in der Ferne wieder ansprang und immer leiser wurde.

Chavasse holte den Kompaß hervor, den Pater Schedu ihm gegeben hatte, und reichte ihn Orsini. »Da, nimm ihn. Wir haben keine Zeit zu verlieren.«

Orsini setzte sich zu Liri ans Heck. »Wir müssen uns Süd-Süd-West halten. Werden wir durchkommen?«

»Sicher. Ich kenne diesen Seitenarm und weiß, wohin er führt. Wir werden bald auf eine sehr große Lagune stoßen. Dort müssen wir die Richtung ändern. Möglicherweise wirst du stellenweise aussteigen und den Kahn anschieben müssen.«

»Wann ungefähr wird es hell?« fragte Chavasse.

»In etwa einer Stunde. Aber es wird ziemlich neblig sein.«

»Wir sind in deiner Hand, *cara*«, sagte Orsini.

Sie stießen, wie sie vorhergesagt hatte, auf eine große Lagune und bogen in ein Labyrinth verschlungener Kanäle ein. Ein paarmal verfingen sich Wasserpflanzen in der Schraube, und der Motor blieb stehen, und schließlich starb er ganz ab.

Orsini untersuchte ihn und schüttelte den Kopf. »Ich fürchte, da ist nichts zu machen.«

Sie mußten zu den Paddeln greifen, doch nach einer Weile wurde das Schilf so dicht, daß den beiden Männern nichts anderes übrigblieb, als ins Wasser zu steigen, durch den zähen, klebrigen Schlamm zu waten und den Kahn zu schieben. Das sumpfige Wasser war tückisch, und der Grund fiel an manchen Stellen unvermittelt steil ab. Einmal trat Chavasse in ein tiefes Loch und versank bis über den Kopf. Fluchend kam er wieder hoch und kletterte in den Kahn.

Es war bitterkalt, und dichter Nebel stieg vom Wasser auf. Hin und wieder flatterten Wildgänse zornig kreischend aus dem Schilf hoch.

Allmählich dämmerte es, und bald war es so hell, daß sie das Schilf sehen konnten. Über den fahlen Himmel zog schnatternd eine Schar Gänse.

Orsini war blaß und erschöpft. Mit seinen dunklen Bartstoppeln sah er um zwanzig Jahre gealtert aus, und seine Hände zitterten vor Kälte. Auch Chavasse fühlte sich völlig zerschlagen. Das Mädchen wirkte frischer, doch sie war ja auch nicht fast eine Stunde lang durch das eiskalte Wasser gewatet.

Als sie in einen breiten Kanal einbogen, hob Orsini die Hand. »Wir müssen ganz nahe dran sein.«

Er stand auf, wölbte die Hände um den Mund und schrie mit aller Kraft: »*Buona Esperanza*, ahoi! Ahoi! *Buona Esperanza!*«

Keine Antwort. Chavasse stimmte mit ein: »Carlo! Carlo Arezzi!«

Enttäuscht sahen sie einander im fahlen Licht an. Da hob Liri die Hand.

»Ich hab was gehört.«

Zuerst dachte Chavasse, es sei der Schrei eines Vogels, doch dann hörte auch er es: unverkennbar eine menschliche Stimme. Immer wieder rufend paddelten sie durch den Nebel, und allmählich wurde die Stimme lauter.

Chavasse und Orsini mußten noch einmal ins Wasser steigen und den Kahn durch eine dichte Schilfbank schieben. Dann tauchte die vertraute Lagune vor ihnen auf.

Die *Buona Esperanza* schien durch den Nebel auf sie zuzuschweben, und auf dem Dach des Deckhauses stand Carlo Arezzi.

14

Es war warm in der Kajüte. Chavasse trocknete sich ab, zog eine Drillichhose und einen dicken Pullover von Carlo an.

Es klopfte an der Tür, und Liri Kupi rief: »Sind Sie fertig?«

Dankbar nahm er den Becher Kaffee, den sie ihm brachte. Er war brühheiß, und der Duft schien ihn mit neuem Leben zu erfüllen. »Der beste Kaffee, den ich je getrunken habe«, sagte er. »Wo ist Giulio?«

»Oben im Ruderhaus. Er hat gesagt, er muß den Kurs berechnen.«

Sie öffnete eine kleine Blechdose, bot ihm eine von ihren mazedonischen Zigaretten an und gab ihm Feuer, das Streichholz in der Hand umschließend wie ein Mann.

Chavasse sog genießerisch den Rauch ein und sah sie scharf an. »Sie mögen ihn, was?«

»Giulio? Den muß man mögen.«

»Er ist zwanzig Jahre älter als Sie. Ist Ihnen das klar?«

Sie zuckte die Achseln und sagte gelassen: »Sie wissen doch, was man von einem guten Wein sagt.«

Chavasse lachte leise, legte den Arm um ihre Schultern und drückte sie an sich. »Sie sind ein Prachtmädchen, Liri. Giulio ist ein wahrer Glückspilz.«

Er trank den Kaffee aus, gab ihr den Becher und stieg die Treppe hinauf. Es hatte zu regnen begonnen, und der Nebel umhüllte alles wie ein graues Tuch. Er trat ins Deckhaus.

Orsini und Carlo standen am Tisch und beugten sich über die Karten.

»Wie sieht's aus?«

Orsini zuckte die Achseln. »Es ist wohl am besten, wir benutzen den Hauptlauf. Wir kommen schneller voran, und ich glaube kaum, daß man versuchen wird, uns aufzuhalten. Das andere Ufer ist jugoslawisch, und die albanischen Boote wagen sich nicht gern in seine Nähe. Sobald wir auf offenem Meer sind, kann uns nicht mehr viel passieren.«

»Wahrscheinlich rechnet Kapo damit, daß wir das tun werden.«

»Kann schon sein. Am besten, wir fahren los und sehen nach.«

Chavasse zuckte die Achseln. »Meinetwegen. Aber es wäre vielleicht nicht schlecht, ein paar Waffen bereitzulegen.«

»Das kannst du und Carlo machen. Ich hab hier zu tun.«

Chavasse und der junge Italiener gingen nach unten, klappten die Bank auf und holten die Waffen hervor: eine Maschinenpistole, ein Dutzend Handgranaten und das alte MG. Sie gingen an Deck und legten sie im Ruderhaus unter den Kartentisch.

Es war kurz nach fünf Uhr morgens, als der Motor ansprang und die *Buona Esperanza* sich in Bewegung setzte. Chavasse stand neben Liri am Bug. Der Regen schlug ihnen ins Gesicht, und der Wind, der vom Meer herüberwehte, zerriß den Nebel zu seltsamen Figuren.

Das Mädchen starrte aufgeregt, rote Flecken auf den Wangen, in das wogende Grau. »Macht es Ihnen nichts aus, von hier fortzugehen?« fragte er.

Sie zuckte die Achseln. »Ich lasse ja nichts zurück.«

Allmählich wurde es heller, und man sah, wie der Regen aufs Wasser prasselte. Irgendwo in der Ferne schrie ein Brachvogel – einmal, zweimal... Chavasse hielt den Atem an und lauschte, wie früher als Kind. *Einmal bringt Freude, zweimal Sorge, dreimal den Tod.*

Als der dritte Schrei ausblieb, drehte er sich um und ging, leicht die Stirn runzelnd, ins Ruderhaus.

Etwa eine halbe Stunde lang fuhren sie langsam, von einer

Lagune in die andere überwechselnd, durch den Kanal. Die Sicht betrug nur etwa sechs bis sieben Meter, doch das Schilf hörte jetzt auf, und der Kanal wurde breiter. Das Wasser schlug in langgezogenen Wellen an den Rumpf.

Orsini grinste. »Der Bojana. Nur noch einen Kilometer bis zum Meer.«

Chavasse studierte die Karte, während die Jacht langsam voranglitt. Wenn Kapo ihnen auflauerte, dann bestimmt zwischen den zahlreichen Sandbänken des Mündungsgebiets.

Gleich darauf stellte Orsini den Motor ab und überließ die Jacht der Strömung.

»Wir sind gleich da. Wenn sie patrouillieren, müssen wir den Motor hören.«

Chavasse ging an Deck, stellte sich an den Bug und horchte. Carlo und Liri traten neben ihn. Es herrschte tiefe Stille, und man hörte nur den Wind und das Plätschern des Regens. Plötzlich hob Carlo die Hand.

Chavasse drehte sich um und winkte Orsini. Der Italiener riß das Steuer herum und lenkte die Jacht auf eine Sandbank zu, die ein Stück aus dem Wasser ragte. Die Jacht lief mit einem Ruck auf, und Chavasse rannte zum Steuerhaus.

»Carlo glaubt, etwas gehört zu haben. Es hat keinen Sinn, ein Risiko einzugehen. Am besten, wir sehen nach.«

Er stieg auf die Reling, sprang hinunter und landete in nur wenige Zentimeter tiefem Wasser. Carlo reichte ihm die Maschinenpistole, sprang ebenfalls von Bord, und sie schlichen die Sandbank entlang durch den Nebel.

Sie war etwa hundert Meter lang und an manchen Stellen überschwemmt, so daß sie durch das Wasser waten mußten. Sie hörten jetzt deutlich das Geräusch eines Motors. Manchmal wurde es leiser und dann nach ein oder zwei Minuten wieder lauter.

»Anscheinend patrouillieren sie an der Kanalmündung«, sagte Chavasse.

Carlo warf sich plötzlich zu Boden und riß ihn mit sich. Keine zehn Meter von ihnen tauchte das Motorboot aus dem Nebel auf. Sie sahen, daß auf dem Dach des Ruderhauses ein Soldat hockte, in der Hand eine Maschinenpistole. Dann verschluckte es der Nebel wieder.

Während sie über die Sandbank zurückliefen, verklang das Motorengeräusch in der Ferne. Der Nebel schien sich verdichtet zu haben, das Wasser stieg und umspülte ihre Stiefel.

Orsini beugte sich über die Reling und half Chavasse herauf. »Sind sie da?«

Chavasse nickte und berichtete ihm kurz, was sie gesehen hatten. »Was machen wir jetzt?«

Sie gingen ins Ruderhaus, und Orsini beugte sich über die Karte. »Wir könnten in den Sumpf zurückfahren. Es führt bestimmt ein Weg hindurch, aber mit einem Boot dieser Größe würden wir viele Stunden brauchen, und es gibt keine Garantie, daß wir nicht irgendwo steckenbleiben. Inzwischen könnte Kapo die albanische Marine alarmieren.«

»Existiert noch eine andere Möglichkeit?«

Orsini fuhr mit dem Finger über die Karte. »Hier ist ein Seitenarm. Er mündet etwa zwei Kilometer weiter südwestlich bei der Katzeninsel ins Meer. Siehst du – hier.«

»Und wo liegt der Haken?«

»Ich hab dir schon gesagt, daß der Fluß wegen der Reibereien mit Jugoslawien nur noch wenig befahren wird und daß diese Seitenarme stark versandet sind. Man weiß nie, wie tief das Wasser ist.«

»Und willst du's versuchen?«

»Wenn ihr einverstanden seid.«

Als Chavasse und Liri nickten, drückte Orsini auf den Starter und stieß von der Sandbank zurück. Die Jacht machte einen langen Bogen und fuhr wieder den Fluß hinauf.

Orsini beugte sich aus dem Seitenfenster und starrte mit zusammengekniffenen Augen in den Nebel. Nach einer Weile brummte er leise, schwenkte das Ruder herum und steuerte zwischen niedrigen, buckligen Sandbänken hindurch. Er drosselte die Geschwindigkeit, bis sie nur noch ganz langsam dahinglitten. Die Wellen schlugen mit dumpfem Geräusch gegen den Rumpf – ein sicheres Zeichen dafür, daß das Wasser seicht war –, und ein- oder zweimal scharrte der Kiel über den Grund. Nach etwa fünf Minuten stoppte Orsini und stieß zurück. Zuerst rührte sich die Jacht nicht, dann löste sie sich mit einem häßlichen saugenden Geräusch aus dem Sand. Carlo sprang wortlos von Bord. Das Wasser reichte ihm bis zur Brust, und als er weiterwatete, sank es bis zu seinen Hüften.

Er wandte sich nach links, und im nächsten Moment versank er wieder bis zu den Achselhöhlen. Er winkte, und Orsini warf das Steuer herum und fuhr ihm nach.

Der junge Italiener schwamm, alle paar Meter die Tiefe nachprüfend, voran, und die *Buona Esperanza* folgte seinem Zickzackkurs. Dann rollte plötzlich aus dem Nebel eine Welle auf ihn zu und begrub ihn unter sich.

Er tauchte auf und schwamm zur Jacht zurück. Als Chavasse ihn an Bord zog, sagte er grinsend: »Tiefes Wasser. Ich habe keinen Grund mehr gespürt. Wir sind durch.«

Orsini winkte ihnen aus dem Ruderhaus zu und steuerte mit erhöhter Geschwindigkeit aufs Meer zu. Fünfzig Meter von der Mündung ragten die dunklen Umrisse der Katzeninsel aus dem Nebel auf. Als sie sie umfuhren, sprang plötzlich ein Motor an, und ein graues Patrouillenboot glitt aus einer Felsenbucht hervor.

Ein schweres Maschinengewehr begann zu knattern. Die Geschosse fegten über das Deck, und das Fenster des Ruderhauses zersplitterte. Chavasse sah Kapo an der Reling stehen; er trug immer noch die Jacke mit dem Pelzkragen und brüllte mit aufgerissenem Mund seinen Leuten die Befehle zu.

Carlo erschien in der Tür des Ruderhauses und lief, mit der Maschinenpistole aus der Hüfte feuernd, über das Deck zur Reling. Auf dem Patrouillenboot schrie jemand auf, und Kapo verschwand.

Während Orsini auf volle Kraft aufdrehte, begann auf dem Vorderdeck des Patrouillenbootes ein zweites Maschinengewehr zu schießen. Die *Buona Esperanza* erzitterte, als die Leuchtspurgeschosse in ihren Rumpf schlugen. Dann hob sich ihr Bug hoch über die Wellen, und das Patrouillenboot verschwand hinter ihnen im Nebel. Sie waren durch.

Chavasse stand langsam auf und half Liri hoch. Sie fuhr sich mit der Hand übers Gesicht und wischte einen Blutspritzer weg.

»Sind Sie verletzt?« fragte er.

Sie schüttelte den Kopf. »Nur ein Holzsplitter.«

Carlo wandte sich um, die Maschinenpistole an die Brust

gepreßt. Zum erstenmal, seit Chavasse ihn kannte, sah er ihn lächeln.

»Einem von den Hunden hab ich ein Andenken an mich verpaßt.«

Chavasse ging zum Steuerhaus. Die Fenster waren zertrümmert, und der Boden war mit Glasscherben übersät, doch Orsini schien unverletzt.

»Ich hab mich schnell geduckt«, brüllte er Chavasse zu, um den dröhnenden Motor zu übertönen. »Hast du Kapo gesehen?«

»Einen Moment dachte ich, er hätte uns nun doch erwischt. Wir hätten uns denken können, daß er beide Ausfahrten überwacht.«

»Ich hoffe, das wird ihn den Kopf kosten.«

Während Orsini ihn angrinste, begann plötzlich der Motor zu stottern, und einen Moment später setzte er aus.

Die *Buona Esperanza* verlor an Fahrt. Ihr Bug senkte sich, und sie wurde von der Strömung erfaßt.

15

Als Carlo die Klappe des kleinen Maschinenraums öffnete, schlug ihnen Benzingeruch entgegen. Der Italiener kletterte die eiserne Leiter hinunter, und Chavasse und Orsini folgten ihm.

Carlo sah rasch nach und wandte sich um. »Keine große Sache. Die Ansaugleitung ist beschädigt. Ein Glück, daß wir nicht in die Luft geflogen sind.«

Ein gezacktes Einschußloch im Rumpf bewies eindeutig, woher die Beschädigung rührte.

»Wie lange brauchst du für die Reparatur?« fragte Orsini.

»Wenn ihr alle verschwindet und mich allein laßt, zwanzig Minuten.«

Chavasse kletterte die Leiter hinauf und trat zu Liri. »Ist es schlimm?« fragte sie.

»Schlimm genug. Wir werden eine halbe Stunde festliegen und ein ideales Ziel bieten.«

Orsini stieg aus dem Maschinenraum und nickte düster.

»Eine einmalige Chance für Kapo. Bereiten wir uns lieber vor.«

Er öffnete eine Patronenschachtel und lud sorgfältig das einhundertfünfzig Schuß fassende Magazin der Maschinenpistole. Chavasse überprüfte das MG und legte die Munition dafür bereit. Liri stieg aufs Dach des Steuerhauses und hielt, angestrengt in den Nebel starrend, Ausschau.

Als Orsini die Maschinenpistole geladen hatte, ging er nach unten und kam mit einem alten amerikanischen Armeegewehr zurück. Er warf es ihr zu, und sie fing es geschickt auf.

»Was Besseres kann ich dir nicht bieten, aber sieh dich damit vor. Es schlägt aus wie ein wütender Maulesel.«

»Ich kann mit Gewehren umgehen«, sagte sie und untersuchte sachkundig das Magazin.

Orsini grinste sie an. »Mir läßt der Gedanke keine Ruhe, wie du wohl mit einem Rock und anständigen Strümpfen und Schuhen aussiehst. Sowie wir in Matano sind, mußt du meine Neugier befriedigen.«

Sie lachte und errötete dann verlegen. Plötzlich zuckte sie zusammen. »Sei still. Ich glaube, ich höre sie.«

Die Jacht schaukelte leicht hin und her, und die Wellen klatschten gegen ihren Bug. Als Chavasse angestrengt lauschte, hörte er in der Ferne das Geräusch eines Motors.

»Komm runter, sagte Orsini zu dem Mädchen. »Geh ins Ruderhaus und leg dich flach auf den Boden.«

Sie war vernünftig genug, zu gehorchen. Chavasse stellte sich über sie und schob den Lauf des MG's durchs Fenster, und Orsini kauerte sich neben der Maschinenraumklappe nieder.

»Vielleicht verschwinden sie wieder?« flüsterte Liri. Chavasse schüttelte den Kopf. »Ganz bestimmt nicht. Als sie merkten, daß unser Motor aussetzte, haben sie ihren abgestellt, um zu hören, was los ist. Kapo weiß, daß es nur zwei Möglichkeiten gibt: Entweder sind wir auf ein anderes Boot umgestiegen, oder unser Motor ist kaputt.«

Das Patrouillenboot kam immer näher; offenbar fuhr es kreuz und quer durch den Nebel. Es glitt ganz dicht an ihnen vorbei. Seine Bugwelle schoß auf sie zu, und die *Buona Esperanza* begann heftig zu schaukeln. Einen Augenblick glaubte Chavasse, es habe sie verfehlt, doch dann heulte sein Motor auf, und es schoß aus dem Nebel hervor.

Als es hinter ihnen vorbeiraste, eröffnete ein an seinem Heck montiertes schweres MG, dessen Mannschaft hinter einer gebogenen Panzerplatte hockte, das Feuer. Am Bug standen mehrere Soldaten, die mit Gewehren und Maschinenpistolen schossen. Hinter ihnen lauerte, einen Revolver in der Hand, Kapo.

Chavasse harkte, sein MG in einem Halbkreis herumschwenkend, das Patrouillenboot ab, und die Soldaten stürzten zum Heck. Plötzlich rannte Francesca mit eingezogenem Kopf über das Deck. Er riß das MG herum, und die Schüsse schlugen neben ihrem Kopf in die Reling. Im gleichen Moment war sein Magazin leer, und sie verschwand im Steuerhaus.

Als er sich nach einem neuen Magazin bückte, krachten über ihm Leuchtspurgeschosse in die Wand. Glas zersprang, Holz splitterte. Dann jagte das Patrouillenboot davon. Orsini sprang auf und feuerte eine Salve auf die MG-Mannschaft am Heck ab. Sie hörten einen lauten Aufschrei. Einer der Soldaten stürzte über die Reling und versank im Meer.

Als das Patrouillenboot im Nebel verschwunden war, rief Orsini Liri zu: »Bleib unten. Das nächstemal geht's hart auf hart.«

Das Patrouillenboot, das im dichten Nebel nicht zu sehen war, umkreiste sie ein paarmal. Chavasse wartete geduldig. Schließlich griff Kapo wieder an, diesmal aus einer anderen Richtung. Als das Boot hinter ihnen aus dem Nebel auftauchte, schwenkte er das MG herum und feuerte aus der Hüfte.

Das schwere MG am Heck des Patrouillenboots deckte sie mit mörderischem Feuer ein. Die *Buona Esperanza* erzitterte, und über Chavasses Kopf flog das Dach weg. Er duckte sich und feuerte sein letztes Magazin leer.

Auch Orsini feuerte, den Lauf seiner Maschinenpistole an die Seitenwand des Steuerhauses gepreßt. Als das Patrouillenboot sie in einem weiten Bogen umfuhr und wieder auf ihren Bug zuraste, nahm Chavasse eine Handgranate aus der Schachtel, die neben Liri am Boden stand, zog sie ab und stürzte aufs Deck.

Das Patrouillenboot kam so nahe heran, daß er die Gesichter der Soldaten sehen konnte, und als es vorbeischoß, schleuderte er die Handgranate über die Reling auf sein Heck. Sie rollte über den Boden, und einer der Soldaten versuchte verzweifelt, sie mit dem Fuß wegzustoßen. Im gleichen Moment explodierte sie. Eine Wolke schien über das Heck hinwegzufegen. Als sie sich auflöste, waren nur noch die zerfetzten Überreste des MG's zu sehen. Die Soldaten waren verschwunden.

Das Patrouillenboot tauchte im Nebel unter, und es herrschte tiefe Stille. Liri stand auf und wischte sich mit der Hand das Blut weg, das ihr übers Gesicht lief.

»Werden sie's noch einmal versuchen?«

»Bestimmt. Sie werden nächstesmal aber bestimmt vorsichtiger sein.«

Orsini beugte sich über die Maschinenraumklappe. Dann stand er auf und trat zu ihnen. »Sieht nicht gut aus. Noch mindestens fünfzehn Minuten.«

Während sie einander wortlos anblickten, hörten sie durch den Nebel plötzlich Kapos Stimme. »Warum geben Sie nicht auf, Chavasse?« rief er. »Sie entkommen uns doch nicht.«

Liri zuckte erschrocken zusammen. Orsini beruhigte sie. »Keine Angst. Er spricht nur über ein Megaphon. Ich möchte bloß wissen, was das Schwein vorhat.«

Der Motor des Patrouillenbootes brüllte auf. Es glitt aus dem Nebel hervor, und die Männer an der Reling beschossen die *Buona Esperanza* mit Handfeuerwaffen.

Chavasse drückte Liri auf den Boden, und Orsini kauerte sich neben sie. Seine Maschinenpistole bellte wütend. Als das Patrouillenboot wieder im Nebel verschwand, stellte er das Feuer sofort ein.

Er überprüfte das Magazin und warf die Waffe ärgerlich ins Steuerhaus.

»Was ist mit dem MG?«

»Auch keine Munition mehr da.«

Orsini ging zum Kartentisch und zog die Schachtel mit den Handgranaten darunter hervor. »Wenigstens haben wir die noch.«

»Die helfen uns nur, wenn sie nahe genug herankommen«, sagte Chavasse.

Durch den Nebel drang wieder Kapos Stimme. »Ich weiß ganz genau, daß ihr festliegt, Chavasse, aber ich will großzügig sein. Wenn ihr euch ergebt, dann lasse ich Ihre Freunde laufen. Ich gebe Ihnen mein Wort darauf. Ich lasse Ihnen zehn Minuten Bedenkzeit. Dann kommen wir und machen euch fertig.«

Orsini rülpste laut in der Stille, die Kapos Worten folgte, und lief die Kajütentreppe hinunter. Als er zurückkam, hatte er sein Tauchgerät in der Hand. »Hilf mir, das Ding umzuschnallen«, sagte er zu Liri. Dann wandte er sich an Chavasse. »Im Salon sind noch ein Gurt mit Plastiksprengstoff und ein paar chemische Zünder, Paul. Hol das Zeug bitte.«

»Was, zum Teufel, hast du vor?« fragte Chavasse, doch Orsini schob ihn wütend weg. »Frag nicht lange. Hol's.«

Als Chavasse mit dem Sprengstoff zurückkam, hatte Orsini das Tauchgerät angelegt und schlüpfte eben in die Gummiflossen.

»Ich werde Kapo ein für allemal erledigen«, erklärte Orsini, während er sich den Gurt umschnallte.

Chavasse schüttelte den Kopf. »Du hast nicht genug Zeit.«

Orsini grinste. »Das haben sie mir einundvierzig, als ich mit meinen Jungs in den Hafen von Alexandria eindrang, auch gesagt. Aber wir sind rein *und* raus gekommen, und als wir fertig waren, lagen zwei britische Zerstörer umgekippt im Schlamm. Laß mich nur machen.«

Er zog seine Maske übers Gesicht, nickte Liri, die ihn ängstlich ansah, kurz zu und sprang über die Reling. Er wußte nur ungefähr, wo das Patrouillenboot lag, doch es konnte nicht weit weg sein. Er schwamm sehr schnell mit kräftigen Schlägen seiner Schwimmflossen und verschwand im Nebel.

Vorsichtig tauchte er auf und blickte sich um. Von dem Patrouillenboot war nichts zu sehen, doch plötzlich hörte er Kapos Stimme, und dann erkannte er einen dunklen Schatten im Nebel.

»Noch fünf Minuten, Chavasse!« rief Kapo.

Orsini tauchte und schwamm auf den Kiel des Bootes zu. Er glitt zum Heck, öffnete den Gurt und stopfte einen großen Klumpen Plastiksprengstoff zwischen die Schraube und den

Rumpf. Dann steckte er den Zünder hinein, brach das Ende ab und stieß sich ab.

Er nahm alle Kraft zusammen, schwamm so schnell er konnte, zur *Buona Esperanza* zurück und tauchte auf.

Chavasse und Carlo beugten sich über die Reling und zogen ihn an Deck. Gleich darauf hörten sie, wie der Motor des Patrouillenbootes ansprang, und im gleichen Moment erfolgte die Explosion. Laute Schreie drangen durch den Nebel, und um sie herum prasselten Trümmer ins Wasser. Dann war es totenstill.

»Madonna mia«, sagte Carlo. »Es muß untergegangen sein wie ein Stein.«

Orsini schnallte bedächtig sein Tauchgerät ab. »Wie sieht's unten aus?« fragte er.

»Alles in Ordnung«, sagte Carlo. »Sobald Sie fertig sind, können wir losfahren.«

Liri kniete sich neben Orsini und öffnete ihre Zigarettendose. Chavasse hockte sich neben die beiden und nahm eine Zigarette. Liri gab ihm Feuer.

Orsini sah ihn fragend an. »Tut dir das Mädchen leid?«

»Sie hat es ja selbst so gewollt.«

Chavasse stand auf und trat an die Reling. Ein beklemmendes Gefühl stieg in ihm auf, als er an das schöne, fröhliche Mädchen dachte, das er – tausend Jahre schien das her – bei der Botschaftsparty in Rom kennengelernt hatte.

Sein Kopf schmerzte, und er war müde, verdammt müde. In einem fort hörte er sie seinen Namen rufen. Er schloß einen Moment die Augen. Als er sie wieder öffnete, sah er sie aus dem Nebel auftauchen und auf die Jacht zuschwimmen.

Sie war schöner denn je; ihr dunkles Haar schwebte im Wasser, und die großen dunklen Augen in dem weißen Gesicht blickten zu ihm auf. Als sie nur noch ein paar Meter entfernt war, rief sie flehentlich:

»Helfen Sie mir, Paul! Helfen Sie mir!«

Er blickte auf sie nieder und dachte an Matt Sorley, an Dumont und all die anderen, an deren schrecklichem Tod sie schuld war.

Orsini sagte: »Um Gottes willen, Paul. Sind wir denn Tiere?«

Chavasse drehte sich um und sah ihn an. Der Italiener

zuckte die Achseln. »Wenn du ihr nicht hilfst, dann tu ich's.«

Als er an die Reling trat, schüttelte Chavasse den Kopf. »Laß nur, Giulio.«

Er beugte sich hinab und zog Francesca an Bord. Sie kroch keuchend und nach Luft schnappend aufs Deck. »Danke, Paul. Das werde ich Ihnen nie vergessen.«

Als sie aufstand, zuckte plötzlich ihre Hand hoch, und er sah im grellen Morgenlicht ein Messer glitzern. Er versuchte auszuweichen, doch er reagierte zu spät, und es traf ihn an der Seite, durchschlitzte das Fleisch und glitt am Brustkorb ab.

Als er zurückwich, sah er den kalten Haß in ihren Augen. Orsini schrie erschrocken auf. Sie holte wieder aus, und ein Sonnenstrahl ließ das Messer in ihrer hocherhobenen Hand aufblitzen. Dann hörte Chavasse, wie Liri einen wütenden Schrei ausstieß.

Mit beiden Händen die Maschinenpistole, die Orsini ihr gegeben hatte, umklammernd, stürzte sie vor und hieb damit auf Francesca ein, die zurücktaumelte und über die Reling ins Wasser stürzte.

Wie durch einen Nebel hindurch sah Chavasse, daß Liri die Maschinenpistole ins Wasser schleuderte. Dann beugte sich Orsini über ihn. Er holte tief Luft, und ein stechender Schmerz durchzuckte ihn.

»Schon gut, Giulio. Nicht so schlimm. Machen wir bloß, daß wir hier wegkommen.«

Orsini rief Carlo, der ins Steuerhaus gegangen war, etwas zu. Der Motor sprang an, und die *Buona Esperanza* setzte sich langsam in Bewegung.

Sie fuhren in einem großen Bogen zwischen den Trümmern des Patrouillenbootes hindurch. Plötzlich schrie Liri auf und deutete aufs Wasser.

Chavasse schüttelte den Kopf. Er preßte sein zusammenge-knülltes Hemd gegen die Wunde und horchte, doch er ver-stand nicht, was Liri zu Orsini sagte. Es brauste in seinen Ohren, und an seinen Augen schienen langsam graue Schleier vorbeizuschweben. Dann merkte er, daß der Motor ver-stummt war, und gleich darauf kam Carlo aus dem Steuer-haus, und Orsini sprang ins Wasser.

Chavasse richtete sich stöhnend auf, und als er den Kopf wandte, sah er, daß Carlo die Statue der Madonna von Skutari über die Reling hob.

Orsini trat zu ihm und legte sie behutsam vor ihm aufs Deck. »Da, Paul. Sie schwamm ohne einen Kratzer zwischen den Trümmern. Ein Wunder.«

Carlo ging wieder ins Steuerhaus und ließ den Motor an. Chavasse saß da und starrte auf die Statue. Tränen liefen ihm übers Gesicht – er konnte sich selbst nicht erklären, warum –, doch irgendwie schien das dunkle, von heiterer Ruhe erfüllte Gesicht, das zu ihm auflächelte, seinen Schmerz zu lindern.

Über ihm kreischte eine Möwe. Sie segelte dicht über dem Meeresspiegel; dann schoß sie davon und verschwand im Nebel.

Der eiserne Tiger

Für Brenda Godfrey,
die immer eine gute Story mag

INHALT

»Der Tod ist ein eiserner Tiger.«

(Afghanisches Sprichwort)

1. Kapitel

Das Tal des Schweigens

Jenseits der Berge leuchtete der Himmel blau und morgenfrisch. Die Sonne stieg langsam höher und hüllte die eisbedeckten Gipfel in einen goldenen Glanz. Die Täler tief unten lagen noch schweigend im Dunkel. Außer dem monotonen Brummen des Motors war kein Laut zu hören. Die Maschine flog durch das Gewirr der Berge und Täler und bewegte sich in Richtung Tibet.

John Drummond war völlig übermüdet. Zudem quälte ihn ein dumpfer, nagender Schmerz hinter seinem rechten Auge. Zuviel gesumpft, zuviel Whisky – und der Jüngste war er auch nicht mehr. Jedenfalls entschieden zu alt, um in der vom fliegerischen Standpunkt gefährlichsten Gegend der Welt ohne Druckausgleich in 5000 m Höhe herumzugondeln.

Er wandte sich Cheung zu.

»Unter Ihrem Sitz ist eine schwarze Thermosflasche mit Kaffee. Ich könnte jetzt welchen brauchen.«

Sein Begleiter war Chinese, in dessen Adern jedoch offensichtlich auch europäisches Blut floß. Er wirkte sehr gesund, war braungebrannt und hatte auffallend blaue Augen. Sein Mund verzog sich zu einem ironischen Grinsen.

Cheung trug einen schweren Lammfellmantel und eine Astrachan-Pelzkappe. Vor Kälte zitternd öffnete er die Vakuumflasche und goß Kaffee in einen Plastikbecher. »Ist es immer so kalt?«

Drummond nickte. »Der Wind weht von der Mongolei her. Es ist schon vorgekommen, daß er Teile vom Rumpf weggerissen hat.«

Cheung starrte in das felsige Tal tief unter ihnen hinab. »Was würde geschehen, wenn der Motor aussetzte?«

Drummond lachte heiser. »Das fragen Sie doch wohl nicht im Ernst?«

Cheung seufzte: »Mir wird von Minute zu Minute klarer, daß Sie das Geld wert sind, das Sie für diese Flüge bekommen.«

»Vielleicht auch etwas mehr Geld.«

Der Chinese lächelte liebenswürdig. »Mein lieber Jack, wir sind in Formosa fast ausschließlich auf die Gnade und Barmherzigkeit unserer amerikanischen Freunde angewiesen. Wenn sie nicht so großzügig wären, könnten wir uns nicht einmal solche kleinen Gesten wie dieses tibetanische Unternehmen leisten.«

Drummond zuckte die Achseln. »Ich mache mir darum keine Sorgen. Nur noch ein paar solche Flüge, dann höre ich auf. Ich bin diese Tour schon zu oft geflogen. Geborgte Zeit.«

Cheung runzelte die Stirn. »Aber Jack, es gibt doch gar keinen Ersatz für Sie. Was sollen wir denn ohne Sie anfangen?«

»Niemand ist unersetzlich«, erwiderte Drummond. »In irgendeiner Bar in Kalkutta werden Sie schon jemanden finden. Dort wimmelt es doch von ehemaligen Fliegern der Royal Air Force, die immer noch herumzigeunern oder ihre Fluglizenz eingebüßt haben. Wenn die Kasse stimmt, fliegen die überall hin.«

Sie überflogen eine so öde Landschaft, daß sie auf dem Mond zu sein glaubten. Ringsum schneebedeckte Gipfel. Drummond steuerte die kleine Maschine mit solchem Geschick durch alle Fährnisse, daß es an ein Wunder grenzte. Einmal sackten sie so plötzlich in ein Luftloch ab, daß ihnen fast das Herz stehenblieb. Ein andermal flogen sie durch eine so enge Schlucht, daß die Tragflächen fast die Felswände streiften. Schließlich erhoben sie sich über einen schneebedeckten Grat und nahmen Kurs auf die unendliche Weite.

Ein ausgedehntes Tal lag mehr als dreitausend Meter unter ihnen wie ein riesiger schwarzer Abgrund. Große, schimmernde Wolkenbänke schoben sich immer wieder zwischen sie und die Erde und nahmen ihnen vorübergehend die Sicht. Sieben oder acht Meilen hinter dem Tal lag die letzte eisige Grenze zwischen Balpur und Tibet.

Der Motor klang jetzt ganz anders, irgendwie gedämpft. Die Stille lastete auf ihnen, bis Cheung sagte: »Was für ein herrlicher Anblick! Noch nie habe ich so etwas gesehen.«

»Man nennt es das ›Tal des Schweigens‹«, erklärte Drummond. »Als hier noch Karawanen durchzogen, haben sie vom einen Ende bis zum andern zwei Tage gebraucht.«

Die Beaver schwebte weiter durch das unendliche blaue Himmelsgewölbe, durchstieß Schatten und flog dann wieder im strahlenden Sonnenschein dahin, bis sich das letzte große Hindernis vor ihnen erhob.

Drummond drückte sachte den Steuerknüppel zurück, und die Beaver stieg höher. Das Brummen des Motors schwoll zu einem tiefen Dröhnen an. Zwischen den Gipfeln ein schmaler Einschnitt.

»Das ist der Sangong-Paß«, schrie Drummond über den Motorenlärm hinweg.

Sie durchflogen den Paß, der metallisch in der Sonne erglänzte und kraß gegen die dunklen Felswände abstach. Die gefrorene Erde schien sich ihnen entgegenzubäumen. Drummond ließ die Maschine auf vollen Touren laufen und zog sich den Steuerknüppel regelrecht in die Magengrube.

Cheung hielt erschrocken den Atem an und rechnete jeden Augenblick mit einer Katastrophe, während sie himmelwärts flogen. Das Fahrwerk befand sich kaum mehr als drei Meter über dem mit Geröll bedeckten Boden. Dann waren sie über den Paß und überflogen noch einen großen kalten Gletscher.

Dahinter erstreckte sich bis zum Horizont die Steppe, die in der Morgensonne golden glänzte. Drummond sah seinen Begleiter grinsend von der Seite an. »Jetzt verstehen Sie sicher, warum ich zweitausend pro Tour verlange.«

Cheung wischte sich mit dem Rücken seiner behandschuhten Hand den Schweiß von der Stirn und lächelte krampfhaft. »Ja, das habe ich inzwischen begriffen. Wie weit ist es noch?«

»Zehn oder zwölf Meilen. Halten Sie sich bereit.«

Der Chinese griff nach der Maschinenpistole hinter seinem Sitz, spannte den Abzug und legte die Waffe auf die Knie. Als die Beaver niederging, sah er einen schmalen Fluß, der sich rauschend seinen Weg über erratische Felsblöcke hinweg bahnte und sich schließlich zu einem flachen See weitete. Etwa hundert Meter weiter links lag eng an die Felswände geschmiegt und durch sie geschützt eine Klosterruine, zu ihren Füßen eine ganze Anzahl von Häusern.

Drummond wies auf eine lange Sandpiste am entferntesten Ende des Sees. »Da landen wir. Wir müssen nur noch das Signal abwarten.«

»Und wenn das Signal ausbleibt?«

»Dann machen wir, daß wir hier schleunigst wieder wegkommen.«

Er kreiste über dem See und ging dann in einer niedrigen Anflugkurve immer weiter hinunter. Cheung zeigte aufgeregt nach unten. »Da unten stehen ja Leute an den seichten Stellen oder auf Sandbänken im Wasser!«

»Das sind Frauen, die die Wäsche waschen«, erklärte Drummond und hielt auf das Dorf zu – weg von der Steilwand und der feuergeschwärzten Klosterruine.

»Was ist denn da passiert?«, erkundigte sich Cheung.

»Das war 1950 das Hauptquartier der hiesigen Widerstandsbewegung. Damals haben die Rotchinesen erstmals Tibet heimgesucht und sind hier eingefallen. Es war ein zähes Ringen. Der Belagerungszustand währte nur ein paar Tage, dann fuhren sie Feldgeschütze auf und durchsiebten die Mauern genau an den richtigen Stellen.«

»Und dann?«

Drummond zuckte die Achseln. »Sie haben alles herausgeholt, was ihnen wichtig erschien, und dann das Kloster bis auf die Grundmauern niedergebrannt. Sie haben Hunderte von Mönchen hingerichtet.«

»Um die anderen zu ermutigen?«

Drummond nickte und flog mit der Beaver in einer eleganten Kurve ans andere Seeufer. »Viel hat es ihnen aber nicht genutzt. In Gegenden wie dieser haben sie nur die Städte in der Gewalt.«

Als er das Dorf wieder anvisierte, berührte Cheung aufgeregt seinenArm. »Ist das das Zeichen?«

Drei Leuchtsignale wurden gegeben. Sie bildeten die Ecken eines Dreiecks. Weiße Rauchwolken stiegen in die kalte Luft auf.

Drummond nickte.

Er drosselte den Motor, drehte die Beaver gegen den Wind und landete sauber auf der Sandpiste am Seeufer. Er ließ die Maschine ausrollen.

Die Frauen, die nur ein paar Meter entfernt im seichten Wasser Wäsche gewaschen hatten, näherten sich langsam – ihre langen, wollenen Schubas unter den Gürtel gesteckt. Dann standen sie in einer kleinen Gruppe eng beisammen und ließen das Flugzeug nicht aus den Augen.

Cheung langte nach dem Türgriff, doch Drummond schüttelte den Kopf. »Noch nicht. Erst müssen wir ganz sicher sein.«

In diesem Augenblick kam ein Reiter über die Kuppe des Hügels geprescht und hielt geradewegs auf das Flugzeug zu. Drummond stellte den Motor ab und grinste in der plötzlichen, ungewollten Stille.

»Das ist unser Mann.«

Als er die Tür öffnete und zu Boden sprang, zügelte der Reiter sein kleines tibetanisches Pferd, sprang aus dem Sattel und schritt auf sie zu. Er war groß und muskulös, ganz braungebrannt und hatte hohe mongolische Wangenknochen. Er trug ein langes Gewand mit weiten Ärmeln und eine Schuba aus Schafspelz, die die Brust freiließ. An den Füßen hatte er Stiefel aus ungegerbtem Leder, die bis an die Knie reichten. Sein Haar war zu Zöpfen geflochten, und er trug eine Lammfellmütze auf dem Kopf.

»Sein Englisch ist nicht der Rede wert«, sagte Drummond rasch zu Cheung, während sich der Tibetaner näherte. „Wir werden Chinesisch mit ihm sprechen. Erweisen Sie ihm um Himmels willen den gebührenden Respekt. Er ist ein Edelmann. Die sind manchmal in solchen Dingen sehr empfindlich.«

Der Tibetaner streckte ihnen lächelnd die Hand zur Begrüßung hin. Hinter ihm ritt noch ein Dutzend Leute auf das Seeufer zu. »Wie schön, Sie wiederzusehen, mein Freund. Haben Sie noch Waffen für uns?«

Drummond nickte und reichte ihm die Hand. »Ihre Leute können sie ausladen, wann immer sie wollen. Ich möchte mich nur nicht länger als unbedingt nötig hier aufhalten.«

Der Tibetaner erteilte seinen Leuten einen Befehl. Dann gingen er, Drummond und Cheung aus dem Weg und machten Platz. »Moro, ich möchte Ihnen Mr. Cheung vorstellen«, sagte Drummond. »Er ist der Vertreter Balpurs bei der nationalchinesischen Regierung. Das sind die Leute, die Ihnen die Waffen und die Munition geliefert haben, die ich Ihnen in den vergangenen sechs Monaten per Flugzeug hergebracht habe.«

Moro drückte Cheung die Hand. »Bevor Buddha diesem Land Frieden gebracht hat, waren die Tibetaner Krieger. Mit Hilfe der von Ihnen gelieferten Waffen konnten wir den Kommunisten beweisen, daß wir auch wieder Krieg führen können. Sie trinken doch Tee mit mir, bevor Sie wieder zurückfliegen?«

Cheung sah Drummond fragend an. »Haben wir Zeit dazu?«

»Sicher, warum nicht.« Drummond bot dem Tibetaner eine Zigarette an. »Sind hier in letzter Zeit Rote aufgetaucht?«

»Nur eine Patrouille«, erwiderte Moro. »Fünfzehn Leute. Das war vor einer Woche.«

»Und was haben Sie mit den Leuten gemacht?« fragte Drummond.

Der Tibetaner grinste. »Sie werden es sehen, sobald wir im Dorf sind.«

Sie gingen über den Steilhang auf die Häuser zu. Der Tibetaner führte sein Pferd am Zügel.

»Mr. Cheung muß seiner Regierung in Formosa darüber Bericht erstatten, wie die Dinge hier liegen«, erklärte Drummond. »Daher hielt er es für am besten, selbst herzukommen, um sich ein Bild machen zu können.«

»Wie stark sind die Roten hier in der Gegend vertreten?«, erkundigte sich Cheung.

»In einer Stadt namens Juma, etwa hundert Meilen von hier entfernt, sind sie stärker vertreten. Ein halbes Infanterieregiment«, erklärte Moro. »Höchstens vierhundert Mann. In größeren Dörfern wie Hurok, dreißig Meilen in östlicher Richtung über die Ebene, haben sie Kavallerie postiert. Zwischen den Dörfern nichts.«

»Haben denn hier im Grenzgebiet überhaupt keine größeren Truppenbewegungen stattgefunden? Sind keine Straßen gebaut worden?«

»Nein, hier nicht, aber weiter östlich in Richtung Aksai Chin und Ladakh, wo 1962 gegen die Inder gekämpft wurde – da haben sie viele Straßen gebaut.« Der Tibetaner schüttelte verwundert den Kopf. »Was sollten sie denn hier mit Straßen?«

»Sie erheben Anspruch auf Balpur«, sagte Cheung.

Moro lachte und entblößte dabei seine kräftigen weißen Zähne. »Sie erheben Anspruch auf die ganze Welt.«

Sie näherten sich den Randbezirken des Dorfes. Eine kleine, gottverlassene Ortschaft. Die einzige Straße säumten einstökkige Lehmhütten mit Flechtwerk.

Ein paar Kinder liefen ihnen aufgeregt nach, wagten es jedoch nicht, Moro zu nahe zu kommen. Immer wieder holte er respektheischend mit der Lederpeitsche aus und ließ sie knallen.

Als sie vor einem größeren Haus in der Mitte des Dorfes angelangt waren, öffnete Moro die schwere Holztür und bat sie herein.

In dem Haus gab es keine Fenster. Drummond konnte im Halbdunkel allmählich die Lehmwände und die Schaffelle auf dem Boden ausmachen. In einer steinernen Feuerstelle in der Mitte des Raumes brannte Yak-Dung, und eine alte Tibetanerin krümelte Tee von einem großen Brocken in einen Kessel mit kochendem Wasser. Sie fügte Butter und eine Prise Salz hinzu, und die Männer gingen auf dem Schaffell vor dem Feuer in die Hocke.

Schweigend warteten sie auf den Tee, wie es dem Ritual entsprach. Die alte Frau füllte drei Metallbecher und reichte sie ihnen. Moro nippte an seinem Tee und nickte beifällig. Sie tranken.

Wie immer hatte der Tee eine erstaunlich belebende Wirkung, und Drummond ließ sich seinen Becher noch einmal füllen. »Nun, wie sieht es denn ganz allgemein hier aus?« fragte er schließlich.

Moro zuckte die Achseln. »Wir dürfen uns nicht der Hoffnung hingeben, sie hier vernichtend zu schlagen, aber wir können sie in Trab halten und ihnen das Leben schwermachen.«

»Und wie steht es mit der Bewaffnung?« erkundigte sich Cheung. »Brauchen Sie noch Waffen?«

»Waffen haben wir nie genug. Wir können sie ja schlecht mit Säbeln und Musketen bekämpfen.«

»Sie wollten uns doch von der Patrouille erzählen«, erinnerte ihn Drummond.

Moro nickte und stand auf. »Das hätte ich fast vergessen. Wenn Sie Ihren Tee ausgetrunken haben, werde ich Ihnen zeigen, was ich meine.«

Sie traten wieder auf die Straße hinaus und kniffen von der grellen Morgensonne geblendet die Augen zu. Der Tibetaner führte sie an halbverfallenen Hütten vorbei. Wieder folgten ihnen die Kinder.

Die Flügel der Tore in der Außenmauer des Klosters schwangen quietschend in den Angeln hin und her, von den Flammen geschwärzt und schon halb verbrannt.

Sie durchquerten den dahinterliegenden Hof, immer noch gefolgt von der ganzen Kinderschar, und stiegen die breiten Stufen zu der Ruine hinauf, die eine der berühmtesten Stätten der Weisheit des westlichen Tibet gewesen war.

Die Türen waren aufgesprengt worden. Davon zeugten nur noch ein paar Bretter auf dem Boden. Durch die Löcher im Dach strömte das Sonnenlicht herein.

»Hier befand sich eine Bibliothek mit mehr als fünfzehntausend Büchern und Manuskripten, die fast alle über tausend Jahre alt waren. Die Chinesen haben alles mit voller Absicht verbrannt.«

Ganz hinten im Schatten bewegte sich etwas. Ein roter Milan schwang sich träge in die Luft. Seine riesigen Schwingen streiften die Dachbalken.

Durch den von dem Vogel verursachten Luftzug schwang etwas hin und her und entzog sich damit immer wieder dem Zugriff der hellen Sonnenstrahlen, die stellenweise die Dunkelheit vertrieben.

Drummond ging hin. Da baumelte ein chinesischer Soldat an einem Seil an den verkohlten Balken. Die Zunge quoll ihm obszön aus dem Mund, und sein Gesicht war schwärzlich und aufgedunsen. Wo die Augen gewesen waren, gähnten nur noch leere Höhlen. Ein Ohr hatte man ihm abgerissen.

Als sich seine Augen an das Dämmerlicht gewöhnt hatten, sah er auch die anderen. Sie hingen alle mit einem Seil um den Hals von verkohlen Deckenbalken herab und schwangen im Luftzug hin und her. Blind starrten sie in die Ewigkeit.

»Wir waren nicht da, als sie kamen«, sagte Moro einfach. »Als wir dann zurückkehrten, waren diese Narren so damit beschäftigt, unsere Frauen zu schänden, daß sie nicht einmal daran gedacht hatten, einen Wachtposten aufzustellen.«

Eins der Kinder kam mit rauhem Gelächter angerannt, packte den nächstbesten Leichnam am Bein und schwang ihn wild hin und her. Die anderen Kinder folgten diesem Beispiel, kamen herbeigestürzt und stürmten auf die Toten los, um ihren makabren Spaß mit ihnen zu treiben. Dabei lachten sie schrill und ratlos.

Drummond wandte sich ab und ging hinaus. Seine Kehle war wie ausgedörrt. »Ich glaube, wir sollten jetzt langsam an den Rückflug denken.«

Mr. Cheung sagte kein Wort. Er war leichenblaß. Er hatte offensichtlich einen Schock erlitten. Auf seinem Gesicht lag ein schmerzlicher Ausdruck. Im Dorf pfiff Moro, damit man ihm sein Pferd brachte. Er ergriff die Zügel und ging den beiden Männern voraus – zurück zum See.

»Was haben Sie uns diesmal mitgebracht?« fragte er Drummond.

»Automatische Gewehre, Maschinenpistolen und zehntausend Schuß Munition.«

Der Tibetaner nickte. »Gut, aber vielleicht können Sie uns nächstes mal auch Sprengstoff mitbringen.«

Drummond sah den Chinesen fragend an. »Können Sie welchen beschaffen?«

Der Chinese nickte. »Ich glaube schon. In vierzehn Tagen, oder ist Ihnen das zu früh?«

»Ganz und gar nicht«, erwiderte Drummond. »Noch zwei solche Flüge, dann höre ich auf. Je eher ich sie hinter mich bringe, desto besser.«

»Also in vierzehn Tagen«, sagte Moro. Sie gingen den steilen Abhang zum Seeufer hinunter.

Inzwischen hatten Moros Leute die Waffen ausgeladen. Mehrere Lastpferde waren schon auf dem Weg ins Dorf. Drummond gab Moro noch eine letzte Zigarette, stieg ins Flugzeug und schnallte sich an. Als der Motor ohrenbetäubend dröhnte, wandte Cheung sich Moro zu und streckte ihm die Hand hin.

»Wir sind im Kampf vereint«, sagte er und bestieg die Maschine. Sobald er die Tür geschlossen und sich angeschnallt hatte, drehte die Beaver gegen den Wind und rollte am Seeufer entlang. Der Propeller wirbelte Sand auf und schleuderte ihn an die Scheiben. Das Steilufer am anderen Ende des Sees kam ihnen rasend schnell entgegen, und sie erhoben sich in die Luft.

Drummmond kreiste noch einmal über den See. Moro saß bereits im Sattel. Er winkte, wendete, gab seinem Pferd die Sporen und galoppierte ins Dorf zurück.

Drummond überprüfte die Instrumente und gewann an Höhe. »Nun, was sagen Sie dazu?«

»Mir fehlen die Worte.«

»Das habe ich mir fast gedacht.«

Cheung steckte sich eine Zigarette an und seufzte. »Für Sie ist das ohne Bedeutung, Jack. Dieses ganze Unternehmen ist zwar gefährlich und äußerst unangenehm, doch Sie haben sich nur aus einem Grund mit hineinziehen lassen – Ihnen geht es ausschließlich um Geld.«

»Und für Sie ist es ein heiliger Krieg«, sagte Drummond. »Weiß ich ja. Aber fangen Sie jetzt bloß nicht an, mir einzureden, ich solle bei diesem Kreuzzug mitmachen. Ich habe noch von Korea die Nase voll. Das reicht mir, solange ich lebe.«

»Ist ja schon gut«, sagte Cheung erschöpft. »Und nun zu dem Sprengstoff, den Sie Moro das nächste Mal mitbringen sollen. Können Sie ihn abholen, wenn ich ihn bis zum nächsten Wochenende zum Schienenkopf, zur Umschlagstelle Juma schaffe?«

»Ich fliege morgen mit Major Hamid runter«, sagte Drummond. »Er nimmt eine Woche Urlaub. Es macht ihm mehr Spaß, wenn ich mitkomme. Warum schließen Sie sich uns nicht an?«

Cheung schüttelte den Kopf. »Das täte ich wirklich gern, aber ich bin mit dem Papierkram fürchterlich im Rückstand. Außerdem bin ich am Samstag bei dem alten Khan zum Abendessen eingeladen.«

»Wie Sie wollen«, sagte Drummond.

Noch einmal zweitausend. Damit beliefe sich dann sein Guthaben bei der Bank of Geneve auf dreiundzwanzigtausend

Pfund. Noch zwei Flüge und das Geld, das Ferguson ihm schuldete, dann hätte er genau dreißigtausend Pfund. Das reichte. Höchste Zeit, daß er einmal ausspannte. Er lehnte sich im Sitz zurück, summte vor sich hin und konzentrierte sich dann auf die Instrumente, als er schräg über den Gletscher auf den Paß zuhielt.

Moro galoppierte neben den Lastpferden her, pfiff und schlug mit seiner schweren ledernen Reitpeitsche auf die knochigen Tiere ein. Er gab seinem Pferd die Sporen und ritt als erster ins Dorf ein. Die Hufe des Tieres klapperten über die lockeren Steine. Vor seinem Haus sprang er aus dem Sattel.

Die Kinder waren inzwischen verschwunden, die Straße lag ganz verlassen da. Lauschend stand er da. Das Motorengeräusch der sich entfernenden Beaver wurde immer schwächer. Glücklich zog er an der englischen Zigarette, die Drummond ihm geschenkt hatte.

Überall öffneten sich jetzt Haustüren. Aus allen Häusern und Hütten strömten Soldaten mit Schirmmützen und khakifarbenen Steppjacken. Als Moro sich umwandte, öffnete sich die Tür seines Hauses, und ein junger Offizier trat über die Schwelle. Er trug eine elegante, maßgeschneiderte Reitjacke mit Pelzkragen. Auf seiner Mütze erglänzte hell der rote Stern der Volksrepublik China.

»Na, habe ich es gut gemacht?« fragte Moro. Der junge Offizier nahm dem Tibetaner die englische Zigarette aus dem Mund und inhalierte tief. Er verzog das Gesicht zu einem strahlenden Lächeln.

»Ausgezeichnet. Wirklich ausgezeichnet.«

Moro nickte, immer noch mit diesem diensteifrigen Lächeln. Sie standen dicht nebeneinander und lauschten auf das Motorengeräusch, das jetzt schon ganz gedämpft klang und ihnen sagte, daß sich die Beaver inzwischen im Paß befinden mußte.

2. Kapitel

Freudenhaus

Drummond kam aus dem Dampfbad, ließ sein Handtuch auf den gekachelten Boden gleiten und stürzte sich kopfüber ins Wasser. Er tauchte bis auf den Grund, um dort das in fröhlichen Farben gehaltene Mosaik zu berühren, das die Göttin Kali darstellte, die wie seit tausend Jahren durch das grüne Wasser blicklos in die Ewigkeit starrte.

Er tauchte wieder auf. Eines der Mädchen des Hauses trat aus dem Dampf und kniete am Rande des alten Beckens nieder. Es trug ein Tablett mit einer kleinen, hohen Kaffeekanne und winzigen Täßchen. Drummond schwamm zu ihr, und es reichte ihm eine Tasse Kaffee, als er ihm die Hand aus dem Wasser entgegenstreckte.

Wie alle Mädchen dieses Hauses war sie atemberaubend schön. Sie hatte feine Gesichtszüge und große, schwarzumrandete Augen. Ihr grüner seidener Sari war feucht vom Dampf, lag eng am Körper an und betonte ihre Formen und den Schwung ihrer Brüste.

Während Drummond den heißen Kaffee schlürfte, hörte er ganz in der Nähe rauhes Gelächter. Hamids mächtige Stimme dröhnte durch den Raum. Er sang die erste Strophe des Zukhmel-Dil, einer Ballade, die an der Nordwestgrenze sehr beliebt war, die sogar der Lieblingsmarsch der Khyber Rifles gewesen war.

Drummond reichte dem Mädchen die Tasse wieder hinauf und antwortete singend mit der englischen Version der Ballade.

»Am andern Ufer des Flusses lebt ein Junge
mit einem Hintern wie ein Pfirsich,
aber ach, ich kann nicht schwimmen.«

Hamid brüllte vor Lachen, als er mit einem Handtuch um die Hüften aus dem Dampfbad auftauchte. Er war ein Pathane vom Stamm der Hazara – dunkelhäutig und bärtig. Ein Freibeuter und Bild von einem Mann. Er war fast 1,90 m groß und hatte breite, muskulöse Schultern. Er grinste übers ganze Gesicht.

»Na, fühlst du dich jetzt besser, Jack? Sind die Kopfschmerzen weg?«

»Jetzt bin ich zu jeder Schandtat bereit«, erwiderte Drummond.

»Ich auch.« Der Pathane fuhr dem Mädchen, das immer noch am Rande des Schwimmbeckens kniete, mit der Hand durch das lange Haar. »Wirklich ein schönes Lied, was wir da eben zum besten gegeben haben. Aber in der Liebe halte ich mich doch lieber an das Althergebrachte.« Er zog das Mädchen zu sich hoch. Der klamme Sari teilte sich, dabei wurde ihre linke Brust entblößt. »Also, das kann sich sehen lassen.« Er riß das Mächen in die Arme und verabschiedete sich grinsend von Drummond. »Also dann bis später.«

Drummond schwamm träge ans andere Ende des Beckens und wieder zurück. Er machte noch zweimal die Runde, bevor er aus dem Wasser stieg. Er hob sein Handtuch auf, schlang es um die Taille und lief über die warmen Fliesen.

Der Nebenraum war langgestreckt und schmal und hatte ein Gewölbedach. In diesem Raum befanden sich lauter kleine Kabinen. Bei manchen waren Vorhänge vorgezogen. Aus einer der Kabinen erklang Hamids tiefes Lachen, begleitet von dem hellen Gekicher des Mädchens. Drummond lächelte.

Er ging in die letzte Kabine, zog an der Klingelschnur, stieg auf den steinernen Massagetisch und wartete. Nach einer Weile wurde der Vorhang aufgezogen und Ram Shing, der Besitzer des Etablissements, erschien, gefolgt von mehreren Männern, die Eimer mit heißem und kaltem Wasser trugen.

Der Hindu lächelte. »Alles in Ordnung, Mr. Drummond?«

»Sie haben einen neuen Menschen aus mir gemacht, wir könnten Sie in Sadar gut gebrauchen.«

Mit gespieltem Entsetzen schlug der Hindu die Augen zum Himmel. »Das liegt ja am Ende der Welt, Mr. Drummond. Wirklich am Ende der Welt! – Ich schicke Ihnen Raika.«

Damit zog er sich zurück. Drummond lag einfach nur da und starrte zur Decke hinauf. *Am Ende der Welt*. Gut gesagt. Das ließ sich nicht bestreiten. Da lag Sadar wirklich. Die Hauptstadt von Balpur hatte kaum dreitausend Einwohner –

woraus man auf die Größe des ganzen Landes schließen konnte. Ein ödes, häßliches Fleckchen Erde, genauso hart und grausam wie seine Bewohner. Dieses Land war ein Stiefkind Gottes. Nun ja, nicht mehr lange. – Allah sei gelobt und gepriesen.

Der Vorhang wurde zurückgeschoben. Drummond drehte den Kopf zur Seite. Raika stand vor ihm. Sie war unbeschreiblich schön, trug einen Rubin an der Nase und lange silberne Ohrringe mit kleinen Glöckchen, die bei jeder Kopfbewegung klingelten.

Sie trug einen Sari aus blauer Seide mit Goldfäden durchwirkt, der die Linien ihres geschmeidigen Körpers betonte. Drummond nickte ihr auffordernd zu. Ohne ein Wort zu sagen, begann sie mit ihrer Arbeit.

Zuerst wurde er mit heißem Wasser übergossen, so glühend heiß, daß er den Schmerzensschrei unterdrücken mußte, der sich seiner Kehle zu entringen drohte. Zuerst bearbeitete sie seine Arme und Beine, zunächst mit Bürsten und dann mit geübten Händen. Seine verkrampften Muskeln entspannten sich. Ein wohliges Gefühl überkam ihn. Er glaubte zu schweben.

Wie schon so oft staunte er über die Sachlichkeit dieses Vorganges, das völlige Fehlen offen zur Schau getragener Sinnlichkeit. Aber schließlich befand er sich hier in Indien, wo Leben und Tod, Liebe und Fleischeslust Teil eines großen Mysteriums waren.

Raika übergoß ihn noch einmal mit heißem Wasser und gleich darauf mit so eisigem Wasser, daß ihm die Luft wegblieb. Er keuchte und schnappte nach Luft. Ihre Augen glitzerten verdächtig. Offensichtlich amüsierte sie sich über ihn. Erst dadurch nahm sie für ihn wirklich Gestalt an, wurde zu einem Wesen aus Fleisch und Blut.

Als sie sich über ihn beugte, glitt der Sari bis zur Taille hinab auseinander. Drummond umschloß eine ihrer spitzen Brüste mit der Hand. Sie hielt ganz still und verharrte in dieser Stellung, beugte sich immer noch über ihn – die Hand, die nach der Bürste hatte greifen wollen, mitten in der Bewegung erstarrt.

Drummond sah ihr ins Gesicht, als er spürte, wie die

Brustwarze in seiner Hand hart wurde. Der Ausdruck ihrer Augen hatte sich verändert. Langsam neigte sie den Kopf, die Lippen leicht geöffnet. Er schlang ihr die freie Hand um den Nacken, um sie zu sich hinabzuziehen. Doch da räusperte sich jemand diskret hinter dem Vorhang.

Sofort richtete sich Raika wieder auf, als sei nichts gewesen, und Drummond setzte sich. Ram Singh blinzelte mit besorgt gerunzelter Stirn durch den Vorhang.

»Es tut mir unendlich leid, Mr. Drummond, aber es ist jemand da, der Sie sprechen möchte.«

»Jemand?«

»Eine Miß Janet Tate.« Ram Singh lachte nervös. »Eine amerikanische Dame.«

»Was, hier?«

Plötzlich tauchte Hamid hinter dem Hindu auf. Er hatte eine Zigarette zwischen den Lippen. »Dieser Tag ist voller Überraschungen, Jack. Hast du eine Ahnung, wer das ist?«

»Es gibt nur eine Möglichkeit, das festzustellen.«

Drummond schlang sich das Handtuch fest um die Taille, trat aus der Kabine und ging in den Nebenraum. Der war wunderschön eingerichtet. Auf dem Fußboden dicke Teppiche. Ein niedriger Diwan neben dem anderen, davor jeweils runde Messingtischchen. Hier entspannten sich die Kunden nach dem anstrengenden Bad.

Von Hamid und dem Hindu gefolgt, ging er durch den Raum, kniete sich auf einen Diwan und warf durch ein engmaschig geschmiedetes Gitter einen raschen Blick in Ram Shings Büro.

Janet Tate stand am Schreibtisch und betrachtete die Statue einer Tänzerin. Dann ging sie weiter und besah sich alle Kunstgegenstände im Raum mit großem Interesse. Sie sah entzückend aus in ihrem gelben Kleid. Schulterlanges schwarzes Haar umrahmte ihr schönes, ruhiges Gesicht.

Hamid seufzte tief auf. »Eine Huri aus dem Paradies, hierhergeschickt, um uns zu entzücken.«

Drummond stand wieder auf und bat um einen Mantel. »Willst du dich denn nicht gleich anziehen?« fragte Hamid.

Drummond grinste. »Ausgeschlossen. Ich bin zu neugierig.«

Als er kurz darauf das Büro betrat, betrachtete Janet Tate gerade die Tapisserien. Sie drehte sich rasch um und blieb wie angewurzelt stehen. Vor ihr stand ein vierzigjähriger Mann, dessen Haar an den Schläfen schon grau wurde. Er war etwa 1,80 m groß, gut gebaut und hatte kräftige, vertrauenerweckende Hände. Die fielen ihr gleich auf, weil er den Gürtel seines Mantels fester zuzog.

Vor allem faszinierte sie sein Gesicht – der leicht ironische Zug um den Mund, der ihr verriet, daß er zuviel über sich und andere Leute lachte. Seine ausgeprägten Gesichtszüge gefielen ihr gleich. Er sah nicht etwa gut aus, dafür sorgte schon die häßliche, faltige Narbe, die vom rechten Auge bis zum Mundwinkel hinab verlief. Aber die verhangenen Augen erinnerten an Rauch auf einem Hügel an einem kalten Wintertag. Sie hatte ein merkwürdiges hohles Gefühl im Magen.

»Mr. Drummond? Ich bin Janet Tate.«

Sie streckte ihm nicht die Hand hin. Fast schien es, als habe sie Angst, ihn zu berühren – als könne sie dieser elementare Kontakt im ersten Augenblick so aus der Fassung bringen, daß es um ihre Selbstbeherrschung geschehen wäre.

Da lächelte er, und dieses Lächeln war von einem so umwerfenden Charme, daß sich ihr Herz verkrampfte. »Sie hätten nicht hierherkommen dürfen, Miß Tate. Das ist nicht gerade der richtige Ort für eine Frau.«

»Das hat mir der Mann im Hotel auch schon gesagt«, meinte sie. »Aber hier sind doch auch Mädchen. Als ich gekommen bin, habe ich zwei gesehen.«

Dann begriff sie und riß erstaunt die Augen auf. Drummond nahm sich eine Zigarette aus der Sandelholzdose auf dem Schreibtisch. »Was kann ich für Sie tun?«

»Ich muß unbedingt nach Sadar, und ich glaube, daß Sie mir dabei helfen können.«

»Warum um alles in der Welt wollen Sie denn ausgerechnet nach Sadar?« fragte er mit gerunzelter Stirn.

»Ich bin Krankenschwester«, erklärte sie. »Die Gesellschaft der Freunde hat mich hierherbeordert, damit ich den kleinen Sohn des Khans von Balpur zu unserem Krankenhaus in Chicago begleite. Dort wird eine schwierige Augenoperation bei ihm durchgeführt.«

Da fiel es Drummond wieder ein. Father Kerrigan hatte so etwas erwähnt vor seiner Abreise. Aber es war von einem Arzt die Rede gewesen.

»Sie gehören also den Quäkern an?«

»Ja«, bestätigte sie ganz ruhig.

»Zum erstenmal in Indien?«

Sie nickte. »Ich habe gerade zwei Jahre Dienst in Vietnam hinter mir. Ich war sowieso gerade auf dem Heimweg, da hat mich die Gesellschaft gebeten, einen Umweg zu machen.«

»Ein ganz schöner Umweg, das muß ich schon sagen.«

»Können Sie mich mitnehmen?«

Drummond nickte. »Kein Problem. Ich fliege eine Beaver, da ist genug Platz. Es fliegt nur noch ein anderer Passagier mit – Major Hamid, Berater der indischen Streitkräfte in Balpur, was allerdings nicht heißen soll, daß die Armee so stark ist, daß es da viel zu beraten gäbe. Wir starten um vier Uhr dreißig, übernachten in Juma und fliegen am folgenden Morgen über die Berge nach Sadar. Das ist viel sicherer.« Er drückte die Zigarette im Aschenbecher aus. »Wenn Sie warten wollen, gehe ich jetzt und ziehe mich an.«

Als er sich zur Tür wandte, sagte sie rasch: »Ach, jetzt hätte ich doch fast vergessen, daß ich eine Nachricht von einem Mr. Ferguson für Sie habe.«

Als er sich ihr daraufhin wieder zuwandte, glaubte sie einen völlig verwandelten Menschen vor sich zu sehen. Er wirkte kalt und abweisend, sein Gesicht war zur Maske erstarrt, seine Augen blickten schiefergrau.

»Ferguson? Wo sind Sie Ferguson denn über den Weg gelaufen?«

»Im Zug von Kalkutta. Er war sehr freundlich. Er bittet Sie, ihn vor Ihrem Abflug an dem üblichen Ort aufzusuchen.« Sie lächelte erheitert. »Das klingt alles furchtbar geheimnisvoll.«

Eine unsichtbare Hand schien über sein Gesicht zu streichen, und gleich darauf lächelte er wieder. »Der gute alte Ferguson, immer zu Späßen aufgelegt.« Er schüttelte den Kopf. »Ich bin gleich wieder da.«

Er ging und eilte durch den Aufenthaltsraum zu den Umkleidekabinen, wo er rasch sein cremefarbenes Hemd, die

Strickkrawatte und den einreihigen blauen Tropen-Kammgarnanzug anzog.

Als er ins Büro zurückkehrte, saß Hamid auf der Schreibtischkante und Janet im Sessel daneben. Sie sah lächelnd zu ihm auf.

Wider alle Vernunft empfand Drummond Eifersucht. »Wie ich sehe, ist es Ali wieder einmal gelungen, sich selbst bekannt zu machen.«

»Wenn ich ganz offiziell vorgestellt werden muß, kann man wohl nichts machen.« Hamid grinste Janet an. »Jack war einmal Fregattenkapitän. Davon kommt er wohl nie los. Das sind unheimlich korrekte Leute, wissen Sie.«

Er sprang auf und wartete darauf, daß Drummond das Wort ergriff. In seinem Turban und der maßgeschneiderten khakifarbenen Uniform mit den farbenfrohen Ordensbändern über der linken Brusttasche sah er blendend aus.

Drummond seufzte. »Da sitze ich ja wieder mal ganz schön in der Tinte. Miß Janet Tate, darf ich Ihnen Major Ali Mohammed Hamid vorstellen, von den Engländern ausgezeichnet, wie Sie sehen. Er hat das Winchester College besucht, eines unserer exklusivsten Internate, und ist dann in Sandhurst ausgebildet worden. Diese Militärakademie hat doch ein entschieden höheres Niveau als West Point, finden Sie nicht auch?«

Hamid nahm ihre linke Hand und hob sie galant an die Lippen. »Da sehen Sie einmal, wie die Engländer uns gebrandmarkt haben – bis auf die Knochen.«

»Mich brauchst du dabei gar nicht so anzusehen«, warf Drummond ein. »Ich bin Schotte.«

»Das läuft doch auf das gleiche hinaus«, meinte Hamid belustigt. »Wo doch alle Welt weiß, daß in Wahrheit die Schotten England regieren.«

Er reichte Janet den Arm, und sie traten in das grelle, heiße Sonnenlicht hinaus. Am anderen Ende des Platzes verlief eine niedrige Ufermauer, dahinter ergoß sich der Fluß. Für gewöhnlich war er an dieser Stelle zwei Meilen breit, doch wie immer, wenn es auf den Winter zuging, war er auch jetzt kaum mehr eine halbe Meile breit und wand sich zwischen den zahllosen Sandbänken hindurch.

»Ist das immer noch der Ganges?« fragte Janet.

»Ja, der Ganges – das Licht in der Dunkelheit und der Freund der Hilflosen. Er hat tausend Namen«, erklärte Hamid, während sie auf die niedrige Mauer zuschlenderten. »Wenn man im Ganges badet, wird man von allen Sünden reingewaschen. Zumindest besagt das der Glaube der Hindus.«

Janet beugte sich über die Mauer und sah in das schmutzigbraune, schlammige Wasser. »Ich finde, das Wasser sieht ziemlich ungesund aus.«

Drummond steckte sich eine Zigarette an und lehnte sich neben ihr über die Mauer. »Merkwürdigerweise sieht es aber ganz danach aus, als habe das Wasser eine heilende, stärkende Wirkung. Ihren religiösen Riten zufolge trinken die Pilger das Wasser sogar, oft sogar an Stellen, wo die ganzen Abwässer der Stadt in den Fluß geleitet werden – aber sie scheinen davon nicht krank zu werden. In Flaschen abgefüllt, hält sich das Wasser ein Jahr lang. Es heißt sogar, daß es sich an Bord von Segelschiffen, die früher von Kalkutta aus in See stachen, länger hielt als irgendein anderes Wasser.«

Unten am Flußufer spielte sich irgendeine Zeremonie ab. Sie sah zu Hamid auf. »Können wir da runtergehen?«

»Aber natürlich. Alles, was Sie wollen.«

»Ich werde mich nicht anschließen«, erklärte Drummond. »Wenn ich vor dem Abflug Ferguson noch aufsuchen will, mache ich mich besser auf die Socken.« Er blickte auf seine Uhr. »Es ist jetzt kurz vor zwei. Wir treffen uns um vier Uhr im Hotel.«

Rasch ging er über den Platz davon. Janet sah ihm mit gerunzelter Stirn nach. »Wenn ich mich nicht irre, hat Mr. Ferguson gesagt, er sei Teehändler.«

»Ja, das stimmt«, bestätigte Hamid. »Jack hat einen Luftfrachtvertrag mit ihm abgeschlossen. Für gewöhnlich sucht Ferguson ihn einmal im Monat auf. Er hat ein Stück stromabwärts ein Hausboot.«

»Sagten Sie nicht, Mr. Drummond sei einmal Fregattenkapitän gewesen?«

»Marineluftwaffe.«

»Er war also Berufsoffizier? Während des Krieges muß er

doch noch viel zu jung gewesen sein, um zum Kommandeur ernannt zu werden.«

»Ganz richtig.« Zwar lächelte der Pathane immer noch, doch seine Stimme klang jetzt scharf, und seine Augen glitzerten gefährlich. Sie zog es vor, nicht weiter in ihn zu dringen. »Wollen wir hinuntergehen?«

Sie standen am Rande einer kleinen Ansammlung von Menschen und sahen sich die Zeremonie an. Mehrere Leute standen knietief im Wasser, die Männer mit entblößtem Oberkörper und mit Schlamm beschmiert. Einer streute Asche aus einem Stoffbeutel in ein ziemlich großes Papierschiff. Ein anderer zündete das Schiff an und stieß den schwankenden Nachen vom Ufer ab. Bald wurde es von der Strömung mitgerissen. Plötzlich ging das ganze Schiff in Flammen auf und versank im Wasser.

»Was hat das zu bedeuten?« erkundigte sich Janet.

»Das war die Asche eines Säuglings«, erklärte Hamid. »Und zwar eines kleinen Jungen; denn die Zeremonie ist sehr kostspielig und würde sich bei einem Mädchen nicht lohnen.«

»Wird das immer so gemacht?«

Hamid nickte. »Jeder Hindu träumt davon, daß seine Asche einst in den Ganges gestreut wird. Ganz in der Nähe ist ein *Shamsan*, eine Stelle, wo Tote verbrannt werden. Möchten Sie das gern sehen?«

»Glauben Sie, daß ich das verkraften werde?«

Er lächelte von seiner Höhe auf sie herab. »Nach zwei Jahren in Vietnam müßten Sie eigentlich alles verkraften können.«

Sie schüttelte den Kopf. »Da bin ich mir gar nicht so sicher. In Indien ist alles ganz anders. Dieses Land läßt sich mit keinem anderen vergleichen. Das hat mir Ferguson schon prophezeit, und er hat völlig recht.«

Als sie am Ufer entlanggingen, stieg ihr der Geruch von verkohltem Holz in die Nase. In der Ferne erblickten sie einen Ochsenkarren, neben dem drei oder vier Leute standen.

Als sie näher kamen, sog Janet entsetzt die Luft ein und drängte sich näher an Hamid. Auf einem Dornenbett lag ein nackter Mann mit geschlossenen Augen und hervorquellender Zunge, die von einem eisernen Spieß durchbohrt war. Haar und Bart waren schmutzig und verfilzt, sein ganzer

Körper war mit Kuhmist und Asche beschmiert und bestreut.

»Das ist ein *Saddhu*, ein heiliger Mann«, erklärte Hamid und warf eine Münze in den Tonkrug neben dem Kopf des Toten. »Er bettelt bei den Trauergästen und betet für die Seelen der Toten.«

Diese Stelle unterschied sich durch nichts vom restlichen Flußufer. Hier befand sich weder ein Tempel noch irgendein Monument. Nur die Asche von anderen Leichenverbrennungen, ganze Berge verbrannter Knochen und hier und da ein Totenkopf, der aus leeren Augenhöhlen in den Himmel starrte.

Die Leute, die um das Feuer herumstanden, lachten und scherzten miteinander, und als die Flammen durch einen plötzlichen Windstoß durch den gitterartig aufgebauten Scheiterhaufen hoch aufloderten, stieg ihr der widerlich süße Geruch brennenden Menschenfleisches in die Nase. Ihre Kehle war wie ausgedörrt, und es würgte sie, daß sie glaubte, ersticken zu müssen.

Sie wandte sich ab, fiel gegen Hamid und sah, wie hinter ihm etwas im seichten Wasser hin- und hergespült wurde, ein schon in Fäulnis übergegangener Leichnam, dessen Arme lose hinterherschleiften. Eine Möwe stieß hernieder, um gleich darauf mit dem Schnabel auf den Leichnam loszuhacken.

Mit besorgtem Gesichtsausdruck fragte er: »Janet, was ist denn?«, redete sie unwillkürlich mit dem Vornamen an.

»Dieser Gestank!« sagte sie. »Brennendes Fleisch. Voriges Jahr war ich in einem Dorf namens Nanking nördlich von Saigon. Da haben die Vietkong bei einem ihrer nächtlichen Angriffe das Krankenhaus in Brand gesetzt.« Mit schreckgeweiteten Augen dachte sie an die fürchterliche Szene zurück. »Wir konnten nur noch die Hälfte der Patienten herausbringen. In manchen Nächten höre ich immer noch die Schreie der armen Opfer.«

Er hatte ihren Arm genommen. Rasch kletterten sie die Uferböschung hinauf, überquerten einen schmalen, steinernen Damm, und befanden sich plötzlich in einer anderen Welt, hell und farbenfroh, mit zierlichen Palmen und scharlachrotem Hibiskus.

Sie gingen unter den Bäumen her einen schmalen Pfad entlang und gelangten zu einer steinernen, mit Schießscharten versehenen Terrasse hoch über dem Fluß. Wie seit dreihundert Jahren standen dort immer noch alte gußeiserne Kanonen.

Hamid schob sie sanft vorwärts. Sie atmete heftig und beugte sich über die Brüstung. Zwischen den Sandbänken wateten Hunderte von Flamingos im seichten Wasser. Das prächtige Gefieder dieser Vögel leuchtete und schimmerte. Hamid hob einen Stein auf und warf ihn hinunter. Sofort flogen die Vögel in einer schimmernden Wolke auf, und die Luft war erfüllt vom schweren Schlag ihrer Flügel.

Er sah sie ernst an. »Da hinten sind wir eben noch mit dem Tod in Berührung gekommen, Janet. Und hier pulsiert das Leben in all seiner Herrlichkeit. Sie müssen sich damit abfinden, daß Leben und Tod wie die Seiten ein und derselben Münze sind.«

Sie nickte nachdenklich und schob den Arm unter den seinen. Schweigend gingen sie den palmenbestandenen Weg am Ufer entlang zurück.

Drummond hatte die Altstadt durchquert und befand sich jetzt in einem Viertel mit prächtigen Villen und herrlichen Parks, den Häusern reicher Kaufleute und Regierungsangestellter. Auf einer schmalen, von Eukalyptusbäumen gesäumten Straße gelangte er wieder ans Flußufer.

Etwa vierzig Meter entfernt war am Ende einer alten Werft ein rotes Hausboot vertäut. Auf dem Kajütendeck hockte Fergusons Träger, ein Sikh. Sobald er Drummonds ansichtig wurde, verschwand er unter Deck.

Drummond ging über die schmale Laufplanke an Bord und betrat das strahlend weiß geschrubbte Deck. Am Heck waren unter einer Markise mehrere Rohrstühle um einen Tisch gruppiert. Kaum hatte er Platz genommen, als schon der Sikh mit einem Tablett, einer Flasche Gin, Eiswasser und Gläsern erschien. Er stellte das Tablett auf den Tisch und zog sich schweigend zurück.

Drummond machte sich einen Drink, trat an die Reling, starrte in den Fluß und dachte an Janet Tate.

Glas klirrte. Drummond drehte sich um. Da saß Ferguson am Tisch und goß sich Gin ins Glas.

»Du siehst prächtig aus, Jack. Scheinst ja in Hochform zu sein. Für einen Mann gibt es nach einer anstrengenden Nacht wirklich nichts Besseres als ein Dampfbad. Das bringt ihn wieder auf die Beine.«

»Hallo, Fergy, du alter Gauner«, begrüßte Drummond den Mann. »Ich habe deine Nachricht erhalten. Sie wurde mir von einem ganz entzückenden Quäkermädchen in einem gelben Kleid persönlich überbracht. Und zwar in Ram Singhs Freudenhaus.«

»Großer Gott«, sagte Ferguson erschüttert. »Das ist doch wohl nicht wahr, oder?«

»Ich fürchte doch.« Drummond setzte sich und nahm einen Stumpen aus einem alten Lederbehälter. »Sie ist offensichtlich zum erstenmal in Indien. Sie muß noch viel lernen.«

»Als ich sie traf, reiste sie von Kalkutta aus zweiter Klasse«, erklärte Ferguson. »Stell dir das bloß mal vor! Stimmt es übrigens, daß der Sohn des Khans sich einer Augenoperation unterziehen muß?«

»Ja, der Junge ist vor einem Monat vom Pferd gefallen und schwer gestürzt. Danach konnte er mit dem rechten Auge kaum noch etwas erkennen, war praktisch auf dem rechten Auge blind. Der Khan hat mich einen Spezialisten aus Kalkutta einfliegen lassen. Der Junge hat Gleichgewichtsstörungen, und die Netzhaut hat sich abgelöst.«

»Na, das wieder in Ordnung zu bringen! Das ist aber eine ziemlich knifflige Operation.«

»Der größte Experte auf diesem Gebiet arbeitet anscheinend in einem von den Quäkern gegründeten Krankenhaus in Chicago. Father Kerrigan hat sich mit diesem Krankenhaus in Verbindung gesetzt. Man hat sich dort bereit erklärt, den Fall zu übernehmen. Und versprochen, einen Arzt zu schicken, der den Jungen nach Chicago begleiten soll.«

»Und anstatt dessen ist Janet Tate erschienen.«

»Die sich bereits in Vietnam befand und sowieso gerade auf Urlaub und auf dem Heimweg war. Da konnte sie sich die Reisekosten sparen.« Drummond grinste. »Aber einem geschenkten Gaul guckt man nicht ins Maul, Fergy.«

Ferguson runzelte die Stirn. »Sie ist ein nettes Mädchen, Jack. Ein ganz reizendes Mädchen. Es täte mir leid, wenn ihr etwas zustieße.«

»Ja, und?« fragte Drummond mit kalter Stimme.

Ferguson seufzte. »Na schön, sprechen wir von etwas anderem. Was hast du denn diesmal für mich?«

Drummond zog mehrere Filmrollen aus der Tasche und schob sie ihm hin. »Da hast du die ganze Ladung. Das ist jetzt das ganze Grenzgebiet zwischen Balpur und Tibet.«

»Alles fertig?«

Drummond nickte. »Ja, auf dem vorletzten Flug. Gute Arbeit. Auf dem letzten Flug hat mich Cheung begleitet, da hätte ich die Kamera nicht gut benutzen können.«

Ferguson lächelte und schüttelte den Kopf. »Unsere Freunde, die Nationalisten, sind also immer noch am Werk. Was man in Washington wohl dazu sagen würde?«

»Das läßt mich völlig kalt«, erwiderte Drummond. »Nur noch ein paar Flüge, dann habe ich es geschafft. Das habe ich Cheung auch schon gesagt.«

Ferguson hielt ein Streichholz an seine Pfeife und hustete, als ihm zuviel Rauch in den Hals geriet. »Wie hast du denn alles vorgefunden, als du das letztemal hingeflogen bist? Irgendwelche Anzeichen, die darauf hinweisen, daß die Chinesen dort herumgeistern?«

»Das kann man wohl sagen. Sie baumelten an Seilen. Moro und seine Bande haben sich auf ihre ureigene, unvergleichliche Art einer Reiterpatrouille entledigt. Keine weiteren Vorkommnisse.«

»Wirklich nicht? Bist du ganz sicher?«

Drummond nickte. »Moro sagt, sie befänden sich immer noch im Gebiet von Aksai Chin in der Gegend von Ladakh. An dem Grenzgebiet von Balpur scheinen sie nicht sonderlich interessiert zu sein.«

»Das ist ja merkwürdig. Sie haben es doch ganz offensichtlich für sich beansprucht; und die traurige Wahrheit ist, daß sie diesmal historisch gesehen das Recht auf ihrer Seite zu haben scheinen.«

»Von mir aus können sie es haben«, sagte Drummond. »Noch einen Monat, dann bin ich raus aus der Sache.«

Ferguson stocherte mit einem Streichholz in seiner Pfeife herum, um das Luftloch wieder freizukriegen, und fragte ganz beiläufig: »Was hast du denn vor?«

»Nichts, was für dich von Interesse wäre, Fergy. Ich bin am Ende. Ich habe genug. Wie viele Jahre habe ich dir geopfert? Vier oder fünf? Ich habe dieses Spiel an jeder Grenze zwischen Sarawak und Kaschmir gespielt. Das kann ja nicht ewig so weitergehen. Niemand würde das länger durchhalten.«

»Du hast gute Arbeit geleistet, Jack, das will ich gar nicht bestreiten,« sagte Ferguson. »Aber du bist auch gut dafür bezahlt worden.«

»Und was war voriges Jahr, als mich die Indonesier über Borneo abgeschossen haben? Sie haben mich drei Wochen durch den Dschungel gehetzt, bevor es mir gelang, über die Grenze zu entkommen.« Er fuhr mit dem Finger über die häßliche Narbe, die vom linken Auge bis zum Mundwinkel hinunter verlief. »Ich war einen Monat im Krankenhaus. Und was ist passiert? Du hast mir das gleiche gezahlt wie immer. Nicht mehr und nicht weniger.«

Ferguson seufzte, zog einen Umschlag aus der Tasche und schob ihn Drummond hin. »Dreitausend, wie gewöhnlich auf die Bank in Genf eingezahlt. Du weißt ja, wo du mich findest, wenn du es dir anders überlegst.«

»Das wirst du nicht erleben«, erklärte Drummond. Er öffnete den Umschlag, sah sich den Einzahlungsbeleg an und steckte ihn in seine Brieftasche. »Es hat Spaß gemacht, Fergy.«

Er ging über Deck zur Laufplanke und stand gleich darauf wieder auf der Werft. »Ach, noch etwas, Jack«, rief ihm Ferguson nach. »Vergiß nicht, wem die Beaver gehört, wenn du da oben fertig bist. Eigentum der Regierung, wie du weißt.«

»Es würde mich interessieren, wie du das beweisen willst«, erwiderte Drummond und ging. Er lachte noch lange vor sich hin.

3. Kapitel

Die Nachtwandler

Janet hatte geduscht. Sie trocknete sich rasch ab, schlang sich ein Handtuch um den schlanken Leib und ging ins Schlafzimmer. Das Fenster zur Terrasse stand offen. Sie trat in den Schatten und blickte hinaus.

Gerade gab das Wolkengebirge den Mond frei. Juma erstrahlte in hartem Glanz. Die Häuser mit den flachen Dächern lagen verstreut und zogen sich bis zum Fluß hinunter. Der Nachthimmel war unbeschreiblich schön, mit unzähligen Sternen übersät. Sie schienen die Berge berühren zu wollen, die sich ihnen entgegenstreckten.

Alles war ruhig und friedlich, nur in der Ferne bellte ein Hund. Unten auf den Straßen sah sie Fackeln aufflackern, dann hörte sie einen monotonen Trommelrhythmus. Gleich darauf gesellte sich noch ein Streichinstrument hinzu. Gelächter perlte auf. Es war eine milde Nacht.

Jemand klopfte leise an ihre Tür. »Wer ist da?« rief sie rasch.

»Ali – kann ich Sie einen Augenblick sprechen?«

Rasch hüllte sie sich in ihren Morgenrock, machte den Gürtel zu und öffnete die Tür. Hamid trat ein. Er trug seine Ausgehuniform und sah wieder blendend aus. »Wie fühlen Sie sich?«

»Gut. Ich habe eine Stunde geschlafen und dann geduscht.«

»Ausgezeichnet.« Er zögerte und erklärte dann entschuldigend: »Es tut mir schrecklich leid, Janet, aber ich fürchte, ich hatte mir für heute abend schon etwas vorgenommen.« Er sah auf die Uhr. »Und ich habe es sehr eilig.«

»Eine Dame?«

»Das wollen wir doch nicht hoffen«, sagte er mit feierlicher Miene.

Sie kicherte. »Sie sind wirklich unverbesserlich. Lassen Sie sie nicht warten.«

»Jack ist zum Feldflugplatz rausgefahren, um irgendwelche Fracht zu inspizieren, die wir morgen mitnehmen sollen. Das wird sicher kaum mehr als eine halbe Stunde dauern. Dann ist er wieder da.«

Sie lauschte seinen Schritten, die sich durch den engen Gang entfernten, dann schloß sie die Tür wieder. Sie lehnte sich mit dem Rücken dagegen, runzelte die Stirn und ging dann langsam zum Fenster.

Das Trommeln war inzwischen lauter geworden, ein eindringliches Pochen und Stampfen erfüllte die Nacht. Jemand sang dazu mit dünner, hoher Stimme. Keine Melodie. Fast immer auf dem gleichen Ton und doch merkwürdig erregend. Sie eilte zum Bett, öffnete ihren zweiten Koffer und nahm ein ärmelloses Kleid aus schwerer schwarzer Seide heraus, bei dessen Anblick sie in Saigon nicht hatte widerstehen können. Sie trat vor den Spiegel, hielt sich das Kleid an, lächelte und beschloß, es anzuziehen. Darüber zog sie noch einen weißen Staubmantel aus Leinen. Dann schlang sie sich einen Seidenschal um den Kopf und ging hinunter.

Der Nachtportier, ein Hindu, döste am Empfang, erwachte jedoch sofort, als sie ihn leicht antippte. »Ich möchte zum Rollfeld. Können Sie mir eine *Tonga* besorgen?«

»Selbstverständlich, Memsahib. Wenn Sie mir bitte folgen wollen.«

Er führte sie hinaus. Vor dem Hotel stand eine leichte zweirädrige Tonga, ein prächtiges Gefährt – gezogen von einem wunderschönen hochbeinigen Pferd, dessen Geschirr im Licht der Straßenlaterne leuchtete.

Der Fahrer hockte auf dem Straßenpflaster und schwatzte mit einem alten Bettler, sprang jedoch sofort auf und kam angerannt. Der Nachtportier übergab ihm Janet, nannte dem Mann das Fahrtziel und ging wieder hinein.

Am Himmel leuchteten und glitzerten unzählige Sterne, und der Mond stand so riesenhaft dort oben, daß er Janet ganz unwirklich erschien. Der Wind blies im Dunkeln, wehte die letzte Hitze des Tages über den Fluß. Janet atmete tief und fragte sich, was die Nacht wohl noch bringen würde. Sie zitterte vor Erregung.

Das Rollfeld lag eine halbe Meile außerhalb von Juma auf einer ebenen Fläche neben dem Fluß. Es war kein offiziell anerkannter Flughafen. Hier landeten keine Linienmaschinen. Das Rollfeld war während des Krieges von der Royal Air Force als Notlandebahn angelegt worden.

Ein in genormten Fertigteilen hergestellter Betonhangar war immer noch in den Tarnfarben des Krieges gestrichen. In dem Hangar stand das Flugzeug. Der scharlachrot und goldfarben gestrichene Rumpf glänzte im Schein einer Sturmlampe, die an einem Balken hing.

Drummond stützte sich auf einen Klapptisch. Neben ihm stand ein glotzäugiger Kaufmann aus Bengalen namens Samil. Er war Cheungs Vertreter in Juma. Sie sahen zu, wie zwei Lastenträger die schmalen Kisten in die Maschine verfrachteten.

»Was ist denn hier drin?« fragte er und trat gegen eine Holzkiste mit der säuberlich geschriebenen Aufschrift: *Maschinenersatzteile, F. Cheung, Esq., Sadar, Sikkim.*

Samil zog einen Schlüsselbund aus der Tasche, öffnete das Schloß und hob den Deckel der Kiste hoch. Er schob eine ganze Menge Putzwolle beseite und legte eine Lage Gewehre frei, noch eingefettet, wie sie aus der Fabrik gekommen waren.

Drummond nahm eine heraus. Eine Garrand-Automatik, eine herrliche Waffe. Er untersuchte sie gründlich und runzelte die Stirn. »Was soll denn das?« Er wies auf die Aufschrift *United States Army* auf dem kleinen Metallplättchen. »Das ist doch wirklich dämlich! Ich kann mir kaum vorstellen, daß unsere amerikanischen Freunde das sehr komisch finden würden.«

»Das haben sie mir aber diesmal geschickt.« Samil zuckte die Achseln. »Überschüssige Bestände kommen immer billiger, das müßten Sie doch eigentlich auch wissen.«

»Ich glaube nicht, daß das Cheung recht sein wird«, sagte Drummond. Er hob die Waffe an die Wange, visierte ein angenommenes Ziel an und richtete die Waffe auf die Tür. Er erstarrte, als Janet Tate urplötzlich aus dem Schatten auftauchte.

»Was, zum Teufel, tun Sie denn hier?« fragte er ärgerlich.

»Es tut mir leid«, sagte sie ganz ernst. »Hamid hatte heute abend eine Verabredung. Bevor er ging, ist er noch zu mir gekommen und hat mir gesagt, daß Sie hier draußen sind. Ich dachte, vielleicht möchten Sie gern mit mir essen gehen oder so etwas.«

»Genau das hatte ich vor.«

Die beiden Männer hatten aufgehört zu arbeiten und sahen Samil mit unsicheren Blicken an. Drummond hielt immer noch die Garrand-Automatik mit beiden Händen an die Brust gepreßt. Janet sagte ernst: »Hamid glaubt, daß Sie Motorenersatzteile einladen. Jedenfalls hat er mir das gesagt.«

Drummond legte das Gewehr in die Kiste zurück, wischte sich die Hände an der Putzwolle ab und nickte Samil zu. »Machen Sie alles fertig. Kein Grund zur Besorgnis. Ich deichsle das schon.« Dann wandte er sich wieder Janet zu, rückte seine Krawatte zurecht und fragte. »Wie sind Sie denn hierhergekommen?«

»Ich bin vom Hotel aus mit einer *Tonga* hierhergefahren. Ich habe den Kutscher gebeten, draußen zu warten.«

»Na, dann wollen wir mal los.«

Er nahm ihren Arm, spürte jedoch ihren inneren Widerstand. Auch an ihrem gesenkten Kopf sah er, daß sie von ihm enttäuscht war. In der *Tonga* saß sie schweigend in ihrer Ecke. Sie war so weit wie möglich von ihm abgerückt. Drummond kicherte.

»Es tut mir leid, aber Sie geben sich einer Illusion hin. Ich bin kein böser großer Waffenschmuggler. Und Ali weiß ganz genau, was sich in den Kisten mit der Aufschrift ›Maschinenersatzteile‹ befindet, die ich nach Sikkim fliege.«

Sie machte eine heftige Abwehrbewegung, so daß ihm ihr zartes Parfüm in die Nase stieg.

»Jeder weiß darüber Bescheid, selbst der Khan.« Er tastete im Dunkeln nach ihrer Hand und hielt sie fest. »Ich werde Ihnen alles erklären; denn mit diesem Geschäft hat es sowieso bald ein Ende, und wir wollen uns doch das Essen nicht verderben lassen. Darauf freue ich mich nämlich.«

»Ich warte.«

»Oben in Sadar gibt es einen Chinesen namens Cheung. Er ist schon seit sechs oder sieben Monaten dort. Er tarnt sich als Kaufmann, ist jedoch in Wirklichkeit Agent der Nationalen Republik China auf Formosa. Er liefert die Waffen, und ich schaffe sie über die Grenze nach Tibet.«

»Um tibetanische Guerillakämpfer im Kampf gegen die Kommunisten zu unterstützen?«

»Genau das.«

Sie seufzte erleichtert auf und legte ihm die Hand auf den Arm. »Ach, Jack, da bin ich aber froh.«

»Eine erstaunliche Feststellung für ein anständiges Quäker-Mädchen«, meinte er. »Nun stellen Sie mich aber bloß nicht auf ein Podest. Ich mache das nicht aus irgendwelchen politischen Beweggründen, sondern ausschließlich des Geldes wegen.«

»Sie glauben also nicht, daß die Tibetaner eine reelle Chance haben, zu gewinnen?«

Er lachte verbittert. »Daran ist nicht einmal im Traum zu denken. Ihre Schlacht wird anderswo geschlagen und gewonnen oder verloren werden. In Vietnam, Malaysia, Sarawak, vielleicht auch bei den Vereinten Nationen. Aber wir sollten lieber das Thema wechseln. Wir können doch nichts daran ändern. Wo möchten Sie denn gern essen?«

»Auf keinen Fall in einem dieser Touristen-Nepplokale, sondern in einem Restaurant mit echter Atmosphäre. Ich möchte das wahre Indien kennenlernen.«

»Das spricht für Sie. Wir werden schon noch eine Frau aus Ihnen machen.«

Sie näherten sich dem Zentrum Jumas. Drummond tippte dem Kutscher auf die Schulter und bat ihn anzuhalten. »Von hier aus gehen wir zu Fuß weiter. Wenn Sie das echte Indien sehen wollen, werde ich es Ihnen zeigen.«

Er entlohnte den Kutscher und nahm Janets Arm. Im Zentrum ging es sehr geschäftig zu. Straßenhändler boten warme Gerichte an. Sie hockten neben ihren Holzkohlenfeuern und schoben Töpfe und Pfannen hin und her. Es roch nach Gewürzen und gekochtem Fleisch. In der kühlen Nachtluft stieg ein erregendes Duftgemisch auf. Dann gelangten sie in die Altstadt. An den Häusern hingen Laternen, und durch den Basar bewegte sich ein noch größerer Menschenstrom als bei Tage. Die Menschen ergingen sich um diese Zeit hier, um in den Genuß der herrlich kühlen Nachtluft zu kommen. Überall Stände mit Unmengen von Papierblumen, minderwertigen Plastiksandalen aus Hongkong, Aluminiumtöpfen und Pfannen, die hier irgendwie fehl am Platze schienen.

Kunsthandwerker saßen im Schneidersitz hinter den Ständen mit Messinggeräten und übten neben den Silberschmieden und Schneidern noch immer ihr altes Handwerk aus. Man konnte zum Beispiel zusehen, wie herrliche Stoffe kunstvoll bestickt wurden.

Auch Buchara-Teppiche wurden angeboten, ebenso Läufer oder Brücken aus Isfahan. Am anderen Ende des Basars warteten Prostituierte in ihren Verschlägen auf Kunden. Sie waren ganz offen für jedermann sichtbar, die Vorhänge waren nicht einmal zugezogen. Die Mädchen und Frauen, die ihre Körper so offen darboten, waren unverschleiert und grell geschminkt. Die Nacht bedeckte alles mit einem gnädigen Schleier und ließ nur noch ahnen, was am Tage häßlich, entstellt, schmutzig und krank erschien.

Sie zwängten sich durch die Menge, wurden geschoben und gestoßen, und Drummond mußte ständig Bettler abwehren, die ihn um Almosen angingen. Schließlich bogen sie in eine kleine, ruhige Gasse ein, die zum Fluß führte. In der Ferne wurde irgendwo musiziert. Die Musik wurde lauter, und bald standen sie vor einer schmalen Tür mit Rundbogen.

»Sie wollten das wahre Indien kennenlernen. Hier ist es.« Sie gingen durch einen langen Gang und gelangten zu einem Treppenabsatz, von dem aus eine Treppe in einen großen quadratischen Raum hinunterführte. In diesem Raum saßen viele Inder – fast nur Männer in Landestracht. Alle vertilgten Riesenportionen und unterhielten sich dabei lautstark.

Auf einer Art Bühne in der Mitte des Raumes saß ein junger weibischer *Tabla*-Spieler mit kohlschwarz umrandeten Augen und trommelte mit geradezu aufreizender Geschicklichkeit. Dabei ließ er seine Blicke gelangweilt durch den Saal schweifen. Sein Hochmut war durch nichts zu überbieten. Ihn begleitete ein schon älterer Mann in ausgebeulten weißen Hosen und einem dreiviertellangen Gehrock, zugeknöpft bis zum Hals. Er machte einen ungeheuer würdevollen Eindruck und spielte die *Zita*, wobei seine Finger mit unglaublicher Gewandtheit über die Saiten glitten.

Ein adretter kleiner Hindu mit scharlachrotem Turban näherte sich ihnen freundlich lächelnd. Aus seinen Blicken sprach offene Bewunderung, als er Janets ansichtig wurde.

»Wünschen Sie einen Tisch, Mr. Drummond? Wünschen Sie zu speisen?«

»Ich glaube, lieber eine Nische.«

Sie bahnten sich ihren Weg zwischen den Tischen hindurch. Aller Augen wandten sich voller Bewunderung Janet zu. Ein paar Inder klatschten sogar Beifall. Die Blicke ließen sie nicht los, bis sie in der Nische anlangten.

Dort saßen sie sich an einem kleinen Messingtisch gegenüber, ein Perlenvorhang schirmte sie etwas von den anderen Gästen ab. Drummond bestellte.

Es war ein einfaches Mahl, doch höchst delikat zubereitet. Curryhuhn – so stark gewürzt, daß Janet nach Atem rang und Unmengen kaltes Wasser trank, das der Besitzer wohlweislich gebracht hatte. Als Dessert aßen sie grüne Mangofrüchte in Sirup. Abschließend tranken sie noch jemenitischen *mocha*, den besten Kaffee der Welt, aus winzigen, zierlichen Täßchen.

»Zufrieden?« fragte er, als er sich eine Zigarre genehmigte. Sie nickte mit glänzenden Augen. »Völlig! Um nichts in der Welt hätte ich darauf verzichten mögen.«

»Jetzt gibt es noch so eine Art Nachtclubprogramm«, erklärte er. »Möchten Sie es sich ansehen? Aber ich warne Sie – es ist nicht gerade Copacabana.«

In seiner Stimme lag eine unverkennbare Herausforderung, der sie sich augenblicklich stellte. »Seit ich laufen kann, habe ich mich keinem Wagnis entzogen.«

»Ganz wie Sie wollen.«

Ein plötzlicher Trommelwirbel, nur noch gedämpftes Licht, absolute Stille. Erwartung lag in der Luft, steigerte sich ständig. Dann ging ein sanftes, tief befriedigtes Aufatmen durch den Saal.

Eine Frau trat auf die Bühne, stand einen Augenblick bewegungslos da und zeichnete sich als dunkle Silhouette gegen das Licht ab. »Saida! Saida!« erklangen leise Rufe aus dem Publikum.

»Eine der letzten großen *nautch*-Tänzerinnen«, erklärte Drummond. »Sie ist über fünfzig, aber auf die Idee würde man nicht kommen, wenn man sie tanzen sieht.«

Langsam streckte Saida den rechten Arm. Ein winziges Glöckchen klingelte zart. Sofort antworteten die Musiker auf *tabla* und *zita* auf dieses Zeichen. Saida bewegte sich schlängelnd und überaus sinnlich in die Mitte des Saales.

Ihr Gesicht war grell geschminkt, eine symbolische Maske, deren Ausdruck unverändert blieb, aber der Körper unter den wirbelnden Seidenschleiern war der eines jungen, überaus lebendigen Mädchens.

Die Musik wurde allmählich schneller. Saida bewegte sich im Takt dazu, wiegte ihren Körper im Rhythmus der erregenden Musik und warf einen Schleier nach dem anderen ab, bis sie schließlich, abgesehen von einem kleinen Perlengurt, nackt vor ihrem Publikum stand.

Sie stand ganz still da, sobald die Musik endete. Das Publikum wartete. Der *tabla*-Spieler trommelte einen monotonen Rhythmus, rasche, unendlich zarte Trommelwirbel. Saida begann sich wieder im Takt zu wiegen. Sie hatte die Hände hoch über den Kopf gehoben und klatschte den Rhythmus. Das Publikum wiegte sich mit ihr, klatschte rhythmisch und stieß Entzückensschreie aus.

Immer schneller wirbelte sie durch den Saal, mit schweißglänzendem Leib, bis sie sich plötzlich mit einer heftigen Bewegung den winzigen Schurz vom Leibe riß, sich auf die Knie fallen ließ und auf einen mächtigen, reichgekleideten Kaufmann zurutschte, der mit zwei anderen Männern auf Kissen vor einem niedrigen Tischchen saß.

Wieder abruptes Schweigen, wieder ein Trommelwirbel, doch diesmal viel langsamer. Immer eindringlicher klang die Trommel, während Saida sich in zuckenden, schlängelnden Bewegungen vor dem Auserwählten wand, ihm ihre spitzen Brüste entgegenschwenkte, sich mühelos setzte, gleich darauf wieder vor ihn hinkniete und sich immer seinen zupackenden Händen zu entwinden verstand. Das Publikum raste vor Begeisterung.

Schließlich gelang es dem Mann doch, sie zu packen. Er vergrub seine Finger in ihren Pobacken. Die Menge brüllte vor Begeisterung, die Trommel schwieg. Saida entwand sich dem Zugriff des Mannes, ihr eingeölter Leib entglitt seinen Händen. Saida lief durch den Saal davon und verschwand hinter dem Vorhang.

Die Musiker spielten wieder zur Unterhaltung der Gäste,

die sich nun wieder ihrem Essen zuwandten, über die Darbietung sprachen und lachten und scherzten. Drummond wandte sich an Janet, die erschreckend blaß geworden war.

»Ich habe Sie ja gewarnt«, meinte er. »Aber Sie wollten das wahre Indien kennenlernen. In diesem Lande ist das Geschlechtliche ebenso natürlich wie Essen und Trinken, und so wird auch dieses Bedürfnis, dieser Appetit ebenso selbstverständlich gestillt.«

»Finden Sie das richtig?«

»Kommt ganz darauf an, worauf man aus ist. Na, haben Sie genug?«

Sie nickte. Da ließ er sich die Rechnung bringen und bezahlte. Der Saal war inzwischen in Rauchschwaden gehüllt, und das brüllende Gelächter Betrunkener tat in den Ohren weh. Als sie sich zwischen den Tischen hindurchzwängten, war Janet wieder der allgemeine Blickfang. Man zwinkerte ihr zu, sah sie mit lüsternen Blicken an und machte obszöne Bemerkungen.

An einem Tisch ganz hinten erhob sich ein Mann und machte eine obszöne Geste. Alle lachten begeistert, und als sie sich wütend und von Schamröte übergossen umwandte, spürte sie eine Hand auf ihrem rechten Bein, die rasch unter dem Rock nach oben glitt.

Wütend und entsetzt fuhr sie auf und machte eine heftige Bewegung. An einem niedrigen Tischchen saßen vier Männer. Drei von ihnen waren typische Vertreter einer Spezies, die überall auf der Welt zu finden ist. Trotz ihrer Turbane und weiten Gewänder waren sie wie kräftige, bösartige junge Tiere, die es darauf angelegt hatten, zu provozieren. Der Mann, der Janet berührt hatte, war schon älter. Er hatte ein bösartiges Gesicht, wildblickende Augen und war offensichtlich schon ziemlich betrunken. Er trug einen schwarzen, goldbestickten Überwurf, und seine schwer beringten Hände strahlten im Glanz der Diamanten.

Als er den Kopf hob und mit weit aufgerissenem Mund laut lachte, schlug sie ihn mit aller Kraft ins Gesicht. Sein Kopf fiel zur Seite. Alle fuhren entsetzt auf und verharrten dann in peinlichem Schweigen.

Langsam wandte der Mann den Kopf. Sein Gesicht war

wutverzerrt, in seinen Augen glitzerte der helle Wahnsinn. Als er Janet am Mantel packte, schob Drummond sie beiseite. Der bärtige Mann war noch nicht ganz auf den Füßen, da trat ihn Drummond mit dem rechten Fuß in die Genitalien. Der Mann schrie auf, krümmte sich vor Schmerzen. Da rammte ihm Drummond sein Knie ins Gesicht, schlug ihm damit die Nase ein und warf ihn über den Kaffeetisch.

Janet begriff das Schweigen nicht. Niemand rührte sich, keiner hielt sie auf, als Drummond sich abwandte, sein Jackett geradestrich, ihren Arm nahm, sie durch die Menge und die Treppe hinaufschob.

Draußen angekommen, mahnte er zur Eile. Sie liefen im Zickzack durch viele gewundene Gassen, bis sie schließlich zur Uferstraße gelangten.

»Warum denn diese Eile?« fragte sie. »Glauben Sie, daß wir verfolgt werden?«

»Allerdings.« Er steckte sich eine Zigarette an. Im Schein der Streichholzflammen sah sie sein zu einem ironischen Grinsen verzogenes Gesicht.

»Wird es noch Ärger geben?«

»Von Amts wegen nicht, wenn Sie das meinen. Er hat sich immer viel zuviel herausgenommen, als daß jetzt noch irgendwer Aufhebens deswegen machen würde, wie ich ihn zugerichtet habe. Vielleicht setzt er privat jemanden auf mich an, aber damit werde ich schon fertig.«

»Aber mußten Sie denn so grob sein?«

»Es zahlt sich hier nicht aus, wenn man sich mit halben Sachen zufriedengibt. Das ist nämlich nicht das Indien der Touristen, ich bedaure lediglich, daß ich Sie mit dorthin genommen habe. Das war unklug von mir.«

»Ich bedaure es nicht«, sagte sie. »An dem, was dann geschehen ist, trifft Sie doch schließlich keine Schuld. Um ehrlich zu sein, es hat mir sogar sehr gefallen.«

»Auch der *nautch*-Tanz?«

»Meine Meinung zu diesem Teil des Abendprogramms möchte ich lieber vorerst noch für mich behalten. Es war auf jeden Fall sehr aufschlußreich.«

»Ein Understatement. Sie imponieren mir wirklich, und für ein Mädchen, das eigentlich auch noch die andere Backe hinhalten sollte, schlagen Sie ganz schön kräftig zu. Dem haben Sie es tüchtig gegeben.«

»Ich bin eben sehr aufbrausend«, erklärte sie. »Das hat mir meine Großmutter zu Hause in Maine schon immer vorgehalten. Eigentlich sind die Quäker sehr nett, wenn man sie erst einmal richtig kennt. Aber sie sind auch nur aus Fleisch und Blut.«

Er grinste und nahm ihren Arm. »Na schön. Nun wollen wir mal weitergehen.«

Sie gingen zum Strand hinunter und liefen eine ganze Weile schweigend am Fluß entlang. Hin und wieder versanken Sandbänke im aufwirbelnden Wasser. Dadurch wurden die Kraniche aufgescheucht, die aus dem seichten Wasser aufflatterten.

Große, bleiche Blumen kamen vorbeigeschwommen, der Himmel über den Bäumen war flieder- und purpurfarben, über die Maßen schön. Sie glaubte, noch nie so etwas Herrliches gesehen zu haben. Sie kamen an einem einsamen Fischer vorbei, der aus getrocknetem Kuhmist ein Feuer gemacht hatte und sich Fisch briet. Drummond grüßte ihn in Urdu.

»Was tun Sie eigentlich in Balpur, außer daß Sie Waffen für Mr. Cheung einfliegen?" fragte sie ihn schließlich nach einer Weile.

»Ich betreibe Landvermessung und schreibe Gutachten für die indische Regierung und befördere Fracht oder auch Passagiere. Alles was mir so über den Weg läuft.«

»Und davon kann man leben?«

»Schlecht. Aber Cheung zahlt gut für die Flüge nach Tibet. Außerdem höre ich sowieso bald auf. Ich habe langsam genug von diesem Teil der Welt.«

»Meinen Sie Balpur?«

»Ja, unter anderem.«

»Wie ist es denn dort?«

Er zuckte die Achseln. »Schroffe, gefährliche Berge. Die Hauptstadt hat dreitausend Einwohner und ist eigentlich nur ein Dorf, das aus allen Nähten platzt. Die Armee, falls sie überhaupt diesen Namen verdient, besteht aus 75 Leuten. Im Winter ist es dort höllisch, also in einem Monat. Selbst bei gutem Wetter sind die Straßen dort die schlimmsten der Welt, doch im Winter sind sie zugeschneit und völlig unbrauchbar.«

»Und was ist der Khan für ein Mensch?«

»Der ist ein alter Bergadler, stolz wie Luzifer. War seinerzeit ein mächtiger Krieger. Für sein Volk ist er etwas ganz Besonderes. Nicht nur König, sondern auch Priester. Und das ist wirklich eine Auszeichnung. Sein Sohn Kerim wird Ihnen gefallen. Ein Jammer, daß er diesen Unfall hatte. Ich hoffe, daß Ihre Leute in Chicago ihn wieder hinkriegen.«

»Er ist acht, nicht wahr?«

»In drei Monaten wird er neun.«

»Ich habe die Anweisung, mich bei meiner Ankunft mit einem Father Kerrigan in Verbindung zu setzen. Anscheinend wird er alles arrangieren.«

»Father Kerrigan muß man einfach mögen«, sagte Drummond. »Er ist etwa sechzig Jahre alt, ein wundervoller alter Ire, der einfach nicht aufgibt. Er ist seit zwölf Jahren in Sikkim, hat in dieser Zeit keinen einzigen Menschen bekehrt, doch die Leute beten ihn an. Es ist wirklich fantastisch.«

»Aber was fängt er denn mit seiner Zeit an, wenn er keine Gemeinde hat?«

»Er ist zufällig auch noch ein ausgezeichneter Arzt. Leitet ungefähr eine Meile außerhalb von Sadar ein kleines Missionsspital, ohne jede Hilfe. Dort oben lebt auch noch ein anderer Europäer, ein Mann namens Brackenhurst. Er ist als Geologe für irgendeine britische Firma tätig. Sie haben ihn auch zum britischen Konsul ernannt, aber davon dürfen Sie sich nicht beeindrucken lassen. Das hat gar nichts zu sagen.«

»Wie ich sehe, mögen Sie ihn nicht.«

»Nicht sonderlich.«

Er blieb stehen, um sich noch eine Zigarre anzustecken. Da fragte sie ihn: »Warum sind Sie nicht mehr bei der Navy?«

Er hielt mitten in der Bewegung inne, das Streichholz flackerte auf, und seine Augen lagen im Schatten. »Wollen Sie das wirklich wissen?«

Als sie schwieg, zuckte er die Achseln und warf das Streichholz weg. »Sie haben mich rausgeworfen oder mir geraten zu gehen, was bei einem Berufsoffizier so ziemlich auf das gleiche hinausläuft.«

Sie spürte, daß es ihm weh tat, darüber zu sprechen, überhaupt daran erinnert zu werden. Instinktiv legte sie ihm die Hand auf den Arm. »Aber wie ist es denn dazu gekommen?«

»Während des Koreakrieges war ich Pilot der Marineluftwaffe. An einem strahlend schönen Julimorgen im Jahre 1952 habe ich meine Staffel auf das falsche Ziel angesetzt. Als wir wegflogen, war alles nur noch ein rauchender Trümmerhaufen. Wir hatten gute Arbeit geleistet. Es ist uns gelungen, dreiundzwanzig amerikanische Seeleute und zehn Truppenkommandos der Königlichen Marine zu töten, die dort gedient hatten.«

Verwirrt fragte sie: »Aber wie konnte denn das geschehen?«

»Ich bin bei der Befehlsausgabe für den Flugeinsatz falsch informiert worden.«

»Aber dann trifft Sie doch keine Schuld.«

»Kommt ganz darauf an, von welcher Seite man die Sache betrachtet. Wenn ich meine Befehle sorgfältiger überprüft hätte, wäre mir der Irrtum aufgefallen. Das Dumme ist nur, daß ich zu müde dazu war. Völlig übermüdet. Zu viele Flugeinsätze und nie genug Schlaf. Ich hätte mich schon Wochen zuvor dagegen sperren sollen, habe es aber nicht getan.«

»Man konnte Sie also nicht vors Kriegsgericht bringen?«

»Eine geheime Unterredung mit jemandem, der vor Auszeichnungen nur so troff, und die Sache war geritzt. Ich durfte gehen.«

»Es tut mir leid, Jack. Ganz entsetzlich leid.«

Ihre Stimme klang warm und war voller Mitgefühl. Sie waren an einer steinernen Treppe angelangt, die vom Strand zur Uferpromenade hinaufführte. Da blieb er stehen und sah sie an.

Sie riß den Mund auf, schrie eine Warnung, und er duckte sich augenblicklich, um sich vor denen zu schützen, deren Schritte sich im Dunkeln rasch näherten.

Ein Fausthieb traf ihn an der Wange. Er verlor das Gleichgewicht, stürzte und überschlug sich. Er preßte die Hände auf seine Genitalien, als die Männer wütend auf ihn eintraten.

Er sprang wieder auf und lehnte sich zwecks Rückendekkung an die Kaimauer. Es waren drei Männer, dunkle, zerlumpte Gestalten, Abschaum vom Markt oder Basar für ein paar Rupien angeheuert. Oben an der Treppe stand im Schein der Laterne der Mann aus dem Café mit blutverkrustetem Gesicht. Zwei seiner Freunde stützten ihn.

Ein Messer blitzte auf, und Janet rannte an den drei Männern vorbei auf die Kaimauer zu, wo sich Drummond der Männer zu erwehren suchte. »Tötet ihn!« schrie der bärtige Mann. »Bringt das Schwein um!«

Drummond war zu Tode erschöpft. Es war ein langer Tag gewesen. Er fuhr mit der Hand unter seinen Mantel und griff in die lederne Pistolentasche an seiner linken Hüfte und zog eine Smith & Wesson 38er Magnum.

Er schoß ein paarmal in die Luft. Plötzlich war alles still, wie erstarrt. »Na los schon, verschwinden Sie!« rief er wütend und gab einen Schuß in die Richtung ab, wo der bärtige Mann stand. Das Echo des Schusses verhallte in der Nacht.

Die Männer vom Basar liefen schon fluchend am Strand entlang davon. Der Sohn des Gouverneurs und seine beiden Freunde entschwanden ebenfalls in der Dunkelheit.

Drummond schob die Pistole wieder in die Pistolentasche und sah ruhig auf sie hinunter. »Ich glaube, jetzt wird es langsam Zeit, ins Hotel zurückzukehren, finden Sie nicht?«

Sie zitterte am ganzen Leib. Der Schock wirkte noch nach. Er nahm ihren Arm, zog sie an sich. »Ist ja schon gut. Alles wieder gut.«

Er strich ihr sanft übers Haar. Seine Lippen streiften ihre Stirn. Die Nacht war so still, daß er glaubte, ihr Herz schlagen zu hören. Er hob ihr Kinn an und küßte sie zärtlich auf den Mund. Ein unbeschreibliches Gefühl überkam sie, wie sie es noch nie erlebt hatte.

Ohne ein Wort zu sagen, zog er ihren Arm durch den seinen. Nebeneinander stiegen sie die Stufen zur Uferpromenade hinauf.

4. Kapitel

Am Ende der Welt

Es war sehr böig, als sie aus dem Paß herausgeflogen kamen; denn der Sturm fegte mit einer Geschwindigkeit von achtzig Kilometern in der Stunde über die Berge.

Sie kämpften sich durch eine Hitzewelle nach oben, die den Horizont verschwimmen ließ und überflogen die Berge zwischen Indien und Balpur in einer Höhe von 3000 Metern.

Janet Tate saß neben Drummond, Hamid hinter ihr. Sie trug eine weiße Bluse, darüber einen Kaschmirpullover, cremefarbene Cordhosen und einen Lammfellmantel, den Drummond besorgt hatte.

Hamid goß heißen Kaffee in einen Plastikbecher und reichte ihn ihr nach vorn. »Jetzt kommen wir nach Balpur«, erklärte er. »Die Berge im Osten gehören zu Bhutan. Ganz weit hinten im Dunst liegt Assam. Dort sind die Chinesen 1962 gewaltsam eingefallen.«

»Waren Sie dort?«

»Nein, ich war an der Front in Ladakh im Nordwesten.«

»Da soll es ziemlich schlimm gewesen sein. Stimmt das?«

»Es war die Hölle«, erwiderte er grimmig. »Vielleicht können Sie sich vorstellen, wie es ist, wenn man gezwungen ist, in einer Höhe von mehr als 6000 Metern zu leben und dort auch noch kämpfen zu müssen. Die Mulis sind haufenweise an Asthma eingegangen, die Menschen an Lungenödemen gestorben. Davon haben Sie sicher gehört.«

Sie nickte. »Die Lungen füllen sich mit Wasser, nicht wahr?«

»Eine Ironie des Schicksals, wie die Männer da oben in der Schlacht dahingerafft wurden. Wer nicht im Kampfgetümmel starb, ist ertrunken. Es ist uns nie gelungen, sie rechtzeitig ins Krankenhaus hinunterzuschaffen. Das war das Problem.«

»Hatten Sie denn keine Flugzeuge oder Hubschrauber?«

Er lachte erbittert. »Bis zum Oktober des Jahres 1962 haben wir keine gebraucht. Bis dahin herrschte Frieden in Indien.« Er schüttelte den Kopf. »Nein, uns fehlten die erforderlichen Flugzeuge. Und die hätten auch wenig genutzt; denn wir hatten keine Piloten. Das heißt, Piloten hatten wir natürlich, aber keine, die Erfahrung genug besaßen, um in dieser unwirtlichen Gegend fliegen zu können. Da habe ich übrigens Jack kennengelernt.«

Erstaunt wandte sie sich an Drummond. »Sie sind für die indischen Streitkräfte geflogen?«

»Für fünfhundert Pfund Sterling die Woche«, sagte er. »Das ist eine Menge Geld, damit kann man sich sehen lassen.«

»Hören Sie nicht auf ihn«, unterbrach ihn Hamid. »Er treibt gern solche Spielchen mit den Leuten. Von Leh aus flog er dreimal täglich in die Berge von Ladakh, wo er auf einem kleinen Rollfeld in einer Höhe von 6000 Metern landete. Er flog Vorräte und Nachschub ein und flog die Kranken und Verwundeten aus. Innerhalb von fünf Wochen ist er diese Strecke mehr als hundertmal geflogen. Dann ist er zusammengebrochen und hat drei Wochen im Lazarett gelegen, weil sein Erschöpfungszustand dies erforderlich machte. Laut Vertrag wurden ihm fünf Flüge pro Woche abverlangt und nicht mehr.«

»Er hat vergessen zu erzählen, daß sie die Zeit, die ich im Hospital verbringen mußte, nicht bezahlt haben«, fügte Drummond hinzu. »Da sehen Sie mal, wie heimtückisch diese Orientalen sind.«

Er steigerte die Geschwindigkeit und flog eine langgezogene Kurve. Damit waren sie wieder aus einem Paß heraus und gelangten in das dahinterliegende Tal. Ein breiter Fluß wälzte sich zwischen schroffen Klippen träge dahin, ein silbernes Band in einer atemberaubenden, wilden und feindseligen, urweltlichen Landschaft.

»Na, was habe ich Ihnen gesagt?« meinte Drummond. »Hier sind wir wirklich am Ende der Welt. Kaum zu glauben, daß die Chinesen Anspruch auf dieses verfluchte Land erheben.«

»Und warum tun sie das?«

»Das ist der gleiche psychologisch gut durchdachte Schachzug wie schon bei den römischen Imperatoren: Locke den Mob in den Zirkus, damit er von schwerwiegenden Problemen abgelenkt wird. Infolge der Mißernte in China im Jahre 1962 sind viele Menschen verhungert. Die chinesischen Streitkräfte sind daraufhin in Indien einmarschiert. Indien war auf diesen

Angriff nicht vorbereitet. So war es den Chinesen ein leichtes, den Sieg zu erringen. In Peking konnten sie den Gürtel enger schnallen und Fahnen schwenken.«

»Und sie haben wirklich Anspruch auf Balpur erhoben?«

»Ebenso wie die anderen angrenzenden Länder. In alten Zeiten war Balpur tatsächlich einmal ein Teil des Kaiserreiches China. In Balpur leben Mongolen. Nur Mitglieder der herrschenden Klasse sind Moslems, Nachkommen der Angreifer. Aber niemand glaubt ernsthaft daran, daß sie angreifen könnten. Der alte Khan hat es vorgezogen, völlig neutral zu bleiben. Er ist der einzige Regent eines Grenzstaates, der keinen gegenseitigen Verteidigungspakt unterzeichnet hat, der sich Indien gegenüber nicht verpflichten wollte.«

»Doch gegen Sie als Berater hat er nichts einzuwenden?«

»Seine ganze Armee besteht nur aus fünfundsiebzig Leuten. Und ist überhaupt nur ein politischer Schachzug. In Peking lacht man darüber.«

Fast hätte sie Mr. Cheung erwähnt, ihr fiel jedoch gerade noch rechtzeitig wieder ein, was Drummond ihr am Vorabend erzählt hatte. Selbst wenn Hamid wußte, wie die Dinge wirklich standen – daß Cheung in Wahrheit ein Agent Nationalchinas war und Drummond Waffen für tibetanische Guerillakämpfer einflog, würde er es wahrscheinlich vorziehen, offiziell nichts davon zu wissen. Sie dachte an Vietnam und seufzte. Es war doch überall das gleiche – Gewalt, Blutvergießen und unendliches Leid. Es war ein immerwährender Kreislauf.

Sie überflogen jetzt das Tal in einer Höhe von kaum mehr als dreihundert Metern. Plötzlich sah sie an einer Flußbiegung Sadar liegen. Die Flachbauten lagen unregelmäßig auf einem ausgedehnten Plateau verstreut. Der Palast des Khans lag wie eine Festung in einem von hohen Mauern umgebenen Park.

Die Beaver legte sich in die Kurve, flog dicht an dem schlanken Minarett einer Moschee vorbei. Als sie die Stadt hinter sich gelassen hatten, erblickte sie im Süden inmitten einer Ebene das Rollfeld, eine schmale Landebahn, die mühselig in dem rauhen, unwegsamen Gelände angelegt worden war, am einen Ende eine Windhose an einer langen Stange. Drummond kreiste einmal und bewerkstelligte dann gegen den Wind eine perfekte Landung zwischen zwei Reihen leerer Ölfässer.

Auf diesem behelfsmäßigen Flughafen befand sich ein improvisierter Hangar aus rostigem Wellblech, anscheinend kaum groß genug für die Beaver. Drummond hielt darauf zu und drosselte den Motor.

Er löste den Sicherheitsgurt, sprang aus der Maschine und reichte Janet die Hand, um ihr herauszuhelfen. Da kam ein Landrover aus der Stadt auf sie zugefahren und wirbelte Staubwolken hinter sich auf.

Janet zitterte und hüllte sich fester in ihren Lammfellmantel. »Hier ist es viel kälter als ich dachte.«

»Wir haben bald Winter«, sagte Drummond. »Vielleicht schon sehr bald.«

In dem Hangar stand ein alter Armeejeep, immer noch vom Krieg her in Tarnfarben gestrichen. Das Verdeck war an vielen Stellen geflickt. Drummond und Hamid hatten gerade angefangen, das Gepäck in den Jeep zu verfrachten, als der Landrover vorfuhr.

Mr. Cheung sprang vom Beifahrersitz und kam auf sie zu. Er trug eine dicke blaue Steppjacke und seine Astrachan-Pelzkappe. Sein Fahrer war ein blonder junger Mann, braungebrannt und unbekümmert – nach seinem Gesichtsausdruck zu schließen. Er trug eine Lammfelljacke aus ungegerbtem Leder und hohe Stiefel. Tief auf der rechten Hüfte sah ein Revolver aus der Pistolentasche und wirkte bei ihm irgendwie theatralisch und fehl am Platz.

Mit breitem Grinsen kam er auf sie zu, die Augen auf Janet gerichtet. Hamid fragte boshaft: »Was soll denn das Schießeisen, Tony? Glaubst du, es wird Ärger geben?«

Der junge Mann errötete. »Ich fahre für ein paar Tage rauf in mein Base-Camp in Howeed. Da oben schneiden sie dir die Gurgel durch, nur um deiner Stiefel habhaft zu werden. Ich komme wegen des neuen Theodoliten, den ich bestellt hatte. Falls Drummond daran gedacht hat, ihn mitzubringen.«

»Ist im Flugzeug«, sagte Drummond kühl und abweisend. »Bedienen Sie sich ruhig.«

»Das ist also Miß Tate.« Er ergriff ihre beiden Hände. »Wir

werden dafür sorgen, daß Ihr Aufenthalt hier so angenehm wie möglich gestaltet wird.«

»Sie haben gewußt, daß ich komme?«

Hamid grinste. »Ich habe beim indischen Oberkommando in Juma darum gebeten, daß Ihre Ankunft signalisiert wird, um den Khan zu warnen.«

Cheung nickte. »Oberst Dil hat die Nachricht gestern abend über Funk erhalten.«

»Und Ihnen wahrscheinlich noch vor dem Khan Bescheid gesagt.«

Brackenhurst sprang aus der Maschine, drehte sich um und hob seine Holzkiste mit dem Theodoliten heraus. »Sie haben ja in letzter Zeit Unmengen von Maschinenersatzteilen mitgebracht«, meinte er und wandte sich dann Janet zu, bevor Drummond noch etwas darauf erwidern konnte. »Ich bin Tony Brackenhurst, Miß Tate. Ich stelle hier oben geologische Untersuchungen an, bin aber nebenbei auch noch britischer Konsul. Wenn ich Ihnen bei irgend etwas behilflich sein kann, brauchen Sie es nur zu sagen.«

»Da sie Amerikanerin ist, dürfte das wohl kaum der Fall sein«, meinte Drummond eisig.

Brackenhurst beachtete ihn gar nicht und hielt Janets Hand viel länger als unbedingt nötig in der seinen, ein festgefrorenes Lächeln auf den Lippen. Dieses Lächeln sagte alles über ihn aus und verriet ihr sofort, daß er schwach war und kein Rückgrat besaß.

»Das ist sehr freundlich von Ihnen, Mr. Brackenhurst.«

»In zwei Tagen bin ich wieder zurück«, erklärte er. »Nach dem Zustand des Jungen zu urteilen, werden Sie dann sicher noch hier sein.«

Er trug den Theodoliten zum Landrover. Cheung sagte rasch: »Ich fahre mit ihm zurück. Wenn Sie alle drei in dem Jeep fahren mitsamt Ihrem Gepäck, dann würde es ein bißchen eng, wenn ich auch noch mit wollte. Kommen Sie heute nachmittag zu mir, Jack?«

»Gleich nach dem Mittagessen. Ich will Janet erst zur Missionsstation bringen. Ist der Junge noch dort?«

Cheung nickte und sah Janet lächelnd an. »Es wird mir ein Vergnügen sein, Sie heute abend wiederzusehen, Miß Tate.

Der Khan gibt Ihnen zu Ehren eine kleine Dinnerparty und hat auch mich dazu eingeladen.«

»Das freut mich, Mr. Cheung.«

Der Landrover fuhr in die Stadt zurück. Drummond holte den Jeep aus dem Hangar. Zusammen mit Hamid schob er dann die Beaver hinein und verschloß die Tür mit einem Vorhängeschloß.

»Ich bringe Janet jetzt zu Father Kerrigan. Was hast du vor, Ali?«

Hamid zuckte die Achseln. »Du kannst mich im Hauptquartier bei Oberst Dil absetzen. Wahrscheinlich sehen wir uns dann heute abend im Palast, wenn der alte Knabe die Gästeliste nicht geändert hat.«

Drummond setzte sich ans Steuer des Jeeps und sie fuhren über den Holperweg, der sich hier Straße nannte, in die Stadt. Er mußte herunterschalten, als eine Ziegenherde den Weg versperrte.

Janet sah sich interessiert um, als sie in die Stadt einfuhren. Doch in Sadar fand sie nichts von der farbigen Fröhlichkeit Jumas und Altafs. Die Bewohner waren kleine, gedrungene Mongolen mit wettergegerbter, pergamentener Haut und Schlitzaugen. Die Männer trugen Stiefel aus ungegerbtem Leder, ausgebeulte Hosen und Lammfelljacken. Nur wenige hatten einen Turban auf, die meisten konische Schaffellmützen mit Ohrenklappen. Die Kleidung der Frauen unterschied sich nur in einem Punkt von der der Männer. Anstelle der Schaffelljacken trugen sie dreiviertellange schwarzbraune Filzmäntel. Manche hatten eine Kette aus Silbermünzen um den Hals gelegt.

Sie blickten finster und humorlos drein und wirkten genauso düster wie die Landschaft, die sie hervorgebracht hatte.

Selbst die Kinder auf dem Marktplatz ließen die Lebensfreude und Lebendigkeit vermissen, die sie bei den indischen Kindern beobachtet hatte. Nicht einmal der Basar wirkte geschäftig.

»Niemand lächelt hier«, sagte Janet verwundert. »Ist Ihnen das auch aufgefallen?«

»Das ist ein armes Land«, erklärte Hamid. »Alles, was sie haben, müssen sie mühselig dem Felsgestein abringen. Das

Leben ist hier sehr schwer, die Leute müssen von Tagesanbruch bis zum Einbruch der Nacht arbeiten. Da gibt's nicht viel zu lachen.«

Auf der anderen Seite des Platzes fiel ein barackenartiges Gebäude auf, geschmückt mit der Flagge von Balpur – ein schwarzer Adler auf grauem und goldfarbenem Untergrund. Sie flatterte im Wind über dem Eingang. Zwei Wachtposten in gutsitzenden Khakiuniformen und Miltärturbanen präsentierten die Gewehre, als Drummond vorfuhr und Hamid ausstieg.

Er griff nach seiner Reisetasche aus Segeltuch. Sofort sprang eine Ordonanz hinzu und nahm sie ihm ab. »Also, bis heute abend«, sagte Hamid und hob die Hand zum Gruß.

Nach etwa hundert Metern erreichten sie den Palast, der aus der Nähe längst nicht so abweisend aussah wie aus der Luft. Das schmiedeeiserne Tor stand auf. Eine mit Kies bestreute Auffahrt führte hinein. An der Mauer entlang wuchsen hohe Zypressen, üppiges Grün wucherte überall, und ein Springbrunnen versprühte Wasser.

»Ich muß schon sagen, das sieht allerdings viel einladender aus«, bemerkte Janet.

»Das ist nicht weiter verwunderlich«, erklärte Drummond. »Sie wissen ja, der Khan ist Moslem. Die verstehen zu leben.«

»Und welchem Glauben hängen die Leute hier sonst an?«

»Viele hängen halbherzig dem Islam an, und eine ganze Menge sind Buddhisten, jedoch in stark abgewandelter Form. Die Hindus sind in der Minderheit. Von denen gibt es im ganzen Lande nicht mehr als zwei- oder dreitausend.«

Sie fuhren jetzt wieder aus der Stadt heraus. Die Häuser wurden seltener. Es waren in der Hauptsache zweistöckige Häuser mit festen Mauern, die anscheinend den Reichen der Stadt gehörten, wer diese auch immer sein mochten.

Drummond nahm das Gas weg, fuhr durch einen Torbogen und hielt im Hof eines kleinen Bungalows, der von einem eingezäunten Garten umgeben war.

»Hier bin ich zu Hause«, erklärte er. »Wenn es Ihnen nichts ausmacht, ein Weilchen zu warten, bringe ich schnell meine Sachen rein. Ich bin gleich wieder da.«

Als er aus dem Jeep sprang, öffnete eine kleine, grauhaarige Frau in einem dunklen Gewand die Haustür und trat auf die

Veranda. Sie neigte den Kopf zur Begrüßung. Sie legte dabei die Hände zusammen, wie es die Inder tun. Das Gesicht der Frau war faltig und von Runzeln durchzogen. Doch das trog vielleicht. Es wäre Janet schwergefallen, das Alter der Frau zu schätzen.

»Ihre Haushälterin?« fragte sie Drummond.

Der nickte und griff nach seiner Reisetasche. »Bin gleich wieder da.«

»Darf ich mit reinkommen?« fragte Janet. »Ich möchte gern das Innere des Hauses sehen.«

Er zögerte eine ganze Weile, nickte dann schließlich zustimmend. »Wenn Sie unbedingt wollen – aber da gibt es wirklich nicht viel zu sehen.«

Sie folgte ihm die Stufen hinauf. Oben angekommen, besprach er rasch etwas mit der Frau, die daraufhin sofort im Haus verschwand. Dann trat er beiseite, um Janet den Vortritt zu lassen.

Sie befand sich in einer kleinen Diele mit glatten Wänden und einem Fußboden aus poliertem Holz. Er öffnete eine Tür zur Rechten, und sie gelangte in das Wohnzimmer. Darin befand sich ein großer Kamin, vor dem Felle lagen. Das Zimmer war nur spärlich möbliert – mit einem Eßtisch, ein paar Stühlen und Bücherregalen.

»Ich bin gleich wieder da«, erklärte Drummond, ging durch das Zimmer und entschwand durch eine andere Tür.

Langsam ging Janet durch das Zimmer, sah sich alles an und blieb schließlich vor den Bücherregalen stehen. Sie entdeckte eine holzgeschnitzte Tänzerin – aus irgendeinem dunklen und unglaublich harten Holz. Sie nahm sie in die Hand, um sie genauer betrachten zu können. Die Brüste waren von einer Reife, daß sie fast lebendig wirkten, die Hände hielt sie in einer der vorgeschriebenen Posen, das Gesicht war ernst, der Blick ins Weite gerichtet. Janet hörte ein leises Geräusch, fuhr herum. In der Tür, die auf den Gang hinausführte, stand eine Frau. Sie war Inderin wie die Haushälterin, mußte jedoch noch sehr jung sein. Sie hatte makellose, blasse Haut, was der scharlachrote Sari noch betonte. Sie trug eine silberne Kette um den Hals, goldene Armbänder an den Handgelenken, und ihre dunklen Augen waren schwarz umrandet.

Im gleichen Augenblick kam Drummond aus dem Schlafzimmer herein. Ganz ruhig sagte er etwas in Urdu zu dem Mädchen, das daraufhin sofort verschwand.

»Wer war denn das?« fragte Janet.

»Das ist Famia, die Tochter des alten Mädchens.« Er nahm ihr sanft die holzgeschnitzte Tänzerin aus der Hand. »Gefällt Ihnen das?«

»Ja, das ist wohl sehr alt.«

»Greco-buddhistisch. Wahrscheinlich aus dem zweiten Jahrhundert. So was findet man überall in Balpur. Der Buddhismus hat hier, wie gesagt, einmal eine große Rolle gespielt. Ich meine den echten Buddhismus, nicht die verwässerte Form, die man heute noch gelegentlich antrifft. Hier hat es einmal viele Klöster gegeben.«

»Gibt es noch welche?«

»Das eine oder andere.« Er sah auf die Uhr. »Wir müssen weiter. Es ist schon fast elf Uhr. Um halb zwölf fängt Father Kerrigan für gewöhnlich an zu operieren. Wir müssen ihn vorher noch erwischen.«

Sie gingen zum Jeep hinaus. Er half ihr hinein und fuhr los, als sei nichts geschehen. Jetzt war alles anders. Eine gespannte Atmosphäre herrschte zwischen ihnen, während sie vorher ganz unbefangen miteinander umgegangen waren.

Janet dachte an das Mädchen, seinen herrlichen Körper und seine makellose Haut, deren Blässe so frappierend gegen den scharlachroten Sari abstach. Ein heißer Schmerz stieg in ihr auf, den sie sich selbst nicht erklären konnte.

Das Missionsgebäude lag auf einem Hügel über dem Fluß. Es war ein langgestreckter, niedriger Flachbau, von einer grauen Steinmauer umgeben, wie es in diesem öden Land Sitte zu sein schien. Der winzige Glockenturm einer kleinen Kapelle überragte das Missionsgebäude.

Auf dem spärlichen Gras vor dem Eingang tummelten sich Ziegen, Schafe und ein paar kleine Pferde. Dreißig oder vierzig Leute warteten geduldig. Sie hockten auf dem Boden oder lehnten an der Mauer.

Als Drummond herunterschaltete, um hineinfahren zu können, beugte sich Janet aus dem Jeep. Mit geschultem Auge erkannte sie sofort, woran die Leute in der Hauptstadt litten. Bei den Kindern herrschten Rachitis und Flechten vor. Die Alten hatten halb zerfressene Gesichter, ihre Augen waren ganz verkrustet von angetrocknetem Eiter. Manche hatten auch gebrochene Arme oder Beine, notdürftig geschient oder verbunden.

»Das kann er doch unmöglich alles allein schaffen«, sagte sie und wandte sich Drummond wieder zu. Drummond hielt an der Treppe vor dem Eingang.

Er stellte den Motor ab und nickte. »Ich weiß auch nicht, wie er das macht, aber er schafft es. Er hat nur eine alte Frau, die kocht, sonst niemanden. Da kommt sie ja.«

Die Frau, die die Tür öffnete und auf die Veranda hinaustrat, hatte das gleiche alterslose mongolische Gesicht wie die Leute auf dem Marktplatz in der Stadt, doch sie trug einen langen Baumwollrock und eine Khakijacke der indischen Armee mit Stoffepauletten. Sie hatte ein rotes Tuch um den Kopf geschlungen und trug goldene Ohrringe, was ihr das Aussehen einer Zigeunerin verlieh. Drummond ging mit Janets beiden Koffern die Treppe hinauf, stellte die Koffer oben ab und sprach langsam in Englisch mit ihr, wobei er auf eine deutliche Aussprache achtete. Dann ging er die Treppe wieder hinunter und nahm Janets Arm.

»Er ist in der Kapelle.«

Sie gingen über den Hof zu der kleinen Kapelle aus grauem Gestein. Drummond öffnete die schwarze Holztür, und sie betraten die Kapelle. Sie war nur schwach beleuchtet. Vorn am Altar flackerten Kerzen, die Statue der Muttergottes schien aus der Dunkelheit auf sie zuzuschweben.

Father Terence Kerrigan kniete, ins Gebet versunken, vor dem Altar, das kantige irische Gesicht ganz entspannt und fast kindhaft rein. Sein weißes Haar glänzte wie Silber. Als er sich bekreuzigte und aufstand, bemerkte Janet zu ihrem Erstaunen, wie groß er war – groß und baumstark. Seine Schultern waren so breit wie die Hamids.

Er wandte sich um, kniff seine kurzsichtigen Augen zusammen, als er ihrer ansichtig wurde, und ging dann lächelnd auf sie zu.

»Ach, Jack, Sie sind es. Und das ist sicher Miß Tate.« Er

ergriff ihre Hände und drückte sie fest. »Wie schön, Sie hier zu haben, meine Liebe. Oberst Dil hat mir mitgeteilt, daß Sie heute kommen würden. Ali Hamid hat ihn gestern abend über Funk benachrichtigt.«

»Ich komme mir vor wie eine Hochstaplerin, Father«, sagte sie entschuldigend. »Sie haben doch sicher einen Arzt erwartet?«

»Unsinn, meine Liebe. Eine tüchtige ausgebildete Krankenschwester, die zwei Jahre in Flüchtlingslagern in Vietnam Dienst getan hat, ist genau das, was ich brauche.« Er kicherte, als sie ihn erstaunt ansah. »Major Hamid ist eben ein gründlicher Mensch und stets bestens informiert.«

Sie gingen über den Hof und betraten das Missionsgebäude. Aus der Eingangshalle war ein Krankenrevier mit Arzneiausgabestelle geworden. Die Wände waren weiß gestrichen. Medikamente und Instrumente lagen ordentlich in weißgestrichenen Regalen. Alles machte einen ordentlichen, sauberen und vertrauenerweckenden Eindruck.

»Hier spielt sich fast alles ab, und da ich der einzige Arzt in Balpur bin, von einigen Quacksalbern abgesehen, muß meist alles rasend schnell gehen.« Er sah auf die Uhr. »In genau fünfzehn Minuten können Sie sich selbst davon überzeugen.«

»Wie geht es meinem Patienten?« erkundigte sich Janet.

»Kerim?« Der alte Mann seufzte. »Offen gesagt, nicht besonders gut. Hier bei mir ist er natürlich unter ständiger Aufsicht. Der Khan wollte unbedingt, daß ich mich bei ihm im Palast einquartiere, aber das mußte ich natürlich ablehnen. Schließlich habe ich ja auch noch andere Patienten.«

»Ist bei Kerim noch keine Besserung eingetreten?«

»Doch. Er hatte hohes Fieber, scheint jetzt aber über den Berg zu sein. Trotzdem glaube ich, daß wir noch ein paar Tage warten sollten, bevor wir so eine lange Reise in Betracht ziehen.«

»Soll Janet also hierbleiben?« fragte Drummond.

»Wenn sie es bei so einem schrulligen alten Narren aushält.« Father Kerrigan lächelte. »Möchten Sie rasch einen Blick zu Kerim hineinwerfen.?«

Er ging durch einen schmalen, weißgestrichenen Gang voraus und öffnete links eine Tür. Der Junge schlief. Er sah ganz zart und zerbrechlich aus, hatte den Kopf zur Seite gedreht und trug eine dicke Bandage über dem linken Auge. Auf Zehenspitzen zogen sie sich wieder zurück.

Der Priester öffnete eine Tür auf der anderen Seite des Ganges und bat Janet in ein kleines Zimmer, in dem ein schmales Bett und ein Wandschrank standen. Etwas luxuriöser wirkte lediglich der dicke Schafwollteppich. Man hatte einen Blick auf die Veranda hinaus und den dahinterliegenden, völlig verwilderten Garten.

»Mehr kann ich Ihnen leider nicht bieten«, meinte er entschuldigend.

»Das ist ein Palast im Vergleich zu dem, was ich aus Vietnam gewohnt bin.«

Sie kehrten ins Krankenzimmer zurück. Drummond stand an der Tür und blickte hinaus. Der Hof hatte sich mit Leuten gefüllt, die alle im Staub hockten und geduldig darauf warteten, daß der alte Priester mit seiner Sprechstunde begann.

Wieder blickte dieser auf die Uhr und schnalzte mit der Zunge. »Schon fünf Minuten Verspätung. Wie soll ich das bloß aufholen? Ich muß mich jetzt verabschieden, Jack. Wir sehen Sie dann heute abend im Palast, nehme ich an.«

»Ja, sicher.«

Drummond wandte sich Janet zu, doch sie legte Father Kerrigan die Hand auf den Arm, als dieser gerade gehen wollte. »Darf ich Ihnen helfen, Father?«

Der alte Mann sah prüfend aus seiner Höhe auf sie hinunter. Langsam breitete sich ein Lächeln auf seinem zerfurchten Gesicht aus, und er sagte: »Aber gern, meine Liebe. Warten Sie, ich hole Ihnen einen Kittel.«

Sie nickte Drummond nur kurz zu. »Also bis heute abend, Jack.«

Sie wandte sich ab, schien ein ganz anderer Mensch geworden zu sein. Sie hielt sich kerzengerade, fühlte sich wieder ganz sicher. Von diesem Handwerk verstand sie etwas. Sie zog den Kittel an und unterhielt sich mit dem alten Mann. Zwischen den beiden herrschte sofort eine sonderbare Vertrautheit.

Drummond wandte sich abrupt ab, bahnte sich einen Weg durch die Menge, sprang in den Jeep und fuhr rasch davon.

5. Kapitel

Dinner im Palast

Durch die Balkontüren sah man auf die weißschimmernde Balustrade der Terrasse. Die Umrisse der hohen Zypressen zeichneten sich deutlich gegen den Nachthimmel ab. Im Park zirpten Grillen.

Drinnen erglänzten Kristallkaraffen sowie silbernes und goldenes Tafelgeschirr im sanften Licht, und der große Rubin, der den Turban des Khans schmückte, leuchtete wie ein verglühendes Stück Kohle, das von einer schwachen Brise umweht ist.

Der Khan war siebzig Jahre alt, machte aber in seinem in London maßgeschneiderten Dinnerjackett aus Mohair und Seide noch immer eine sehr gute Figur. Das Gesicht unter dem Turban war immer noch das eines Kriegers, stolz und unbesiegbar. Seine Züge waren von der Arroganz des Menschen geprägt, der es gewohnt ist zu herrschen.

Er saß am Kopfende des Tisches, Janet Tate zu seiner Linken. Er wandte sich ihr lächelnd zu und fragte sie in präzisem Englisch: »Noch einen Brandy, Miß Tate?«

»Nein, vielen Dank.«

»Aber vielleicht noch ein wenig Kaffee?«

Er schnippte mit den Fingern. Sofort kam ein Diener herbeigeeilt. Fünf Diener standen neben dem Khan am Tisch.

Janet sah in ihrem schlichten schwarzen Seidenkleid wunderschön aus. Jack Drummond, der links von ihr saß, trug ein weißes Dinnerjackett. Father Kerrigan saß zur Rechten des Khans und hatte auf der anderen Seite Mr. Cheung neben sich. Hamid und Oberst Sher Dil, Befehlshaber der kleinen Armee des Khans, saßen einander gegenüber, beide in prächtigen Ausgehuniformen.

»Sind Sie bei Father Kerrigan gut untergebracht, Miß Tate?«

»Ja, allerbestens.«

Der Khan seufzte. »Ich hätte Sie gern hier im Palast zu Gast gehabt, aber er ist ein starrköpfiger alter Mann.«

»Wenn das stimmt, wüßte ich keine tausend Meilen von

hier noch einen anderen starrköpfigen alten Mann«, erwiderte der Priester mit der Vertrautheit eines alten Freundes und griff nach der Karaffe mit dem Brandy. »Stellen Sie sich vor, Janet, er hat doch tatsächlich von mir erwartet, daß ich alle anderen Patienten im Stich lasse, die Missionsstation schließe und mich hier im Palast einniste.«

Der Khan zuckte hilflos die Achseln. »Was soll man da machen? Er hat sogar die Wachtposten wieder weggeschickt, die ich zur Verfügung stellen wollte. Wer schützt in diesem Augenblick die einzige Hoffnung Balpurs, können Sie mir das vielleicht sagen?« forderte er den Geistlichen heraus.

»Da müssen Sie mir schon sagen, wer ihm in Balpur etwas zuleide tun würde«, konterte der Geistliche.

Der Khan seufzte. »Nun hören Sie sich das an, Miß Tate. Ich bin nicht einmal Herr in meinem eigenen Hause.«

»Wenn Sie es unbedingt wissen wollen, in diesem Augenblick sitzt die alte Nerida am Bett Ihres Sohnes«, sagte Father Kerrigan. »Sie würde sich eher einen Arm abhacken lassen, als sich von dort fortzurühren, bevor ich wieder da bin.«

»Haben Sie Kerim heute gesehen?« fragte der Khan Janet. »Geht es ihm gut?«

Sie nickte. »Aber er ist immer noch ziemlich geschwächt. Eine solche Verletzung ist ein großer Schock für den gesamten Organismus, besonders bei einem Kind.«

»Dieses Kind wird in drei Jahren ein Mann sein, das ist ein großer Unterschied. Es ist bei uns Brauch, daß er dann dem Volk präsentiert wird und dann nötigenfalls jederzeit meine Nachfolge antreten kann. Deshalb ist mir sehr daran gelegen, daß er die Reise nach Amerika so bald wie möglich antritt.«

»Ein paar Tage müssen wir noch warten«, erklärte Father Kerrigan. »Ich bin sicher, daß mir Miß Tate darin zustimmen wird.«

Der Khan sah Janet fragend an. Sie nickte. »Ich finde auch, daß wir lieber noch ein paar Tage warten sollten. Es eilt auch wirklich nicht. Kerim kann schon einen Monat nach der Operation wieder zurück sein.«

Er breitete die Arme aus. »Dann muß ich mich vor dem Wind verneigen. Spielen Sie Schach, Miß Tate?«

»Nicht besonders gut.«

»Father Kerrigan hält sich für einen meisterhaften Schachspieler. Es ist daher immer wieder meine schmerzliche Pflicht, ihn vom Gegenteil zu überzeugen.«

»Ach, wirklich?« meinte der Geistliche angriffslustig, schob seinen Stuhl zurück und erhob sich mit dem Glas in der Hand. »Wenn Eure Hoheit so gut sein wollen vorauszugehen, können wir ja wieder mal eine Partie spielen, schon um Sie Lügen zu strafen.«

»Mit Vergnügen.« Der Khan erhob sich ebenfalls und sah seine Gäste fragend an. »Meine Herren?«

Hamid sah Drummond und Sher Dil an. »Billard?«

Beide nickten. Da lächelte Cheung Janet über den Tisch hinweg zu. »Miß Tate und ich bleiben also uns selbst überlassen. Wenn es der Khan erlaubt, könnte ich ihr vielleicht die Schätze des Palastes zeigen.«

»Ja, bitte tun Sie das. In spätestens einer Stunde habe ich diesen aufsässigen Geistlichen zu Fall gebracht.«

»Was Sie nicht sagen!« knurrte Father Kerrigan leicht verärgert. Damit verabschiedeten sie sich vorübergehend.

Hamid, Sher Dil und Drummond steckten zu einer kurzen Lagebesprechung eine Weile die Köpfe zusammen. Sie hatten über Funk einen Bericht vom Hauptquartier der indischen Streitkräfte erhalten. Es ging um das Aufeinandertreffen von Patrouillen im Grenzgebiet von Ladakh. Auch Cheung war zu ihnen getreten. Janet ging zum Fenster und blickte in den Park hinaus.

Ein herrlicher Park. Auf der Terrasse standen in regelmäßigen Abständen große Krüge, die aus dem alten Griechenland hätten stammen können. Diese Krüge oder Vasen waren mit Iris gefüllt. Der schwere Duft von Hibiskus hing in der Luft. Unten standen an der Mauer entlang schlanke Zypressen wie aufrechte Wachsoldaten und zeichneten sich dunkel gegen den Himmel ab. Es war eine Vollmondnacht.

Cheung trat wieder neben sie.

»Dieser krasse Gegensatz ist irgendwie erschreckend, finden Sie nicht auch? Diese unbeschreibliche Schönheit hier, dieser nächtliche Park – und jenseits der Mauern das karge, unfruchtbare Land, dem man kaum das Nötigste zum Leben abringen kann.«

»War das schon immer so?«

Er nickte. »In alten Zeiten sind die Stammesangehörigen wie hungrige Wölfe in Indien eingefallen. Ihr Name bedeutete Grausamkeit. Aber die Zeiten sind vorbei. Jetzt müssen sie von dem leben, was der Boden hergibt. Und das ist wenig.«

»Kann man da gar nichts machen?«

Cheung zuckte die Achseln. »Wer weiß? Vielleicht kommt Brackenhurst ja bald zu einem Ergebnis, und es stellt sich heraus, daß Mineralablagerungen vorhanden sind, womit sich etwas anfangen läßt. Der Khan setzt große Hoffnungen darauf, aber ich bezweifle, daß sich die Sache lohnt. Brackenhurst wäre nicht der erste Geologe, der hier nur seine Zeit verschwendet und unverrichteterdinge wieder abziehen muß.«

»Aber Hamid hat mir erzählt, daß die Regierung in Peking Anspruch auf Balpur erhebt.«

»Das gilt auch für Nepal, Bhutan und Teile von Assam.« Er zuckte die Achseln. »Worte, nichts als Worte. Um jedoch der Wahrheit die Ehre zu geben – es bestehen kaum Zweifel daran, daß Balpur tatsächlich einmal zum Kaiserreich China gehört hat. Kommen Sie, ich will Ihnen etwas zeigen.«

Sie folgte ihm in die große Eingangshalle, wo Cheung eine Tür öffnete. Janet war gänzlich unvorbereitet auf das, was sie nun zu sehen bekam.

An den Seitenwänden des Raumes entlang standen Glasvitrinen, deren Innenbeleuchtung Cheung soeben eingeschaltet hatte. Die Vitrinen schienen in dem ansonsten dunklen Raum zu schweben. Ein kleiner Schrei der Bewunderung entfuhr ihr, als sie sah, was in diesen Vitrinen ausgestellt war. Es war die exquisiteste Sammlung der unterschiedlichsten Gefäße, die sie je gesehen hatte.

Sie erblickte fast durchscheinend helle Alabastervasen und sorgfältig gearbeitete glasierte Urnen in Rot und Schwarz – die Farben noch so frisch wie an dem Tag, an dem sie gebrannt worden waren.

Die meisten Gefäße waren zweifellos chinesischen Ursprungs, andere zumindest stark chinesisch angehaucht. Auch eine Sammlung von Statuen und kleinen Figürchen gab es hier. Wie jenes in Drummonds Bungalow.

»Jack hat auch so eins«, sagte sie. »Er hat mir erklärt, es sei griechisch-buddhistisch.«

»Ganz recht. Wie Sie ja sicher wissen, ist Alexander der Große bis Indien vorgedrungen. Es ist wirklich erstaunlich, wie sehr die Kultur Griechenlands das ganze Grenzgebiet beeinflußt hat, und doch wird in der indischen Literatur der Name Alexanders des Großen nicht einmal erwähnt.«

Sie fuhr vorsichtig mit der Hand über einen wunderschönen Weinkrug, der offenbar mühselig Stück um Stück wieder zusammengefügt worden war, nach dem feinen Netzwerk von Linien zu urteilen, mit dem er überzogen war. »Wo ist denn der gefunden worden?«

»Südlich der Stadt am Fluß in einer Grabstätte. Davon gibt es viel. Sie sollten unbedingt einige besichtigen. Nicht weit vom Hospital steht noch die Ruine eines buddhistischen Tempels. Hochinteressant! Die kann ich Ihnen nur empfehlen. Bei Mondschein ist sie wirklich atemberaubend schön.«

Er lächelte liebenswürdig. Janet zögerte. In diesem Augenblick trat Hamid ein und erlöste sie. »Ach, da sind Sie.«

»Ich dachte, Sie spielen Billard«, meinte sie.

»Nun ja, zumindest eine Abart, wobei jeder versucht, die Konkurrenz möglichst schnell aus dem Feld zu schlagen. Ich war Jack und Sher Dil einfach nicht gewachsen.«

»Mr. Cheung hat mir die Sammlung des Khans gezeigt. Ich hatte ja keine Ahnung, daß die Chinesen hier früher einmal so großen Einfluß hatten.«

»Ich kann mir das beim besten Willen nicht erklären«, sagte er. »Auch in alten Zeiten kann doch dieses karge Land nur eine Belastung gewesen sein.«

Cheung sah auf seine Uhr. »Es ist schon spät. Ich fürchte, ich muß jetzt gehen. Herr Major, darf ich Miß Tate in Ihrer Obhut zurücklassen?«

Damit verabschiedete er sich rasch. Mit einem Seufzer der Erleichterung wandte sie sich Hamid zu. »Er tut mir wirklich leid. Da haben wir hier gestanden und uns über den Glanz und die Größe des alten Chinas unterhalten, und er gehört nicht einmal dem heutigen China an. Es muß schrecklich sein, im Exil leben zu müssen und nicht mehr in die Heimat zurückkehren zu dürfen.«

»Das ist eben die Tragödie des zwanzigsten Jahrhunderts«, sagte Hamid. »Mögen Sie ihn?«

»Schwer zu sagen. Er gibt sich die größte Mühe, liebenswürdig und charmant zu sein, aber ich kann das Gefühl nicht loswerden, daß er nicht ganz offen ist. Er kommt mir irgendwie zwiespältig vor.«

»Gut gesagt. Und was ist mit Sher Dil?«

»Ein fantastischer Mann. Er ist so herrlich korrekt, so . . .«

Sie wußte nicht mehr weiter. Hamid kicherte. »So schön britisch, nicht wahr? Ja, dieser imperialistische Makel haftet immer noch an uns. Sher Dil war seinerzeit einer der glänzendsten Absolventen von Sandhurst. Im Jahre 1945 war er noch Oberst der indischen Armee.«

»Was ist denn da schiefgelaufen?«

»Wir haben jahrelang versucht, in Indien Frieden zu halten. Nehru war sicher, daß die Neutralität des Landes von allen anderen Ländern respektiert werden würde. Aber viele Männer wie Sher Dil, hohe Offiziere, waren nicht so fest davon überzeugt und haben ihm das auch zu verstehen gegeben. Als die Armee reduziert wurde, waren sie die ersten, die gehen mußten.«

»Und so ist Sher Dil hierhergekommen?«

»Um für den Khan eine Armee von fünfundsiebzig Soldaten zu befehligen, die meisten in Indien rekrutiert. Die Hiesigen sind nicht gerade versessen auf Uniformen.«

Er lachte. »Aber eine solche Nacht ist wie geschaffen für die Liebe und das Lachen – und sonst nichts. Ich werde Ihnen den herrlichen Park zeigen.«

»Das hat Mr. Cheung schon getan.«

»Ich kann das besser.«

Sie verließen den Raum mit der faszinierenden Sammlung, gingen auf die Terrasse hinaus und blieben oben an der Treppe eine Weile stehen, weil Hamid sich eine Zigarre anzünden wollte.

Der Mond war im dunklen Netz der Zypressen gefangen, der schwere Duft von Blumen hing in der Luft, ein Springbrunnen plätscherte fröhlich. Arm in Arm gingen sie die Treppe hinunter.

»Die Stunde der Turteltaube, so nennt man das hier.« Mit

einer theatralischen Geste schien er alles auf einmal umfassen zu wollen. »Die Stunde, in der Liebende einander ihre Herzen öffnen.«

Sie gelangten zu dem Brunnen in der Mitte des Parks. Sie setzte sich auf die niedrige Einfassung und tauchte die Hand ins Wasser. Ein unsichtbarer Vogel flötete eine jubelnde Melodie.

»Es ist, als fände man mitten in der Wildnis einen Garten Eden. Wie macht er das nur?«

»Nun, durch die hohen Mauern wird der Wind abgehalten. Außerdem beschäftigt er ein ganzes Heer von Gärtnern. So ist der Boden mühselig urbar gemacht worden, und alles gedeiht hier nun unter der sorgsamen Pflege.« Er seufzte tief. »Aber das alles kann in einer einzigen Nacht zerstört werden. Der Winter schlägt hier immer blitzschnell zu – wie ein Schwert, das sich plötzlich in warmes Fleisch gräbt.«

Sie starrte in das Wasser, in dem sich der Mond spiegelte. Fischchen huschten vorbei. »Jack hat mir erzählt, was in Korea geschehen ist«, sagte sie plötzlich.

Hamid hob ihr Kinn an und sah ihr in die Augen. »Sie mögen ihn sehr, nicht wahr?«

»Ja. Ein Mann wie er ist mir noch nie begegnet. Er ist ein seltsamer Mensch, so heftig und verbittert, und doch kann ich mir keinen liebenswerteren, zartfühlenderen Menschen vorstellen.«

»Mein Pech.«

Hamid seufzte. »Was möchten Sie denn wissen?«

»Heute nachmittag haben wir kurz bei seinem Bungalow gehalten. Da war ein Mädchen. Ich glaube, sie hieß Famia.«

»Sie ist die Tochter seiner Haushälterin.«

Janet zögerte, dann faßte sie Mut und fragte ganz direkt: »Ist sie seine Geliebte?«

»Ach, das ist es also?« Hamid lachte leise und griff nach ihrer Hand. »Janet, er ist doch schließlich ein erwachsener Mann und kein kleiner Junge mehr. Es wäre doch nicht normal, wenn er nicht ab und zu eine Frau bräuchte. Oder sind Sie anderer Meinung?«

Ein unbändiger Zorn stieg in ihr auf, und sie krallte ihre

Finger in seinen Arm, doch Hamid streichelte sanft ihre Wange.

»Arme Janet. Indien ist ein gestrenger Zuchtmeister.«

»Wissen Sie – ich glaube, ich liebe ihn«, sagte sie leise. »So einfach ist das.«

»Einfach ist das nie«, sagte er feierlich und zog sie hoch. »Jetzt gehen wir wohl besser in den Palast zurück, bevor ich mich vergesse.«

»Eines möchte ich Sie noch fragen«, sagte sie. »Ist Jack wirklich so verbittert wegen dieser Sache in Korea?«

Hamid schüttelte den Kopf. »Ach wo. Er ist viel zu intelligent, um sich die Schuld zu geben. Es war eben Krieg, und so etwas kommt vor. Aber er hat seinen Beruf geliebt. Darum tut es ihm leid.«

»Und woran glaubt er jetzt?«

»An gar nichts mehr. Zumindest redet er sich das ein. Daher lebt er gefährlich und setzt immer wieder sein Leben aufs Spiel – er schreckt vor nichts zurück, um ein Vermögen zu horten.«

Er lachte leise. »Doch wenn er dann mit soviel Elend und Leid konfrontiert wird wie zum Beispiel in Ladakh während der chinesischen Invasion, wirft er all seine schwer errungenen Prinzipien über Bord, ohne mit der Wimper zu zucken.«

»Sie mögen ihn sehr, nicht wahr?«

»Ich weiß wahre Freundschaft sehr zu schätzen«, erwiderte Hamid. »Er hat mir seine Freundschaft immer wieder bewiesen.«

Sie gingen schweigend durch den Park zurück. Als sie gerade die Stufen zur Terrasse wieder hinaufstiegen, trat Drummond auf die Terrasse heraus.

»Ach, da seid ihr ja. Father Kerrigan möchte gehen. Er will Kerim nicht zu lange allein lassen. Ich fahre Sie im Jeep.«

»Ich hole Ihren Mantel«, sagte Hamid und ging hinein.

»Haben Sie gewonnen?« fragte sie Drummond.

»Nein. Haben Sie denn Ihr Spiel gewonnen?«

Janet lächelte schwach. »Sie irren sich gewaltig.«

Sie drängte sich an ihm vorbei, ging hinein und ließ Drummond einfach stehen. Er lauschte den Stimmen der Nacht. Eine tiefe Erregung hatte sich seiner bemächtigt und hinterließ ein schrecklich leeres Gefühl im Magen.

Auf der Rückfahrt saß sie neben ihm, oder vielmehr zwischen ihm und Father Kerrigan. Hin und wieder wehte der Wind Drummond Janets seidenen Schal ins Gesicht. Er spürte ihre Wärme, ihre Hüfte an der seinen, roch ihr zartes Parfüm, atmete ihren Duft tief ein und umklammerte das Lenkrad mit beiden Händen. Ihn bewegten Gefühle, wie er sie schon lange nicht mehr gekannt hatte.

Der alte Geistliche kicherte vor sich hin. »Ich wollte, Sie wären beide dabeigewesen. Dem habe ich's gegeben! Es wird jetzt ein Weilchen dauern, bevor er wieder ankommt und behauptet, Terence Kerrigan Schach bieten zu können.«

Drummond sah Janet von der Seite an und grinste, als er in den Hof der Missionsstation einbog. »Er muß wohl gewonnen haben.«

»Ach, gehen Sie doch zum...« Er besann sich gerade noch rechtzeitig und kletterte lächelnd aus dem Jeep. Sein Gesicht strahlte im Mondlicht. »Eine herrliche Nacht für eine Ausfahrt.«

Drummond zögerte, da sagte Janet ruhig: »Mr. Cheung hat von der Ruine eines buddhistischen Tempels ganz in der Nähe gesprochen. Er meinte, es lohne sich, sie bei Mondschein zu besichtigen.«

»Da hat er wahrscheinlich gar nicht so unrecht.« Father Kerrigan klopfte mit der Hand auf den Jeep. »Na, dann mal los, aber bleiben Sie nicht zu lange.«

Drummond wendete und fuhr wieder aus dem Hof heraus. Der Weg führte über die mondbeschienene Ebene am Fluß. Er hatte schon vorher das Verdeck herabgerollt. Der Wind blies scharf und eisig kalt. Es roch nach nasser Erde. Nach ein paar Minuten gelangten sie an den Rand einer Böschung. Da lagen auf einem kleinen Plateau die Tempelruinen vor ihnen, kahl und windgepeitscht zerbröckelten sie immer mehr.

Drummond bremste, stellte den Motor ab und stieg aus. Die letzten paar Meter gingen sie zu Fuß. Der Mond hüllte alles in ein bleiches Licht, und der dunkle Schatten geborstener Säulen fiel auf den Mosaikboden und bildete dort ein starkes Gitterwerk.

Im Hintergrund saß noch eine Buddhastatue, schwer angeschlagen und vom Zahn der Zeit benagt. Sie hatte nur noch einen Arm, doch der ruhige, ausgeglichene Gesichtsausdruck war noch da und klar zu erkennen. Die starren Augen blickten blind über den Fluß hinweg in die Unendlichkeit.

Janet ging langsam auf den Buddha zu. Drummond war stehengeblieben, um sich eine Zigarre anzuzünden. Als er den Kopf wieder hob, sah er Janet am Rande der abbröckelnden Terrasse stehen und nachdenklich ins Dunkel starren.

Der Mond stand direkt hinter ihr und betonte noch die Umrisse ihrer herrlichen Figur in dem dünnen Seidenkleid. Als sie sich umwandte und ihn ansah, erschien sie ihm ätherisch zart und unwirklich wie eine dunkle Nachtgöttin, die jeden Augenblick die Schwingen ausbreiten und davonfliegen konnte.

Eine ganze Weile standen sie wie verzaubert da und sahen sich an. Beiden erschien es wie eine Ewigkeit. Sie schienen losgelöst von Zeit und Raum. Dann kam sie langsam auf ihn zu, streckte die Hand aus und streichelte unendlich sanft sein Gesicht.

Drummond senkte den Kopf, hauchte einen Kuß auf ihre Hand und schlang ihr den Arm um die Taille. Zitternd schmiegte sie sich an ihn. Weit entfernt hörten sie bedrohliches Donnergrollen.

Erschrocken blickte sie auf. »Was war denn das?«

»Ein Unwetter ist im Anzug«, erwiderte er und wies auf die Flächenblitze über den Bergen. »Wir fahren besser zurück.«

Da erst kam ihr die unheimliche Stille zu Bewußtsein. Schwarze Wolken näherten sich rasch und verschlangen die Sterne. Drummond griff nach ihrer Hand, und sie rannten zum Jeep zurück.

Er betätigte den Anlasser und fuhr sofort ab, doch da prasselten schon große, schwere Tropfen gegen die Windschutzscheibe. Drummond trat das Gaspedal ganz durch, doch das half ihnen nicht mehr. Ein ohrenbetäubender Donnerschlag ertönte. Der Himmel schien zu bersten, öffnete seine Schleusen und ließ gewaltige Wassermassen auf sie herabregnen.

Es blieb nicht einmal mehr Zeit, das Verdeck zu schließen. Drummond duckte sich hinter das Lenkrad, klammerte sich daran fest und kniff die Augen vor dem herniederprasselnden eiskalten Guß zusammen. Janet lehnte sich völlig verschreckt an ihn. Er fuhr in den Hof der Missionsstation, bremste scharf, sprang aus dem Jeep und half Janet heraus. Hand in Hand sprangen sie die Stufen zur Veranda hinauf.

Das dünne Seidenkleid klebte ihr wie eine zweite Haut am Leib. Sie zitterte vor Kälte und mußte trotzdem lachen.

»Es war herrlich, einfach herrlich.«

»Sie müssen sofort diese nassen Sachen ausziehen, sonst holen Sie sich noch den Tod«, mahnte er.

»Ihnen würde ein Handtuch auch guttun.« Sie nahm ihn an der Hand. »Gehen wir hier herum. Father Kerrigan ist sicher schon schlafen gegangen.«

Sie eilten auf der Veranda zum rückwärtigen Park. Das Fenster ihres Zimmers stand offen. Sie kletterte hinein, machte Licht und fand ein Handtuch für ihn.

»Trocknen Sie sich ab, während ich mich umziehe.«

»Darf ich Ihnen den Rücken trockenreiben?« fragte er.

Sie schob ihn rasch zum Fenster. »Jetzt aber raus.«

Sie zog den Vorhang zu, pellte sich das nasse Kleid vom Leib und frottierte sich rasch trocken. Sie zitterte immer noch. Doch bald fror sie nicht mehr. Eine warme Glut breitete sich in ihr aus, bis sie ganz durchglüht war. Sie zog ihren Hausmantel an, band den Gürtel und ging wieder hinaus.

Drummond war noch dabei, sich die Haare und das Gesicht zu trocknen. Dann hing er das Handtuch über das Geländer. Es war inzwischen bitter kalt geworden. Tiefatmend stand er da und sog die herrlich erfrischende Luft in seine Lungen, von einer seltsamen Ruhelosigkeit getrieben.

»Fühlen Sie sich jetzt besser?« fragte Janet ruhig.

Er drehte sich langsam um.

Janet Tate stand kaum einen Meter von ihm entfernt am Geländer. Als ein Blitz aufzuckte, schien ihr Gesicht aus dem Dunkel auf ihn zuzuspringen. Ihr Haar fiel wie ein dunkler Vorhang zu beiden Seiten bis auf die Schultern herunter. Voller Verwunderung stellte er fest, daß sie schön war. Nicht nur hübsch oder attraktiv, sondern wirklich unsagbar schön. Mit zwei Schritten war er bei ihr und zog sie an sich.

Der Regen trommelte immer stärker auf das Wellblechdach. Das ohrenbetäubende Tosen der Elemente verschluckte jedes andere Geräusch. Sie bekam seine Kraft zu spüren; denn er preßte sie so fest an sich, daß sie kaum mehr Luft bekam. Dann hielt er sie von sich ab, um sie zu betrachten. Ihr loser Morgenrock öffnete sich, und er küßte ihre bloßen Schultern, ihre Brüste.

Sie schmiegte sich an ihn, von einer wilden Strömung mitgerissen, gegen die sie nicht ankonnte. Seine Hände waren überall. Er machte sich an dem Gürtel ihres Morgenrocks zu schaffen.

Doch als dann der Morgenrock ganz auseinanderfiel, stemmte sie sich gegen ihn und setzte sich energisch zur Wehr. »Nein, Jack, bitte nicht.« Mit leicht vorgeneigtem Kopf hielt er inne, um sie in der Düsterkeit besser sehen zu können. Da stieß sie ihn heftig von sich. »So nicht, Jack! Ich bin keine von deinen ausgehaltenen Frauen!"

Er stand noch lange so da und starrte sie an, in der Finsternis kaum noch auszumachen – dann eilte er ohne ein Wort davon.

Als wieder ein strahlend heller Blitz über die leere Veranda zuckte, stieg ein trockenes Schluchzen aus Janets Kehle auf. Sie ging wieder hinein und warf sich auf ihr Bett. Dort schluchzte sie herzzerreißend und weinte sich all ihren Schmerz, ohnmächtigen Zorn und ihre ganze Frustration von der Seele.

Drummond hatte trotz der Kälte sein Schlafzimmerfenster absichtlich aufgelassen. Mit einem Kissen im Rücken saß er im Bett, rauchte eine Zigarette und dachte an Janet Tate, während der Regen unaufhörlich auf das Dach trommelte.

Wenn sie es nicht anders wollte, sollte sie doch zum Teufel gehen!

Als er seine Zigarette im Aschenbecher auf dem Nachttischchen ausdrückte, nahm er am Fenster eine Bewegung wahr. Famia tauchte aus dem Schatten auf.

Ihr offenes Haar hing bis zur Taille hinab. Sie trug ein locker sitzendes seidenes Gewand, das mit einer roten Schärpe zusammengehalten war. Die Seide raschelte leise, als sie in den Lichtkreis der Lampe trat. Das Gewand glitt zu Boden.

Eine Weile stand sie nackt vor ihm, die Brustwarzen schon ganz hart vor Verlangen. Ihre Arme hingen herunter, und er konnte den Blick nicht losreißen von dieser hinreißenden Gestalt.

Da trat sie rasch auf ihn zu, und er streckte die Arme nach ihr aus, preßte ihren warmen Körper an sich. Blind starrte er aus dem Fenster in die Nacht hinaus, als Famia leise aufstöhnte und ihre Nägel in seine Schultern grub.

Und warum auch schließlich nicht? Das war auch eine Lösung – wenn es ihm auch anders lieber gewesen wäre. Aber es sollte wohl nicht sein.

Die alte Frau stand im Dunkel draußen auf der Terrasse und lauschte angestrengt. Dann nickte sie tiefbefriedigt und schlich sich davon.

Er erwachte in kalten Schweiß gebadet, als der Morgen dämmerte. Immer noch strömte der Regen hernieder. Er zog sich die Decke bis über die Schultern hoch und versuchte wieder einzuschlafen.

Aufgewacht war er von einem Geräusch, das immer näher kam. Motorenlärm. Jetzt quietschten Bremsen, jemand eilte in schweren, genagelten Stiefeln über den Hof. Drummond stieg benommen aus dem Bett, zog sich den Hausmantel über und stapfte ans Fenster. Dann trat er durch die Verandatür auf die Terrasse hinaus. Tony Brackenhurst stolperte auf der obersten Stufe und sank auf die Knie. Im Schein der Lampe auf der Veranda erkannte Drummond, daß Brackenhursts Gesicht vor Angst ganz entstellt war. Das nackte Entsetzen sprach aus seinem Blick.

»Um Himmels willen, Mann, was ist denn passiert?« fragte ihn Drummond.

»Chinesische Truppen«, keuchte Brackenhurst. »In Ho-weel. Sie haben mein Camp einfach überrannt und meine Leute abgeschlachtet.«

»Chinesen?« fragte Drummond verwirrt. »Sie meinen eine Patrouille?«

»Nein, Hunderte von den verfluchten Kerlen! Hunderte!« schluchzte Brackenhurst verzweifelt.

Einen Augenblick stand Drummond da wie erstarrt, dann riß er Brackenhurst hoch. »Haben Sie schon irgend jemandem davon erzählt?«

»Nein, dazu war noch keine Zeit.«

»Ein Glück! Denn wenn sich das vorzeitig herumspricht,

bricht vielleicht eine Panik aus. In dieser unwirtlichen Gegend und bei diesem lausigen Wetter kann ich nicht mehr als fünfzehn Leute auf einmal ausfliegen.«

»Das habe ich mir schon gedacht«, sagte Brackenhurst.

»Davon bin ich überzeugt. Wir tun jetzt folgendes: Wir fahren von hier aus zur Missionsstation, um Father Kerrigan und Janet zu warnen. Wir überlassen ihnen meinen Jeep, und sie können uns mit Kerim folgen, sobald sie soweit sind.«

»Und was machen wir dann?«

»Dann fahren wir in ihrem Landrover in die Stadt zurück und bringen es dem Khan bei. Das beweist ihm vielleicht, wie wenig Sinn es hat, sich auf die Grenzstämme zu verlassen, wenn es darum geht, Informationen zu erhalten.«

Er ging in sein Schlafzimmer zurück und zog sich in aller Eile an – pelzgefütterte Stiefel und seine alte Fliegerjacke. Famia setzte sich im Bett auf, zog sich die Decke über die Brust hoch und sah ihm zu. »Wann kommst du wieder?« fragte sie.

Er nahm die Achtunddreißiger Smith & Wesson aus der Nachttischschublade, überzeugte sich davon, daß sie geladen war und steckte noch eine Schachtel Ersatzpatronen ein. »Dir wird nichts geschehen. Du brauchst mich nicht, hast mich nie gebraucht.«

Er öffnete die Verandatür und ging hinaus. Im nächsten Augenblick hörte sie die beiden Motoren aufheulen, und bald darauf verklangen sie in der Ferne.

Die Tür öffnete sich, und die alte Frau kam herein.

»Hast du gehört?« fragte das Mädchen leise in Urdu.

Die Frau nickte und zog die Bettdecke weg. »Komm, Kind, es bleibt uns nicht mehr viel Zeit. Du weißt, was du zu tun hast.«

Famie fuhr rasch in eine alte Hose von Drummond und zog seinen weißen Seemannspullover über, der an ihr herumschlotterte. Sie fuhr in ihre Schuhe, nickte ihrer Mutter zu und ging auf die Veranda hinaus. Dann rannte sie mit gesenktem Kopf durch die stillen Straßen. Der Regen lief ihr übers Gesicht, so daß sie kaum etwas sehen konnte. Doch sie kannte den Weg. Nach fünf Minuten gelangte sie zu einem Bungalow, der mit dem von Drummond fast identisch war, rannte die Treppe zur Veranda hinauf und hämmerte mit beiden Fäusten an die Tür. »Mr. Cheung! Mr. Cheung!« rief sie.

6. Kapitel

Nacht-und-Nebel-Aktion

Der Regen hatte Brackenhurst das Leben gerettet. Die plötzlich herabströmenden sintflutartigen Wassermassen hatten aus dem normalerweise ruhig dahinfließenden Gebirgsfluß einen reißenden Strom gemacht. An einer Stelle hatte er sogar eine Senke der Straße mit eiskaltem Wasser überschwemmt.

Brackenhurst hatte den ganzen Tag allein in den Bergen verbracht. Es war ein langer, arbeitsreicher Tag gewesen. Er hatte nach Erzvorkommen geschürft. Auf der Rückfahrt zu seinem Camp Howeel hatte er dann im Licht der Scheinwerfer den weißen Gischt gesehen und die schlammigen, sich wild dahinwälzenden Wassermassen. Erschrocken hatte er sofort mit aller Kraft gebremst. Die Straße war überschwemmt.

Er war ausgestiegen, hatte am Straßenrand einen Ast gefunden und ihn vorsichtig ins Wasser gesteckt. Das Wasser stand mindestens einen Meter hoch auf der Straße. Vielleicht würde er ja durchkommen – aber wenn der verdammte Landrover im Schlamm steckenblieb, war es aus. Er setzte sich wieder ans Steuer, wendete und fuhr wieder auf den Berg hinauf. Auf dem Gipfel angekommen, schaltete er die Scheinwerfer aus. Dann machte er sich zu Fuß auf den Weg.

Das Wasser war kalt, eiskalt. Es umspülte seine Beine und Hüften, bis er ein ganz taubes Gefühl hatte. Fluchend kämpfte er sich hindurch, bis er wieder festen Boden unter den Füßen hatte. Glücklicherweise war das Camp kaum noch einen Kilometer entfernt.

Mit gesenktem Kopf trottete er die schlammige Straße entlang, um sich so gut wie möglich vor dem Regen zu schützen. Der Strahl seiner Taschenlampe durchdrang die Dunkelheit. Vor sich hörte er einen Schrei, dann noch einen, Stimmengewirr und schließlich einen Schuß, eine ganze Salve von Schüssen – durch den sturzbachartigen Regen gedämpft: das tödliche Stakkato eines Maschinengewehrs.

Er blieb mit gerunzelter Stirn auf einer kleinen Anhöhe stehen und sah durch die Nadelbäume das flackernde Lagerfeuer. Alles war dort in Bewegung, jemand schrie Befehle, man hörte Motorenlärm.

Er bog von der Straße ab und schlich sich vorsichtig zwischen den Bäumen hindurch, bis er auf zwanzig oder dreißig Meter herangekommen war. Er befand sich jedoch am Hang des Hügels oberhalb des Camps.

In der Senke unten wimmelte es von chinesischen Truppen – kleine, gedrungene Bauern in Steppuniformen und mit Schirmmützen. Sie hielten glänzende Maschinengewehre. Bei diesem Anblick erschrak er so, daß ihm fast das Herz stehengeblieben wäre.

Er sah zwei seiner Leute – Galur und den alten Abdul – mit erhobenen Händen am Feuer stehen. Plötzlich eine Gewehrsalve. Abdul stürzte rücklings in die Flammen. Galur drehte sich um, durchteilte den Ring der Männer und stürzte auf die Bäume zu. Es schien zunächst, als könne er es schaffen, doch dann zwang ihn ein Feuerstoß aus einer Maschinenpistole in die Knie.

Die Soldaten schrien aufgeregt aufeinander ein, als sie anfingen, die Zelte zu durchsuchen. Immer mehr quetschten sich in das Camp. Plötzlich kam mit dröhnendem Motor ein Truppentransporter die Straße hinunter, dann noch einer und ein dritter, für die Kriegführung in den Bergen hinten mit Panzerketten anstatt mit Rädern versehen.

Da hatte Brackenhurst genug gesehen. Er machte kehrt und stieg den Hügel wieder hinauf. Irgendwo zu seiner Linken hörte er einen Schrei. Eine Kugel fuhr zischend durch die Zweige.

Er zog den Kopf ein und lief schneller. Einen Arm hielt er schützend vors Gesicht, damit ihm keine Zweige in die Augen schlugen. Er kämpfte sich wieder durch die Wassermassen, eilte den Hügel hinauf und sprang in den Landrover.

Der Motor war noch warm und sprang sofort an, als der Anlasser betätigt wurde. Er wendete rasch. Einen Augenblick drehten die Räder durch, bis sie wieder festen Halt fanden. Brackenhurst fuhr eilends los.

Als er dann im Hof der Missionsstation am Steuer des Landrovers saß und an das dachte, was in Howeel vorgefallen war, überlief ihn ein eisiger Schauer. Er hörte Stimmen an-

und abschwellen, hielt wieder nach Father Kerrigan Ausschau und sah Drummond an, der in der Tür stand. Der alte Geistliche hielt eine Lampe in der Hand.

Gleich darauf ging Father Kerrigan wieder hinein und schloß die Tür hinter sich. Drummond eilte die Stufen hinunter und sprang auf den Beifahrersitz.

»Was hat der alte Mann denn gesagt?« fragte Brackenhurst.

»Was sollte er schon sagen? Er wird so schnell wie möglich packen und uns mit Janet und dem Jungen im Jeep folgen. Es hat ja keinen Sinn, hierzubleiben und der Gefahr ins Auge zu sehen. Sie wissen ja wohl, was sie mit Leuten wie ihm anstellen.«

»Was der Khan wohl tun wird?«

»Was, zum Teufel, bleibt ihm anderes übrig, als sich aus dem Staub zu machen? Er hat keinen Verteidigungspakt mit Indien. Das bedeutet, sie bleiben auf ihrer Seite der Grenze und rühren sich nicht vom Fleck, wie ich sie kenne. Und die Chinesen werden wohl die Intelligenz besitzen, bis dahin und nicht weiter zu gehen.«

»Aber warum das alles?« sinnierte Brackenhurst. »Was wollen sie bloß mit einem solchen Loch? Hier gibt es doch absolut nichts, was irgendwie lohnend wäre.«

»Das könnte man auch von Aksai Chin und Ladakh sagen, und doch sind sie dort einmarschiert, wahrscheinlich aus den gleichen Gründen. Es ist ein Sieg auf dem Papier, lediglich eine Prestigefrage. Die glorreiche Armee der Volksrepublik China nimmt sich wieder, was vor tausend Jahren einmal zum Kaiserreich China gehört hat. Die Tatsache, daß Balpur mit seinen wenigen tausend Quadratmeilen zu den unfruchtbarsten Gebieten auf Gottes Erdboden zählt, spielt dabei überhaupt keine Rolle. Dadurch werden die Leute von ihrer Mißernte abgelenkt.«

Als sie durch die verlassenen Straßen fuhren, wurde der Himmel über den Bergen langsam heller, und hinter den düsteren, verstreut daliegenden Flachdachhäusern und Hütten wälzte sich der Fluß, vom Regen angeschwollen, durch das Tal.

Später warteten sie auf den Khan in dem Saal, in dem sie am Abend zuvor noch gespeist hatten. Das schien nun schon eine

Ewigkeit zurückzuliegen. Drummond öffnete die Türen, trat auf die Terrasse und stand dort lauschend im Regen.

Der Khan ließ sich Zeit, und als er endlich erschien, trug er eine khakifarbene Exerzieruniform. Die Orden über der linken Brusttasche waren ein leuchtender Farbfleck an diesem trüben Morgen. Der Haushofmeister, den Drummond als ersten benachrichtigt hatte, folgte dem Khan mit seiner Karaffe Brandy und Gläsern auf einem silbernen Tablett.

Der Khan schien zwanzig Jahre jünger und schritt vital aus. »Ich habe mir gedacht, daß gegen einen Drink nichts einzuwenden ist, meine Herren. Wenn das, was Achmed mir erzählt hat, auch nur in etwa der Wahrheit entspricht, kann es eine ganze Weile dauern, bis wir wieder Gelegenheit haben werden, Brandy zu trinken.«

Der Haushofmeister füllte drei Gläser, reichte sie herum und ging dann. Der Khan trank ihnen schweigend zu.

»So, Mr. Brackenhurst, vielleicht haben Sie jetzt die Freundlichkeit, mir mit Ihren eigenen Worten genau zu sagen, was in Howeel vorgefallen ist.«

Als Brackenhurst geendet hatte, wandte sich der alte Mann an Drummond. »Was halten Sie davon?«

»Ich begreife das nicht«, erwiderte Drummond. »Als ich letztesmal da oben war, war alles ruhig. Da tat sich nichts, absolut nichts.«

»Und das war vor zehn Tagen, habe ich recht?«

»Ja. Was werden Sie tun?«

»Da bin ich mir noch nicht sicher. Erst muß ich mit Oberst Sher Dil und Major Hamid konferieren. Ich habe schon Boten zu ihnen geschickt und ihnen ausrichten lassen, daß sie sich sofort im Armeeoberkommando einzufinden haben.«

»Fünfundsiebzig Soldaten«, sagte Drummond, »mit denen kommen Sie nicht weit, auch können Sie sich auf die Stammesleute nicht wirklich verlassen. Sie werden in die Berge fliehen und sich aus allem heraushalten. Und ich glaube kaum, daß die indischen Streitkräfte eingreifen werden.«

»Eine sehr pessimistische Einstellung – doch ich fürchte, Sie haben recht damit. Wie viele Leute können Sie im Flugzeug mitnehmen?«

»In diesem rauhen, unwegsamen Berggelände keinesfalls

mehr als fünfzehn. Ich muß ja schließlich die Berge überfliegen, und wenn wir starten, muß das schnell gehen. Wenn die Leute erst einmal erfahren, was los ist, wird eine heulende und schreiende Meute zum Rollfeld stürzen. Außer Father Kerrigan habe ich bisher niemandem etwas gesagt. Wir sind zur Missionsstation gefahren und haben ihm meinen Jeep dagelassen. Er packt in aller Eile und wird uns mit Kerim und Miß Tate folgen.«

Der Khan nickte. »Gut. Mein Sohn muß natürlich um jeden Preis gerettet werden.«

»Nach meiner Schätzung wird die Passagierliste also folgendermaßen aussehen: Sie selbst, Kerim, Father Kerrigan, Miß Tate, Mr. Brackenhurst und Major Hamid. Oberst Sher Dil natürlich auch, wenn er mitfliegen will.«

»Und was ist mit Cheung?« warf Brackenhurst ein.

»Den habe ich ganz vergessen.« Drummond wandte sich an den Khan. »Eure Hoheit wissen natürlich, welche Politik Cheung in Wahrheit betreibt. Der Himmel weiß, was die Roten mit ihm machen würden, wenn sie ihn in die Finger bekämen.«

Der Haushofmeister kam wieder und reichte dem Khan einen glänzenden Ledergürtel mit Pistolentasche, in der ein schwerer Dienstrevolver der britischen Armee steckte. Der Khan lächelte grimmig und legte den Gürtel an.

»Meine Herren, ich glaube, es ist Zeit, daß wir uns auf den Weg machen. Sie können mich bei Oberst Sher Dil im Oberkommando absetzen. Ich schlage vor, daß Sie zum Rollfeld weiterfahren und alles für einen raschen Start vorbereiten.«

Draußen war es inzwischen noch heller geworden. Der Himmel war einheitlich grau. Der Regen hatte die ohnehin schlechte Straße in einen Morast verwandelt. Sie fuhren durch die verlassenen Straßen zum Hauptplatz und hielten vor einem finsteren, barackenartigen Gebäude, Sher Dils Oberkommando.

Dort ging es schon recht lebhaft zu, und als der Khan ausstieg, kam ihm der Oberst die Treppe herunter entgegen. Major Hamid folgte ihm. Der Pathane sah Drummond fragend an. Dieser wies mit dem Daumen nach unten, und Brackenhurst fuhr schnell wieder ab.

Hinter der Stadt war ein Zelt errichtet, und eine Herde robuster Bergschafe drängte sich um das Feuer des Schäfers, von dem nur noch grauer Rauch in die Morgenluft wehte.

Sie holperten über die unwegsame Straße. Immer wieder drehten die Räder im Morast durch. Sie fuhren die Böschung hinunter zum Rollfeld.

An diesem trüben Morgen sah der Wellblechhangar besonders häßlich und trostlos aus. Brackenhurst brachte den Landrover ein paar Meter davor zum Stehen und wies mit einer Kopfbewegung auf das Rollfeld, das sich in einen schlammigen See verwandelt hatte.

»Nicht gerade die ideale Startbahn«, bemerkte er.

»Mit einer Beaver kann man überall starten«, erwiderte Drummond. »Deshalb ist sie ja so gut geeignet für derartig unwegsames Gelände.«

Er zog den Schlüssel aus der Tasche, öffnete das Vorhängeschloß und öffnete die Tore weit. Da stand das rotgoldene Flugzeug. Jemand sagte ganz ruhig und überdeutlich: »Ausgezeichnet, mein Freund, und jetzt aus dem Weg, bitte.«

Cheung kam mit einer Automatik in der Hand um den Hangar herum. In der anderen Hand hielt er eine Granate. »Wollten Sie irgendwohin, Jack?«

»Ja, das wollte ich eigentlich.« Jack steckte die Hände unauffällig in die schräg geschnittenen Taschen seiner Fliegerjacke und schloß die Finger um die Smith & Wesson. »Aber was soll denn diese Frage?«

Da trat Famia neben Cheung. In Drummonds weitem Pullover sah sie ausgesprochen lächerlich aus. Mit Regen vollgesogen, hing er ihr inzwischen bis fast auf die Knie herab.

»Das darf doch nicht wahr sein«, murmelte Drummond.

Cheung lächelte sanft. »Niemand fliegt irgendwohin. Das ist nicht geplant.«

Mit einer blitzschnellen Bewegung zog er mit den Zähnen an dem Ring der Granate und warf sie in den Hangar. Im gleichen Augenblick zog Drummond die Smith & Wesson aus der Tasche und gab einen raschen Schuß ab, durch den die Tür hinter Cheungs Kopf splitterte. Er lief davon, um in Deckung zu gehen.

Drummond drehte sich um und rannte weg. Brackenhurst

war schon in den Landrover gesprungen. Die Granate explodierte in dem Moment, in dem der Motor ansprang. In der heißen Luft konnte Drummond kaum atmen. Der ganze Hangar schien in sich zusammenzusinken.

Gleich nachdem er hineingesprungen war, schoß der Landrover davon. Die Räder schleuderten den Schlamm hoch in die Luft. Cheung kam herausgerast. Er hielt die Waffe mit beiden Händen umklammert und feuerte eine ganze Salve auf sie ab. Er stand gekonnt da wie ein wirklich guter Schütze.

Brackenhurst fuhr den Landrover in eine Schlucht und dort unter einen kleinen Überhang, wo sie wenigstens etwas geschützt waren. Kaum waren sie dort, da explodierte der Tank der Beaver.

»Hoffentlich hat der verfluchte Schuft auch dranglauben müssen!« schrie Drummond.

Sie verließen ihren Unterschlupf und rasten über ein Hochplateau, das wie ein Wandbrett aus dem Berghang herausragte. Von da aus konnten sie in die Ebene hinabsehen.

Cheung stand ein Stück von dem brennenden Hangar entfernt und sah zu ihnen hinauf. Das Mädchen lag einen oder zwei Meter von ihm entfernt mit dem Gesicht nach unten im Schlamm. Drummond empfand absolut nichts bei diesem Anblick – keinen Zorn, keinen Schmerz. Er hatte gar keine Zeit, sich zu fragen, was da eigentlich geschehen war und warum es dazu hatte kommen müssen. Von nun an ging es einzig und allein darum, zu überleben. Nichts sonst zählte mehr.

Brackenhurst bremste am Rande des Plateaus und sah sich suchend um. Wie konnten sie am sichersten hinunterkommen? Zu ihren Füßen lag die Stadt – wie eine Abbildung auf einer Landkarte. Trotz des herniederströmenden Regens ging es schon geschäftig zu, es waren schon viele Leute unterwegs.

»Schlechte Nachrichten kann man nicht lange geheimhalten«, sagte Drummond.

Auf dem Platz vor dem Oberkommando tat sich allerhand. Drei Lastwagen fuhren vor, hielten vor dem Gebäude. Die Fahrer stiegen aus, standen dann dicht beieinander und unterhielten sich offensichtlich über das, was da vorgefallen war.

Tief im Unterbewußtsein hörte Drummond den vom Regen gedämpften Brummton, den er so gut kannte. Dann schrie Brackenhurst auf und wies zum Himmel hinauf, wo ein paar Flugzeuge nebeneinander auftauchten. Sie drehten bei, verließen die Formation und senkten sich in Spiralen hinab wie Blätter, die von einem Baum fallen.

Der führende Jet senkte sich brüllend neben dem Fluß ins Tal und flog dabei so dicht an dem Berg vorbei, daß Drummond erstarrte, als er die roten Sterne auf den Tragflächen erkannte.

»Großer Gott, chinesische MiGs!« schrie Brackenhurst.

Aus der Stadt klangen Entsetzensschreie zu ihnen herauf. Die Menschen standen in Gruppen zusammen und blickten zum Himmel hinauf. Dann zerstreuten sie sich und rannten davon. Aber die MiG stieß herab, schoß ihre Raketen ab, zog zwei tiefe Schneisen in den Platz und landete einen Volltreffer auf dem ersten Lastwagen vor Sher Dils Oberkommando. Der Benzintank des Lastwagens explodierte, die Trümmer des Wagens flogen den in Panik davonstürzenden Leuten um die Ohren. Flammen schossen hoch empor und hüllten den Schauplatz des makabren Geschehens in gespenstisches Licht.

Schon kam die zweite MiG herangebraust, beschoß und zerstörte die anderen beiden Lastwagen und die primitiv zusammengefügten Lehmhäuser ringsum. Als die MiG dann wieder in den grauen Himmel hinaufschoß, zog die erste bereits wieder eine weite Kurve am Himmel, um erneut niederzustoßen. Aufheulend schoß sie im Tiefflug ihre Raketen auf die dicht an dicht stehenden Häuser ab und landete einen Volltreffer auf dem Munitionslager neben Sher Dils Oberkommando. Eine fürchterliche Explosion erschütterte die Luft. Eine Flammensäule schoß durch die dunklen Rauchschwaden empor, die über der Stadt schwebten. Schon befand sich die zweite MiG wieder im Anflug auf den rauchenden Trümmerhaufen, der einmal die Hauptstadt Balpurs gewesen war.

»Dann wollen wir mal los«, sagte Drummond entschlossen und schlug Brackenhurst leicht auf die Schulter.

Brackenhurst sah ihn mit schreckgeweiteten Augen an. »Da

runter? Sie sind ja verrückt, das ist doch glatter Selbstmord!«
Er war kreidebleich.

Drummond verlor kein weiteres Wort. Er schob Brackenhurst vom Fahrer- auf den Beifahrersitz hinüber, setzte sich
ans Steuer und lenkte den Landrover den steilen Hang hinunter und über die Ebene – so in Rauch und Qualm eingehüllt,
daß er fast blind fahren mußte. Er riß das Steuer herum, als
plötzlich eine rauchgeschwärzte Ruine vor ihm auftauchte. Sie
holperten über einen losen Stapel angekohlter Balken und
bogen auf den Hauptplatz ein.

Aus dem dichten, beißenden Qualm stürzte ihnen ein Mann
entgegen. Seine benzingetränkte Kleidung hatte Feuer gefangen. Als lebende Fackel verschwand er wieder im Qualm. Er
rannte auf den Fluß zu. Jemand schrie ganz monoton und
übertönte das Knistern der Flammen. Die Munition explodierte.

Der Landrover überrollte einen zu einem schwärzlichen
Klumpen verbrannten Körper. Drummond trat heftig auf die
Bremse. Das Schreien hatte aufgehört. Nichts als das Knistern
der Flammen war zu hören. Das machte die erschreckende
Stille noch viel deutlicher. Auf der einen Seite des Platzes
stand kaum noch ein Haus. Das Oberkommando Sher Dils
war nur noch ein Trümmerhaufen.

Als Drummond aus dem Landrover sprang, kam Hamid
gerade aus dem Hauptquartier getorkelt. Er lehnte sich an die
Wand und schnappte nach Luft. Seine Uniform schwelte an
mehreren Stellen.

Drummond rannte die Treppe hinauf und fing ihn auf, als
die Beine unter ihm nachgaben. »Schon gut, ich halte dich.
Was ist denn mit dem Khan?«

Hamid fuhr sich ganz mechanisch übers Gesicht und wischte sich das Blut ab, das über seine Backe herablief. »Ich weiß
nicht genau, wo er ist. Irgendwo da drin. Alles ist kaputt, kein
Stein mehr auf dem anderen.«

Als Brackenhurst gerade die Treppe hinaufstieg, um sich zu
ihnen zu gesellen, kamen die MiGs wieder herangeflogen.
Drummond und Brackenhurst nahmen Hamid zwischen sich
und rannten los. Kaum waren sie drin und hatten sich zu
Boden geworfen, da riß das Geschützfeuer den ganzen Platz

auf. Trümmer und Gesteinsbrocken flogen durch die leeren Fensterhöhlen.

Drummond lehnte sich an die Wand und wartete. Die Erde bebte. Zwei Soldaten lagen mit den Gesichtern nach unten auf dem Boden. Brackenhurst hockte zitternd mit schreckgeweiteten, starren Augen in einer Ecke.

Der Beschuß hörte so plötzlich auf, wie er begonnen hatte. Die MiGs entschwanden und waren bald nicht mehr zu hören. Sie hinterließen ein Flammenmeer und rauchende Trümmer.

Drummond half Hamid wieder auf die Beine. Brackenhurst schloß sich ihnen an. Mit zitternder Stimme sagte er: »Wir müssen hier raus, Drummond. Wir müssen weg.«

Drummond kümmerte sich gar nicht um ihn, sondern wandte sich an Hamid, der erschöpft an der Wand lehnte und den Kopf schüttelte wie ein verwundeter Stier. »Wo hielt sich der Khan auf, als der Angriff begann?«

Hamid kam wieder zu sich und holte tief Luft. »Im Funkraum. Da durch.«

Die Tür war aus den Angeln gerissen worden, der dahinterliegende Raum völlig verwüstet. Vier oder fünf Männer, die entweder tot oder schwer verwundet waren, lagen herum. Am Fenster kniete Sher Dil und hielt den Khan in den Armen. In einer Ecke saß der Funker noch mit Kopfhörern zusammengesunken auf seinem Stuhl.

Sher Dil war staubbedeckt, seine Uniform versengt und zerrissen. Er schien jedoch nicht verletzt zu sein. Drummond kniete sich neben ihn und sah sich den alten Khan an. Vorn war die Uniform des alten Kämpfers blutbesudelt, regelrecht durchtränkt. Als der Khan die Augen öffnete, wurde Drummond augenblicklich klar, daß er einen Todgeweihten sah.

Einen Augenblick starrte der Khan Drummond verständnislos an, dann erkannte er ihn. Er streckte seine blutende Hand aus und klammerte sich an ihm fest. Der Khan versuchte zu sprechen. Er öffnete den Mund und schloß ihn wieder. »Kerim«, krächzte er schließlich. »Sie müssen Kerim retten. Geben Sie mir Ihr Wort, versprechen Sie es mir!«

»Aber natürlich«, versprach Drummond. »Sie haben mein Wort darauf. Ich versichere Ihnen, daß wir den Jungen in Sicherheit bringen werden.«

Der Khan krallte sich in Drummonds Fliegerjacke fest, sein Atem ging rasselnd. Ein ganzer Schwall von Blut kam aus seinem Mund gesprudelt.

Drummond löste die blutigen Finger des Khans von seiner Jacke. Sher Dil legte den Khan vorsichtig auf den Rücken. Der Oberst entledigte sich seiner zerrissenen Uniformjacke und breitete sie über das Gesicht des Khans. Drummond stand auf und wandte sich an Hamid.

»Keine Spur von den dreien aus der Missionsstation?«

Hamid schüttelte den Kopf. Brackenhurst stieg über die Trümmer hinweg und trat zu ihnen. »Der Landrover hat gottlob keinen Schaden erlitten. Wir haben also zumindest einen fahrbaren Untersatz. Ich hoffe nur, daß Cheung, dieser falsche Hund, seine gerechte Strafe bekommt. Ich wünsche ihm die Pest an den Hals.«

Hamid sah Drummond fragend an. »Was soll das denn heißen?«

»Es sieht so aus, als hätte unser Freund Cheung die ganze Zeit für die Gegenseite gearbeitet. Bevor die MiGs kamen, hat er eine Granate auf das Flugzeug geworfen.«

»Aber wir haben uns doch in Formosa nach ihm erkundigt«, sagte Hamid. »Die Erkundigungen haben ergeben, daß er Agent der Nationalchinesen war. Daran besteht nicht der geringste Zweifel. Sie haben ständig mit ihm in Verbindung gestanden. Wir haben das immer gewußt, haben aber aus verständlichen Gründen weggesehen.«

»Wahrscheinlich ein Doppelagent«, sagte Drummond und wandte sich an Sher Dil. »Wenn Sie davon gehört haben, werden Sie ja auch wissen, daß wir ganz auf uns gestellt sind und der Weg zur Grenze verdammt weit ist. Ist es Ihnen schon gelungen, Verbindung mit den indischen Streitkräften aufzunehmen?«

»Nein, aber der Funker versucht es weiter.«

Sporadisch hörte man immer noch Geschützfeuer. Sie wandten sich alle um und sahen aus dem Fenster. Eine warme Luftströmung hatte die Rauchschwaden zerrissen. Der niedrige Hügel am anderen Ende der Stadt war zu erkennen. Er hatte die Form eines Zuckerhuts. Die Menschen verließen eilig die Stadt. Männer, Frauen und Kinder stürzten auf den Fluß zu, flohen, so schnell ihre Füße sie trugen, auch Hirten zu Pferde, deren Herden in Panik in alle Richtungen rannten und jedermann im Weg waren.

Gleich darauf erschienen auf der Hügelkuppe Truppen in unscheinbaren Steppuniformen. Sie strömten den Hügel hinab und schossen wie wild in die Menge. Viele Menschen wurden niedergemäht, und Schreie erfüllten die Luft.

Wie eine Flutwelle kamen die Soldaten herangebraust. Sie schrien sich gegenseitig Befehle zu und machten den Eindruck einer blutrünstigen Meute. Sie wurden den Hügel hinab- und auf Sadar zugeschwemmt. Dichte Rauchwolken senkten sich wieder auf die Stadt.

Hamid wandte sich an Sher Dil. »In spätestens fünf Minuten sind sie hier. Sie müssen sich mit dem Oberkommando der indischen Streitkräfte in Verbindung setzen.«

Ein Teil des Daches brach ein und begrub den halben Raum unter sich. Funken sprühten, Flammen zischten auf und züngelten an den Wänden hoch. Hamid und Drummond sprangen sofort hinzu, um das Feuer auszutreten. Brackenhurst stürzte hinaus. Gleich darauf sprang der Motor des Landrovers an. Als Drummond die Tür erreichte, hatten die Rauchschwaden den Wagen schon verschluckt.

Hamid stieß wilde Verwünschungen aus und ging wieder hinein. Drummond blieb wie angewurzelt stehen und lauschte dem immer schwächer werdenden Motorengeräusch. Die erregte Stimme des Funkers drang an sein Ohr. Die Verbindung mit dem Oberkommando der indischen Streitkräfte war endlich zustande gekommen.

Rauchschwaden wehten Drummond ums Gesicht. An vielen Stellen züngelten Flammen hoch, und der süßliche Geruch verbrannten Fleisches stieg ihm in die Nase. Alle Konturen waren verwischt, nichts mehr klar erkennbar. Die ganze Szenerie erschien irgendwie unwirklich.

Eine Kugel schlug in den hölzernen Türrahmen ein. Holz splitterte. Aus dem Qualm tauchten mehrere Chinesen auf. Drummond eilte in das Gebäude zurück und ging in Deckung. Hamid trat ans Fenster und schoß sein ganzes Magazin auf die Chinesen leer. Damit trieb er sie wieder in die Rauchschwaden zurück.

Sher Dil wandte sich vom Radio ab und ließ das Handmikrofon sinken, das er benutzt hatte. »Nach dem zu urteilen, was ich von draußen höre, sollten wir uns jetzt wohl besser aufmachen. Jeder für sich. Wir müssen versuchen, irgendwie über den Fluß zu kommen. Zehn Meilen südlich die Straße entlang liegt ein Dorf namens Bandong. Dort wollen wir uns treffen.«

Durch den Hinterausgang gelangten sie in einen eingezäunten Hof. Dort war es verdächtig still. Die Rauchwolken hingen wegen des heftigen Regens ganz tief über der Stadt. Die Sicht war sehr schlecht.

Der Funker stieg über den hohen Zaun. Ein plötzlicher Schrei. Von links erschien in einer Entfernung von etwa vierzig Metern ein Trupp Chinesen. Mehrere schossen gleichzeitig. Der Funker schrie auf, fiel rücklings wieder in den Hof und hielt sich das Gesicht.

Sher Dil zwängte sich durch eine Lücke im Zaun und eilte den Hügel hinauf. Drummond folgte seinem Beispiel und schlug verzweifelt Haken wie ein Hase, als die Chinesen auf sie schossen. Er hörte, daß Hamid sich dicht hinter ihm hielt. Sher Dil war bereits über die Hügelkuppe hinweg.

Auf allen vieren quälte sich Drummond den Hügel hinauf. Er schmeckte Blut, glitt immer wieder aus, dann türmten sich die gezackten Felsen über ihm auf. Mit eingezogenem Kopf schleppte er sich über die Hügelkuppe, rang nach Atem und stolperte über einen ausgestreckten Fuß.

Er sah noch, wie Sher Dil den steilen Tonschieferabhang hinunterrutschte. Unten rappelte er sich wieder auf und stürzte ins Wasser. Da tauchten sie aus den wirbelnden Rauchschwaden auf und umringten ihn, kleine, unförmige Männer in Steppjacken. Ihre Gewehre mit dem altmodisch aufgesetzen Bajonett schienen viel zu groß für sie.

Hamid lag ein paar Meter von ihm entfernt auf dem Boden. Ein Soldat stand über ihm – mit dem Stiefel auf seinem Hals. Drummond ging immer weiter zurück, bis er einen großen Felsbrocken im Rücken hatte. Doch es dauerte nicht lange, und er war von gelben, bäurischen Gesichtern umringt. Umzingelt, eingekesselt.

7. Kapitel

Auf des Schwertes Schneide

Das Gefängnis war eines der wenigen Gebäude der Stadt, die nicht zerstört oder beschädigt worden waren. Durch das vergitterte Fenster seiner Zelle im zweiten Stockwerk hatte Drummond eine gute Aussicht. Er konnte von dieser Eckzelle aus die ganze Stadt überblicken. Es war zehn Uhr morgens. Seit dem ersten Luftangriff waren vier Stunden vergangen. Immer noch hingen Rauchwolken über der zerbombten Stadt. Es regnete heftig. Dichter Nebel wälzte sich vom Fluß herauf und zog durch die Straßen.

Es war furchtbar kalt. Der Regen sprühte durch das vergitterte Fenster herein. Drummond setzte sich auf den Boden der Zelle. »Der Winter kommt dieses Jahr früh. Ich spüre es in sämtlichen Knochen.«

»Für uns ist das nichts als eine interessante Theorie«, erwiderte Hamid von seiner Pritsche aus.

»Glaubst du?«

Vom Fluß herauf klang Maschinengewehrgeknatter. Hamid lächelte niedergeschlagen. »Da hast du die Antwort. Die meinen es wirklich ernst. Das geht nun schon seit dem frühen Morgen so.«

»Aber warum haben sie uns bisher verschont? Warum diese Sonderbehandlung?«

Sie wurden einer Antwort enthoben, denn in diesem Augenblick drehte sich ein Schlüssel im Schloß, die Tür wurde geöffnet, und ein kleiner Feldwebel betrat die Zelle, gefolgt von zwei einfachen Soldaten mit Maschinenpistolen. Hamid stand auf, doch der Feldwebel schüttelte den Kopf. »Sie nicht, der andere.«

Bevor Drummond noch Gelegenheit hatte, etwas zu sagen, hatten sie ihn schon auf den Gang hinausbugsiert. Die Tür wurde mit schrecklicher Endgültigkeit wieder zugeschlagen und versperrt.

Ohne ein Wort ging der Feldwebel den Gang entlang. Drummond folgte ihm. Die beiden Soldaten blieben ihm dicht auf den Fersen – mit den Waffen im Anschlag. Sie stiegen eine Treppe hinauf, gelangten ins oberste Stockwerk und blieben vor einer Tür stehen. Der Feldwebel klopfte an, lauschte und ging dann voraus.

Dieser Raum war einmal das Büro des Gouverneurs gewesen. An den Wänden hingen Buchara-Teppiche. Schaffellteppiche auf dem Boden. In dem großen Kamin brannte ein Feuer.

Ein chinesischer Offizier starrte in die Flammen. Er hatte einen Fuß auf den Feuerrost gestellt und schlug ungeduldig mit seinem ledernen Ausgehstöckchen an seine Stiefel. Die Epauletten des schweren Wintermantels mit Pelzkragen, den er sich über die Schultern gehängt hatte, wiesen ihn als Oberst aus.

Er wandte sich um und ließ seine Blicke in aller Seelenruhe über Drummond gleiten. »Sie sehen nicht besonders gut aus, Jack.«

»Darauf brauchen Sie nicht auch noch stolz zu sein, Sie Schuft!«

»Wir wollen doch nicht persönlich werden, Jack. Wir stehen lediglich auf verschiedenen Seiten – wie der Zufall eben so spielt. Das ist zwar bedauerlich, aber nicht zu ändern.«

»Spionageabwehr?«

»Genau das.«

»Darf ich vielleicht fragen, wie lange Sie Formosa schon zum Narren halten?«

»Ich bin noch nie in Formosa gewesen«, erklärte Cheung. »Aber die Nationalchinesen hatten tatsächlich einmal einen Agenten namens Cheung und haben ihn wirklich mit einem Sonderauftrag nach Sikkim geschickt. Er ist aber nur bis Singapur gekommen. Von da an habe ich dann übernommen.«

»Aber was ist dann mit den Waffen, die ich nach Tibet eingeflogen habe? Wo stehen Moro und seine Leute wirklich? War das auch alles nur ein Täschungsmanöver?«

»Selbstverständlich! Auf diese Weise konnte ich ständig mit meinen Vorgesetzen in Verbindung bleiben und dazu beitragen, daß der Weg für die Rückeroberung durch die Armee der Volksrepublik China geebnet wird. Vom rechtlichen Standpunkt hat Balpur immer zum Kaiserreich China gehört.«

»Auf Ihre Vorträge kann ich verzichten«, knurrte Drummond. »Welche Rolle spielt Famia bei all dem?«

»Sie und ihre Mutter waren nicht weiter wichtig. Sie wurden gut bezahlt, um mich über Sie auf dem laufenden zu halten.«

»Sie sprechen in der Vergangenheit von ihnen?«

»Nur was Famia angeht. Am Rollfeld hat sie ein Schrapnellsplitter am Kopf getroffen.«

Drummond nahm das ohne großes Bedauern zur Kenntnis, da sie ihn ja monatelang hintergangen hatte. »Glauben Sie wirklich, daß Sie ungeschoren davonkommen werden?«

»Warum denn nicht?« meinte Cheung. »Indien wird sich nicht einmischen. Indien ist nur daran gelegen, den Status quo aufrechtzuerhalten. Die beiden Länder hatten noch nie einen Verteidigungspakt, der auf Gegenseitigkeit beruhte. Bei den Vereinten Nationen wird eine Sondersitzung einberufen werden. Wahrscheinlich wird bis tief in die Nacht hinein geredet – doch geschehen wird absolut nichts. Niemand will daran rühren, die Sache groß aufbauschen. Das war doch Ihre ständige Redensart, Jack.«

»Das kommt Ihnen ja alles wie gerufen, nicht wahr?«

»In der Tat – jedoch mit einer großen Ausnahme: Der Khan ist tot. Das käme mir normalerweise sehr gelegen, doch dieses Volk ist abergläubisch. Der Khan ist für diese Menschen Priester und König in einer Person. Prinz Kerim ist der einzig mögliche Nachfolger.«

»Und als solcher ein Hindernis in den Augen der Volksrepublik China, zu der Balpur ja von nun an gehören soll.«

»Ganz und gar richtig.« Der Anflug eines Lächelns erschien auf Cheungs Gesicht. »Unter unserer Leitung könnte er seinem Volk eine große Hilfe sein. Er könnte es auf den richtigen Weg zurückführen.«

»Da erübrigt sich wohl jedes weitere Wort«, erklärte Drummond.

»Um so besser. Ich hoffe, Sie werden vernünftig sein und mich in dieser Angelegenheit unterstützen. Schließlich haben Sie es immer glänzend verstanden, Ihre Interessen wahrzunehmen. Wo befindet sich der Junge?«

Drummond starrte ihn verblüfft an. »Wollen Sie damit sagen, daß Sie das nicht wissen?«

»Er ist nicht mehr in der Missionsstation. Auch Father Kerrigan und die junge Amerikanerin sind verschwunden. Meine Leute haben schon stundenlang die Menge durchkämmt und die ganze Umgebung der Stadt nach ihnen abgesucht.«

»Und Sie erwarten von mir, daß ich Ihnen helfe?«

»Ich weiß, daß Sie von Ihrem Bungalow aus direkt zur Missionsstation gefahren sind, nachdem Brackenhurst Ihnen von der Invasion berichtet hatte. Famia hat es mir erzählt.«

Drummond beschloß, die Wahrheit zu sagen. »Das stimmt. Wir haben meinen Jeep dortgelassen und Father Kerrigan gesagt, er solle so rasch wie möglich packen und zum Rollfeld kommen, wo wir uns treffen wollten. Ihre Leute haben ihm vermutlich einen Strich durch die Rechnung gemacht.«

»Aber Brackenhurst ist auch nicht zu finden. Sie haben doch sicher auch noch einen Plan für den Fall gemacht, daß etwas schiefgeht. Ich kenne Sie, Jack – und ich weiß, was in Ihnen vorgeht.«

»Darf ich mich jetzt zurückziehen?«

»Es wäre angebrachter, mit uns zusammenzuarbeiten. Dadurch würden Sie sich so manches ersparen.«

»Hören Sie doch um Himmels willen auf«, meinte Drummond angewidert. »Das könnte aus einer Schmierenkomödie stammen.«

Oberst Cheung starrte ihn an und zwang sich zur Ruhe. Er begann wieder mit dem ledernen Ausgehstöckchen gegen seinen rechten Stiefel zu schlagen. »Dann eben nicht. Schaffen Sie ihn raus, Feldwebel«, sagte er ganz abrupt. »Bringen Sie den anderen her.«

Kopfschüttelnd blieb Drummond an der Tür stehen. »Sie verschwenden wirklich nur Ihre Zeit«, sagte er.

Die Chinesen hatten den Palast mit Beschlag belegt und dort ihr Hauptquartier aufgeschlagen. Der kommandierende General Ho Tsen stand auf der Terrasse und warf ab und zu einen Blick auf den Park. Er machte keinen sonderlich zufriedenen Eindruck. Schließlich ging er ungeduldig auf und ab.

Hinter sich hörte er ein leises Hüsteln. Er wandte sich um

und sah Cheung am Fenster stehen. »Haben Sie ihn gefunden?« fragte er hoffnungsvoll.

»Leider nicht, Herr General.«

Ho Tsen schlug mit der Hand heftig auf die Balustrade. »Oberst, dafür haben Sie die Verantwortung getragen. Ich habe fest damit gerechnet, den Jungen bei meiner Ankunft hier vorzufinden.«

»Es sieht aus, als hätten der Priester und die Amerikanerin die Missionsstation mit dem Jungen verlassen, kurz bevor unsere Soldaten eintrafen. Wir haben uns bei den Hirten nach ihnen erkundigt, die ihre Zelte stromaufwärts aufgeschlagen haben. Unsere Annahme hat sich bestätigt. Der Jeep, den die drei benutzt haben, ist zehn Meilen weiter nördlich in einem Dorf namens Quala gefunden worden. Dort verkehrte immer eine Autofähre, die aber offensichtlich zerstört worden ist. Ich nehme an, daß sie diese Fähre benutzt haben. Auch der Landrover von Brackenhurst ist dort gefunden worden.«

»Hat die Patrouille die Verfolgung aufgenommen?«

»Leider gab es sonst keine Boote. In dem Dorf war kein Mensch mehr, völlig verlassen. Anscheinend haben sich die Dorfbewohner alle ans andere Flußufer übersetzen lassen. Seitdem ist der Fluß durch die heftigen Regenfälle sehr gestiegen.«

»Kann man den Fluß an irgendeiner Stelle mit Fahrzeugen überqueren?«

»Hier ganz gewiß nicht. Die Strömung ist für eine Überfahrt viel zu stark.«

Cheung breitete auf einem schmiedeeisernen Tisch eine Karte aus. »Vielleicht zwanzig Meilen weiter nördlich in Kama. Da ist der Fluß sehr breit und seicht. Mit Schützenpanzerwagen müßten wir da eigentlich rüberkommen.« Mit dem Finger zeichnete er eine Linie bis zur Grenze. »Es führt nur eine Straße nach Indien, und sie sind nicht motorisiert. Es müßte ein leichtes sein, sie zu schnappen. Es gibt nur diesen einen Weg. Der Geistliche ist ein alter Mann, und in seiner Begleitung befinden sich eine Frau und ein krankes Kind. Daher wird er es wohl kaum wagen, das Gebirge zu Fuß auf irgendeinem anderen Wege zu überqueren.«

Ho Tsen nickte. »Ich will es zu Ihrem Besten hoffen. Man

wird in Peking nicht gerade erfreut sein, wenn Sie ihrer nicht habhaft werden. Ich werde auch auf dieser Seite des Flusses Spähtrupps in Truppentransportern in Richtung Süden schikken. Früher oder später werden sie schon auf Boote stoßen. Wenn sie erst einmal am anderen Ufer sind, können sie zu Fuß weiter und ihnen den Weg abschneiden.«

»Eine ausgezeichnete Idee.«

Ho Tsen steckte sich eine Zigarette zwischen die Lippen und beugte sich vor, als Cheung ihm ein brennendes Streichholz hinhielt. »Aber eines geht mir nicht aus dem Kopf. Was ist, wenn der alte Geistliche doch einen ganz anderen Plan verfolgt? Vielleicht ist er auf der anderen Seite des Flusses von einem Fahrzeug erwartet und aufgenommen worden. Das würde auch erklären, warum sie nicht in nördlicher Richtung nach Kama gefahren sind und versucht haben, den Fluß im Jeep zu überqueren. Was ist mit diesem Drummond, von dem Sie mir erzählt haben? Sind Sie wirklich sicher, daß er nichts weiß?«

»Man weiß nie genau, was in diesem Manne vorgeht, und der Pathane ist so stur, wie es für diesen Stamm typisch ist.«

»Haben denn die üblichen Methoden, Leute zum Sprechen zu bringen, nichts ergeben?«

»Das braucht alles seine Zeit, Herr General. Im übrigen müssen wir Drummond schonen; denn er wird sich in Peking noch einem viel eingehenderen Verhör unterziehen müssen.«

»Wie das?«

»Es steht fest, daß er für den britischen Geheimdienst tätig war.«

»Ich verstehe.«

Cheung zögerte. »Bevor ich mich auf den Weg mache, möchte ich es gern noch ein letztes Mal versuchen, falls sie doch über Informationen verfügen, die für uns von Wert sein könnten. Es gibt da einen kleinen Trick, mit dessen Hilfe man oft bemerkenswerte Ergebnisse erzielt.«

»Das klingt ja sehr interessant«, bemerkte General Ho Tsen. »Ich werde Sie begleiten, Oberst. Wir wollen hoffen, daß ich meine Zeit nicht damit verschwende.«

Der Wind, der über den Fluß fegte, stach wie ein Bajonett in den Rücken. Drummond schauerte, als die scharfen Windstöße ihm zusetzten. Er bewegte vorsichtig die Hände, um seine verkrampften Muskeln zu lockern. Ein schneidender Schmerz durchfuhr ihn. Der Draht, mit dem seine Handgelenke umwickelt und zusammengebunden waren, schnitt ihm tief ins Fleisch.

Neben ihm war Hamid. Neben diesem weinte einer von Sher Dils Soldaten in zerrissener Uniform leise vor sich hin. Immer wieder wurde er von Hustenanfällen geschüttelt. Dann lief ihm Blut aus dem Mund. Nach einer Weile fiel er vornüber aufs Gesicht und rührte sich nicht mehr. Die Wachtposten unterhielten sich ein paar Meter entfernt und nahmen das gar nicht zur Kenntnis.

Die Ketten von zwei Halbraupenfahrzeugen gruben sich in den Schlamm. Dreißig oder vierzig Meter von ihnen entfernt kamen sie zum Stehen. Auf jedem befand sich etwa ein Dutzend Männer. Jedes war mit einem schwenkbaren Maschinengewehr ausgerüstet. Das schwere Geschütz wirkte furchterregend.

Drummond, der im Schlamm kniete, lehnte sich auf die Fersen und sah die Reihe der anderen knienden Männer entlang. Es waren mindestens dreißig, zumeist Soldaten Sher Dils, aber auch einige Einheimische, bei denen man Waffen gefunden hatte. Im Geiste sah er, wie einer nach dem anderen nach vorn kippte, wie das Geschütz die Reihe niedermähte und ihm immer näher kam. Ein Schauer lief ihm über den Rücken.

Da kam ein Jeep angefahren und hielt hinter den Truppentransportern. Hamid flüsterte rasch: »Wir kriegen Gesellschaft, Jack.«

Cheung kam auf sie zu. An seiner Seite schritt General Ho Tsen. Als sie bis auf ein paar Meter an sie herangekommen waren, blieben sie stehen. Der General fragte ganz ruhig: »Sind das die Männer?«

Cheung nickte. »Und beide sprechen Chinesisch.«

»Ausgezeichnet.« Der General trat zu ihnen. »Meine Herren, wir wollen keine Zeit mehr verlieren. Ich empfinde diesen Regen als äußerst unangenehm. Wir müssen wissen, wo sich der katholische Geistliche und der junge Khan aufhalten.

Wenn Sie vernünftig sind und uns helfen, werde ich dafür Sorge tragen, daß man Sie gut behandelt. Wenn nicht...«

Sprachlos sahen Drummond und Hamid zu ihm auf. Cheung seufzte verärgert. »Sie sind ein verdammter Narr, Jack«, sagte er auf englisch. »Aber das bin ich ja von Ihnen gewöhnt. Wir haben Ihren Jeep in Quala gefunden. Das bedeutet, daß sie den Fluß überquert haben. Aber ich kann Ihnen versichern, daß sie nicht weit kommen werden.«

Damit wandten er und der General sich ab und gingen zu den Truppentransportern zurück. Ho Tsen stieg wieder in den Jeep, und Cheung blickte zu dem Feldwebel auf, der neben dem schweren Geschütz des ersten Raupenfahrzeugs stand.

»Sie wissen ja, wie Ihre Befehle lauten. Stellen Sie das Feuer ein, bevor es den Inder und den Engländer erwischt. Wenn Sie einen von den beiden verletzen, kostet Sie das den Kopf.«

Dann stieg er neben dem General ins Fahrzeug. Ho Tsen lächelte und bot Cheung eine Zigarette an. »Sie hatten recht, Oberst. Das wird seine Wirkung sicher nicht verfehlen.«

Drummond senkte den Blick, starrte in den Schlamm und war schon ganz gefühllos vor Kälte. Er harrte der Dinge, die da kommen sollten. Er dachte an Father Kerrigan, Janet und den Jungen auf der anderen Seite des Flusses. Sie befanden sich irgendwo da drüben in dem undurchdringlichen Nebel.

Drummond hoffte inständig, daß der alte Mann vernünftig war und ohne Pause weitermarschierte. Aber bis zur indischen Grenze war es noch weit – mindestens dreihundert Meilen.

Plötzlich stießen die Chinesen das für sie typische schrille Gelächter aus. Drummond erstarrte. Die Chinesen in ihren wattierten Uniformen näherten sich der Reihe der Gefangenen. Der Wind trug ihnen ihre dünnen Vogelstimmen zu. Drummond ließ den Kopf hängen und wartete gottergeben.

Ein Chinese trat ihn kräftig mit dem Stiefel gegen die Brust. Er fiel vornüber aufs Gesicht und rang nach Luft. Der Draht wurde ihm unsanft von den Handgelenken gerissen. Dann bekam er einen Tritt in die Seite und sprang auf. Der chinesische Soldat grinste liebenswürdig und hielt ihm einen Spaten hin.

Drummond warf Hamid einen raschen Blick zu. Sie fingen

an zu graben. Der Boden war weich und sandig, die Erde ließ sich leicht bewegen. Neben ihnen gruben schweigend die anderen Gefangenen. Drummond erkannte mit einem Schauder, daß es keine Hoffnung mehr für ihn gab. Er hatte ausgespielt.

Der Regen ging immer heftiger hernieder, ergoß sich in wahren Sturzbächen auf sie. Die Chinesen wandten sich ab, um in ihren Fahrzeugen Schutz vor dem Unwetter zu suchen. Sie ließen jedoch eine Wache mit einer Maschinenpistole zurück.

Der Graben war jetzt schon über einen Meter tief. Wie lange sie wohl noch weitergraben mußten? Wie tief mußte so ein Graben sein? In seiner Heimat hob man ein Grab zwei Meter tief aus, so lautete die Bestimmung. Aber um so etwas scherten sich die Chinesen wohl kaum.

Er lehnte sich einen Augenblick auf seinen Spaten. Hamid kam näher. »Viel Zeit bleibt uns wohl nicht mehr«, raunte Drummond.

Hamid warf einen raschen Blick über seine Schulter zurück. Dichte Nebelschwaden wälzten sich vom Fluß herauf. »Wenn wir nicht bald was unternehmen, bestimmt nicht. Bist du gut beim Hundertmeterlauf, Jack?«

Drummond runzelte verständnislos die Stirn. »Wovon, zum Teufel, sprichst du überhaupt?«

»Davon«, sagte Hamid scharf und schlug ihm heftig ins Gesicht.

Drummond taumelte rückwärts, im Augenblick ganz benommen. Der Wachtposten kam angestürzt, um nachzusehen, was da los war. Er beugte sich über den Graben und richtete die Maschinenpistole drohend auf sie. Hamid schlug ihm den Spaten über den Schädel. Ohne einen Laut fiel der Chinese in den Graben.

Der Regen fiel jetzt so dicht, daß er wie ein grauer Vorhang aussah, der sie vor den Blicken der Chinesen in den Truppentransportern und im Jeep abschirmte. Hamid sprang in den Graben, entriß dem Wachtposten die Maschinenpistole, kletterte wieder heraus und rannte zum Fluß. Drummond stürzte ihm nach, glitt aus und fiel in den Schlamm.

Er blickte über die Schulter zurück, als er hinter sich einen

Aufschrei hörte. Die anderen Gefangenen rannten in einem wüsten Haufen um ihr Leben. Hinter ihnen hatte der erste Chinese bereits den Graben erreicht und schoß auf sie. Auch aus dem schweren Geschütz des Raupenfahrzeugs wurde jetzt eine Salve nach der anderen abgefeuert.

Der Fluß war jetzt schon ganz nah. Er roch das Wasser und lief noch schneller. Eine Kugel schlug dicht hinter ihm ein. Er stolperte und stürzte schwer. Sofort war Hamid neben ihm. Er riß ihn hoch und schleppte ihn den Hang zum Fluß hinunter.

Die ansonsten so trüben Fluten wälzten sich jetzt aufgewühlt dahin. Durch die heftigen Regenfälle war die Strömung stärker. An der trügerisch glatten Wasseroberfläche entstanden plötzlich Strudel, die erkennen ließen, daß der Fluß durchaus nicht mehr harmlos war. Schwere Äste trieben rasend schnell auf den Fluten dahin und ließen es unmöglich erscheinen, das andere Ufer schwimmend zu erreichen.

Plötzlich wurde dicht hinter ihnen Sand und Steine aufgewirbelt. Einer von Sher Dils Soldaten stürzte mit voller Anstrengung mit puterrotem Gesicht an ihnen vorbei. Die lange Narbe, die vom Auge bis zum Mundwinkel hinab verlief, leuchtete weiß. Er stürzte sich kopfüber ins Wasser und machte hektische Schwimmbewegungen. Die starke Strömung riß ihn weg. Bald war er im strömenden Regen ihren Blicken entschwunden. Andere folgten seinem Beispiel. Manche waren verwundet und bluteten stark, andere wieder weinten vor Angst, als sie den Hang hinunterstolperten und sich in die Fluten stürzten.

»Das halten sie keine fünf Minuten aus«, rief Hamid. »Das Wasser ist eiskalt, wahrscheinlich nahe dem Gefrierpunkt.«

Dreck und Schlamm ergossen sich über sie, als eine Kugel dicht hinter ihnen einschlug. Drummond drehte sich um und erblickte oben an der Böschung vier bewaffnete Chinesen. Da zog Hamid schon einen großen Bogen mit der Maschinenpistole und schoß aus der Hüfte. Sofort sanken zwei der Chinesen in sich zusammen.

Ihre beiden Kameraden gingen rasch hinter einem Felsbrocken in Deckung. Da erschienen noch mehr Chinesen oben an der Böschung. Hamid vertrieb sie mit einer Salve, bis er all sein Pulver verschossen hatte und die Waffe nutzlos geworden war.

Als einer der Truppentransporter in Sicht kam, warf Hamid die nun wertlose Waffe fort. Sie stürzten sich in den Fluß. Das am Ufer noch seichte Wasser spritzte hoch auf, als sie auf ein Dornengebüsch zuhielten, das im Wasser wuchs. Geschosse schlugen rings um sie ein. Schließlich waren sie bis an der Taille im Wasser und im dicht fallenden Regen nicht mehr auszumachen.

Das Wasser war eiskalt. Drummond fühlte, wie es seine Kleidung durchdrang, sein Fleisch empfindungslos machte und selbst die Knochen nicht verschonte. Sie hörten die Schreie der Soldaten, die immer näher kamen, und bewegten sich weiter flußabwärts, wobei ihnen die Strömung zu Hilfe kam.

Das Ufer bildete eine etwa fünfzig Meter breite Landzunge, die als natürlicher Wellenbrecher wirkte. Entwurzelte Bäume und schwere Äste waren hier angetrieben worden. Sie hielten darauf zu. Die Strömung hatte ein Einsehen und trieb sie auf diesen schwimmenden Urwald zu.

Seite an Seite ruhten sie sich aus, schnappten nach Luft und hielten sich an den Zweigen eines Baumes fest. Sie hörten Stimmen vom Ufer. Etwa ein halbes Dutzend Soldaten erschien. Sie arbeiteten sich durch das Ufergebüsch vor.

Als sie kaum mehr als zehn Meter vom Ufer entfernt waren, konnte Drummond die Chinesen durch die Zweige deutlich erkennen. Sie hatten sich die Schirmmützen tief in die Stirn gezogen. Der rote Stern war nicht zu übersehen, ebensowenig die glänzenden Maschinengewehre und hohen Gummistiefel.

Die Zeit verstrich unendlich langsam. Sie wagten kaum zu atmen. Die Kälte machte ihre Glieder völlig gefühllos. Die Soldaten schienen zu beratschlagen. Dann bildeten sie Zweiergruppen und verschwanden im prasselnden Regen.

»Und was jetzt?« meinte Drummond mit klappernden Zähnen.

»Es gibt nur eine Möglichkeit«, sagte Hamid. Er hatte ganz blaue Lippen. »Wir müssen versuchen, auf einem dieser Baumstämme ans andere Ufer zu gelangen. Über dieses Flußufer werden sie wie die Heuschreckenschwärme herfallen. Keine fünf Minuten, und sie hätten uns niedergemäht.«

Er ließ den Baum los und hangelte sich zum nächsten.

Langsam kämpfte er sich durch den treibenden Dschungel, dieses Gewirr von Baumstämmen, Ästen und Zweigen. Drummond folgte seinem Beispiel. Als sie am Rande der Bucht angelangt waren, klammerten sie sich an einem mächtigen Baum fest, der schon von der Strömung mitgerissen wurde.

Hamid zog sich ins Laubwerk hinauf, und Drummond sagte: »Ich werde versuchen, ihn vom anderen Ende aus irgendwie zu dirigieren.«

Er zog einen Fuß aus dem Wasser und stieß sich vom nächsten Baum ab. Zweige schnappten zurück, dann hatte sich der Baum endgültig aus dem Gewirr befreit und trieb in die Strömung. Sie wurden rasch abgetrieben. Das schwimmende Gewirr von Ästen und Zweigen sowie die Uferböschung versanken im Dunst.

Drummond mußte bald einsehen, daß es unmöglich war, den Baum in eine bestimmte Richtung zu dirigieren. Er wurde einfach von der Strömung mitgerissen. Sein schwaches Rudern hatte nicht die geringste Wirkung. Er gab den Kampf bald auf und versuchte sich ebenfalls hinaufzuhieven. Doch seine steifgefrorenen Glieder versagten den Dienst. Hilflos hing er im Wasser und wurde mitgezogen. Mit einem Arm klammerte er sich an einem der herausragenden Zweige fest. Doch er spürte diesen Arm schon lange nicht mehr. Bald empfand er keine Schmerzen mehr. Ihm war alles gleichgültig geworden.

Als Cheung die steile Uferböschung wieder hinaufgekrabbelt war, saß General Ho Tsen immer noch unbeweglich im Jeep und hatte eine Zigarette in einem langen Zigarettenhalter aus Jade in der Hand.

»Nun«, fragte der General.

Cheung war erschöpft. »Immer noch keine Spur von ihnen, Herr General.«

»Ein kleiner Trick, mit dessen Hilfe man oft bemerkenswerte Ergebnisse erzielt«, sagte Ho Tsen hämisch. »Davon war doch die Rede, nicht wahr?«

Cheung fuhr sich mit dem Ärmel über das tropfnasse Gesicht. »Was soll ich dazu sagen?«

»Am besten gar nichts«, erwiderte der General. »Bei diesem Wetter ist es sehr wahrscheinlich, daß Drummond und sein

Freund schon längst mit dem Gesicht nach unten im Fluß treiben. Jedenfalls werde ich mich jetzt der Sache annehmen, Oberst. Setzen Sie sich mit Ihren Leuten in Richtung Norden nach Kama in Bewegung. Überqueren Sie dort den Fluß, und bringen Sie mir den jungen Khan.« Er machte eine Pause, zog ein letztesmal an seiner Zigarette und entfernte sie dann mit spitzen Fingern aus dem Zigarettenhalter. »Ohne ihn brauchen Sie gar nicht zurückzukommen. Habe ich mich deutlich genug ausgedrückt?«

Cheung wurde kreidebleich. Er stand im Regen und starrte den General wortlos an. Dann nahm er Haltung an, salutierte, wandte sich ab und kletterte neben den Fahrer in den ersten Truppentransporter. Kurz darauf bewegten sich die beiden Fahrzeuge den Hang hinauf. Ihre Ketten schleuderten den Schlamm hoch in die Luft. Bald hatte der Dunst sie verschluckt.

8. Kapitel

Gewaltmarsch

Trotz seiner Erstarrung wurde sich Drummond plötzlich der Tatsache bewußt, daß sich etwas in ihn bohrte. Er erkannte einen weiteren riesigen Baum, der auf sie zugetrieben war. Die Zweige der beiden Bäume verflochten sich ineinander. Das Gewicht der beiden Bäume verringerte die Geschwindigkeit, mit der sie stromabwärts trieben, beträchtlich.

Hamid saß in den Zweigen immer noch so sicher wie in einer Wiege. Plötzlich rief er aufgeregt: »Ich sehe das andere Ufer. Das muß eine Flußenge sein.«

Drummond sah genau hin. Durch die sintflutartigen Regenfälle war das gegenüberliegende Ufer nur schemenhaft zu erkennen, doch sie schienen mit jedem Augenblick näher darauf zuzutreiben. Die Strömung wurde rauher, Bäume und Strandgut jeder nur erdenklichen Art trieben auf weißen Schaumkronen dahin.

Dann waren sie ganz nah am Ufer. Das Flußbett wurde enger, der Fluß wälzte sich an dieser Stelle durch einen tief eingefurchten Kanal, den die Fluten im Laufe der Zeit gegraben hatten. Ein beängstigendes, ohrenbetäubendes Knirschen – der Baum war gestrandet.

Drummond hörte einen Schrei und sah, wie Hamid ins Wasser geschleudert wurde. Er löste seine erstarrten Glieder von dem Baum. Er hatte Grund. Das Wasser reichte ihm etwa bis zur Taille. Von der Strömung getrieben, kämpfte er sich zu Hamid vor und erwischte ihn am Gürtel, bevor er abgetrieben werden konnte. Er fuhr herum, als ein schreckliches Krachen und Knirschen ertönte. Die Bäume waren von einem plötzlichen Wasserschwall hochgerissen und davongespült worden.

Das Wasser ringsum schien zu brodeln und zu kochen. Mit aller Kraft stemmten sie sich gegen die Strömung. Langsam kämpften sie sich auf die steile Uferböschung zu und krochen an Land. Hier waren sie zunächst einmal in Sicherheit. Mit dem Gesicht nach unten lagen sie wie tot da – zerschunden und von der fast übermenschlichen Anstrengung gezeichnet.

Sie atmeten schwer und gaben schließlich all das geschluckte Flußwasser wieder von sich.

Nach einer Weile erhoben sie sich schwerfällig und krabbelten die schlammige Uferböschung hinauf – weg vom Fluß. Oben auf der Böschung versuchten sie, durch den Dunst jenseits des Flusses etwas zu erkennen und lauschten angestrengt. Hamid zitterte vor Kälte. Die Uniform klebte ihm am Körper. Der Turban war jedoch merkwürdigerweise nicht einmal naß geworden.

»Früher oder später werden sie Soldaten über den Fluß schiffen«, sagte er. »Bestimmt werden sie irgendwelche Boote ausfindig machen, die die Flüchtlinge übersehen haben.«

»Aber sie werden genau wie wir zu Fuß gehen müssen«, wandte Drummond ein. »Vor Kama können sie den Fluß keinesfalls mit Militärfahrzeugen überqueren, und das liegt zwanzig Meilen nördlich. Aber vielleicht sind die seichten Stellen dort durch den Regen auch unpassierbar geworden.«

»Nun, eins steht jedenfalls fest«, meinte Hamid mit teuflischem Grinsen. »Es gibt nur eine Straße nach Indien und nur eine Möglichkeit, dorthin zu gelangen.«

Langsam gingen sie im Regen in Richtung Süden. Sie kamen kaum vorwärts, denn der Boden war völlig aufgeweicht und hatte sich in eine Schlammwüste verwandelt. Drummond empfand es als übermenschliche Anstrengung, einen Fuß vor den anderen zu setzen. Er blieb immer weiter hinter dem abgehärteten Hochländer zurück.

Grauer, undurchdringlicher Nebel hüllte sie ein und schirmte sie völlig von der Außenwelt ab. Nichts auf der Welt existierte mehr außer ihnen beiden und dem Regen. Drummond quälte sich weiter durch den Morast und fragte sich, was er eigentlich hier tat und wie das alles enden würde.

Nach etwa einer halben Stunde drang Hamids Stimme an sein Ohr. Hamid stand etwa fünfzig Meter weiter auf der Kuppe eines kleinen Hügels. Drummond stieg zu ihm hinauf und erblickte in einer kleinen Mulde ein Stückchen weiter unten die Hütte eines Schäfers.

Nirgendwo ein Lebenszeichen. Vorsichtig schlichen sie sich an. Drummond war nicht mehr müde. Seine Lebensgeister erwachten wieder. Er empfand absolut nichts, wußte nur, daß er noch am Leben war. Das zu wissen, genügte ihm vorerst.

Es war eine armselige Hütte aus Lehm und Flechtwerk. Ein dünnes Rauchwölkchen stieg aus einem Loch in dem strohgedeckten Dach auf. Hamid stieß die Tür auf und ging als erster hinein.

Die Flammen in der steinernen Feuerstelle waren mit Sand erstickt worden. Es qualmte fürchterlich, die ganze Hütte war von Rauch erfüllt. Es stank ganz entsetzlich, alles starrte vor Schmutz. Drummond war sich darüber im klaren, daß es hier von Ungeziefer nur so wimmeln mußte. Aber es war warm und trocken in der Hütte und nur das zählte im Augenblick.

Er entfernte die Erde von der Feuerstelle und schürte das Feuer mit Holz von einem Stapel in einer Ecke. Hamid durchwühlte die Schaffelle und tauchte mit ein paar Tonkrügen und Eßgefäßen wieder auf.

Grinsend brachte er sie zum Feuer. »Ziegenmilch und Käse«, erklärte er. »Riecht schon ganz ranzig, bringt uns aber wieder auf die Beine.«

»Im Augenblick ist mir alles recht – wenn ich nur nicht wieder in meiner nassen Kleidung in den Regen hinaus muß«, erwiderte Drummond.

Er errichtete eine hohe Pyramide aus dem Holz. Die Flammen züngelten empor. »Bin mal gespannt, wie es mit uns weitergeht«, meinte Hamid versonnen.

Aber eigentlich zerbrachen sie sich darüber beide nicht den Kopf. Es war warm, das Feuer brannte auf der Haut. Drummond hockte da und starrte in die Flammen, in Schaffelle eingewickelt, während der Dampf aus seiner zum Trocknen aufgehängten Kleidung aufstieg. Bald sank er um und schlief ein.

Er kam nur langsam wieder zu sich, kniff die Augen zusammen, gewöhnte sich ganz allmählich an das trübe, graue Licht, sah seine Kleidung am Dachbalken hängen und fragte sich erstaunt, wo er sich befand. Dann fiel es ihm wieder ein, und er setzte sich auf.

Hamid hockte am Feuer. Er hatte seine Uniform schon wieder angezogen und grinste. »Na, wie fühlst du dich?«

»Einfach gräßlich!« Drummond streckte sich, und das Blut floß wieder warm durch seine verkrampften Glieder. »Wie lange sind wir schon hier?«

»Erst ein paar Stunden. Es muß so gegen zwei sein. Wir machen uns wohl besser wieder auf den Weg. Deine Sachen sind schon fast trocken. Auf jeden Fall trockener als sie waren.«

Drummond zog sich an. Hamid blickte hinaus. »Es sieht aus, als wollte es nie wieder aufhören zu regnen. Bald wird es schneien, das glaube ich ganz bestimmt.«

»Auch das noch! Als ob nicht alles schon schlimm genug wäre.«

Hamid zuckte die Achseln. »Aber andererseits können wir auch von Glück sagen; denn das Wetter kommt uns zu Hilfe. Für die Chinesen ist es genauso hinderlich wie für uns.«

Drummond trat zum Eingang der Hütte, zog den Reißverschluß seiner Fliegerjacke hoch und sah hinaus. Der Regen prasselte mit unverminderter Kraft auf die Erde. Nebel stieg von dem kalten Boden auf. Man konnte kaum ein paar Meter weit sehen.

»Ich glaube, du hast recht, was den Schnee angeht.«

»Das bedeutet, daß wir uns beeilen müssen. Wir sind bestimmt nicht mehr als sieben oder acht Meilen von der Straße entfernt. Alle, denen es gelungen ist, irgendwie über den Fluß zu kommen, bewegen sich logischerweise in die gleiche Richtung. Sie haben gar keine andere Wahl.«

»Du denkst dabei an Father Kerrigan und Janet, ja?«

»Oder auch an Sher Dil. Aber die Chinesen schlagen den gleichen Weg ein, wenn sie erst einmal auf dieser Seite des Flusses sind. Wir müssen einen Vorsprung haben. Wenn wir doch bloß schon in dem Dorf Bandong wären, von dem Sher Dil gesprochen hat. Dann hätten wir vielleicht eine Chance. Vielleicht können wir dort Pferde bekommen.«

Er ergriff zwei Schaffelle und warf Drummond eins zu. »Leg dir das um die Schultern, damit du nicht gleich wieder so naß wirst.«

Kaum hatte er das gesagt, da trat er rasch vom Eingang zurück, legte den Finger auf die Lippen und sank auf ein Knie. Ohne einen Laut hockten sie dicht nebeneinander und warteten. Es war nichts zu hören als das monotone Trommeln des Regens, doch dann hörten sie auch noch etwas anderes. Jemand kam schwerfällig durch den Morast herangeplatscht.

Schritte näherten sich der Hütte und verhielten dann. Plötzlich spritzte der Schlamm hoch auf, ein dumpfer Schlag folgte.

Drummond stürzte Hamid mit geballten Fäusten nach, doch das hätte er sich sparen können. Hamid stand über einer Gestalt, die wie ein Häufchen Elend im Schlamm kauerte. Er packte den Mann am Schopf und riß ihm mit einem Ruck den Kopf zurück. An seinem drahtigen Körper hingen immer noch die zerfetzten Reste einer Khakiuniform. Der Mann war Unteroffizier, am rechten Ärmel sah man es.

»Das ist der Mann, der sich vor uns in den Fluß gestürzt hat, weißt du noch?« sagte Drummond. »Er gehört zu der kleinen Armee Sher Dils.«

Der Mann grinste unverschämt. »Sie kennen mich doch, Major Hamid. Ich bin Achmed Hussein, meines Zeichens Unteroffizier.« Sein Englisch war fehlerfrei, er sprach jedoch in diesem merkwürdigen Singsang. »Sahib Drummond habe ich schon oft gesehen.«

Hamid fing an zu lachen. »Ich kenne den Mann tatsächlich. Einer der übelsten Strolche, die man sich vorstellen kann. Ein altgedienter Soldat der indischen Streitkräfte. Khyber Rifles, stimmt's?«

»Ja, ganz richtig, Sahib.« Achmed stand auf und wies stolz auf die Ordensbänder über seiner linken Brusttasche. »Auszeichnung für besondere Verdienste von King George persönlich, Sahib.«

»Wahrscheinlich auf dem Basar von Peschawar erstanden«, meinte Hamid. »Aber er ist ein Afridi, das sind gute Krieger.«

Sie traten aus der Hütte, während Achmed sich ans Feuer hockte, um seine klammen Hände zu erwärmen. »Was sollen wir jetzt mit ihm anfangen?« fragte Drummond. »Wir können unmöglich warten, bis seine Sachen trocken sind.«

»Das ist gar nicht nötig, Sahib«, erklärte Achmed und nahm sich ein Schaffell. »Das ist alles, was ich brauche. Kälte macht mir nichts aus. Entbehrungen bin ich gewohnt.« Er grinste breit. »Ich bin wie gesagt ein Afridi.«

»Und damit auch ein Lügner, Betrüger und Schurke«, warf Hamid ein. »In einem der Gefäße ist Ziegenkäse. Wenn du Hunger hast, mußt du den mitnehmen und unterwegs essen.«

»Wo gehen wir hin, Sahib?«

»Zur Straße, wohin sonst? Zu der einzigen Straße, die von hier aus diesem verfluchten Land herausführt. Oberst Sher Dil hat vorgeschlagen, daß wir uns in Bandong treffen, wenn es uns gelingt, ans andere Flußufer zu gelangen. Kennst du das Dorf?«

»Es liegt etwa acht Meilen weiter südlich, Sahib. Ich führe Sie hin.«

Als sie die Mulde hinter sich gelassen hatten, blieb Drummond kurz stehen und sah auf die kleine Hütte hinunter, aus der Rauchwölkchen aufstiegen. Dort hatte er sich sicher gefühlt. Jetzt waren sie wieder auf dem Weg ins Ungewisse. Es schauderte ihn, und er eilte den beiden anderen Männern nach.

Zunächst bildete Achmed das Schlußlicht der kleinen Gruppe. Mit den Fingern grub er den weichen Käse aus dem Gefäß. Er verschlang ihn gierig und stöhnte dabei vor Behagen. Schließlich warf er das Gefäß fort und lief vor, um sie zu führen.

Drummond hielt sich immer einen oder zwei Schritte hinter Hamid. Die Welt war nur einen Kubikmeter groß. Decke und Wände ringsum nichts als Nebel und Regen. Selbst seinen Vordermann erkannte er kaum mehr. Er bewegte sich schemenhaft. Sie beide schienen die beiden einzigen Erdenbewohner zu sein.

Als sie etwa eine halbe Stunde marschiert waren, stolperte er und fiel gegen Hamid, der ihn am Arm packte. »Hör mal!«

Achmed trat zu ihnen. In einem Dreiergrüppchen standen sie beieinander, merkwürdige, in Schaffelle gehüllte Gestalten, tropfnaß, die an eine moderne Skulptur erinnerten.

»Ich glaube, ich habe Schüsse gehört«, sagte Hamid. In diesem Augenblick hörte man es wieder, ein schwaches Echo folgte.

»Klingt wie ein Maschinengewehr«, sagte Drummond.

Wieder das schwache tödliche Echo, dann Grabesstille.

»Kommt wahrscheinlich von der anderen Seite des Flusses«, meinte Hamid. »Wir bewegen uns ja immer noch parallel zum Fluß. Aber ich finde, von nun an sollte immer einer von uns als Kundschafter vorausgehen.«

»Ich gehe, Sahib«, sagte Achmed grinsend. Der Nebel verschluckte ihn.

Sie marschierten weiter. Zuerst lauschte Drummond mit angespannten Sinnen, ständig einer Gefahr gewärtig, doch dann ließ die Anspannung nach. Bei diesem Wetter fühlte er sich relativ sicher. Regen und Nebel gewährten ihm eine tröstliche Anonymität.

Er zog sich ganz in sich selbst zurück. Ein alter Trick. Er versuchte seine Müdigkeit, die Strapazen und die Gefahr, in der sie sich befanden, zu vergessen. Er hatte nicht einmal Angst, als Achmed urplötzlich aus dem Nebel auftauchte und auf sie zulief.

Hamid packte den Afridi an den Schultern und schüttelte ihn. »Was gibt's denn?«

»Vor uns liegt ein Dorf, Sahib.«

»Gut, geh voraus und führe uns hin.«

Nach ein paar Schritten war er schon kaum mehr zu erkennen. Sie folgten ihm. Drummond schwitzte. Seine Stirn fühlte sich heiß an. Plötzlich senkte sich der Boden. Dann ging es ganz steil bergab. Sie stiegen in eine große Talmulde hinab.

Häuser ragten düster aus dem Nebel – nicht mehr als sechs. Armselige, schäbige Behausungen, wie die Hütte des Schäfers aus Lehm und Flechtwerk. Alle lagen verstreut am Ufer eines kleinen Flusses.

Sie bewegten sich rasch darauf zu. Dichter Qualm hing in der feuchten Luft, der beißend in die Nase stieg.

Achmed öffnete die Tür des ersten Hauses und trat ein. Gleich darauf erschien er wieder.

»Leer, Sahib, alles ausgeflogen.«

Er klapperte alle Häuser ab, riß die roh gezimmerten Holztüren auf und trat schließlich wieder zu ihnen, nachdem er alles inspiziert hatte. »Völlig verlassen, Sahib, keine Menschenseele mehr da.«

Hamid öffnete nun gleichfalls die Tür des nächstgelegenen Hauses und fand noch die letzten verglühenden Holzscheite vor. »Habe ich nicht gesagt, daß sich schlechte Nachrichten in

Windeseile verbreiten? Sie haben tatsächlich alle die Flucht ergriffen. Mit Mann und Maus verschwunden. Niemand mehr da. Vermutlich haben sie sich in die Hügel zurückgezogen, um dort oben abzuwarten, bis sich die Lage wieder beruhigt hat.«

Achmed sah fragend von einem zum anderen. »Gehen wir jetzt weiter? Hier gibt es für uns nichts zu holen.«

Sie verließen die Talsenke und marschierten weiter. Das Gehen war sehr beschwerlich. Die Erde blieb in Klumpen an den Stiefeln hängen und war mit Steinen übersät. Bei jedem Schritt mußten sie aufpassen.

Doch dann trat eine Veränderung ein. Die Luft wurde kälter, Nebelschwaden wehten ihnen eisig ins Gesicht, der Boden senkte sich. Es ging steil nach unten. Sie blieben stehen, um sich über die neue Lage klar zu werden.

»Wahrscheinlich sind wir jetzt am Ende des Senkungsgrabens angelangt«, sagte Hamid. »Das bedeutet, daß die Straße nicht mehr weit sein kann. Noch eine Meile oder so, dann müßten wir eigentlich auf die Straße stoßen.«

Sie gingen hügelabwärts. Der Boden senkte sich weiter. Stellenweise war der Hang so steil, daß sie ganz vorsichtig klettern und sich festhalten mußten.

Schließlich langten sie auf den niedriger gelegenen Hängen an. Auf dem moosgepolsterten Boden ging es sich viel besser. Achmed bildete wieder die Vorhut und war schon bald aus ihrem Blickfeld entschwunden. Im Regen stiegen sie immer weiter ab, und der Nebel wurde schließlich so dicht, daß sie überhaupt nichts mehr sahen.

Drummond hörte das Motorengeräusch zuerst. Wie angewurzelt blieb er stehen und rief leise nach Hamid. Dann standen sie nebeneinander am Hang, lauschten und erkannten, daß es sich um mehrere Lastwagen handeln mußte.

Achmed kam aus dem Nebel auf sie zugerannt. »Bandong liegt gleich unter uns im Tal, Sahib«, verkündete er. »Da haben gerade vier Lastwagen halt gemacht. Große Lastwagen, Sahib, ich glaube, es sind unsere.«

»Unsere? Was soll das heißen?« fragte Drummond.

»Army Trucks, Sahib. Ein Konvoi von Indien auf dem Wege nach Sadar.«

Er hat recht«, sagte Drummond. »Das hatte ich völlig vergessen. Machen sie diese Tour nicht jeden Monat?«

»Die Sache hat nur einen Haken«, wandte Hamid ein. »Wenn es sich um den üblichen Konvoi nach Sadar handelt, so ist er in die falsche Richtung unterwegs.«

»Nicht, wenn ihnen schon zu Ohren gekommen ist, was passiert ist.«

Rasch legten sie den restlichen Weg zurück. Sie rannten den Hang hinunter, glitten immer wieder aus und gelangten schließlich an ein steiniges Flußbett. Sie durchquerten es und kletterten auf der anderen Seite zu einer unbefestigten Straße hinauf. Achmed gebot ihnen Schweigen, als aus dem Nebel plötzlich ein Haus mit Flachdach auftauchte.

»Bandong«, flüsterte er.

Die Motoren der Lastwagen waren abgestellt worden. Mit dem Motorengeräusch schien die ganze Welt erstorben zu sein. Eine vage Furcht ergriff Besitz von Drummond, doch dann hörte er die rauhe, vertraute irische Stimme und rannte zwischen den Häusern zu beiden Seiten der Straße hindurch.

Vier Lastwagen waren hintereinander geparkt, alte Viertonner Marke Bedford – in Richtung Indien geparkt. Father Kerrigan stand barhäuptig im Regen und sprach mit einem Stammesangehörigen in Lammfellmantel und Pelzmütze, der ein altes Enfield-Gewehr 303 in der Hand hielt und ein kleines, gedrungenes Bergpferd am Zügel führte.

Sie fuhren herum, als Drummond einen Stein lostrat. Der Mann im Pelz war Oberst Dil.

»Gelobt sei Jesus Christus«, sagte Father Kerrigan leise.

Die Tür eines der Lastwagen wurde aufgestoßen. Janet Tate sprang heraus. Sie trug noch die gleiche Kleidung wie auf dem Herflug – pelzgefütterte Stiefel, Cordhosen und die Lammfelljacke, die Drummond ihr besorgt hatte. Doch das fiel ihm gar nicht auf. Er sah nur ihre Augen und die tiefe, ungläubige Freude, die sich darin spiegelte, als sie auf ihn zugerannt kam.

9. Kapitel

Kriegsrat

Ein Unteroffizier und drei einfache Soldaten kamen langsam näher. Die Neugier stand ihnen im Gesicht geschrieben. Hinter ihnen her kam zögernd Tony Brackenhurst, den linken Arm bandagiert.

»Wir haben nicht damit gerechnet, einen von Ihnen lebend wiederzusehen«, sagte Father Kerrigan. »Die Chinesen haben so blitzschnell zugeschlagen, daß sie uns um Haaresbreite erwischt hätten. Wir konnten uns gerade noch in letzter Minute davonmachen. Ich bin stromaufwärts nach Quala gefahren und mußte feststellen, daß die Autofähre schon zerstört war. So konnten die Chinesen wenigstens nicht gleich über den Fluß, zumindest nicht mit ihren Truppentransportern. Alle im Dorf sind mit kleinen Booten übergesetzt worden.«

»Mr. Brackenhurst erschien, während wir noch darauf warteten, an die Reihe zu kommen«, fuhr Janet fort. »Er hatte schlimme Verbrennungen erlitten. Er hat uns erzählt, was in Sadar vorgefallen ist. Er hatte geglaubt, als einziger davongekommen zu sein.«

»Zunächst sah es wirklich danach aus«, erklärte Hamid ruhig.

Brackenhurst war leichenblaß und schwankte. Er hielt sich an der Klappe des Lastwagens fest, um nicht das Gleichgewicht zu verlieren. Zwei der Soldaten traten zu ihm und stützten ihn. Da meinte Father Kerrigan: »Ich finde, Sie sollten sich wieder hinlegen, mein Junge, Sie sehen nämlich gar nicht gut aus. Würden Sie sich um ihn kümmern, Janet?«

Schwankend ging Brackenhurst – von den Soldaten gestützt – davon. Janet ging hinter ihnen her. Der Geistliche wandte sich wieder den anderen zu.

»Ich war noch nie im Leben so überrascht wie vor zehn Minuten, als plötzlich dieser Stammesangehörige hier aus dem Nebel auftauchte und sich als Sher Dil entpuppte.«

»Ich bin vor ungefähr vier Stunden zu Fuß angekommen«,

erklärte Sher Dil. »Als ich den Dorfbewohnern sagte, was im Gange war, beschlossen sie, in die Berge zu fliehen, solange noch Zeit dazu war. Sie wollten, daß ich mich ihnen anschließe, aber ich hatte Drummond und Major Hamid gebeten, hierher zu kommen, sollte es ihnen gelingen, irgendwie über den Fluß zu kommen.« Er grinste. »Ich hatte schon befürchtet, Sie würden es nicht schaffen.«

»Es wäre auch fast schiefgegangen«, mischte sich Hamid jetzt ein. »Sie haben darauf bestanden, uns noch ein Weilchen dazubehalten. Übrigens wird es Sie sicher interessieren, daß unser Freund Cheung als Oberst für den Geheimdienst tätig ist.«

»Grundgütiger Himmel!« rief Father Kerrigan aus. »Sind Sie sicher?«

»Wir haben es am eigenen Leibe erfahren, Father, und haben deshalb keinen Grund, daran zu zweifeln«, erwiderte Drummond. »Wie geht es übrigens Kerim?«

»Er verkraftet das alles erstaunlich gut. Natürlich hat er es bisher auch noch nicht sonderlich schwer gehabt. Nachdem wir den Fluß überquert hatten, haben wir zwar neun oder zehn Meilen auf einem Ochsenkarren zurückgelegt, doch dann sind wir auf den Konvoi gestoßen. Nachdem wir Unteroffizier Nadin Bericht erstattet hatten, ist er sofort umgekehrt. Er hatte ja auch gar keine andere Wahl. Er hätte gar nicht weiterfahren können.«

»Weiß der Junge, daß sein Vater tot ist?«

»Das steht also fest? Brackenhurst hat sich schon gedacht, daß er tot ist, aber ich hatte insgeheim gehofft, er habe sich geirrt.« Father Kerrigan seufzte. »Nein, ich habe dem Jungen noch nichts gesagt. Das kommt später noch, wenn wir über der Grenze sind.«

»Falls wir überhaupt je dahin kommen, Father. Im Augenblick sieht es kaum danach aus.«

Achmed kam durch den Regen auf sie zugewatet – in jeder Hand eine Blechtasse. »Tee gefällig, Herr Oberst?«

»Bist du also durchgekommen, du Schurke?« Sher Dil tat, als sei er verärgert. »Dich werde ich wohl nie los!«

»Es war Allahs Wille, Herr Oberst.«

Achmed grinste unverfroren. Er trug nagelneue Lederstiefel, wie die Armee sie ausgab, und einen wattierten Khaki-parka, der zur Winterspezialausrüstung der Soldaten gehörte. Die pelzgefütterte Kapuze hatte er aufgesetzt.

»Wo hast du denn die Klamotten her?« fragte Drummond.

»Aus einem Lastwagen, Sahib. Der hatte lauter Armee-bestände geladen. Ein Teil ist immer noch da, obwohl wir das meiste da hinten am Straßenrand ausgeladen haben, um Raum für die Frauen und Kinder zu schaffen.«

»Was für Frauen und Kinder?«

»Flüchtlinge, die unterwegs aufgelesen worden sind. Wir konnten sie doch den Chinesen nicht in die Hände fallen lassen.«

»Bitte Unteroffizier Nadin, mir eine Karte zu bringen«, sagte Sher Dil.

Sie tranken ihren Tee auf der Veranda des nächstgelegenen Hauses. Nadin, ein kleiner, sehniger Inder mit dunkler Gesichtsfarbe und langem, schwarzem Schnurrbart, brachte die Karte.

Sher Dil breitete sie aus. »Bis zur indischen Grenze sind es noch dreihundert Meilen. Nur eine einzige Straße führt da hin – diese. Normalerweise ist man bisher mit der Fähre in Quala mit Fahrzeugen und Truppentransportern über den Fluß gelangt, aber Father Kerrigan sagt, die Dorfbewohner hätten die Fähre angezündet und versenkt.«

»Vielleicht ist es möglich, bei Kama über den Fluß zu kommen. Er ist dort nicht sehr tief«, sagte Drummond. »Mit Halbraupenfahrzeugen dürfte das nicht weiter schwierig sein. Und die haben sie.«

»Glauben Sie wirklich, daß sie das versuchen werden?« fragte Father Kerrigan.

Hamid nickte. »Ich fürchte, ja. Sie wollen den jungen Khan, das hat uns Cheung unmißverständlich klargemacht. Eine Marionette, die auf dem Thron von Balpur sitzt und als Sprachrohr für die Volksrepublik China fungiert. Wie Sher Dil ganz richtig sagt, gibt es nur einen Weg. Die Chinesen haben die Verfolgung sicher schon aufgenommen.«

»Dann müssen wir weiter. Wir haben einen gehörigen Vorsprung.«

»Das kann sich schnell ändern.« Sher Dil fuhr auf der Karte

mit dem Finger den Fluß entlang. »Hier liegt ein Dorf namens Huma, siebzig Meilen südlich von Sadar. Wenn die Chinesen dort der Boote habhaft werden, können sie Soldaten über den Fluß transportieren.«

»Soldaten ja, aber keine Armeefahrzeuge.«

»Das stimmt, aber sehen Sie doch, wie sich der Fluß dahinschlängelt und sich durch das Tal zieht. Sie sind bestimmt nicht mehr als zehn oder fünfzehn Meilen von der Straße entfernt, aber das ist für aktive und ausgebildete Soldaten keine Entfernung.«

»Du glaubst also, daß sie versuchen werden, uns zuvorzukommen und uns den Weg abzuschneiden?« fragte Drummond.

Hamid zuckte die Achseln. »Ich weiß ja nicht, wer der Einheitsführer ist, jedenfalls täte ich das an seiner Stelle.«

»Wir müssen also weiter, je eher, desto besser.«

Sher Dil sah sich den bleigrauen Himmel an. »Uns bleiben nur noch ungefähr zwei Stunden Tageslicht. Aber in diesen zwei Stunden kommen wir noch weit.«

»Glauben Sie, wir sollten die ganze Nacht hindurch weiterfahren?«

»Auf dieser Straße?« Hamid lachte belustigt. »Das wäre in diesen klapprigen Lastern reiner Selbstmord. Es ist viel besser, wenn wir an einer geeigneten Stelle kampieren und gleich bei Tagesanbruch weiterfahren. Die Chinesen sind bestimmt noch nicht über den Fluß, dazu war nicht genug Zeit. Wir haben also einen guten Vorsprung.«

Sher Dil stand auf und wandte sich an Unteroffizier Nadin. »Wie steht's mit dem Benzin?«

»Wir haben genug, Herr Oberst – reichlich für alle Lastwagen.«

»Warum lassen wir nicht zwei zurück und fahren in den beiden anderen weiter?« schlug Drummond vor. »Da ist für uns alle Platz, wenn wir die Laster entladen.«

Sher Dil lachte und wies auf die vier Bedford-Laster. »Sehen Sie sich die alten Kisten einmal genauer an. Die haben alle schon gut zwanzig Jahre auf dem Buckel. Sie sind seit dem Krieg in Burma in Betrieb, und das läßt sich nicht verleugnen.« Er wandte sich an Nadin. »Wie oft haben sie Pannen?«

Der Unteroffizier zuckte die Achseln. »Fast ununterbrochen, Herr Oberst. Wenn ein Lastwagen wieder fährt, geht garantiert bald der nächste kaputt.«

»Nun, damit wäre diese Frage geklärt. Mit allen vieren fahren wir weiter. Wenn einer nicht mehr will, haben wir noch immer drei. Mit einer von diesen verdammten Kisten werden wir es doch wohl noch bis zur Grenze schaffen, das wäre ja gelacht. Und die Munition an Bord wird uns vielleicht noch sehr nützlich sein.«

Die drei einfachen Soldaten hatten in einer kleinen Gruppe beieinandergestanden und das Gespräch mitangehört. Als sich Nadin zum Gehen wandte, packte ihn einer der Soldaten am Ärmel und raunte ihm rasch etwas zu.

Sher Dil runzelte die Stirn und ging durch den Morast auf sie zu. »Was gibt's denn noch?«

Nadin wandte sich ihm zu, Ratlosigkeit im Blick. »Es geht um zwei der Männer, Sir – Piru und Jussuf. Sie sind von hier. Ihre Frauen sind in Sadar. Sie möchten lieber hierbleiben. Sie wollen nicht nach Indien zurückkehren.«

Als er wieder schwieg, hörte man keinen Laut außer dem Rauschen des Regens und des Flusses hinter dem Dorf. Niemand sagte ein Wort.

Father Kerrigan blickte besorgt drein. Hamid konnte offensichtlich nichts aus der Ruhe bringen, er war auf alles gefaßt. Drummond sah Sher Dil kurz von der Seite an. Der Oberst war vor Zorn ganz blaß geworden, seine Augen sprühten Funken.

»Für einen Soldaten, der sich im Angesicht des Feindes einem Befehl widersetzt, gibt es nur eine Strafe.« Er nahm das alte Lee-Enfield-Gewehr ab, lud durch. Der Bolzen knackte vernehmlich. »Verstanden?«

Die beiden Soldaten ängstigten sich halb zu Tode. Sher Dil hing sich das Gewehr wieder über die Schulter. »So, Unteroffizier Nadin, es kann losgehen.«

Nadin und die drei einfachen Soldaten eilten davon. Father Kerrigan seufzte erleichtert auf. »Sie haben mir vielleicht einen Schrecken eingejagt!«

»Das ist eine üble Sache«, meinte Hamid. »Wenn das erst einmal um sich greift, kann man sich leicht ausrechnen, wie es enden wird.«

Sher Dil nickte. »Wir haben schon genug Zeit verloren. Decken Sie sich mit Waffen ein und allem, was Sie sonst noch brauchen, dann wollen wir uns auf den Weg machen.«

Die Flüchtlinge – ein Dutzend Frauen und Kinder – saßen dicht aneinandergedrängt hinten auf einem der Lastwagen und hielten ihre armseligen Bündel umklammert, die ihren gesamten irdischen Besitz darstellten. Geduldig und mit unbewegten Mienen sahen sie zu, wie Drummond und Hamid die Bestände durchforsteten. Sie entdeckten wattierte Parkas wie den von Achmed. Drummond zog seine Flugstiefel aus, die beim Durchschwimmen des Flusses natürlich völlig durchnäßt worden waren, und nahm sich ein Paar schwere Bergstiefel, die zur Kampfausrüstung der Gebirgsjäger gehörten. Nachdem er auch noch wasserdichte Fausthandschuhe gefunden hatte, sprang er mit seiner Beute zu Boden.

Hamid war mit Sher Dil auf den zweiten Lastwagen geklettert. Der Oberst hatte eine Kiste mit Maschinenpistolen gefunden und aufgebrochen.

»Die sind ausgezeichnet«, verkündete er grinsend. »Ein Geschenk aus Moskau. Es ist eben doch ein Vorteil, wenn man eine Politik der strikten Neutralität betreibt.«

Er riß eine Schachtel mit Munition auf und entdeckte auch noch eine Kiste Granaten. Als Unteroffizier Nadin herankam, wandte er sich ihm zu. »Holen Sie die anderen her, ich will Maschinenwaffen ausgeben.«

Nadin rief. Achmed und der dritte Fahrer, ein großer Mann namens Amal aus Bengalen, kamen daraufhin angerannt.

»Wo bleiben denn Jussuf und Piru?«

Die beiden Männer sahen sich mit unsicherem Blick an. Nadin rannte an den Lastwagen entlang und war gleich wieder da. »Herr Oberst, sie sind fort.«

Sher Dil packte Achmed vorn am Parka. »Du Schuft, du hast tatenlos zugesehen, wie sie sich aus dem Staub gemacht haben!«

Achmed streckte die Hände mit den Handflächen nach oben vor. »Ich schwöre Ihnen beim Grabe meines Vaters, daß sie vor fünf Minuten noch da waren, Herr Oberst. Da habe ich noch mit ihnen gesprochen.«

»Worüber?«

»Sie waren sehr wütend auf Herrn Oberst. Sie haben gesagt, die Chinesen würden uns alle erwischen. Und wir würden nie nach Indien kommen.« Er zuckte die Achseln. »Sie wollten nicht bei uns bleiben.«

Sher Dil fluchte, und Hamid schüttelte den Kopf. »Eigentlich sind wir ohne sie viel besser dran, wenn man es recht überlegt. Das ist doch überhaupt kein Problem. Wir sind genug, es fehlt uns also nicht an Fahrern. Ich kann auch einen der Lastwagen fahren.«

Sher Dil nickte. »Also gut. Ich werde mit Unteroffizier Nadin an der Spitze fahren. Dann folgen Sie mit dem Versorgungs- bzw. Nachschubwagen. Father Kerrigan, Miß Tate und der junge Khan können mit Ihnen fahren.«

»Und was ist mit mir?« fragte Drummond.

»Sie bilden zusammen mit Achmed das Schlußlicht. Mr. Brackenhurst kann sich mit Amal am Steuer des dritten Lastwagens ablösen, auf dem auch die Flüchtlinge mitfahren. Wir fahren los, sobald alle Mann an Bord sind.«

Als sie in verschiedene Richtungen auseinandergingen, hörte Drummond, daß ihn jemand rief. Es war Janet, die sich hinten aus dem zweiten Lastwagen lehnte.

Er kletterte rasch zu ihr hinauf. »Stimmt irgend etwas nicht?«

»Nein, nein, aber was ist denn eigentlich passiert?«

»Ach, zwei Fahrer sind desertiert, das ist aber kein Grund zur Besorgnis. Wie geht es Kerim?«

»Er schläft. Wir haben ihn so bequem wie möglich gebettet und tun für ihn, was wir können.«

Am anderen Ende der Ladefläche waren Kisten weggerückt worden. Dadurch war eine Art von Alkoven entstanden, in dem der junge Khan in Decken eingehüllt lag. Er war sehr blaß, und sein weißer Verband leuchtete in dem trüben Licht. Janet beugte sich über ihn, um eine der Decken geradezuziehen. Als sie sich wieder aufrichtete, ergriff Drummond ihre Hände.

»Machst du dir große Sorgen?«

Sie schüttelte den Kopf. »Nein, ich begreife noch gar nicht richtig, was vorgefallen ist. Ich kann gar nicht glauben, daß wir auf der Flucht vor dem Feind sind.«

Er drückte ihre Hände, zog sie an sich und küßte sie. »Aber das glaubst und begreifst du doch, nicht wahr?«

Sie sah zu ihm auf. Ihre dunklen Augen blickten ganz ernst. Dann lächelte sie und strich ihm unendlich sanft übers Gesicht. Sie sagte kein Wort, und das war auch nicht nötig. Sie küßten sich noch einmal.

»Bis später«, sagte er und sprang von dem Lastwagen.

Als er unten anlangte, sah er Father Kerrigan im Regen stehen, eine lange Cheroot zwischen den Zähnen, den flachen Hut der Geistlichen auf dem Kopf.

»Ob es wohl erlaubt und angebracht ist, jetzt wieder raufzusteigen?« fragte er.

Drummond grinste und half ihm hinauf. »Wo haben Sie denn die Glimmstengel ergattert?«

»Da müssen Sie sich an Achmed wenden. Er hat noch einmal in den Vorräten herumgestöbert.«

Drummond watete durch den Schlamm zum letzten Lastwagen. Als er in die Fahrerkabine stieg, saß Achmed schon am Steuer, in Qualmwolken eingehüllt.

Der Afridi grinste und nahm einen Karton vom Armaturenbrett. »Cheroots, Sahib, sehr stark. Extra für die indischen Streitkräfte hergestellt.«

»So wie ich mich fühle, kann ich alles rauchen«, bemerkte Drummond.

Er zündete sich eine an und hustete fürchterlich, als ihm der Rauch beißend in die Kehle drang. Da wurde die Tür aufgemacht, und Sher Dil stand draußen.

»Das nächste Dorf heißt Hasa und ist etwa neunzig Meilen entfernt.«

»Bei diesem Wetter können wir es unmöglich noch vor Einbruch der Dunkelheit erreichen«, sagte Drummond.

Sher Dil nickte. »Ich bin schon zufrieden, wenn wir vierzig Meilen schaffen. Wir werden am Straßenrand halten und gleich bei Tagesanbruch weiterfahren.«

Er schlug die Tür wieder zu, und Achmed betätigte den Anlasser. Es dauerte eine Weile, bis der Motor ansprang. Immer wieder mußte Achmed den Choke betätigen. Der Lastwagen vor ihnen fuhr an. Achmed löste die Handbremse und folgte ihm.

Im Führerhaus war es warm. Es roch nach Öl und Benzin, und der Regen pladderte mit unverminderter Kraft gegen die Windschutzscheibe. Drummond fühlte sich wieder ebenso sicher und geborgen wie in der Hütte des Schäfers, nachdem sie fast im Fluß ertrunken wären.

Er lehnte sich zurück, legte die Maschinenpistole auf die Knie und wischte mit einem alten Lappen die Schmiere davon ab.

Sobald das Motorengeräusch der Lastwagen verklungen war, kletterten Piru und Jussuf im Regen wieder aus dem Flußbett und lauschten angestrengt.

Als schließlich kein Laut mehr zu hören war, nickte Piru tief befriedigt. »Endlich sind sie weg. Sher Dil war sehr wütend.«

»Macht nichts«, erwiderte Jussuf. »Seine Tage sind gezählt.« Er sah, wie sich der Rauch über dem größten Haus kräuselte. »Da brennt immer noch ein Feuer. Dort wollen wir die Nacht verbringen. Am Morgen wollen wir dann weiter.«

Sie gingen die Stufen zur Veranda hinauf, stießen die schwere Tür auf und betraten das Haus. Die Straße war wieder leer. Der Regen pladderte unaufhörlich auf den aufgeweichten Boden, der Nebel hüllte das stille Haus ein. Man konnte nicht einmal bis zum nächsten Haus sehen, so dicht war der Nebel. Die Nacht sank allmählich auf das kleine Dort hernieder.

Der Lastwagen schaukelte heftig und knarrte in allen Fugen, während er sich mühselig über die schlammige, mit Schlaglöchern übersäte Straße vorwärtskämpfte. Drummond beugte sich vor und starrte angestrengt in die vorbeiziehenden Nebelschwaden.

Plötzlich hielt der Lastwagen vor ihnen, und Achmed trat mit aller Gewalt auf die Bremse. Drummond öffnete mit der Maschinenpistole im Anschlag die Tür. Da erschien Sher Dil.

»Wir sind im Schlamm steckengeblieben«, erklärte er mit finsterer Miene. »Sie müssen uns helfen.«

Drummond und Achmed stiefelten hinter ihm her zu dem ersten Lastwagen. Eines der Räder saß in einem tiefen, mit Regenwasser gefüllten Schlagloch. Nadin und Hamid waren schon mit Spaten an der Arbeit.

Es bedeutete für alle zwanzig Minuten schwerer Arbeit, bis sie den Wagen wieder flott hatten. Als Drummond dann wieder ins Führerhaus stieg, war er bis an die Knie mit Schlamm besudelt, und sein nagelneuer Parka sah aus, als habe er mit ihm schon alle möglichen Fährnisse überstanden. Eine halbe Stunde später mußten sie schon wieder den Lastwagen freischaufeln.

Als Drummond danach wieder in die Fahrerkabine kletterte, war er so erschöpft, daß ihm schon alles egal war. Seine Füße waren völlig gefühllos, seine Hände rauh und rissig. Sie bluteten sogar; denn er hatte Steine und Felsbrocken herbeischleppen müssen, um die Schlaglöcher damit zu füllen.

Die Sicht war noch schlechter geworden. Es wurde immer dunkler, und er mußte sich sehr anstrengen, um überhaupt noch etwas erkennen zu können. Der Lastwagen an der Spitze hupte einmal kurz. Der Konvoi verlangsamte die Fahrt. Zur Linken bemerkte er Nadelbäume.

Achmed verließ die Straße und folgte dem kaum noch auszumachenden Schlußlicht des Lastwagens vor ihnen. Sobald die Motoren schwiegen, lastete die plötzliche Stille bedrückend auf ihnen.

10. Kapitel

Nachtwache

Sher Dil hatte sich für einen ebenen, steinigen Rastplatz entschieden. Nadelbäume ringsum schirmten sie einigermaßen von der Straße ab.

Als Drummond an den Wagen entlangschritt, stieß er hinter dem zweiten Laster auf Sher Dil, Hamid und Father Kerrigan. Sie unterhielten sich leise. Janet lehnte an der Ladeklappe.

»Bei diesem Nebel brauchen wir uns wegen der Verdunklung weiter keine Sorgen zu machen«, erklärte Sher Dil. »Wir werden hinten auf dem Versorgungslaster einen der Ölöfen aufstellen. Darauf kann Miß Tate vor dem Regen geschützt kochen. Die Flüchtlinge können es ebenso machen. Es ist genug Eßbares da.«

»Nach einer schönen warmen Mahlzeit wird sich die Stimmung sicher bessern«, meinte Father Kerrigan.

Drummond nickte. »Und was ist mit dem Jungen?«

»Dem geht es gut. Bisher habe ich ihm starke Beruhigungsmittel gegeben.«

»Und wo schlafen wir?« erkundigte sich Hamid.

»In den Lastwagen. Natürlich müssen wir eine Wache aufstellen. Immer zwei Wachtposten. Einer muß hier Wache halten, der andere an der Straße. Wenn wir gegessen haben, werde ich die Wachtmannschaften zusammenstellen.«

Sher Dil entfernte sich wieder. Father Kerrigan sah lächelnd zu Janet auf. »Reichen Sie mir doch bitte meine Tasche, meine Liebe. Ich werde einmal nach Brackenhurst sehen.«

»Ich begleite Sie«, sagte Hamid.

Sie gingen zusammen fort. Drummond rief Achmed und half Janet herunter. Der kleine Afridi kam angerannt. »Ja, Sahib?«

»Miß Tate wird hinten im Versorgungslaster für uns kochen. Sorgen Sie dafür, daß der Spirituskocher funktioniert, und öffnen Sie ein paar Dosen. Wenn Sie ihren Befehlen nicht unverzüglich Folge leisten, schneide ich Ihnen die Kehle durch.«

Achmed sah Janet grinsend an. »Der Sahib hat ein Herz aus Gold, Memsahib. So etwas Fürchterliches würde er nie tun. Kommen Sie nur mit. Ich werde mich um alles kümmern.«

Sie entfernten sich. Drummond ging Father Kerrigan und Hamid nach. Er fand sie bei den Flüchtlingen auf dem dritten Lastwagen. Eine Lampe, die eigentlich zur Inspektion des Motors diente, war so befestigt worden, daß sie das Wageninnere beleuchtete. Brackenhurst saß auf einer Munitionskiste. Mit entblößtem Oberkörper. Father Kerrigan wickelte vorsichtig den Verband von seinem linken Arm ab. Die Frauen und Kinder sahen ihm mit ernsten Mienen dabei zu.

Brackenhurst sah bleich und mitgenommen aus. Ab und zu warf er Hamid einen flüchtigen Blick zu. Dieser schien sich daran nicht zu stören. Schließlich hatte der Geistliche den Verband ganz entfernt. Er untersuchte den Arm und nickte.

»Nicht entfernt so schlimm, wie ich anfänglich dachte. In ein paar Tagen sind Sie wieder geheilt.«

»Es tut scheußlich weh« klagte Brackenhurst.

»Wirklich ein Jammer«, sagte Drummond und zog sich hoch, um über die Ladeklappe sehen zu können. »Habe ich nicht recht? Ist das nicht ein Jammer, Ali?«

»Zweifellos«, erwiderte Hamid seelenruhig. »Sie müssen sich unbedingt ausruhen, Tony. Schließlich möchten wir nicht, daß Ihnen etwas zustößt.«

Brackenhurst warf ihnen beiden einen haßerfüllten Blick zu. Drummond sprang wieder zu Boden und ging zum Vorratslaster zurück. Er roch das Essen schon von weitem. Sein Magen knurrte vernehmlich und erinnerte ihn daran, daß er schon seit geraumer Zeit nichts mehr gegessen hatte. Er stieg über die Ladeklappe ins Wageninnere. Janet und Achmed standen über den Kocher gebeugt. Sher Dil saß mit der Karte auf dem Schoß auf einer Kiste.

»Sie scheinen sich Sorgen zu machen.«

»Ich überlege gerade, wie wir morgen am besten vorgehen. Da nähern wir uns wieder dem Fluß. Wenn die Chinesen am anderen Ufer in ihren Truppentransportern schnell genug vorangekommen sind, kann es sein, daß es ein paar Patrouillen gelingt, überzusetzen. Dann geht es uns an den Kragen.

Wenn zum Beispiel die Brücke über Sokine Ravine gesprengt würde, müßten wir uns zu Fuß weiter durchschlagen.«

»Darüber können wir uns morgen immer noch Sorgen machen«, meinte Drummond. »Im Augenblick interessiert mich nur eins: das Essen.«

Achmed reichte Teller mit gekochtem Fleisch herum – eine Art Eintopf. Als sie gerade anfangen wollten zu essen, kam Father Kerrigan heraufgeklettert. Ihm folgte Hamid.

»Sorgen Sie doch bitte dafür, daß Mr. Brackenhurst auch etwas zu essen bekommt«, wandte sich Father Kerrigan an Achmed. Dann sah er Drummond stirnrunzelnd an. »Sind Sie eben nicht ein bißchen hart mit dem armen Kerl umgesprungen? In einer solchen Lage kann jeder mal die Nerven verlieren.«

»Brackenhurst hat wirklich Nerven . . .«, konstatierte Drummond.

Der Geistliche runzelte die Stirn und sah verständnislos von einem zum anderen. Er war sich darüber im klaren, daß etwas vorgefallen sein mußte, wovon er nichts wußte. Drummond sprang über die Ladefläche und ging zum Führerhaus vor. Dort saß er warm im Dunkeln und rauchte. Achmed brachte ihm einen Becher kochend heißen Tee. Nach einer Weile öffnete Sher Dil den Wagenschlag.

»Jetzt habe ich den Dienstplan aufgestellt. Ich möchte, daß Sie Amal um zehn Uhr oben an der Straße ablösen. Und von vier Uhr an halten Sie hier unten eine Stunde lang Wache. Um fünf müssen dann alle aufstehen. Wir haben einen anstrengenden Tag vor uns.«

Die Dunkelheit verschluckte ihn, und Drummond setzte die pelzgefütterte Kapuze seines Parkas auf. Er war also um zehn Uhr dran mit Wacheschieben. Da konnte er ja noch ein paar Stunden schlafen. Er kuschelte sich in die Ecke und schloß die Augen.

Er lief eine lange, dunkle Straße entlang. Weit vor ihm lief Janet. Sie rief ihm etwas zu. Er wußte, daß dicht hinter ihm etwas Schreckliches war. Er rannte schneller. Die Straße verwandelte sich in Morast, in welchem die Füße immer wieder bis an die Knöchel versanken. Es regnete stark. Nebelfetzen trieben vor seinen Augen vorbei und nahmen ihm die Sicht. Er konnte Janet nicht mehr erkennen, hörte nur noch ihre Stimme. Doch auch ihre Stimme wurde immer schwächer. Er hatte furchtbare Angst. Da griff das schreckliche Wesen hinter ihm zu. Namenloses Entsetzen packte ihn, als er sich an der Schulter gefaßt fühlte und heftig herumgerissen wurde . . .

Er kam ganz plötzlich wieder zu sich, als es noch stockfinster und eiskalt war. Jemand rüttelte ihn an der Schulter. Stöhnend setzte er sich auf. In der Dunkelheit hörte er Achmeds Stimme: »Ich glaube, Sie haben schlecht geträumt, Sahib.«

»Ist es schon soweit?«

»Ja, Sahib.«

Dummond atmete ein paarmal tief durch, um seine Fassung wiederzugewinnen, dann zog er seine Handschuhe an. Er nahm seine Maschinenpistole an sich, öffnete die Tür und sprang in den Schlamm hinunter.

Der Regen rauschte immer noch beständig in der Dunkelheit, und der Nebel hing immer noch über dem durchweichten Boden, als er die schützenden Bäume hinter sich ließ und zur Straße ging. Nach einer Weile blieb er stehen und rief leise: »Amal, wo stecken Sie?«

Der Bengale trat aus dem Dunkel auf ihn zu und flüsterte: »Drummond Sahib?«

»Na, wie steht's?«

»Ist nichts los. Nur Regen und noch mal Regen. Bald wird es schneien. Ich habe das um diese Jahreszeit schon öfter erlebt. Dieses Jahr bricht der Winter früh ein.«

»Wir wollen es nicht hoffen«, sagte Drummond. Der Mann aus Bengalen entschwand in die Nacht.

Drummond stieß auf einen entwurzelten Baum und setzte sich mit verschränkten Armen darauf. Die Maschinenpistole lag griffbereit auf seinen Knien. Doch die eisige Kälte drang rasch durch die Kleidung. Bald fror er bis ins Mark, fror so erbärmlich, daß er immer wieder aufstehen und sich Bewegung verschaffen mußte. Er stampfte mit den Füßen auf, um wieder warm zu werden. Schließlich schlug er alle Vorsicht in den Wind und zündete sich eine Cheroot an. Schmeckte fürchterlich, aber das glühende Ende war irgendwie tröstlich. Nachdem er zu Ende geraucht hatte, steckte er sich gleich noch eine an.

Das Geräusch drang erst ganz allmählich in sein Bewußtsein. Er richtete sich auf und lauschte angestrengt. Er hörte, wie vom Camp her jemand näherkam. In dem Matsch gab es bei jedem Schritt ein saugendes Geräusch. Dann war es einen Augenblick still – ganz so, als wisse derjenige, der da durch die Nacht schlich, nicht mehr weiter. Dann hörte Drummond die Schritte wieder. Vorsichtig und so leise wie möglich kam jemand immer näher.

Drummond drückte lautlos seine Cheroot aus und schlich auf Zehenspitzen davon. Doch dann fiel ihm etwas ein. Rasch entzündete er eine neue und legte sie brennend auf einen der Äste des umgestürzten Baumes. Dann machte er einen weiten Bogen, bis er sicher war, sich hinter dem Heranschleichenden zu befinden. Nun ging er wieder auf den Baum zu. Er erkannte schemenhaft die Gestalt eines Mannes und dahinter die immer schwächer glimmende Cheroot.

Als Drummond sah, wie sehr der Mann auf der Hut war und hörte, wie dieser sein Gewehr abnahm, während er wie gebannt auf die glimmende Cheroot starrte, stand sein Entschluß fest. Er machte einen Schritt nach vorn, tippte dem Mann auf die Schulter und versetzte ihm einen Schlag in die Magengrube, als dieser sich zu Tode erschrocken umdrehte.

Der Mann sank stöhnend zu Boden. Drummond entzündete ein Streichholz. Der Mann war Brackenhurst. Neben ihm lag eine der russischen Maschinenpistolen im Matsch. Die Flamme erlosch zischend, vom Regen in Sekundenschnelle erstickt.

Nach einer Weile setzte sich Brackenhurst stöhnend auf. »Was ist denn passiert?« fragte er mit zitternder Stimme. Ihm war offensichtlich übel.

»Sie sollten nicht so im Dunkeln herumschleichen«, meinte Drummond gleichmütig. »Da könnte man Sie leicht für den Feind halten.«

»Aber ich wollte doch nur mit Ihnen sprechen«, sagte Brackenhurst in klagendem Ton. »Und zwar mit Ihnen allein. Ich möchte eine Erklärung zu dem abgeben, was in Sadar vorgefallen ist. Als das Dach einstürzte, bin ich in Panik geraten. Da habe ich den Kopf verloren. Ich bin zu meinem

Landrover hinausgestürzt, und als mir niemand nachkam, dachte ich, es hätte Sie alle erwischt.«

Das war natürlich eine dreiste Lüge, aber Drummond ließ sich nichts anmerken. »Schon gut. So was kann vorkommen.«

Brackenhurst zögerte. Er schien etwas auf dem Herzen zu haben. »Haben Sie irgend jemandem davon erzählt?«

Drummond schüttelte den Kopf. »Niemand außer Hamid und mir weiß etwas davon. Und wir haben jetzt wirklich andere Sorgen.« Ruhig und unnachgiebig stand er da im Regen. »Legen Sie sich lieber wieder hin. Ruhen Sie sich aus, solange noch Gelegenheit dazu ist.« Er hob die Maschinenpistole auf und reichte sie Brackenhurst. »Die nehmen Sie wohl besser wieder mit.«

Brackenhurst stolperte ohne ein weiteres Wort davon, und Drummond ging zu seinem Baum zurück. Nach einer halben Stunde löste ihn Sher Dil ab. »Irgendwelche Vorkommnisse?«

Drummond schüttelte den Kopf. »Nein, hier ist alles ruhig«, erklärte er und trottete durch den Schlamm zum Camp zurück.

Er stieg über die Ladeklappe in den Lastwagen, legte sich hin und zog sich eine Decke über die Schultern. Er fror entsetzlich, seine Hände und Füße spürte er kaum noch, und doch fühlte er sich nicht einmal besonders elend. Das lag längst hinter ihm. Er war wie betäubt.

Als er erwachte, wußte er nicht sofort, wo er sich befand. Er gähnte und drehte sich auf die Seite. Janet hockte vor dem Spirituskocher und wartete darauf, daß das Wasser im Kessel kochte. Ihr Gesicht lag in dem schwachen Schein halb im Dunkeln.

»Wie spät ist es?« fragte er leise.

Sie sah auf ihre Uhr. »Kurz nach drei. Ich konnte nicht schlafen.«

Sie goß Tee in zwei Blechbecher und reichte ihm einen. Dann saßen sie schweigend nebeneinander und starrten in die Flammen. Schließlich fragte er ganz sanft: »Was ist denn, Janet? Hast du Angst?«

»Ja, ich fürchte mich«, gab sie zu. »Trotz Vietnam war ich

nicht auf so etwas vorbereitet. Glaubst du, es wird uns wirklich gelingen, über die Grenze zu kommen?«

Er war versucht, ihr diese tröstliche Zusicherung zu geben, doch als er ihr in das ernste, ruhige Gesicht sah, konnte er das einfach nicht mehr. »Ich weiß es nicht. Wie Sher Dil ganz richtig sagte, könnten uns die Chinesen schon überrundet haben, wenn sie am anderen Flußufer schnell genug vorangekommen sind. In Huma oder einem der anderen Dörfer am Fluß werden sie mit Sicherheit Boote finden. Dann könnten sie mit Leichtigkeit übersetzen und uns den Weg abschneiden.«

»Was ist denn mit dieser von Sher Dil erwähnten Brücke vor uns? Ob wir dort wohl Schwierigkeiten bekommen werden?«

»Schwierigkeiten kann es immer geben. Warum zerbrichst du dir jetzt schon den Kopf darüber? Das hat doch keinen Sinn.« Er lächelte. »Was hast du vor, wenn das hier überstanden ist?«

»Nun, vermutlich werde ich Kerim nach Chicago bringen. Das nehme ich mir ganz fest vor, wie es auch sonst weitergehen mag. Mir stehen sowieso noch drei Monate Urlaub zu.«

»Und was willst du dann tun?«

»Das weiß ich noch nicht. Wohin mich die Gesellschaft schickt, dahin werde ich gehen.«

»Glaubst du nicht, daß es an der Zeit ist, sich häuslich niederzulassen?«

»Soll das ein Antrag sein?«

Er schüttelte den Kopf. »Ich kann dir zwar Geld bieten, Janet, sogar mehr als genug. Aber was hätte ich dir sonst schon zu bieten? Ich bin vierzig Jahre alt, ein schwer angeschlagener, sehr gebeutelter ehemaliger Flieger der Marineluftwaffe, der zu viele heiße Länder und fremde Städte kennengelernt hat und der die Nase gestrichen voll davon hat, in Gegenden zu fliegen, wo niemand sonst hinfliegen will. Ich möchte mein müdes Haupt eine Weile irgendwohin legen und mich ausruhen. Ich glaube kaum, daß ich so ein guter Fang bin.«

»Eins steht fest«, erwiderte sie ruhig, »wenn wir es nicht miteinander versuchen, werden wir das bereuen, solange wir leben.«

Mit gesenktem Kopf saß er da, starrte in die Flamme des

Spirituskochers, ihre Hand in der seinen. Dann seufzte er und stand auf. »Ich werde ein bißchen an die Luft gehen und nachdenken.«

Janet rührte sich nicht. Nach einer Weile stieg Hamid über die Ladeklappe zu ihr herein. Er goß sich Tee ein und hockte sich ihr gegenüber an den Kocher.

»Ich muß Jack wecken. Um vier Uhr soll er mich ablösen.«

»Ist schon gut. Er ist hiergewesen. Er wollte nur ein bißchen an die Luft gehen.«

»Hat es Ärger gegeben?« erkundigte sich Hamid.

Sie zuckte die Achseln. »Gespräche, wie man sie halt um vier Uhr früh führt. Er hat gerade festgestellt, daß er zu alt für mich ist.«

Hamid nickte. »Er ist nur erschöpft und völlig übermüdet, das ist alles.« Er zögerte einen Augenblick, doch dann fuhr er entschlossen fort: »Jack hat keine Ahnung, daß ich das weiß, Janet – aber er hat zuletzt mindestens fünf Jahre lang für den britischen Geheimdienst gearbeitet und dabei hauptsächlich illegale Aufklärungsflüge in Länder unternommen, die uns nicht gerade freundlich gesinnt sind, um es einmal milde auszudrücken.«

Entsetzt fuhr sie auf. »Sind Sie ganz sicher?«

»Aber ja. Diese Information habe ich von Freunden beim indischen Geheimdienst. Dieser Nervenkrieg dauert also bei ihm schon ziemlich lange an. Denn so etwas ist eine fast unerträgliche Belastung für die Nerven, das können Sie mir glauben.«

»Das erklärt natürlich vieles.«

»Voriges Jahr ist er im Dschungel von Borneo abgestürzt und dabei schwer verwundet worden. Da hätten sie ihn fast erwischt. Die Indonesier sind heutzutage nicht gerade versessen auf die Engländer. Was ihm geblüht hätte, wenn sie seiner habhaft geworden wären, können Sie sich vielleicht ungefähr vorstellen.«

»Daher hat er wohl auch diese schreckliche Narbe im Gesicht.«

Hamid nickte und beugte sich näher zu ihr. Im schwachen Licht des Kochers erkannte sie, wie ernst sein Gesicht war. »Er ist ein guter Mensch, Janet, aber er hat die Nase voll. Sorgen

Sie dafür, daß er wieder ein Zuhause hat, wo auch immer das sein mag.«

Mit ihr war eine Veränderung vorgegangen. Sie war jetzt wieder ganz zuversichtlich. Lächelnd drückte sie ihm die Hand. »Das werde ich tun, Ali, ganz bestimmt.« Sie stand auf. »Nun muß ich mich um Kerim kümmern.«

Hamid goß sich noch etwas Tee ein. Trauer erfüllte ihn. Nach einer Weile kam Drummond über die Ladeklappe hereingeklettert und setzte sich neben ihn.

»Wo ist denn Janet?«

»Sie sieht gerade nach Kerim. Wer hält denn jetzt oben an der Straße Wache?«

»Ich glaube, Achmed.« Drummond zögerte und fuhr dann fort: »Als ich gestern abend dort Wache hielt, ist plötzlich Brackenhurst aufgetaucht.«

»Nanu, was wollte er denn?«

»Wenn ich das nur wüßte! Ich habe fast den Eindruck, als hätte er mit dem Gedanken gespielt, mich zu töten. Aber auf jeden Fall wollte er sichergehen, daß wir niemandem davon erzählt haben, was in Sadar vorgefallen ist.«

Er erzählte, wie sich alles abgespielt hatte. Als er fertig war, nickte Hamid mit gerunzelter Stirn. »Er konnte natürlich behaupten, daß er die Waffe nur sicherheitshalber mitgenommen hatte. Für alle Fälle. Aber er hätte sie nicht benutzen können. Viel zu laut. Im Dunkeln ist ein Messer die ideale Waffe, Jack.«

»Ich bin gar nicht davon überzeugt, daß er noch imstande ist, logisch zu denken«, meinte Drummond. »Er ist völlig verängstigt, und er hat wohl kaum je die Kaltblütigkeit besessen, die dazu gehört, mit einem Messer auf einen Menschen loszugehen.«

»Jedenfalls müssen wir ihn von nun an im Auge behalten.«

Hamid schauderte plötzlich. »Ich mag diese frühen Morgenstunden nicht, Jack. Da muß ich immer an andere Tage und andere Orte zurückdenken, wo viele gute Männer den Tod gefunden haben.« Er lachte ganz sonderbar. »Ich werde wohl langsam alt.«

»Das werden wir alle«, sagte Drummond.

Er erhob sich und ging zur Ladeklappe. Der Morgen begann

schon zu dämmern. Das erste graue Tageslicht durchdrang den Nebel. Der Regen strömte immer noch herab. Trübsinnig starrte er hinaus und fragte sich, was dieser Tag wohl bringen würde.

Piru hatte, in einen Schafspelz gewickelt, in der Hütte des Schäfers auf dem Boden vor dem Feuer geschlafen. Er erwachte jäh, als ihn jemand grob in die Seite trat. Erschrocken fuhr er hoch, wußte nicht gleich, daß er sich in Bandong befand und glaubte zu träumen, als er die fremden Gesichter auf sich herabstarren sah. Ungläubig starrte er wiederum auf die schimmernden Maschinengewehre und die roten Sterne an den Schirmmützen der Feinde.

Jussuf stieß einen lauten Schrei aus und rannte zur Tür. Jemand stellte ihm ein Bein. Jussuf stürzte zu Boden. Sein Schädel zersprang bei dem heftigen Schlag mit dem Gewehrkolben auf seinen Hinterkopf.

Piru wurde hochgezerrt. Er bibberte vor Angst. Eine schneidend scharfe Stimme übertönte all den Lärm. Die Verwirrung legte sich. Sofort herrschte Schweigen.

Oberst Cheung blieb in der Tür stehen. Er hatte den Pelzkragen seines Wintermantels hochgeschlagen. Er trug eine Pelzkappe und wirkte unendlich müde.

Es hatte länger als erwartet gedauert, bis sie den Fluß bei Kama überquert hatten. Die ansonsten so seichten Stellen waren infolge der heftigen Regenfälle viel tiefer gewesen. Einer der Truppentransporter war versackt und eingesunken. Sie hatten Stunden mit dem Versuch vertrödelt, ihn wieder freizubekommen. Die Dunkelheit war schon hereingebrochen, als er schließlich aufgegeben und beschlossen hatte, mit dem anderen Transporter und einem Dutzend Männer weiterzufahren.

Sie waren fast die ganze Nacht hindurch weitergefahren. Wegen des Unwetters und des schrecklichen Zustands der Straße hatten sie oft nur zehn Meilen in der Stunde zurücklegen können. Mehrmals hätten sie auch das zweite Fahrzeug um ein Haar eingebüßt, doch die Hoffnung, in Bandong auf Father Kerrigan und seine Gefährten zu stoßen, hatte ihn aufrecht gehalten. Ganz sicher würden sie dort Station machen. Sobald sie vor dem Dorf anlangten, hatte er den Feldwebel und zehn Mann zu Fuß losgeschickt. Er hatte ihnen einen Vorsprung von fünf Minuten gegeben und war dann mit dem Truppentransporter gefolgt.

»Was geht denn hier vor?« fragte er streng.

Der Feldwebel, ein kleiner Chinese aus Kanton mit harten Gesichtszügen namens Ng, stürzte auf ihn zu. »Das Dorf ist ganz verlassen, Herr Oberst, wir haben nur diese beiden Männer gefunden. Wahrscheinlich Deserteure.«

»Deserteure?« Cheung wurde blaß vor Erregung. Er stieß seine Männer beiseite und wandte sich an Piru. »Wer bist du?« fragte er in Urdu. »Einer von den Soldaten von Oberst Sher Dil? Bist du durch den Fluß geschwommen?«

»Nein, Sahib«, erwiderte Piru. »Ich war bei dem Nachschubkonvoi.«

»Der Konvoi ist hier durchgekommen?« fragte Cheung verwirrt. »Wo ist er denn geblieben?«

»Abgefahren, Sahib. Nach Indien. Mit Oberst Sher Dil und dem jungen Khan. Sie hoffen, die indische Grenze zu erreichen.«

»Sher Dil ist hiergewesen?« erkundigte sich Cheung erstaunt.

»O ja, Sahib.« In seinem Übereifer wurde Piru redselig. »Auch Major Hamid und Drummond Sahib. Sie sind alle bei Sadar durch den Fluß geschwommen und so ans diesseitige Ufer gelangt.«

»Wann sind sie von hier abgefahren?«

»Gestern – zwei Stunden vor Einbruch der Dunkelheit. Sie wollten irgendwo die Straße entlang haltmachen und die Nacht abwarten, um heute gleich bei Tagesanbruch weiterzufahren. Ich habe selbst gehört, wie der Oberst das sagte.«

Cheung lachte erregt und schlug sich mit dem ledernen Ausgehstöckchen in die behandschuhte Hand. »Rufen Sie sofort die Männer zusammen, Feldwebel. Es geht weiter.«

Als er sich zum Gehen wandte, fragte ihn Feldwebel Ng: »Was soll denn mit diesem Mann geschehen, Sir?« und wies auf Piru.

Cheung warf Piru einen Blick zu, aus dem fast so etwas wie Zuneigung, zumindest aber Anerkennung sprach. »Lassen

Sie ihn laufen, schließlich hat er uns gute Dienste geleistet.«

Er verließ das Haus. Piru, der dem Wortwechsel in chinesisch natürlich nicht hatte folgen können, sah Feldwebel Ng erwartungsvoll an.

›Was für ein merkwürdiger Mensch der Oberst doch ist‹, sagte sich der Feldwebel. ›Wilde Gerüchte kursieren über ihn, doch er ist ein guter Offizier.‹ Er nickte einem seiner Leute zu, der Piru ganz plötzlich packte und ihm die Hand auf den Mund preßte.

Piru sah das gezückte Messer auf sich zusausen. Die Kälte drang ihm durch die Rippen bis ans Herz. Alles wurde schwarz um ihn. Sie ließen ihn einfach am Feuer liegen. Gleich darauf setzte sich der Truppentransporter wieder in Bewegung. Die Panzerketten schleuderten den Matsch gegen die Hausmauern.

11. Kapitel

Die Brücke bei Sokim

»Ich sehe die Brücke!« rief Sher Dil. »Sie ist noch intakt.«

»Gott sei Dank!« Drummond griff nach dem Feldstecher, stellte ihn richtig ein und sah hindurch. »Scheint niemand da zu sein.«

»Und kein Hinterhalt, wo man sich verstecken könnte«, bemerkte Hamid. »Am besten fahren wir gleich hinüber, solange die Luft noch rein ist.«

Sie gingen zu ihren Lastwagen zurück. Drummond stapfte durch den Matsch, zog sich hinauf und setzte sich wieder neben Achmed. Er war froh, wieder drin zu sein.

Es hatte den ganzen Morgen pausenlos geregnet. Die Straße war ein einziger Morast, und sie hatten kaum mehr als fünfzehn Meilen pro Stunde zurücklegen können.

Sie fuhren über die Hügelkuppe. Danach fiel die Straße nach der großen Schlucht hin steil ab, die sich durch die Berge zog. Achmed fuhr im ersten Gang vorsichtig hinter Sher Dil her.

Die Brücke war schmal und zerbrechlich. Entgegenkommende Fahrzeuge konnten auf ihr nicht aneinander vorbei. Je mehr sie sich der Brücke näherten, desto ebener wurde die Straße. Die Lastwagen vor ihnen verlangsamten die Fahrt und hielten schließlich an. Auch Achmed trat auf die Bremse.

»Ich werde mal nachsehen, was da los ist«, sagte Drummond und sprang aus dem Lastwagen.

Sher Dil beugte sich über das Brückengeländer und untersuchte die rostigen Stahlträger. Dann wandte er sich an Drummond.

»Der Traum eines Sprengmeisters. Die Chinesen würden sehr lange brauchen, um eine neue Brücke zu bauen.«

»Haben Sie vor, die Brücke selbst in die Luft zu sprengen?«

»Ja, warum nicht? Das dauert nicht lange. Natürlich müssen wir erst hinüber.«

Als Drummond zu dem Lastwagen zurückging, beugte sich Hamid aus dem Führerhaus des Versorgungslasters. »Was führt er denn im Schilde?«

»Er will die Brücke hochgehen lassen. Was hältst du davon?«

»Ich halte das für eine glänzende Idee. Dadurch wäre die Straße monatelang blockiert.«

»Andererseits lenken wir dadurch aber auch die Aufmerksamkeit auf uns.«

»Was macht das schon? Wer vor uns ist, dem laufen wir sowieso früher oder später in die Arme – ganz gleich, ob wir nun die Brücke in die Luft jagen oder nicht.«

Drummond ging zu dem ihm zugeteilten Laster zurück und stieg wieder zu Achmed ins Führerhaus. Sie fuhren vorsichtig über die Brücke und am anderen Ufer langsam den Hügel hinauf. Sobald sie über die Hügelkuppe waren, sahen sie, daß Sher Dil ein Stück weiter hielt. Sie folgten seinem Beispiel. Amal und Brackenhurst hielten hinter ihnen.

Völlig verschreckt und mit angespanntem Gesicht trat Brackenhurst zu ihnen. »Warum halten wir denn hier?«

»Ich habe beschlossen, die Brücke in die Luft zu sprengen, bevor wir weiterfahren«, erklärte Sher Dil, der sich auch zu ihnen gesellt hatte.

Auch Father Kerrigan war zu ihnen getreten. Janet blieb im Führerhaus sitzen. Sie hatte den Arm um den kleinen Kerim gelegt, der neben ihr saß.

»Aber um Himmels willen!« fuhr Brackenhurst auf. »Haben wir denn noch nicht genug Zeit verloren?«

»Die Chinesen werden noch viel mehr Zeit verlieren, wenn wir die Brücke sprengen«, erklärte Sher Dil geduldig. »Wir nehmen den Sprengstoff aus meinem Lastwagen – die Granaten und Sprengsätze. Sie können mir alle dabei helfen. Zuerst müssen wir das Zeug schnell abladen.« Er wandte sich an Father Kerrigan. »Sie bleiben bei Miß Tate und dem jungen Khan. Es wird nicht lange dauern.«

Er setzte sich selbst ans Steuer, wendete und fuhr den Hügel wieder hinab. Als sie die Brücke erreicht hatten, wendete er wieder und fuhr dann rückwärts bis zur Mitte. Drummond und Hamid stiegen über die Ladeklappe hinten hinein und reichten den anderen die Kisten und Schachteln hinab. Sie arbeiteten schnell. Immer wenn Drummond Brackenhurst eine Schachtel hinunterreichte, fiel ihm auf, wie dieser schwitzte.

»So, das wär's«, sagte Sher Dil schließlich und begutachtete die Kisten, die sich auf der Brücke stapelten. »Wenn das alles detoniert, hört man es bis Sadar.«

»Und was nun?« fragte Hamid.

»Ich werde die Zünder selbst anbringen und die Zündschnur verlegen. Unteroffizier Nadin und Amal können bleiben und mir dabei helfen. Die anderen gehen besser wieder den Hügel hinauf. Aber Sie müssen laufen. Den Lastwagen brauchen wir, um schnell genug wegzukommen, wenn alles in die Luft fliegt.«

Brackenhurst ließ sich das nicht zweimal sagen und rannte gleich über die Brücke davon. Nadin rührte sich nicht von der Stelle. Mit angstverzerrtem Gesicht sah er Sher Dil an. Dieser warf ihm eine Rolle Zündschnur zu, die der Inder vor Aufregung fast fallen ließ.

»Reißen Sie sich doch zusammen!« fuhr Sher Dil ihn an. »Je eher wir hier fertig sind, desto eher können wir weiter.«

Oben auf dem Hügel angekommen, wandte sich Drummond um und sah hinunter. Die Brücke und der Lastwagen sahen aus dieser Entfernung so winzig wie Spielzeug aus. Alles schien so unwirklich, daß Drummond zu träumen glaubte.

Hamid kam mit Sher Dils Feldstecher den Hügel hinauf. Er setzte sich auf einen Baumstumpf, stellte den Feldstecher scharf ein und suchte, bis er die Brücke und den Lastwagen vor Augen hatte.

»Wie steht's da unten?« fragte Drummond.

»Er bringt die Sprengsätze an. Nadin macht einen völlig verängstigten Eindruck. Und Amal erscheint mir auch nicht besonders mutig.«

»Sie haben beide eine Todesangst. Wahrscheinlich hat Sher Dil sie gerade deshalb dabehalten.«

Unten auf der Brücke arbeiteten sie rasch. Nadin lief mit der Zündschnur ans andere Ende. Dann rannte er zu dem Oberst zurück, blieb schweratmend vor ihm stehen und zeigte aufgeregt mit der Hand. Sein spitzer Schrei war trotz des Regens deutlich zu hören.

Als oben auf der Hügelkuppe am anderen Flußufer ein chinesischer Truppentransporter erschien, richtete Hamid rasch den Feldstecher darauf. Er konnte den neben dem Fahrer stehenden Offizier deutlich erkennen.

»Es ist Cheung!« rief er.

Als der Truppentransporter den Hügel hinabfuhr und sich der Brücke näherte, sagte Drummond: »Jetzt haben sie keine Zeit mehr, die Brücke in die Luft zu sprengen. Wir fahren besser weiter.«

»Aber mit dem Truppentransporter hätten sie uns in fünf Minuten eingeholt«, sagte Hamid ganz ruhig. »Das weiß Sher Dil auch. Deshalb wird er die Brücke noch sprengen. Er wird es für den jungen Khan tun.«

Drummond wandte sich um. Unten auf der Brücke würde sich ein Drama abspielen, wenn Hamid recht behielt. Als Sher Dil sich wieder an der Sprengladung zu schaffen machte, wußte Drummond, daß Hamid sich nicht getäuscht hatte. Sher Dil würde die Brücke in die Luft jagen – auch auf die Gefahr hin, selbst mit hochzugehen.

Amal war vor Schreck wie gelähmt, doch Nadin stürzte sich wie ein Wahnsinniger auf ihn und packte ihn an den Schultern, um ihn zurückzuhalten. Sher Dil streckte ihn mit einem Fausthieb nieder und wandte sich wieder dem Sprengstoff zu. Irgendwie gelang es Nadin, auf die Beine zu kommen. Er riß den Spaten aus der Halterung an der Tür des Lastwagens und schlug ihn Sher Dil mit aller Kraft über den Schädel.

Dann rannte er los, sprang in das Führerhaus, und der Laster fuhr an. Der Motor stotterte und war bald wieder abgewürgt. Da kam wieder Leben in Amal. Er nahm die Gelegenheit wahr und kletterte hastig über die Ladeklappe. Sher Dil konnte ihn gerade noch an den Beinen packen. Er mußte jedoch loslassen, um eine Granate aus der Tasche ziehen zu können. Er zündete die Granate und warf sie mit letzter Kraft auf die Kisten mit dem Sprengstoff.

In dem Moment machte der Lastwagen einen Satz. Er kam jedoch kaum zehn Meter weit, da flog die Brücke in die Luft. Rauchwolken stiegen auf. Ein Steinhagel erfüllte die Luft. Die Brücke erbebte, eine Explosion folgte auf die andere. Die Brücke sank völlig in sich zusammen. Auch der Lastwagen geriet in diesen Sog und wurde mit in die Tiefe gerissen.

Der Truppentransporter bremste kurz vor der Brücke so

scharf, daß er sich fast um sich selber drehte. Die Brücke wurde blindlings unter Maschinengewehrfeuer genommen. Am jenseitigen Ufer wirbelten die Geschosse Erde und Steine auf und schlugen dicht neben den Lastern auf der Hügelkuppe ein.

Schon saß Brackenhurst am Steuer von Amals Lastwagen und raste wie ein Wahnsinniger die Straße hinunter. Die Frauen und Kinder hinten auf der Ladefläche schrien entsetzt.

Zum Reden war keine Zeit. Father Kerrigan stieg ein, Hamid folgte seinem Beispiel und fuhr eilends davon. Drummond und Achmed fuhren mit dem Versorgungslaster hinter ihnen her. Ihr Herz setzte einen Schlag aus, als Kugeln die Plane durchschlugen, doch dann waren sie über die Hügelkuppe und vorerst in Sicherheit.

Zehn Minuten später hupte Hamid. Brackenhurst verlangsamte die Fahrt und hielt schließlich am Straßenrand. Achmed und Drummond parkten ihren Laster vor dem seinen.

Drummond sprang heraus und trat zu dem Pathanen. Brackenhurst kam mit schreckgeweiteten Augen auf sie zugestürzt. »Um Himmels willen, was sollen wir jetzt bloß tun?«

Hamid ignorierte ihn völlig und hielt Drummond Sher Dils Karte hin. »Glücklicherweise hat er die Karte dagelassen.« Sie beugten sich darüber. »Habe ich mir's doch gedacht«, sagte Hamid, »fünfzehn Meilen von hier ist ein Dorf, und fünfzig Meilen dahinter liegt die Grenze.«

»Eins steht fest«, meinte Drummond. »Jetzt holt Cheung uns bestimmt nicht mehr ein.«

Hamid war der gleichen Ansicht. »Wenn wir im nächsten Dorf nicht aufgehalten werden, müßten wir eigentlich unbeschadet bis zur Grenze kommen.«

»Sollen wir nicht einen oder zwei Lastwagen in den Graben fahren?«

Hamid schüttelte den Kopf. »Nein, auf keinen Fall! Wenn dann irgendwas mit dem Lastwagen ist, in dem wir fahren, sind wir geliefert. Ich bin auch noch aus einem anderen Grund dagegen. Mit drei Lastwagen machen wir mehr Eindruck als mit einem. Dadurch hält man uns für stärker als wir sind. Und das kann bestimmt nicht schaden, wenn wir zum Beispiel auf kleinere Patrouillen stoßen.«

»Und was ist mit den Frauen?« fragte Brackenhurst. »Glauben Sie nicht, es ist langsam an der Zeit, daß wir sie absetzen?«

»Damit sie den Chinesen in die Hände fallen? Was für eine blödsinnige Idee! Das hätte ich nicht einmal Ihnen zugetraut. Gehen Sie zu Ihrem Lastwagen zurück. Sie fahren an dritter Stelle.«

Verachtung sprach aus Hamids Haltung und Stimme. Brackenhurst wandte sich ab und schlich davon wie ein geprügelter Hund.

»Um Himmels willen, Herr Major«, mischte sich jetzt Father Kerrigan ein und beugte sich aus dem Fenster von Hamids Laster, »sehen Sie denn nicht, daß der Mann am Ende seiner Kraft ist?«

»Allerdings. Und deshalb muß man ihm sagen, was er zu tun hat. Ich fürchte, eine andere Möglichkeit gibt es nicht.« Hamid wandte sich an Drummond. »Du fährst am besten mit Achmed im Versorgungslaster an der Spitze. Ich folge euch. Im Falle einer Gefahr blockiert ihr die Straße mit eurem Laster. Dann können die anderen beiden Wagen wenden. Wenn ihr dann schnell genug rennt, könnt ihr aufspringen.«

»Wir wollen es hoffen«, meinte Drummond lakonisch.

Er trat an Hamids Laster und winkte Janet zu. Sie winkte zurück, der Junge ebenfalls. Eigentlich das erste Lebenszeichen von ihm.

Er kletterte neben Achmed ins Führerhaus. Sie fuhren ab. Der Nebel hatte sich gelichtet. Das war nicht gerade günstig. Der Regen prasselte mit unverminderter Kraft hernieder. Es war eiskalt, und er hatte einen bitteren Geschmack im Mund. Er fuhr sich mit der Hand über die Bartstoppeln. Dann lehnte er sich zurück, die Maschinenpistole auf dem Schoß, und sah auf die Straße hinaus.

Als sie kaum zwanzig Minuten gefahren waren, hupte Hamid mehrmals hintereinander. Achmed fuhr an den Straßenrand, als Hamid vor ihnen hielt.

Hamid sprang aus dem Laster und trat zu ihnen. »Ich glaube, Brackenhurst ist nicht mehr hinter uns.«

»Was hat der blöde Kerl wohl jetzt wieder vor?« sagte Drummond wütend.

»Von mir aus kann er verrecken, aber ich mache mir Sorgen um die Frauen und Kinder.«

Drummond nickte. »Wartet ihr hier. Wir fahren im Versorgungslaster zurück. Es kann ja immerhin sein, daß er eine Panne hat. Ich staune sowieso, daß diese alten Vehikel nicht schon längst den Geist aufgegeben haben.«

Achmed wendete und fuhr den Weg zurück, den sie gekommen waren. Nach fünf Minuten erreichten sie den dritten Laster. Er stand am Straßenrand, Brackenhurst und die Frauen daneben.

Sie fuhren an dem Laster vorbei, wendeten und hielten ein paar Meter dahinter. Drummond sprang aus dem Führerhaus und trat zu der kleinen Gruppe. Brackenhurst lächelte nervös und schien ungeheuer erleichtert.

»Ein Glück, daß Sie gekommen sind. Ich habe es ja gewußt.«

»Was ist denn los?« erkundigte sich Drummond.

»Wir müssen die Frauen jetzt hierlassen«, erklärte Brackenhurst.

»Guck dir den Laster doch mal von unten an, Achmed«, sagte Drummond und stieg ins Führerhaus von Brackenhursts Lastwagen.

Er trat mehrmals auf das Bremspedal. Nichts tat sich. Da rief ihm Achmed etwas zu. Er sprang heraus, drängte sich durch die Frauen, die schweigend und dicht aneinandergedrängt dastanden, und kroch ebenfalls unter den Lastwagen.

»Sehen Sie, Sahib«, sagte Achmed grimmig. »Die Bremse kann gar nicht funktionieren. Das Bremskabel ist mit voller Absicht unterbrochen und zerstört worden.«

Als Drummond den Schaden gerade untersuchen wollte, hörte er, wie der Motor des Versorgungslasters ansprang. Wie gehetzt krabbelte er unter dem Laster hervor, doch zu spät. Als er die Frauen beiseiteschob, gab Brackenhurst Gas. Das Motorengeräusch des sich rasch entfernenden Lasters wurde immer leiser, dann war alles ruhig.

Achmed trat neben Drummond. »Dieser Mr. Brackenhurst, in der Hölle soll er braten, oder es gibt keine Gerechtigkeit! Was sollen wir jetzt tun, Sahib?«

»Ihm nachfahren, was sonst?«

»Aber die Bremse funktioniert doch nicht, Sahib.«

»Ich werde das Steuer übernehmen. Ich fahre nicht zum erstenmal mit defekter Bremse.«

In diesem Augenblick fing ein kleines Kind an zu weinen. Erschöpft wandte er sich den Frauen zu. Die Mutter beruhigte das Kind, und das kleine Grüppchen stand wieder schweigend da und wartete geduldig.

»Steigt ein!« befahl er den Frauen. »Na los schon, beeilt euch!«

Niemand konnte wissen, was Brackenhurst tun würde, wenn er bei Hamid und den anderen anlangte. Wahrscheinlich würde er einfach weiterfahren. Und wie Hamid darauf reagieren würde, war auch die Frage. Sie mußten Brackenhurst vorher noch einholen oder zumindest gleichzeitig mit ihm bei Hamid anlangen. Sie konnten die Munition abladen und die Frauen umladen. Wenn er vorsichtig fuhr und die Gänge richtig benutzte, würde er schon ohne die Fußbremse auskommen.

Er setzte sich ans Steuer, löste die Handbremse und fuhr langsam an. Nach einer Weile fühlte er sich sicherer. Er schaltete in den höchsten Gang und fuhr schneller. Nach fünf Minuten kam er an die Stelle, an der er und Hamid zuvor gehalten hatten. Doch außer den Reifenspuren am Straßenrand und einem großen Ölfleck war nichts mehr zu sehen.

Das gefiel ihm gar nicht. Grimmig fuhr er weiter. Der Regen war inzwischen in Hagel übergegangen. Die Hagelkörner klebten auf der Windschutzscheibe und nahmen ihm die Sicht. Die Scheibenwischer kamen kaum dagegen an. Als er eine halbe Stunde gefahren war, ging die Straße bergab.

Er schaltete herunter und fuhr vorsichtiger. Das Tal wurde breiter, bis es sich etwa eine halbe Meile weit im Regen erstreckte. Zur Linken erhoben sich Berge, die bei diesem Hagelschlag nur schwach auszumachen waren.

Die Straße fiel jetzt noch steiler ab. Er beugte sich weit vor und starrte mit zusammengekniffenen Augen durch die fast völlig zugewehte Windschutzscheibe. Da erblickte er eine schmale, kleine Brücke.

Er schaltete in den niedrigsten Gang und kroch geradezu den Hügel hinab. Die Brücke bestand nur aus Holzbohlen und führte über eine tiefe Schlucht. Immer noch keine Spur von den beiden Lastwagen. Vorsichtig fuhr er über die Brücke.

Dahinter stieg die Straße steil an, führte dicht unterhalb des Berges vorbei. Der Berg schien sich drohend über sie zu wölben. Drummond kam ins Schwitzen. Der Lastwagen arbeitete sich beständig durch Schlamm und Schneematsch bergauf. Drummond hielt das Lenkrad fest umklammert und blickte mit eiserner Konzentration auf die Straße vor sich. Er fuhr um eine Kurve und war auf der Hügelkuppe angelangt. Dahinter fiel die Straße steil ins Tal ab. Er beugte sich rasch aus dem Fenster und blickte ins Tal. Die Straße war ganz schmal. Es gab keine Leitplanken. Die Straße war vom Regen aufgeweicht, der Rand nicht befestigt. Er begann bereits abzubröckeln. Er durfte nicht zu nah an den Rand kommen, oder sie würden den Steilhang von mindestens achtzig Metern hinunterkugeln.

Langsam fuhr er bergab. Die Straße war so glatt, daß der Laster gelegentlich ins Rutschen geriet, schwankte und schaukelte und gefährlich zur Seite rollte. Drummond zitterte. Achmed saß schweißgebadet neben ihm. Als er gerade eine Kurve nehmen wollte, kam der Laster wieder gefährlich nah an den Straßenrand, die Räder drehten durch, und der Laster rutschte etwa fünfzehn Meter weit, ohne daß Drummond etwas dagegen hätte tun können. Er kam ins Schleudern, fing den Wagen aber irgendwie wieder ab, und wie durch ein Wunder passierte ihnen nichts.

Sein Hemd war schweißnaß. Schweißperlen liefen ihm von der Stirn in die Augen. Schwer atmend fuhr er weiter. Vom Wind getriebene Hagelkörner prasselten gegen die Windschutzscheibe.

Die Straße führte um einen großen, dunklen Felsblock herum. Er folgte ihr und hielt sich dabei dicht an dem Felsen. Als er um die Kurve war, sah er zu seinem Schrecken, daß die Straße überflutet war. Von oben ergoß sich ein schlammig brauner Sturzbach mit aufschäumendem Gischt über die Straße, spritzte hoch auf und lief dann in Kaskaden den Steilhang hinunter.

Todesmutig wollte er hindurchfahren, doch die Vorderräder sanken ein, die Straße gab unter dem Gewicht des Lasters nach, von den herabstürzenden Wassermassen ausgehöhlt. Der Lastwagen wurde auf den Steilhang zugespült.

»Spring raus!« schrie Drummond Achmed zu.

Er riß die Tür auf und stürzte sich kopfüber hinaus, landete auf Händen und Knien, glitt in dem zähflüssigen Schlamm aus und mußte tatenlos mit ansehen, wie der Laster an ihm vorbeirutschte und abstürzte.

Eine Sekunde hing er noch über dem Abgrund. Achmeds Tür klemmte, er bekam sie nicht mehr rechtzeitig auf. Dann fiel der Lastwagen wie ein Stein in die Tiefe. Das Wehgeschrei der armen, darin eingesperrten Menschen klang ihm noch lange in den Ohren. Dreimal schlug der Laster auf seinem steilen Weg ins Tal noch auf. Metall schürfte über Felsen. Nach dem dritten Mal war alles still, dann kam es zu einer fürchterlichen Explosion.

Drummond kroch zitternd an den Rand der Straße und blickte hinab. Grelle Flammen loderten empor. Dieser Anblick war ihm so unerträglich, daß er sich wie in Krämpfen wand und fürchterlich erbrach.

Eine Weile blieb er an einen Felsen gelehnt sitzen, dann kroch er über die Stelle hinweg, wo der Regen und der Sturzbach von oben die Straße ausgehöhlt hatten und ging wie betäubt im Regen bergab.

Etwa eine halbe Meile weit fiel die Straße steil zum Tal hin ab. Als sich der Nebel einen Augenblick lichtete, sah er, wie sich der Fluß unten durch das Tal wand. Der Regen erschien ihm immer eisiger, und dann brach die Dunkelheit herein.

Es gab nur einen Weg. Wohin ihn der führen würde, stand in den Sternen. Er war nicht einmal mehr bewaffnet. Seine Maschinenpistole war mit dem Lastwagen ins Tal gestürzt.

Etwas streifte sein Gesicht. Er hob seine behandschuhte Hand an die Augen und sah, daß Schneeflocken auf dem Handschuh schmolzen. Er blickte auf und sah sich um. Der Regen war in Schneeregen übergegangen.

Weiter die Straße entlang hörte er Schüsse. Erschöpft blieb er stehen. Bald sah er wie ein Schneemann aus. Wer war das? Hamid oder Brackenhurst? Er konnte es nicht wissen und ging weiter.

Es wurde rasch dunkel. Aus dem Regen war jetzt endgültig

Schnee geworden, der in dichten Flocken fiel und die schlammige Straße weiß überpuderte. Wieder hörte er Schüsse aus Handfeuerwaffen, jetzt schon viel näher.

Er befand sich in einer verzweifelten Lage. Wenn er auf der Straße blieb, würde er, nach den Schüssen zu urteilen, früher oder später in sein Unglück rennen. Ohne ein Dach über dem Kopf würde er jedoch in einer so kalten Nacht unweigerlich erfrieren.

Inzwischen hatte er schon fast den Talgrund erreicht. Rechts und links der Straße wuchsen Bäume. Im Schutz dieser Bäume ging er vor Müdigkeit schwankend weiter, immer parallel zur Straße. Es war so kalt, daß er die behandschuhten Hände in den Achselhöhlen vergrub.

Ein Stückchen weiter die Straße entlang hörte er das Getrappel von Pferdehufen. Ein Pferd schnaubte leise. Drummond trat rasch hinter einen Baum und wartete.

Durch den Schnee gedämpftes Pferdegetrappel. Ein halbes Dutzend Reiter kam vorbeigaloppiert. Die Männer trugen grobe Lammfellmäntel, wie sie für die Menschen in den Bergen typisch waren, doch die roten Sterne auf den Schirmmützen und die über die Schulter gehängten Maschinengewehre verrieten ihm, mit wem er es zu tun hatte.

»Was soll ich jetzt bloß machen?« flüsterte er vor sich hin, sobald das Hufgetrappel verklungen war.

Dicht neben ihm kicherte jemand, dann hörte er Ali Hamids Stimme: »Das habe ich mich auch schon gefragt.«

12. Kapitel

Die lange Nacht

»Als ich dich kommen hörte, dachte ich zunächst, wir wären in Schwierigkeiten. Ich war drauf und dran, sehr ungnädig zu werden.« Hamid lächelte, seine Zähne leuchteten. »Ein Glück, daß diese Soldaten vorbeigeritten sind. Als du daraufhin in Deckung gingst, wußte ich, daß du auf unserer Seite bist.«

Drummond konnte Hamids Gesicht im Dunkeln nicht erkennen. Er war so erleichtert, seine Stimme zu hören, daß er die Hand ausstreckte, um ihn zu berühren. »Ali, du alter Schurke, bist du es wirklich? Was ist denn geschehen?«

»Das wollte ich dich auch gerade fragen. Wir haben auf dich gewartet, damit du uns sagst, was mit Brackenhurst los ist. Da bist du an uns vorbeigebraust, als sei die halbe chinesische Armee hinter dir her.«

»Das war ich gar nicht, das war Brackenhurst«, erklärte Drummond und berichtete rasch von den Geschehnissen. Auch den Verlust des Lastwagens verschwieg er nicht.

Sie schwiegen beide, als er geendet hatte. Dann sagte Hamid leise: »Vor uns war schweres Artilleriefeuer. Ich glaube, er hat seine Sünden schon abgebüßt, Jack.«

»Ausgeschlossen«, widersprach Drummond. »Seine Sünden wiegen zu schwer.«

»Nun ja«, meinte Hamid nachdenklich, »aber ich fürchte, er hat gar nicht mehr gewußt, was er tat, seit wir Sadar verlassen haben. Man kann ihn deshalb auch nicht für sein Tun verantwortlich machen.«

»Wo ist denn der Lastwagen?«

»Den haben wir ungefähr fünfzig Meter von der Straße im Wald versteckt. Ich habe beschlossen, von der Straße abzubiegen, als wir die Schüsse hörten. Es war ja klar, daß wir so nicht weiterkommen würden. ich bin dann zurückgegangen, um mich davon zu überzeugen, daß unsere Spuren zugeschneit sind.«

»Nach den Soldaten zu urteilen, haben die Chinesen das

nächste Dorf offensichtlich schon überrannt. Was machen wir jetzt?«

»Keine Ahnung. Aber laß uns das besprechen, wo wir es etwas bequemer haben. Und wo wir wenigstens bis morgen früh sicher sind.«

Drummond stolperte in der Dunkelheit hinter ihm her, bis er die Umrisse des Lastwagens erkannte. »Er ist zwar nicht gerade das Savoy«, meinte Hamid, »aber in einer solchen Nacht immer noch besser als eine Schneewehe. Vorsicht, hier liegen überall Kisten und Kästen herum. Ich habe die halbe Wagenladung rausgeschmissen.«

Die Plane des Lastwagens wurde etwas beiseitegeschoben, ein Lichtschimmer war zu sehen, und Father Kerrigan fragte flüsternd: »Major Hamid, sind Sie es?«

»Ja, mit einem Gast«, erwiderte dieser ebenso leise. »Dem heimgekehrten Wanderer.«

Drummond kletterte hinter ihm her über die Ladeklappe. Er ließ die Plane wieder zurückgleiten, damit kein Lichtschein nach draußen drang. Dann wandte er sich um. Hamid hatte wirklich gründlich ausgemistet. Die restlichen Kisten hatte er so aufeinandergestapelt, daß ein kleiner Alkoven entstand. In der Mitte stand ein wärmender Ölofen auf einer Kiste sowie ein trübe brennendes Licht.

Father Kerrigan murmelte etwas und legte ihm die Hand auf die Schulter, aber Drummond hatte nur Augen für Janet, die hinter dem Kocher neben dem jungen Khan hockte.

»Jack«, flüsterte sie. »Jack.«

Er trat zu ihr, sank auf die Knie und ergriff ihre Hand. Die Stimme versagte ihm, er konnte ihr nicht mit Worten zu verstehen geben, was ihn bewegte. Daher zog er nur kurz ihre Hand an die Lippen.

»Was ist denn geschehen?«

Wieder berichtete er kurz, was ihm widerfahren war. Als er aufblickte, hatte sie Tränen in den Augen. »Diese armen, armen Frauen und Kinder – und Achmed.«

»Ich konnte nichts tun«, versicherte ihr Drummond. »Wirklich gar nichts.«

»Ich hätte auch nicht gedacht, daß wir heil von diesem Berg runterkommen«, seufzte Hamid.

Alle schwiegen bedrückt. Schließlich nahm sich Janet wieder an die Kandare und setzte den Kessel aufs Feuer. Father Kerrigan sprach aus, was alle dachten: »Die Schüsse, die wir gehört haben, müssen also Brackenhurst gegolten haben, nicht wahr?«

Hamid nickte. »Ein Stück weiter die Straße rauf habe ich Chinesen zu Pferde gesehen. Das bedeutet, daß sie das nächste Dorf bereits eingenommen haben.«

»Sind wir denn hier auch wirklich sicher?«

»Heute nacht schon.«

»Und was soll morgen werden?«

Hamid zuckte traurig die Achseln. »Ich habe nicht die leiseste Ahnung. Selbst wenn es uns gelänge, den Lastwagen hier wieder rauszukriegen, was ich bezweifle, könnten wir ja nirgendwo hinfahren. Auf keinen Fall würden wir unbehelligt durch das Dorf kommen, und zurück können wir auch nicht, weil wir dann den Verfolgern in die Hände fallen würden.« Er wärmte sich die Hände an der kleinen Flamme. »Aber wir haben ein Dach über dem Kopf, haben es warm und brauchen auch nicht zu hungern. Unter den gegebenen Umständen ist das allerhand.«

»Bohnen haben wir«, fügte Janet hinzu. »Nichts als Bohnen. Und natürlich Tee.«

»Jedenfalls werden wir nicht verhungern«, meinte Hamid zuversichtlich.

Sie füllte zwei Blechtassen mit Tee und reichte sie Hamid und Drummond. »Mehr haben wir nicht. Das muß für alle reichen.«

Drummond zog die Handschuhe aus und legte seine halb erfrorenen, klammen Hände um die Tasse, um sie zu erwärmen. Kerim saß in Decken eingewickelt da und sah ihm mit ernster Miene zu.

Dann lächelte er und entblößte dabei seine gleichmäßigen weißen Zähne. Drummond erwiderte sein Lächeln. »Langsam kommt wieder Leben in ihn«, meinte er.

Father Kerrigan nickte. »Der natürliche Schwung und die Widerstandskraft der Jugend, die lassen sich nicht verleugnen«, meinte er.

Drummond saß zusammengekauert da, starrte in die Flamme und dachte an alles mögliche. An die brennende Stadt, den beschwörenden Blick des alten Khan, als er ihm dieses letzte Versprechen abnahm, an Cheungs schönes, ebenmäßiges Gesicht. Komisch, welchen Gang die Dinge manchmal nahmen. Dabei waren sie doch wirklich gute Freunde gewesen. Und wie sollte es jetzt weitergehen?

Er reichte Janet den Becher. »Wo ist die Karte?« fragte er.

Hamid zog sie aus der Tasche seines Parkas. »Hast du vielleicht eine Idee?«

»Noch nicht. Wie weit ist es bis zum Dorf?«

»Hier ist das Dorf.« Hamid zeigte es ihm auf der Karte, die sie auf dem Boden ausgebreitet hatten. »Es heißt Chamdo. Bis zum Dorf sind es etwa fünf Meilen. Die Grenze liegt etwa fünfzig Meilen hinter dem Dorf.«

Drummond studierte die Karte gründlich und fragte dann mit gerunzelter Stirn: »Wohin führt denn dieser Pfad, der vom Dorf aus über den Berg führt? Oben auf dem Plateau liegt ein Gebäudekomplex, der sich Ladong Gompa nennt.«

»Ladong Gompa?« wiederholte Father Kerrigan aufgeregt. »Das ist ein buddhistisches Kloster. Im nächsten Tal ist ein Schrein, der früher einmal sehr berühmt war. Pilger sind über die Berge dorthin gegangen und haben in dem Kloster übernachtet. Ich glaube, aus diesem Grund ist es so hoch da oben erbaut worden. Der alte Khan hat mir einmal davon erzählt.«

Hamid warf einen Blick auf die Karte und schüttelte den Kopf. »Da müßten wir ja dreitausend Meter hoch hinauf, und es hat angefangen zu schneien. Das würden Father Kerrigan und Janet auf keinen Fall schaffen,, Jack.«

»Aber Sie beide und der Junge könnten es schaffen«, warf Father Kerrigan ein.

Da hatte Drummond einen Einfall. »Wenn wir Pferde hätten, sähe die Sache schon ganz anders aus.«

»Pferde?« murmelte Hamid, als glaubte er, sich verhört zu haben. »Woher sollen wir Pferde nehmen?«

»Du hast doch selbst gesagt, daß es bis zum Dorf nur fünf Meilen sind. Wenn wir uns kurz vor Tagesanbruch anschleichen, dürfte es eigentlich nicht weiter schwierig sein, an die Pferde zu kommen.«

»Meinst du, wir alle?« fragte Hamid fassungslos.

Drummond schüttelte den Kopf. »Nein, nur wir beide. Die anderen können hier auf uns warten. Wenn wir mit den Pferden zurückkommen, können wir die Abkürzung über den Bergsattel reiten, und oberhalb des Dorfes stoßen wir dann auf den Pfad über die Berge.«

»Falls wir überhaupt mit Pferden zurückkommen.«

»Wir sollten es jedenfalls versuchen.« Drummond zuckte die Achseln. »Oder hast du eine bessere Idee?«

Hamid dachte eine ganze Weile nach und schüttelte dann bedauernd den Kopf. »Nein, Jack, mir fällt auch nichts Besseres ein. Wahrscheinlich bleibt uns gar keine andere Wahl.«

»Dann würde ich vorschlagen, daß wir uns jetzt schlafen legen. Wir müssen ausgeruht sein, sonst sind wir einer solchen Aufgabe nicht gewachsen.«

Janet reichte ihm eine Decke. In die wickelte er sich ein. Dann legte er sich neben Hamid und den alten Geistlichen. Erstaunlich, wieviel Wärme so ein kleines Öfchen verbreiten konnte. Auch der Tee hatte natürlich dazu beigetragen, daß er nicht mehr fror. Er sah Janet an, die mit gesenktem Kopf an die Kisten gelehnt dasaß. Der kleine Khan schlief mit dem Kopf in ihrer Armbeuge.

Was für eine wunderbare Frau. Der Kocher warf Schatten an die Plane, die sich hin und her bewegte, aufeinander zu und voneinander weg. Genau wie Menschen, ging es ihm durch den Kopf. Mal brauchen sie einander, dann auch wieder nicht. Mal vereinen sie sich, dann gehen sie wieder auseinander.

Trotz der eisigen Kälte, die sich im Laufe der Nacht im Lastwagen ausbreitete und durch alle Ritzen hereindrang, schlief er ausgezeichnet, so zwischen Hamid und dem alten Geistlichen eingezwängt. Sobald er erwachte, setzte er sich auf und entzündete das Öfchen. Die helle Flamme spiegelte sich in Kerims nicht verbundenem Auge. Drummond grinste den Jungen an, der dicht an Janet geschmiegt in der Ecke lehnte.

Er gebot ihm zu schweigen und sah hinaus. Es war die Stunde kurz vor Tagesanbruch, in der die Dinge wieder Form anzunehmen beginnen. Der Schnee lag längst nicht so hoch wie erwartet. Es mußte schon vor Stunden aufgehört haben zu schneien.

Seltsamerweise fühlte er sich ausgesprochen erfrischt. Er sprang in den Schnee hinab und atmete vergnügt die frische, kalte Luft ein – eine Wohltat nach der stickigen Luft im Lastwagen. Wie er so dastand, fiel ihm auf, daß sich die Bäume immer schärfer abzuzeichnen begannen. Da wußte er, daß sie bald aufbrechen mußten.

»Genießt du die kühle Morgenluft?« fragte da Janet vom Lastwagen herunter.

Er wandte sich um und lächelte. »Nun, genießen ist wohl zuviel gesagt«, entgegnete er. Er machte eine vage Geste. »Ich fühle mich heute morgen ganz sonderbar. Als wäre ich nicht mehr weit von zu Hause weg – wo immer das auch sein mag. Und doch weiß ich natürlich, daß ich in der Fremde bin.«

Sie beugte sich herunter, ergriff im Dunkeln seine Hand und drückte sie fest. »Wir werden nach Hause kommen, Jack, das weiß ich ganz genau.«

»Wenn du nur daran glaubst...« Er lächelte. »Aber jetzt setzt du wohl am besten das Teewasser auf und weckst Ali. Wir dürfen keine Zeit mehr verlieren.«

»Nicht nötig, bin schon wach.« Hamid hatte die Plane neben Janet angehoben und streckte nun ebenfalls den Kopf heraus. Janet zog sich zurück. »Na, wie ist das Wetter?«

»Es könnte schlimmer sein. Anscheinend hat es schon vor einer ganzen Weile aufgehört zu schneien.«

»Es wird bald wieder anfangen, darauf kannst du dich verlassen. Wir machen uns besser auf den Weg.«

Drummond kletterte wieder in den Lastwagen. Father Kerrigan kniete neben Janet und dem Kocher und öffnete Konservendosen mit Bohnen.

»Wie fühlen Sie sich?« erkundigte sich Drummond.

Father Kerrigan lächelte müde. »Das alte Gerippe ächzt schon in allen Fugen, aber irgendwie wird es schon weitergehen.«

»Etwas habe ich gestern abend völlig vergessen. Ich habe gar nicht gefragt, ob alle reiten können.«

Janet nickte. »Ich habe schon als Kind reiten gelernt.«

Der Geistliche lächelte. »Ganz bestimmt sind Sie ruhigere

Pferde gewöhnt als die, die man hier antrifft, meine Liebe. Das sind nämlich unberechenbare Biester, das habe ich ziemlich schmerzhaft am eigenen Leibe erfahren.«

»Keine Sorge, ich werde auch hier mit den Pferden zurechtkommen«, meinte sie zuversichtlich. »Aber wie steht es mit dir, Jack?«

»Na ja, ich kann mich mit Mühe und Not im Sattel halten. Aber Ali ist ein großartiger Reiter. Er ist ein Hasara. Die galoppieren schon seit über tausend Jahren nach Indien und zurück, meistens mit einer Frau vor sich über dem Sattel.«

Hamid grinste und öffnete gewaltsam eine Kiste mit Selbstladegewehren der Marke Garrand. Drummond reinigte rasch eines davon. Er fand auch eine Schachtel mit Munition und steckte mehrere Ersatzladestreifen in die Taschen. Hamid schärfte ein halbes Dutzend Handgranaten und gab Drummond drei.

Janet rief mit leiser Stimme nach ihnen. Sie setzten sich im Kreis um den Spirituskocher, tranken heißen Tee und aßen Bohnen. »Nun haben wir nichts mehr zu essen«, sagte Janet. »Bevor wir uns aufmachen, kann ich noch die große Thermosflasche mit heißem Tee füllen, doch dann sind all unsere Vorräte aufgebraucht.«

Drummond trank seinen Tee aus und gab ihr die Tasse zurück. »Fertig?« fragte er Hamid.

Hamid nickte.

Drummond schulterte sein Gewehr und sprang über die Ladeklappe hinaus. Als er sich dann zum Lastwagen umdrehte, sah er Father Kerrigan und Janet als fahle Schatten im Dunkeln.

»In ein paar Stunden sind wir wieder da«, versicherte er ihnen, obwohl er selbst nicht ganz davon überzeugt war. Dann brachen sie auf.

Hamid ging voran. Seine schweren Stiefel sanken tief ein. Der Schnee knirschte unter seinen Füßen. Drummond schob die verschneiten Zweige mit der behandschuhten Hand beiseite. Eine merkwürdige Erregung hatte ihn erfaßt. Seine Lebensgeister waren wieder erwacht, er fühlte sich übermütig wie lange nicht mehr. Es würde schon alles gutgehen. Das wäre doch gelacht, wo sie es nun schon bis hierher geschafft und soviel durchgemacht hatten.

Hamid hob warnend den Arm. Sie blieben stehen. Sie waren an der Straße angelangt. Schweigend sahen sie sich um. Es hatte wieder zu schneien begonnen. Lautlos fielen feste, große Flocken. Bald herrschte dichtes Schneetreiben.

Auf der anderen Straßenseite ragte ein großer, dunkler Felsen wie ein drohend erhobener Zeigefinger aus der Finsternis auf. Hamid wies Drummond darauf hin. »Daran können wir uns gut orientieren. Laß uns auf der Straße weitergehen, da kommen wir viel schneller vorwärts. Aber halte die Augen offen. Mein untrüglicher Instinkt sagt mir, daß wir früher hätten aufbrechen sollen. Es wird bald hell sein.«

Er hatte völlig recht. Als sie so die Straße entlanggingen, traten immer mehr Bäume scharf aus dem Dunkel hervor. Die matschigen, ausgefahrenen Rillen und Furchen waren vereist, steinhart gefroren und mit Schnee bedeckt. Daher war das Gehen nicht allzu beschwerlich. Sie kamen rasch voran. Drummond ging ein ganzes Stück hinter Hamid und hielt sich auf der anderen Straßenseite.

Es schneite inzwischen ziemlich stark, die Sicht war denkbar schlecht. Die unheimliche, eisige Stille, die der Flockenfall mit sich bringt, lastete auf ihnen. Auf Drummond hatte sie eine so starke Wirkung, daß er eine ganze Weile mit gesenktem Kopf vor sich hintrottete, keineswegs auf der Hut war, sondern einfach seinen Gedanken nachhing.

Als sie jedoch kaum eine halbe Meile gegangen waren, wurde er durch den leisen, dringlichen Zuruf Hamids jäh aus seinen Träumen gerissen. Hamid war am Straßenrand stehengeblieben. Drummond eilte zu ihm.

Das hintere Ende eines Lastwagens ragte etwa fünfundzwanzig Meter entfernt in einem ganz merkwürdigen Winkel aus dem Wald. Wortlos standen sie einen Augenblick da und dachten beide dasselbe, dann ging Hamid los und folgte der verschneiten Spur, die der Lastwagen hinterlassen hatte.

Es war der Versorgungslaster. Drummond fegte den Schnee von der Seite des Lasters und blieb mit dem Handschuh immer wieder hängen. Ganz ohne Erregung betrachtete er die Einschußstellen.

»Der Laster ist ja durchlöchert wie ein Sieb. Da haben sie wirklich gründliche Arbeit geleistet.«

Mit einem Ruck riß er die Tür auf, doch die Fahrerkabine war leer. Da rief ihn Hamid auf die andere Seite. Brackenhurst lag zusammengekrümmt unter einem Baum mit merkwürdig verdrehtem Kopf und starr verkrampften Fingern. Er hatte drei tiefe Löcher in der Brust.

Als sie so dastanden und schweigend auf ihn hinuntersahen, hörten sie irgendwo ein Pferd leise schnauben. Pferdegeschirr rasselte, jemand sprach. Gelächter erklang. Hamid und Drummond suchten sofort Schutz unter den Bäumen.

Am Ende der Zickzackspur, mit der der Lastwagen von der Straße abgekommen war, erschienen jetzt zwei Reiter, Chinesen in schweren Schaffellmänteln und Schirmmützen, mit geschultertem Gewehr. Sie brachten ihre Pferde zum Stehen, sahen sich den Lastwagen an und lachten wieder.

Hamid übergab Drummond seine Maschinenpistole und sagte leise: »Gib mir dein Gewehr. Wir müssen sie erschießen, sonst finden sie auch noch den anderen Lastwagen.«

Drummond überließ ihm sein Gewehr. Hamid stützte den Lauf auf einen Baumstumpf und legte an. Als sich die Reiter gerade wieder aufmachen wollten, krachte der erste Schuß. Der vordere Reiter fiel aus dem Sattel und stürzte kopfüber in den Schnee. Im Sturz schrie er noch, doch gleich darauf rührte er sich schon nicht mehr. Beide Pferde gerieten in Panik und bäumten sich auf. Der zweite Reiter versuchte zu wenden. Zwei Kugeln trafen ihn in den Rücken. Er wurde förmlich aus dem Sattel katapultiert.

Drummond und Hamid stürzten los. Eins der Pferde galoppierte auf das Dorf zu. Das andere blieb geduldig neben der Leiche seines Reiters stehen. Hamid schulterte rasch sein Gewehr, ergriff die Zügel und schwang sich in den primitiven Sattel aus Schafsleder.

»Jack, ich fange das andere Pferd wieder ein.«

Er gab seinem Pferd die Sporen, trieb es zu größter Eile an und war in dem dichten Flockentreiben schon bald nicht mehr zu sehen. Drummond prüfte die Maschinenpistole und wartete voller Ungeduld. Er glaubte in der Ferne einen schwachen Schrei zu hören. Gleich darauf kam Hamid auf der Straße angaloppiert, die Zügel des zweiten Pferdes um die rechte Hand geschlungen. »Schnell, schnell, wir dürfen keine Zeit verlieren«, rief er Drummond zu. „Da hinten auf der Straße sind noch mehr Reiter. Die verdammten Kerle sind aber heute schon früh unterwegs.«

Drummond schulterte die Maschinenpistole und ergriff die Zügel des zweiten Pferdes. Das Tier fuhr zurück, rollte wild mit den Augen, und er mußte es mit aller Kraft zurückziehen, um in den Sattel hinaufzukommen.

Hamid ritt im Galopp dahin, und Drummond bemühte sich, mit ihm Schritt zu halten. Irgendwo hinter sich hörten sie aufgeregte Rufe, aber keine Schüsse – und dann tauchte durch den dichten Schneefall der spitze, dunkle Felsen zu ihrer Linken auf. Hamid verschwand zwischen den Bäumen.

Father Kerrigan stand besorgt und zutiefst beunruhigt neben dem Lastwagen. Als sie aus dem Sattel sprangen, beugte sich Janet über die Ladeklappe. »Was ist denn geschehen?« erkundigte sich der Geistliche.

»Das erzähle ich Ihnen später«, erwiderte Drummond. »Hol den Jungen, Janet. Wir müssen sofort los.«

Janet reichte ihm Kerim herunter, hing sich einen kleinen Brotbeutel um und sprang hinterher. Der Junge war so in graue Militärdecken eingewickelt, daß er wie ein verhutzeltes altes Weiblein aussah. Er schien sich überhaupt nicht zu fürchten. Interessiert ließ er seine dunklen Augen umherschweifen.

Drummond half Janet in den Sattel und hob den Jungen hinauf. Sie setzte ihn vor sich und ergriff die Zügel.

»Über die Straße und den Hügel hinauf«, erklärte er ihr. »Und zwar so schnell wie möglich. Sie sind uns schon dicht auf den Fersen.«

Als Hamid gerade Father Kerrigan in den Sattel des anderen Pferdes half, entstand plötzlich eine Bewegung auf der Straße. Erregte Stimmen, wirres Geschrei, dann zerriß ein Gewehrschuß die Luft, und eine Kugel schlug seitlich in den Lastwagen ein.

Drummond riß seine Maschinenpistole von der Schulter und stieß Hamid heftig an. »Macht daß ihr wegkommt, Ali! Ich werde sie in Schach halten.«

Hamid widersetzte sich nicht. Er schwang sich hinter Father Kerrigan in den Sattel und schlug dem Pferd mit der geballten Faust auf die Hinterhand. Es machte einen Satz nach vorn und verschwand zwischen den Bäumen. Das andere Pferd folgte ihm ganz instinktiv.

Drummond feuerte rasch eine Salve in das Unterholz – in die Richtung, aus der die erregten Stimmen kamen. Jemand stieß einen langgezogenen Schmerzensschrei aus. Drummond kam hinter dem Lastwagen hervorgerannt und suchte Deckung hinter einem Baum, wo er sich auf ein Knie niederließ.

Er hörte, wie sich seine Freunde rasch nach links entfernten. Hamid ritt voraus, und zwar diagonal. Er hatte offensichtlich vor, die Straße weiter unten zu überqueren.

Ein berittener Soldat kam durch die Bäume auf den Lastwagen zugesprengt, ein zweiter folgte ihm. Drummond schoß und schoß, bis beide Männer samt ihren Pferden in einem wirren Knäuel am Boden lagen. Dann wandte er sich ab und stürzte durch die Bäume davon, wobei er der Spur der Pferdehufe im Schnee folgte.

Rechts von ihm bewegte sich etwas – dunkle Schatten, die sich klar von dem blendend weißen Schnee abhoben. Er leerte sein ganzes Magazin, zog einen weiten Bogen mit seiner Waffe und rannte dann weiter.

Er kam auf eine kleine Lichtung. Da stürzte von rechts plötzlich ein Chinese aus dem Wald. Drummond hatte keine Munition mehr. Er ließ die Waffe fallen und rannte mit unverminderter Geschwindigkeit direkt auf den Chinesen zu.

Der Mann war so verwirrt, daß er seine Waffe, ein Maschinengewehr, abwehrend hochhielt, anstatt auf Drummond zu zielen. Der Chinese schwang seine Waffe, Drummond duckte sich, sprang dem Mann an die Gurgel und rammte ihm sein Knie in den Unterleib. Der Chinese krümmte sich vor Schmerzen und sank in den Schnee. Drummond entriß ihm die Waffe und lief weiter.

Er war völlig außer Atem und schnappte nach Luft, als er zwischen den Bäumen hindurchstolperte und die kleine Böschung zur Straße hinaufkroch. Er rutschte aus und fiel auf die Knie. Als er sich wieder aufgerappelt hatte und gerade über die Straße laufen wollte, hörte er Stimmen in dem dichten Schneetreiben.

Mindestens ein Dutzend Soldaten kam auf ihn zugerannt. Sie waren jedoch nicht beritten, sondern zu Fuß unterwegs und trugen ganz normale wattierte Uniformen. Dann erblickte er Cheung in seinem schweren Wintermantel mit Pelzkragen, den Mund zu einem lautlosen Schrei geöffnet.

Drummond schoß das ganze Magazin in einer langen Salve auf sie ab. Die Straße wurde zwanzig Meter lang bis zu den Chinesen aufgerissen. Er rannte auf die andere Seite und kletterte wie gejagt den Hügel hinauf.

Er hörte die Männer hinter sich aufschreien. Sie verfolgten ihn. Dann schrie jemand eine Warnung. Eine gewaltige Explosion folgte und gleich darauf noch eine. Drummond stolperte weiter bergauf und fiel kopfüber in den Schnee.

Jemand zog ihn wieder hoch. Hamid. Er hörte ihn sagen: »Ein Glück, daß ich die Granaten hatte.«

Drummond lehnte sich mit gespreizten Beinen an ihn und rang nach Luft. »Die Männer, denen ich jetzt zuletzt fast in die Hände gefallen wäre«, keuchte er, »das waren keine Soldaten aus dem Dorf, sondern Cheung und seine Leute. Sie müssen uns von der Brücke aus zu Fuß verfolgt haben. Gibt denn dieser Schweinehund niemals auf?«

»Nein, bestimmt nicht.« Hamid klopfte ihm freundschaftlich auf die Schulter. »Komm, wir müssen weiter. Wenn Cheung uns erwischen will, braucht er Pferde. Und um die zu bekommen, muß er ins Dorf. Das hält auf.« Ein teuflisches Grinsen lag auf seinem Gesicht. »Aber vielleicht haben wir Glück und eine meiner Granaten hat ihn zerrissen. Vielleicht liegt er jetzt da unten in seinem Blut.«

Da riß der Wind ein Loch in den Vorhang aus Schnee, und sie konnten einen kurzen Blick auf die Straße tief unten werfen. Mehrere Soldaten lagen bewegunglos im Schnee. Diejenigen, die überlebt hatten, krochen oder gingen zwischen ihnen umher. Aber ein Mann stand wie angewurzelt da und starrte in die Berge hinauf. Der Pelzkragen seines schweren Wintermantels umrahmte sein bleiches Gesicht.

»Das Glück war uns nicht hold«, murmelte Hamid schaudernd.

Als dichtes Schneetreiben ihnen wieder die Sicht nahm, wandte Drummond sich ab und ging hinter Hamid her durch die wirbelnden Flocken bergauf.

Die Granaten hatte unten auf der Straße ein fürchterliches Blutbad angerichtet. Cheung ging umher und inspizierte die Toten und die Sterbenden. Die Bestandsaufnahme ergab, daß nur noch Feldwebel Ng und drei andere Soldaten auf den Beinen waren. Alle anderen waren dahingerafft worden. Da kam einer der Soldaten aus dem Dorf aus dem Wald gehinkt und hielt seinen blutüberströmten Arm umklammert. Sein Lammfellmantel war ganz naß vom Schnee.

Cheung ging ihm mit dem Feldwebel an seiner Seite entgegen. »Bist du aus Chamdo, dem nächsten Dorf?« fragte er.

»Jawohl, Herr Oberst.«

»Wie bist du denn da hingekommen?«

»Mit dem Boot von Huma aus. Zwei Patrouillen haben den Fluß überquert, wir sind stromabwärts gekommen.«

»Gibt es da Pferde?«

»So viele Sie nur wollen, Herr Oberst.«

Cheung zog seine Karte heraus, um sich ein Bild machen zu können. Der Feldwebel sah ihm über die Schulter. Cheung fuhr mit dem Finger den Pfad entlang, der von Chamdo über die Berge zum Ladong Gompa führte.

»Da wollen sie also hin«, sagte er leise. Er wandte sich an den Feldwebel. »Das ist doch ein tibetanischer Name.«

»Hört sich ganz nach einem Kloster an, Herr Oberst«, meinte dieser.

Cheung faltete die Karte wieder zusammen und wandte sich an den verwundeten Soldaten aus Chamdo. »Wie weit ist es bis zum Dorf?«

»Fünf Meilen, Herr Oberst.«

»Dann dürfen wir keine Zeit verlieren.« Er nickte dem Feldwebel zu. »Wir werden so schnell wie möglich dorthin marschieren und uns Pferde besorgen.«

»Und was wird aus den Verwundeten, Herr Oberst?«

»Die lassen wir liegen. Wir schicken jemanden aus dem Dorf her.« Er stellte seinen Pelzkragen auf und marschierte auf der hartgefrorenen Straße in das Schneegestöber hinein.

13. Kapitel

Das Gebirge Gottes

Blindlings stolperten sie durch das Schneetreiben vorwärts. Der Tod schien weit entfernt, das Tal lag tief unter ihnen – jetzt hatten sie es, ganz auf sich gestellt, mit dem ältesten Feind der Menschheit zu tun, hatten den Kampf mit den Naturgewalten zu bestehen.

Der Berghang war sehr uneben. Überall lagen riesige Felsblöcke verstreut. Durch die Schneedecke konnten sie nicht sehen, wohin sie traten. Das machte das Gehen sehr beschwerlich. An einer Stelle strauchelte Father Kerrigans Pferd und sank in die Knie. Hamid packte es am Zügel und zog es mit roher Gewalt wieder hoch.

Janet brachte ihr Pferd zum Stehen, und Drummond trat neben sie. Sie war mit Schnee bedeckt, hatte ganz rote Wangen und sah lächelnd zu ihm hinunter.

»Wie fühlst du dich?«

»Danke, sehr gut – und Kerim geht es auch gut.«

Der Junge war so in Decken eingemummt, daß nur sein eines Auge herausschaute. Das fing plötzlich an zu glänzen. Da wußte Drummond, daß Kerim lächelte.

»Diese Pferde sind an die rauhen Berge gewöhnt«, sagte Hamid. »Lassen Sie sie nur laufen. Sie wissen schon, wie sie gehen müssen.«

»Glaubst du, daß wir den Weg finden werden?« fragte Drummond.

»Es gibt keinen Grund, den Weg zu verfehlen. Wenn wir weiterhin diagonal in östlicher Richtung hinaufreiten beziehungsweise -steigen, können wir den Weg gar nicht verpassen.«

Sie setzten sich wieder in Bewegung. Hamid ging voran, dann folgte Father Kerrigan zu Pferde. Drummond ging am Schluß. Je höher sie kamen, desto steiler wurde der Anstieg. Als sie zu dem kahlen Berghang gelangten, trieb ihnen der Wind die Flocken mit schneidender Schärfe ins Gesicht.

An einer Stelle des Steilhanges begann Janets Pferd plötzlich abzurutschen. Drummond kämpfte sich nach vorn und schlug mit der geballten Faust auf die Hinterhand des Tieres ein. Da machte es einen Satz und trottete dann unbeschadet weiter.

Der Schnee wies ihnen den Weg, dessen Verlauf sich klar unter der weißen Decke abzeichnete. Er führte im Zickzack den steilen Hang an ihrer Seite hinauf und verlief dann etwa hundert Meilen weiter rechts durch eine enge Schlucht.

Als sie die Schlucht erreicht hatten, waren sie wenigstens eine Weile vor dem Wind geschützt. Der Pfad stieg weiter an. Das Echo der Pferdehufe, die über den steinhart gefrorenen Boden klapperten, hallte von den Wänden der Schlucht wider. Der Weg wurde immer steiler, die Wände der Schlucht immer niedriger. Schließlich gelangten sie wieder zu dem kahlen Berghang, wo ihnen der eisige Wind die Tränen in die Augen trieb.

Je höher sie kamen, desto steiler schien sich das Gebirge vor ihnen zu erheben. Nach einer weiteren Stunde überstiegen sie den Grat eines Steilhangs und blickten auf ein schmales Plateau, eine zerklüftete, felsige Urlandschaft voller Risse und tiefer Einschnitte, die große Gefahren für sie barg.

Mit gesenkten Köpfen gingen und ritten sie weiter.

Das Schneetreiben wurde immer heftiger. Nachdem sie sich noch eine Stunde vorwärtsgequält hatten, griff Hamid nach dem Zügel von Father Kerrigans Pferd und führte es unter einen schützenden Felsvorsprung.

»Wir wollen uns ein wenig ausruhen«, sagte er.

Janet reichte Drummond den kleinen Kerim hinunter und glitt dann aus dem Sattel. Sie wischte sich den Schnee aus dem Gesicht und lächelte gequält. »Es ist so furchtbar kalt.«

»Ja, diese verdammte Kälte!« knirschte Drummond.

Father Kerrigan ging mit steifgefrorenen Gliedern herum und schlug sich die Arme um den Leib, um wieder warm zu werden und um seinen Kreislauf zu aktivieren. Dann sagte er: »So, nun will ich mal nach Kerim sehen.«

Drummond hockte im Schutz des Felsvorsprungs vor dem Jungen, und Father Kerrigan kniete sich neben ihn. Vorsichtig pellten sie den Jungen aus den Decken. »Dem Himmel sei Dank, der Junge schläft.«

»Es geht ihm doch gut, nicht wahr?« erkundigte sich Janet besorgt. »Hat er es auch warm genug?«

»In diesem Kokon ist ihm wärmer als uns allen.« Der alte Mann lehnte sich an die Felswand. »Haben Sie den Inhalt meines Arztkoffers mitgenommen?«

Janet nickte und zog sich den Gurt des Brotbeutels über den Kopf. Sie öffnete den Beutel und holte die Thermosflasche mit Tee heraus, den sie zum Frühstück gemacht hatte.

»Was suchen Sie denn?«

»Lassen Sie nur, ich finde es schon selbst.«

Der alte Geistliche sah grau im Gesicht und ganz verfallen aus. Die Erschöpfung hatte scharfe Linien in sein Gesicht gezeichnet, die vorher noch nicht dagewesen waren.

Nachdem er eine Weile in dem Brotbeutel herumgewühlt hatte, fand er das Gesuchte – ein kleines Fläschchen mit roten Kapseln. Er steckte ein paar davon in den Mund, und Janet goß ihm Tee in die einzige mitgebrachte Blechtasse.

Father Kerrigan spülte die Kapseln mit einem Schluck Tee hinunter und lehnte sich aufseufzend zurück. Hamid fragte besorgt: »Fühlen Sie sich nicht wohl, Father? Was fehlt Ihnen denn?«

Da sah ihn der alte Mann grinsend an. »Ich bin eben nicht mehr der Jüngste. Aber diese Kapseln haben ihre Wirkung auf mich noch nie verfehlt. Es wird mir gleich wieder bessergehen. Ich schaffe es schon. Iren sind unverwüstlich.«

Die Teetasse machte die Runde. Als die Reihe an Drummond war, trank er dankbar den heißen Tee. Hamid zog Cheroots aus einer seiner Brusttaschen und reichte Drummond eine. Sie zündeten sie an, nachdem sie sich ein Stück von den anderen entfernt hatten. Sie blickten den Weg zurück, den sie gekommen waren.

»Der alte Herr sieht aber gar nicht gut aus«, bemerkte Drummond traurig. »Wie lange brauchen wir wohl noch bis zum Kloster?«

»So etwa drei Stunden«, erwiderte Hamid. »Das kommt ganz auf die Beschaffenheit des Weges an.«

»Ich habe mir so meine Gedanken gemacht«, sagte Drummond. »Wer garantiert uns, daß dort überhaupt jemand ist, wenn wir das Kloster erreichen? Vielleicht ist es schon seit

Jahren verlassen und völlig verfallen. Es gibt doch hier überall im Gebirge Klosterruinen, das muß dir doch auch bekannt sein.«

»Zumindest haben wir dann so eine Art Unterschlupf«, sagte Hamid. »Den werden wir bald sehr dringend brauchen. Wir müssen uns nämlich darüber im klaren sein, daß der alte Mann und auch Janet und das Kind das nicht mehr lange durchhalten.«

Sie gingen zu den anderen zurück, und Father Kerrigan erhob sich mühselig. Die Kapseln hatten ihre Wirkung getan. Father Kerrigan lächelte, seine Wangen waren leicht gerötet.

»Wenn Sie soweit sind – ich bin es.«

Hamid half ihm in den Sattel. Drummond reichte Janet den Jungen hoch, und sie machten sich wieder auf den Weg, wobei sie sich immer dicht an den großen Felsblöcken hielten.

Im Laufe der Jahre hatten Pilger den Weg markiert, indem sie im Abstand von jeweils einer Viertelmeile kleine Steinpyramiden errichtet hatten. Die waren selbst im Schnee noch deutlich zu erkennen.

Nachdem sie eine Stunde gegangen beziehungsweise geritten waren, führte der Weg durch eine enge Schlucht, in die man durch einen Felsspalt gelangte. Der Weg war mit Felsbrocken und Geröll übersät, woraus man schließen konnte, daß der Weg seit Jahren nicht mehr geräumt worden war.

Hamid ging an der Spitze des kleinen Zuges. Er führte Father Kerrigans Pferd am Zügel. Drummond führte Janets Pferd. Er wurde bald müde. Sein Arm schmerzte von der Anstrengung, das widerspenstige Tier führen zu müssen. Immer wieder glitt er aus und trat dabei Geröll los, das polternd über die Felsen hinabprasselte.

Immer, wenn sie kurz eine Verschnaufpause einlegten, sah er Janet an. Er erschrak, als er die Erschöpfung in ihren Augen sah. Doch jedesmal zwang sie sich zu einem Lächeln, das er erwiderte.

Nach einer halben Stunde kamen sie wieder aus der Schlucht heraus und gelangten zu einem vorspringenden Fels, etwa zehn Meter breit, der aus einem Felsplateau ragte und nach links steil anstieg.

Hamid hielt immer noch das Pferd Father Kerrigans am Zügel. Jetzt wandte er sich um. »Alles in Ordnung?«

Drummond sah Janet fragend an. Sie nickte. »Also gut. Gehen wir weiter.«

Der Felsvorsprung stieg steil an, folgte der Biegung der Felswand. Das Tal tief unter ihnen versank in einem Meer von wirbelnden Flocken. Drummond folgte Hamid und Father Kerrigan. Er führte das Pferd so dicht wie möglich an der Felswand entlang.

Dann wurde der Felsvorsprung so schmal, daß Mensch und Tier kaum noch nebeneinander gehen konnten. Langsam geriet er in Panik und schritt weiter aus, bis er an den Rand eines großen Plateaus gelangte.

Dahinter lagen die höchsten Berge. Ihre Gipfel schienen mit dem Himmel zu verschmelzen. Zwischen diesen eindrucksvollen und furchteinflößenden Bergriesen lagen große, sterile Täler, die sich bis zur anderen Seite der Berge hinzogen.

»Das Hauptplateau!« rief Hamid ihnen durch den pfeifenden Wind zu. »Jetzt müssen wir bald beim Kloster sein. Nur weiter, nicht langsamer werden!«

Es war kalt in dieser Höhe, unsagbar kalt. Es schneite jetzt nicht mehr, aber der Wind blies immer stürmischer, drang ihnen durch die Kleidung, peitschte ihre gequälten Leiber und drang wie mit Stacheln auf sie ein. Das Kind fing an zu weinen.

Janet hielt Kerim fest an sich gedrückt. Drummond zog das Pferd mit klammen Fingern am Zügel vorwärts. Sie erklommen den Grat eines niedrigeren Berges und hielten an.

Vor ihnen erstreckte sich riesengroß eine tiefergelegene, von der Natur geschaffene Arena. Von dieser zweigten viele Täler ab. Inmitten eines solchen Talgrundes lag das Kloster Ladong Gompa. Mit einem wilden Schrei trieb Hamid Father Kerrigans Pferd an. Drummond stürzte ihm nach.

Die Außenmauern des Klosters waren rot, grün und schwarz gestrichen worden. Das war als Hinweis auf den Orden gedacht, doch inzwischen waren die Farben verblichen und ausgewaschen. Das Kloster war nicht sehr groß und machte einen öden, verlassenen Eindruck. Es war nicht von einer Mauer umgeben, was bei wichtigen Klöstern sonst meistens der Fall war. Ein paar Stufen führten zum Eingang hinauf, zu dem man durch eine steinerne Vorhalle gelangte, die zum Schutz vor den Unbilden des Wetters gebaut worden war.

Die Treppe war ganz zugeschneit, so daß man die einzelnen Stufen kaum noch ausmachen konnte. Offfensichtlich war sie an diesem Tag noch nicht begangen worden. Hoch oben in der Außenmauer befand sich ein Loch, aus dem eine Kette hing. Diese rasselte leise, als sie im Wind hin- und herschwang. Hamid zog kräftig an der Kette. Da ertönte irgendwo drinnen mit hohlem Klang eine Glocke, und sie warteten, bis sie wieder verklungen war.

Nach einer Weile hörten sie Holzschuhe über den Steinboden klappern, dann ein metallisches Quietschen und Knirschen, als ein Riegel zurückgeschoben wurde. Die Tür öffnete sich, und sie sahen sich einem buddhistischen Mönch in einem verblichenen orangefarbenen Gewand gegenüber. Er schien nicht sonderbar überrascht. Er trat sofort vor, um Father Kerrigan die Hand zu reichen, als der alte Mann mühselig die Stufen erklomm. Drummond trug Kerim, bis Janet vom Pferd gestiegen war. Dann übergab er ihn ihr wieder und sie folgten Father Kerrigan.

Inzwischen war noch ein Mönch, ein jüngerer Mann, die Treppe heruntergekommen. Hamid fragte ihn: »Was geschieht mit den Pferden?«

Wie schon der andere Mönch, so sagte auch dieser junge Mann kein Wort, gab ihnen aber zu verstehen, daß sie ihm folgen sollten, und als er sein Gewand hob und unter den Gürtel steckte, damit es nicht naß wurde, fiel Drummond auf, daß er mit bloßen Füßen durch den Schnee ging.

Zu den rückwärtigen Klosteranlagen gehörte ein ummauerter Hof. Sie warteten an der Pforte. Nach einer Weile wurde sie von innen geöffnet. Sie gingen hinein. Sie fanden dort die üblichen Stallungen vor. Ein junger Novize übernahm die Pferde, und sie folgten dem anderen Mönch ins Kloster.

Sie gingen durch einen schmalen, mit Steinplatten ausgelegten Gang und betraten am Ende dieses Ganges einen großen, spärlich möblierten Raum. Im Kamin brannte jedoch ein Feuer. Da saß Janet Kerim. Father Kerrigan dagegen saß auf einer Bank an einem großen Holztisch und unterhielt sich angeregt mit einem viel älteren Mönch, der einen orangefarbenen, kegelförmigen Hut mit Ohrenklappen trug. Sie unterhielten sich auf englisch.

Father Kerrigan erhob sich, und der Mönch folgte seinem Beispiel. »Darf ich Ihnen Major Hamid und Mr. Drummond vorstellen?« sagte er. Und fuhr dann an Hamid und Drummond gewandt fort: »Und dies ist der Abt von Ladong Gompa. Ich habe ihm kurz von unserer unglückseligen Flucht berichtet. Anscheinend kommen hier im Sommer doch noch hin und wieder Pilger vorbei. Da haben wir wirklich Glück gehabt.«

»Wir sind wohl auch so eine Art Pilger«, meinte Drummond. »Pilger der Hoffnung.«

Der Abt lächelte. »Ich habe Father Kerrigan schon erklärt, daß die übrigen Mönche unseres Ordens hier oben unter strenger Schweigepflicht stehen. Bitte fassen Sie das nicht als Unhöflichkeit auf.«

Er sprach fehlerfrei Englisch, es klang jedoch etwas hölzern, und der Mönch sprach in dem ausdruckslosen Tonfall eines Menschen, der nicht oft Gelegenheit zum Sprechen hat.

»Können wir eine Weile hierbleiben?« erkundigte sich Drummond.

»Solange Sie wollen.«

»Hat Ihnen Father Kerrigan auch erzählt, daß wir von kommunistischen Truppen verfolgt werden?«

Der Abt nickte. »In dieser Höhe hört man jeden Laut weithin. Wir haben sie schon kommen hören, als Sie noch dabei waren, das Hauptplateau zu überqueren. Wir werden also gewarnt sein. Ich werde Ihnen Essen bringen lassen und auch Decken. Ich würde Ihnen vorschlagen, daß Sie alle versuchen, etwas zu schlafen.«

»Das ist die beste Idee seit langem«, sagte Drummond erschöpft.

»Ich werde darum beten, daß Ihnen das Glück weiterhin hold ist.«

Der Abt ging. Ein Mönch brachte ihnen warmes Essen, das in einem großen Kupferkessel dampfte. Ein anderer versorgte sie mit Decken. Drummond zog sich eine Decke über die Schultern, und Hamid breitete die Karte auf dem Tisch aus. »Wie gehen wir denn von hier aus weiter?«

Hamid fuhr mit dem Finger ein anderes Tal entlang und folgte dem Pfad über einen Bergkamm und auf der anderen Seite des Berges wieder hinunter. »Von hier aus sind es nur noch etwa fünfzehn Meilen bis zur indischen Grenze.«

Drummond betrachtete Father Kerrigan und Janet, die schon vor dem Kamin eingeschlafen waren. Kerim schlief zwischen ihnen.

»Glaubst du, sie werden es schaffen?«

»Sie müssen es schaffen. Es bleibt ihnen und uns gar nichts anderes übrig.«

Er legte sich neben die anderen auf den Boden und zog sich die Decke über den Kopf. Drummond blieb am Tisch sitzen. Nach dem Sturm, der draußen tobte, war es hier drin herrlich ruhig und friedlich. Außer den regelmäßigen Atemzügen der Schlafenden war kein Laut zu hören. Nach einer Weile sank sein Kopf auf die Tischplatte. Eine bleierne Müdigkeit überkam ihn. Er legte den Kopf auf die Arme und schlief ebenfalls ein.

Ganz plötzlich kam er wieder zu sich, gähnte und streckte sich. Dabei glitt die Decke von seinen Schultern. Als er sich bückte, um sie wieder aufzuheben, bemerkte er, daß der Abt an der Tür stand und ihn beobachtete.

»Wie lange habe ich geschlafen?« fragte er ihn.

Da kam der Abt näher und setzte sich auf die Bank am Tisch ihm gegenüber. »Ungefähr drei Stunden. Es wird bald Nacht.«

Drummond betrachtete die anderen, die immer noch friedlich am Feuer schliefen. »Sie sind schrecklich müde. Sie haben sehr viel durchgemacht«, erklärte er.

Der Abt nickte und brütete mit ausdruckslosem Gesicht vor sich hin. Eine große Ruhe ging von ihm aus. Die Flammen erhellten sein Gesicht und hüllten es gleich darauf wieder in Schatten. Drummond war herrlich ausgeruht und hellwach, aber seine Füße schmerzten empfindlich, und die Zehen an seinem rechten Fuß spürte er gar nicht mehr. Sie waren völlig gefühllos.

Er machte sich an den Riemen seiner Militärstiefel zu schaffen, doch die Knoten waren durch die ständige Nässe so aufgequollen und festgezurrt, daß er sie nicht aufbekam.

»Es würde mich interessieren, zu erfahren, was Sie von meinem Lande halten«, sagte der Abt.

»Offen gesagt, kann ich es kaum erwarten, Ihrem Lande den Rücken zu kehren. Ich habe mehr als genug von diesen Ländern, Städten und Dörfern, in denen der Rauch noch lange aufsteigt, nachdem alles niedergebrannt wurde. Die Flüchtlingstrecks schlagen mir aufs Gemüt.«

»Aber ursprünglich sind Sie doch aus eigenem Antrieb hierhergekommen, nicht wahr?«

»Ich habe einmal irgendwo gelesen, daß das Leben Aktivität und Leidenschaft ist«, erklärte Drummond. »Da hieß es auch, daß der sein Leben verfehlt hat, der nicht so lebt.«

Geistesabwesend trat er mit dem rechten Fuß immer wieder fest auf den Boden, um seinen Fuß zu spüren und den Kreislauf wieder richtig in Gang zu bringen. Da sagte der Abt: »Das darf man nicht so wörtlich nehmen. Es geht natürlich um das aktive und das passive oder das tätige und das kontemplative Leben. Ein Mann hat das geschrieben, der die ganzen Schrecknisse des Krieges erlebt hat und sich dann sein ganzes restliches Leben der Rechtsstaatlichkeit verschrieb.«

Der Abt ging durch den Raum und öffnete schwere hölzerne Läden. Sie blickten in den Nachthimmel und auf die gewaltigen Berge. Dann traten sie gemeinsam auf eine kleine Terrasse hinaus.

Es war schneidend kalt. Drummond schauderte und zog sich die Decke fester um die Schultern. In den letzten Tagen war er ständig entweder völlig durchnäßt oder halb erfroren gewesen. Das hatte seine Widerstandskraft enorm geschwächt.

Der hohe Nachthimmel war mit unzähligen strahlend hellen Sternen übersät, die über den Berggipfeln zu schweben schienen. Die Nacht war gerade erst angebrochen. Doch während er noch zum Himmel hinaufblickte – wie verzaubert von dem strahlenden Glanz –, erloschen die Sterne vor ihren Augen, als habe jemand sie zwischen Daumen und Zeigefinger ausgedrückt.

»Es wird bald heftig schneien«, sagte der Abt.

Der Wind kam um die Ecke gefegt und zerzauste Drummonds Haar. Der Nachthimmel wurde ganz schwarz. Kein einziger Stern war mehr zu sehen. Der Wind heulte klagend, als er durch die Täler auf sie zugefegt kam.

»In so einer Nacht möchte ich nicht unterwegs sein.«

Der Abt hob die Hand und gebot ihm Schweigen. Drummond spitzte die Ohren und lauschte angestrengt, hörte aber nichts. Gerade wollte er etwas sagen, da trug ihm der Wind ein leises Klingeln zu.

»Sie kommen«, sagte der Abt gleichmütig.

»Sind sie sicher?«

Der Abt nickte. »Sie überqueren gerade das Hauptplateau.«

»Können wir uns irgendwo verstecken?«

Der Abt schüttelte den Kopf. »Dies ist nur ein kleines Kloster. Und da sie Ihnen ja auf der Spur sind, würden sie sehr gründlich suchen.«

Sie waren inzwischen wieder hineingegangen. Drummond legte seine Decke weg, trat ans Feuer und rüttelte rasch die anderen wach.

Hamid setzte sich sofort auf. »Was ist denn los? Sind wir in Schwierigkeiten?«

Drummond nickte. »Wir werden bald Gesellschaft bekommen. Ich fürchte, wir müssen uns wieder auf den Weg machen.«

»Ich lasse die Pferde satteln«, sagte der Abt und eilte hinaus. Father Kerrigan und Janet erhoben sich ebenfalls. Hamid trat mit Drummond ans Fenster. Hamid öffnete einen Fensterladen und blickte hinaus. Dann schloß er den Laden mit grimmiger Miene wieder. »Es schneit ja schon wieder. Wie lange halten wir es in einer solchen Nacht im Freien aus?«

Drummond wandte sich an Father Kerrigan und Janet, die am Kamin standen. »Wenn wir hierbleiben, würden wir Cheung in die Hände fallen, daran besteht leider kein Zweifel. Er würde keine Ruhe geben, bis er uns hier in unserem Versteck aufgespürt hätte.«

»Ist schon gut, Jack«, sagte Father Kerrigan gefaßt. »Es ist ja schließlich nicht Ihre Schuld.«

Die Tür wurde geöffnet. Der Abt erschien mit einem anderen Mönch. Sie waren beide mit Lammfellmänteln beladen. »Hier bringe ich Lammfellmäntel für Sie alle«, sagte der Abt.

»Unsere Hirten empfinden sie zu dieser Jahreszeit immer als sehr angenehm.«

Sie zogen sich die Mäntel an. Hamid fragte eindringlich: »Können wir nicht irgendwo Unterschlupf finden – und nicht allzuweit entfernt? In einer solchen Nacht erfrieren wir ja draußen.«

»Ich glaube, ich kann Ihnen helfen«, erwiderte der Abt. »Ich werde es Ihnen zeigen, wenn Sie losreiten.«

Kerim schlief immer noch. Janet nahm ihn vorsichtig auf den Arm, und der Abt führte sie durch den dunklen Gang in den rückwärtig gelegenen Hof.

Er wies auf das Tal. »Das ist der beste Weg – und der einzig mögliche. Acht Meilen – dann sind Sie auf der anderen Seite des Gebirges. Am Ende des Tales stoßen Sie auf eine Schäferhütte mit Feuerholz, einer Laterne und allem, was Sie brauchen. Der Weg ins Tal ist nicht schwierig. Von da aus sind es noch fünf Meilen bis zum indischen Grenzposten.«

Ein Mönch brachte die Pferde und half Father Kerrigan und Janet in den Sattel. Sie ritten beziehungsweise gingen zum Tor hinaus. Der Abt begleitete sie nach draußen.

Ihre Lammfellmäntel waren schon mit Schnee überpudert, als sie durchs Tor ritten. Hamid führte Janets Pferd, Father Kerrigan ritt hinter ihnen her.

»Vielen Dank für alles«, sagte Drummond.

Der Wind fegte ihm immer wieder Schnee vor die Füße. Er kämpfte sich vorwärts und hörte noch, wie der Abt ihm nachrief: »Keine Sorge, mein Freund, Sie werden Indien erreichen!«

Die Flocken fielen immer dichter, schwebten wie ein nasser, weicher Vorhang vom Nachthimmel. In der eiskalten Nacht waren sie ganz auf sich gestellt.

Als sie auf das Ende des engen Tales zugingen, wurde das Gehen immer beschwerlicher. Drummond versank bei jedem Schritt bis an die Knöchel im Schnee. Er ging mit gesenktem Kopf, um sich so gut wie möglich vor dem schneidend scharfen Wind zu schützen. Er hing seinen Gedanken nach. Plötzlich ein wilder Schmerz, der ihn durchfuhr. Er stöhnte auf und blieb stehen. Sein Gesicht brannte wie Feuer.

Zu seinem Erstaunen sah er, daß er knietief im Schnee

steckte. Er zog sich einen Handschuh aus und betastete sein Gesicht. Auf seinen Wangen lag festgebackener Schnee. Sein Gesicht war regelrecht vereist und die Haut an mehreren Stellen aufgeplatzt. Er runzelte die Stirn und zog den Handschuh wieder an. Als er aufblickte, war er allein. Kein Mensch weit und breit.

Der Wind peitschte den Schnee und wirbelte ihn auf. Wolken von Schnee wurden ihm ins Gesicht getrieben. Er empfand das wie Peitschenhiebe auf seinen Wangen. Doch allmählich wurde sein Gesicht so gefühllos und taub, daß er keinen Schmerz mehr spürte.

Wie lange war es her, daß sie von dem Kloster aus aufgebrochen waren. *Eine Stunde? Oder zwei?* Er wußte es nicht. Doch dann hörte er ganz in der Nähe ein Pferd wiehern und stolperte weiter.

Er starrte mit zusammengekniffenen Augen auf den Boden und sah große, schon halb zugewehte Abdrücke von Pferdehufen. Gebeugt ging er weiter, um die Spur nicht wieder zu verlieren.

Die Zeit hatte jede Bedeutung für ihn verloren. Er war so durchgefroren, daß auch sein Geist eingefroren zu sein schien und er kaum noch imstande war, klar zu denken. Er wußte kaum noch, was er tat. Der Wind heulte kläglich. Er war so über und über mit hartgefrorenem Schnee bedeckt, daß er kaum noch an ein menschliches Wesen erinnerte. Immer wieder strauchelte er und fiel hin, und jedesmal blieb er ein wenig länger im Schnee liegen, bis es ihm gelang, sich aufzuraffen und weiterzugehen.

Er hatte das Gefühl, als läge ein schrecklicher eiserner Ring um seine Brust. Er rang nach Luft. Da hörte er wieder ein Pferd wiehern, das urplötzlich aus der wirbelnden Dunkelheit auftauchte. Es bäumte sich vor ihm auf, drehte sich zur Seite, und Father Kerrigan rutschte nach hinten ab und fiel auf ihn. Das Pferd lief wie gejagt davon.

Drummond setzte sich auf. Der Wind trug ihm das verzweifelte Wiehern des Pferdes zu. Alles in ihm und um ihn herum war erkaltet. Der Wind fegte ihm ununterbrochen Schnee ins Gesicht. Er hatte das Gefühl, in dieser Unendlichkeit ganz allein zu sein. Er kroch ein Stück auf allen vieren, tastete den

Boden vor sich ab, doch seine Hand griff immer nur ins Leere.

Da drehte er um, kroch wieder zurück und fand den alten Mann. Father Kerrigan hielt sich gerade noch mühsam auf Händen und Knien aufrecht. So über und über verschneit, erinnerte er an ein Tier. Drummond half ihm auf. Sie stützten sich gegenseitig und stolperten weiter.

Es ging einfach nicht, war völlig sinnlos. Er sank wieder auf die Knie, und der alte Mann fiel neben ihm in den Schnee, konnte sich kaum noch rühren. Drummond holte tief Luft. Irgend etwas tief in seinem Innern, ein nie erlahmender Mut und Lebenswille, verlieh ihm die Kraft, den alten Mann wieder hochzuziehen und weiterzuschleppen.

Nach einer Weile blieben sie erschöpft stehen, schwankten vor Entkräftung hin und her und nahmen kaum zur Kenntnis, daß aus der Dunkelheit ein Pferd vor ihnen auftauchte. Es war Hamid.

Drummond konnte sich später nicht daran erinnern, wie es weitergegangen war. Er sah noch, wie Hamid den alten Mann mit übermenschlicher Anstrengung hochzog und über den Sattel legte und ihm Anweisungen zurief, die der Sturm jedoch sofort davontrug. Dann machte das Pferd einen Satz und trabte los. Drummond wurde mitgezogen. Seine rechte Hand war fest um den Sattelgurt geschlungen.

Janet stand mit der Laterne in der Tür der Hütte. Das war ihre Rettung. Sie ritten durch den Schneesturm auf das Licht zu. Hamid glitt zu Boden und zog Father Kerrigan vom Sattel. Mit dem alten Mann im Schlepptau taumelte er auf die Tür zu. Drummond blieb wie betäubt stehen und hielt sich weiter am Sattelgurt fest. Das hätte er besser nicht getan. Als ein plötzlicher Windstoß vom Tal her rasiermesserscharfe Eiskörner herumwirbelte, bäumte sich das erschrockene Tier auf, stieß Drummond um und galoppierte in wahnwitzigem Tempo durch die Nacht davon.

Mühsam rappelte er sich auf und krabbelte instinktiv auf Händen und Knien auf die Tür zu. Ihm war, als sei ihm der Wind auch ins Hirn gedrungen und habe dort alles durcheinandergewirbelt. Ihm wurde schwarz vor Augen. Alles um ihn herum versank. Finsternis umhüllte ihn.

14. Kapitel

Die letzte Runde

Er erwachte nur ganz langsam aus seinem tiefen, ohnmacht-ähnlichen Schlaf. Eine ganze Weile lag er einfach so da und starrte in der Düsternis nach oben. Ihm fiel nicht mehr ein, wo er sich befand. Doch dann kehrte plötzlich die Erinnerung zurück, so daß er versuchte, sich aufzusetzen.

Die Hütte war aus groben Felsblöcken errichtet worden. Sie war sehr niedrig. Er lag auf einem modrigen Heuhaufen, Hamid lag neben ihm. In der Mitte der Hütte brannte auf dem Steinboden ein Feuer.

Sie hatten ihm die Oberbekleidung ausgezogen. Er trug nur noch seine Unterwäsche und war mit Lammfellmänteln zuge-deckt. Er schob sie beiseite und betrachtete seine wunden, rissigen und geschwollenen Hände. Dann berührte er vorsich-tig mit den Fingerspitzen das Gesicht. Er zuckte zusammen und stöhnte auf vor Schmerzen, als er an die tiefen Risse im Fleisch kam.

Sein rechter Fuß fühlte sich ganz schwer und taub an. Als er sich aufsetzte, stellte er fest, daß ihm jemand den Fuß verbun-den hatte. Er lehnte sich vor, um ihn anzufassen, da öffnete auch Hamid die Augen und stützte sich auf einen Ellen-bogen.

»Wie fühlst du dich? Schon besser?«

»Hundsmiserabel. Was ist denn mit meinem Fuß passiert?«

»Nur ein paar Frostbeulen, weiter nichts.«

Drummond sah ihn mißtrauisch an. Da versicherte ihm Hamid grinsend. »Die Zehen sind alle noch dran, falls du daran zweifeln solltest.«

»Verdammt noch mal, der Fuß ist ja völlig gefühllos!«

»Janet hat dir eine Spritze gegeben – irgendwas aus dem Arztkoffer des alten Mannes.«

Janet, Father Kerrigan und der kleine Khan schliefen fried-lich auf der anderen Seite des Feuers. »Wie geht es ihm?«

»Er hat gestern nacht einen Herzanfall gehabt, nachdem ich ihn hereingeschafft hatte. Glücklicherweise hat er die entsprechenden Medikamente mitgebracht. Janet hat ihm sofort eine Spritze gegeben.«

»Sein Zustand ist also ziemlich ernst, nicht wahr?«

»Er hätte keinen Schritt mehr gehen können. Außerdem haben wir gestern nacht beide Pferde eingebüßt, falls du dich nicht mehr daran erinnern solltest.«

Er zog eine Cheroot aus der Tasche, brach sie entzwei und reichte Drummond die eine Hälfte. »Das ist die letzte – rauche also mit Verstand.« Er ging zur Tür, öffnete sie einen Spaltbreit und blickte hinaus. »Es wird schon hell, und es hat aufgehört zu schneien.« Er trat ans Feuer und zog sich die Stiefel an. »Ich werde mal ein Stück gehen und mich umsehen. Ich will wissen, wo wir hier sind.«

Er schloß die Tür leise hinter sich. Doch schon war ein Windstoß hereingefahren, der jedoch schnell erstarb. Im Schatten hinter dem Feuer bewegte sich etwas. Janet setzte sich auf.

»Jack, wie fühlst du dich?«

»Gut«, flüsterte er. »Ali sieht sich draußen ein bißchen um.«

Er begann sich anzuziehen und war kaum imstande, die Knöpfe mit seinen unförmig angeschwollenen Fingern zu schließen. Janet warf noch etwas Holz ins Feuer. »Was macht dein Fuß?«

»So langsam fühle ich ihn wieder.«

»Dann verpasse ich dir besser noch eine Spritze.«

Er spürte den Einstich kaum. »Wie lange hält die Wirkung an?« fragte er.

»Vier oder fünf Stunden.«

Er konnte seine Kampfstiefel nicht zuschnüren. Sie übernahm das, nachdem sie den rechten Fuß vorsichtig in den Stiefel geschoben hatte, was wegen des Verbandes gar nicht so leicht war.

»Na, geht es jetzt?«

»Ja, wunderbar.« Er ergriff ihre Hand. »Aber du siehst aus, als wärest du dicht am Zusammenbrechen. Und wie geht es Father Kerrigan?«

»Leider gar nicht gut. Er muß unbedingt ins Krankenhaus.«

»Und was macht Kerim?«

Sie kicherte. »Ich glaube, dem geht es besser als uns allen zusammen.«

Der eisige Wind fuhr herein, als die Tür geöffnet und rasch wieder geschlossen wurde. Hamid ließ sich am Feuer nieder, fluchte vor sich hin und rieb sich die erstarrten Hände.

»Na, wie ist es draußen?« erkundigte sich Drummond.

»So kalt, daß man zum Eiszapfen erstarrt, aber wenigstens hat es aufgehört zu schneien.«

»Und wie kommen wir von hier aus weiter?«

»Wir befinden uns in einer Mulde inmitten eines kleinen Plateaus, das den Abschluß der niedrigeren Berghänge bildet. Der Abt hat gesagt, bis in das große Tal hinunter und zur indischen Grenze seien es noch fünf Meilen.«

»Ist der Weg sehr beschwerlich?«

Hamid zuckte die Achseln. »Schwer zu sagen, es ist ja noch nicht richtig hell; aber selbst im schlimmsten Falle müßten wir eigentlich in ein paar Stunden da sein. Es geht immer bergab.«

Drummond stand auf. Sein Kopf schwamm, und er schwankte leicht. Janet sah ihn besorgt an. »Alles in Ordnung?« fragte sie.

Drummond nickte und ging langsam mit unsicheren Schritten zur Tür. Draußen war es immer noch ziemlich dunkel, aber von Osten her breitete sich schon ein blaß-grauer Schimmer über den Berggipfeln aus. Er trat in Hamids Fußstapfen, kam aus der Mulde heraus, stand am Rande des Plateaus und blickte in das dunkle Tal hinab.

Nach einer Weile wandte er sich um und ging wieder zur Hütte zurück. Hamid blickte auf, als er sich am Feuer niederließ. »Na, was meinst du?«

»Das schafft der alte Herr auf keinen Fall.«

»Wir könnten ihn tragen.«

Drummond schüttelte den Kopf. »Es ist so schon schwer genug, zu Fuß da runterzukommen. Vor allem für Janet wird es nicht leicht sein.«

»Was schlägst du also vor?« fragte Hamid. »Wir können ihn schließlich nicht einfach hierlassen.«

Da hörten sie ein leises Kichern. Father Kerrigan sagte mit schwacher Stimme: »Es wird euch wohl kaum etwas anderes übrigbleiben, als mich hierzulassen.«

»Das kommt überhaupt nicht in Frage!« sagte Drummond. »Wenn Cheung und seine Soldaten wegen des Schneesturms im Kloster übernachtet haben, müssen wir damit rechnen, daß er gleich bei Tagesanbruch wieder aufbrechen wird. Noch dazu hat es ja inzwischen aufgehört zu schneien. Wo er es schon bis hierher geschafft hat, wird er nicht eher ruhen, bis er die Grenze erreicht hat und sich in das Unvermeidliche fügen muß.«

»Was sollen wir also tun?« fragte Hamid wieder. »Hierbleiben und uns gegen ihn zur Wehr setzen?« Er nahm die Garrand auf. »Mit diesem einen Gewehr, das uns noch geblieben ist?«

»Dann mach du mal einen Vorschlag.«

»Wenn wir schnell genug zum Grenzposten kommen, können wir Hilfe holen.«

»Und dann sofort hierher zurückkehren?«

»Ja, genau das. Vielleicht haben die da unten sogar Hubschrauber. Angesichts dessen, was geschehen ist, müssen sie ja Verstärkung angefordert haben.«

Drummond stand unentschlossen da. Janet sagte ganz ruhig: »Jack, er hat völlig recht, das ist das Vernünftigste. Ich bleibe mit Father Kerrigan hier.«

»Einen Augenblick mal...«, begann Drummond.

Sie schüttelte den Kopf. Ihr Gesicht war ernst. »Ich bleibe bei ihm, Jack. Niemand kann mich umstimmen. Er braucht mich doch. Aber ihr müßt Kerim mitnehmen.«

»Du lieber Himmel, warum denn das?« fragte Drummond. „Wir kommen doch sofort zurück und holen euch dann alle.«

»Aber vielleicht kommt ihr dann schon zu spät.«

Ruhig und fest entschlossen stand sie vor ihm. Ein entsetzlich müder Ausdruck lag in seinen Augen. Janet lächelte ihm aufmunternd zu. All ihre Liebe lag in diesem Lächeln.

»Beeilt euch, Jack, damit ihr bald wieder zurück seid!«

Er wollte sie an sich ziehen, doch Hamid packte ihn mit festem Griff am Arm. »Jack, wir dürfen keine Zeit mehr verlieren.«

Da wandte sich Drummond ab und stolperte zur Tür. Hamid hielt Janet sein Gewehr hin. »Das lasse ich Ihnen da.«

Doch sie schüttelte den Kopf. »Ich würde es doch nicht benutzen, Ali«, sagte sie leise.

Hamid sah sie mit gerunzelter Stirn an, dann schulterte er das Gewehr und ging um das Feuer herum, wo Kerim in Decken gehüllt schlief.

Vorsichtig hob er den Jungen hoch und nahm ihn auf den Arm. Father Kerrigan lächelte. »Sie täten mir einen großen Gefallen, wenn Sie den ganzen Weg rennen würden, Major.«

Da wandte sich Hamid ab und stürzte aus der Hütte. Er hatte einen Kloß im Hals, der ihn zu ersticken drohte. Drummond wartete draußen auf ihn. Der Pathane ging ohne ein Wort an ihm vorbei, den Jungen fest an sich gedrückt.

Drummond stolperte hinter ihm her. Am oberen Rande der Mulde angelangt, blieb er stehen und warf noch einen letzten Blick auf die Hütte. Janet stand in der Tür. Sie sah ihn lange und eindringlich an und ging dann wieder hinein. Es hatte etwas Endgültiges, wie sie die Tür hinter sich schloß. Drummond wandte sich wieder ab und ging hinter Hamid her den Hang hinunter.

Sie kamen zuerst nur langsam vorwärts; denn auf den oberen Hängen, die zum Teil unterhalb eines Vorsprungs lagen, war der Schnee noch nicht weggeweht worden. Daher lag der Schnee hier so hoch, daß jeder Schritt eine Qual war.

Bald wurde Drummond klar, wie schwach er war. Als sie noch kaum eine Meile zurückgelegt hatten, mußte er schon die Zähne zusammenbeißen, um nicht schlappzumachen. Verbissen und hartnäckig setzte er einen Fuß vor den anderen. Hamid schien überhaupt nicht müde zu sein. Wie ein Schneepflug bahnte er sich einen Weg durch den Schnee. Doch als sie im Windschatten eines großen Felsbrockens eine kleine Pause einlegten, sprach sein Gesicht Bände.

Kerims eines Auge, das aus der Decke herausschaute, war vor Staunen kugelrund. Hamid lachte: »Ob er sich wohl später noch an all das erinnern wird?«

»Weiß der Himmel«, sagte Drummond mit rauher Stimme. »Komm, gib mir den Jungen. Jetzt werde ich ihn mal eine Weile tragen.«

Hamid widersetzte sich nicht, ein schlechtes Zeichen. Sie

gingen weiter. Der Junge erschien Drummond furchtbar schwer. Das wunderte ihn. Er preßte ihn fest an sich und beugte sich zurück, als sie sich wieder an den Abstieg machten.

Nach etwa einer Meile zitterten ihm die Beine so, daß er das Gleichgewicht verlor, stürzte, sich überschlug und den Hang hinunterkugelte.

Er hielt den Jungen eisern an sich gepreßt. Die Welt drehte sich um ihn. Vor seinen Augen sprühten rote Funken. In seinen Ohren rauschte und dröhnte es. Ganz entfernt hörte er Hamid rufen. In einer Schneewehe blieben sie schließlich liegen, er und der Junge.

Kerim schluchzte bitterlich. Hamid kam herbeigestürzt, hob ihn auf und wischte ihm den Schnee aus dem Gesicht. Drummond erhob sich mühsam. Hamids Augen lagen tief in den Höhlen, die Erschöpfung hatte tiefe Linien in sein Gesicht gegraben. Keiner von beiden sprach – es gab nichts zu sagen. Mit dem Jungen auf dem Arm marschierte Hamid wieder los, und Drummond folgte ihm.

Die Zeit hatte jede Bedeutung für ihn verloren. Drummond setzte ganz automatisch einen Fuß vor den anderen. Bald hatten sie den Hang bewältigt und kämpften sich über eine ganz flache, tiefverschneite Ebene vorwärts. Auf halbem Wege mußten sie eine Pause einlegen, so erschöpft waren sie.

Die Dunkelheit war aus den Bergen geflohen. Der neue Tag brach an. Trübes, graues Mondlicht überzog den Himmel. Schwere Wolken hingen bedrohlich über ihnen. Es würde bald wieder schneien. Sie kämpften sich mühselig aus dem Tiefschnee heraus und gelangten in ein dünn besätes Waldstück, das in den Talgrund hinabführte.

Drummond lutschte an einem Stück Eis. Es schmolz in seinem Munde, war kühl und erfrischend. Die Flüssigkeit rann durch seine Kehle hinab. Er fühlte sich etwas gestärkt. Wie in Trance humpelte er den Hang hinunter.

Er erschrak zutiefst, als er wieder zu sich kam und sah, daß er im Schnee lag. Er hatte auch Schnee im Mund, der sich eiskalt anfühlte. Er spürte Hamids Fuß in seiner Seite und hörte die völlig entkräftete Stimme seines Freundes.

»Steh auf, Jack. Mir fehlt es an Kraft, dich hochzuziehen.«

Damit wandte er sich ab. Mit fast übermenschlicher Anstrengung gelang es Drummond, wieder auf die Beine zu kommen und hinter ihm herzustolpern. Mit gesenktem Kopf setzte er einen Fuß vor den anderen. Jeder Schritt war eine Qual. Wieder verlor er jedes Gefühl für Zeit. Plötzlich hörte er einen Schrei.

Hamid war zwanzig oder dreißig Meter vor ihm auf einer kleinen Anhöhe stehengeblieben und rief ihm mit ganz seltsamer, gebrochener Stimme etwas zu. Drummond rannte humpelnd auf ihn zu. So rasch er konnte. Als er auf der Anhöhe angelangt war, stolperte Hamid schon auf das Camp in der darunter gelegenen Mulde zu. Dort befanden sich fest verankerte, mit einem Schützengraben umgebene Feldgeschütze. Versorgungslaster standen hinter den tiefverschneiten Hütten.

Männer kamen auf sie zugelaufen. Männer in vertrauten Uniformen mit Khakiturbanen. Manche ritten auf Mulis. Als sie Hamid erreichten, übergab dieser den Jungen vorsichtig einem großen, bärtigen Sikh. Hamid drehte sich um, sah Drummond an, machte einen zögernden Schritt auf ihn zu und fiel mit dem Gesicht nach unten in den Schnee.

Da sank auch Drummond zu Boden. Salzige Tränen liefen ihm übers Gesicht und brannten wie Feuer auf den aufgesprungenen Wangen. Die Soldaten kamen auf ihn zu – auch er war gerettet.

In der Hütte war es warm. Mit einer Decke um die Schultern saß er vor dem Ofen und schlürfte langsam heißen Tee. Er hielt den Becher mit beiden Händen umfaßt. Nach einer Weile kam ein junger Feldwebel von der Sanitätstruppe, ein Mann aus Bengalen, aus dem Nebenzimmer herein.

»Wie geht es ihm?« erkundigte sich Drummond nach seinem Freund.

»Gut«, erwiderte der Feldwebel. »Er ist vor Erschöpfung eingeschlafen.«

»Und was ist mit dem Jungen?«

»Der ißt gerade im Offizierscasino, wenn man es so nennen will.« Der Feldwebel lachte. »Dem geht es überhaupt glänzend. Anscheinend waren die letzten Tage für ihn ein einziges Abenteuer. Noch etwas Brandy?«

Drummond nickte und hielt ihm seinen Becher hin. »Wann kommt Ihr Einheitsführer zurück?«

»Er müßte eigentlich bald wieder hier sein. Der Hauptbefehlsstand liegt nur drei Meilen entfernt, aber bei dem Schnee sind wir natürlich auf Packesel angewiesen.«

Da öffnete sich die Tür, und ein eiskalter Windstoß fegte herein. Der junge Leutnant Singh erschien. »Major Naru kommt, Mr. Drummond.«

»Dem Himmel sei Dank!«

Drummond erhob sich und humpelte ans Fenster. Der Major kam auf einem Muli angeritten, eskortiert von zwei einfachen Soldaten. Sie stiegen ab. Der Major kam die Treppe herauf. Er klopfte sich den Schnee von dem Parka. Der Leutnant öffnete ihm die Tür. Der Major, ein großer, gutaussehender Mann mit gestutztem Schnurrbart, kam herein und trat sofort ans Feuer.

»Mr. Drummond?« Er zog seine Handschuhe aus und reichte Drummond die Hand. »Es ist mir eine Freude, Sie hier begrüßen zu dürfen, Sir.«

»Und Sie können mir glauben, daß ich mich freue, hier zu sein«, erwiderte Drummond. »Hat Ihnen Leutnant Singh alles erzählt?«

Der Major nickte. »Ja, über den Feldfernsprecher. Wo ist denn Major Hamid?«

»Er schläft nebenan. Er hat in den letzten beiden Tagen mehr geleistet als normalerweise zwei Männer leisten.«

»Und was macht der junge Khan?«

»Man kümmert sich im Offizierscasino um ihn, Sir«, berichtete Leutnant Singh.

»Was ist mit meinen Freunden, Herr Major?« fragte Drummond. »Wann können wir aufbrechen? Ich wollte sofort mit ein paar Mulis und natürlich mit einigen Ihrer Männer aufbrechen, doch der Leutnant sagte, er könne ohne Ihre Zustimmung nichts unternehmen.«

Major Naru seufzte. »Ich fürchte, die Sache ist viel komplizierter. Die Regierung meines Landes muß sehr vorsichtig zu Werke gehen, was die Invasion von Balpur durch die Rotchinesen angeht. Bei den Vereinten Nationen ist schon eine Sondersitzung einberufen worden. Unter den gegebenen Umständen haben alle Einheiten, die an der Grenze stationiert sind, den strikten Befehl erhalten, eine Konfrontation mit den Chinesen um jeden Preis zu vermeiden. Es ist also ausgeschlossen, daß ich auch nur eine Patrouille nach Balpur schicke.«

»Aber diese Hütte liegt doch kaum fünf Meilen von hier entfernt!« rief Drummond aufgebracht. »Mit den Mulis wären wir in weniger als einer Stunde dort. Jede Minute ist kostbar. Wie ich Leutnant Singh bereits erklärt habe, war Oberst Cheung die ganze Zeit hinter uns her. Er würde kurzen Prozeß mit meinen Freunden machen, das können Sie mir glauben.«

»Um so eher müssen wir alles vermeiden, was möglicherweise zu einem militärischen Eingreifen führen könnte.«

»Wir wollen doch mal sehen, was Major Hamid dazu meint!« fuhr Drummond wütend auf und trat an die Tür zum Nebenzimmer.

»Major Hamid ist Offizier der indischen Streitkräfte. Er wird genau das tun, was auch ich tun muß – er wird die Befehle befolgen.« Seine Stimme brach plötzlich. »Glauben Sie vielleicht, daß mir das Spaß macht, Mr. Drummond? Wenn es nach mir ginge, würde ich sofort mit allen verfügbaren Soldaten die Grenze überschreiten.« Er zog seine Handschuhe wieder an. »Ich werde mich sofort über Funk mit dem Hauptquartier in Verbindung setzen. Wenn ich die Erlaubnis erhalte, werde ich sofort an der Spitze meiner Soldaten losmarschieren, das verspreche ich Ihnen.«

»Und wie lange wird das dauern?«

»Bis ich Antwort erhalte?« Major Naru zuckte die Achseln. »Eine oder zwei Stunden. Schließlich müssen sie sich die Sache gründlich überlegen.« Er ging zur Tür, die Leutnant Singh vor ihm öffnete. »Es tut mir wirklich leid, Mr. Drummond.«

Die Tür schloß sich hinter ihnen. Drummond trat ans Fenster. Major Naru ging zum Standortkommando. Leutnant Singh ging neben ihm her. Die drei Mulis, auf denen er und seine Eskorte hergeritten waren, standen draußen angebunden. Drummond sah sie eine Weile nachdenklich an, dann stand sein Entschluß fest.

Der Feldwebel der Sanitätstruppen stand mit besorgtem Gesichtsausdruck am Ofen. Drummond ging an ihm vorbei und öffnete die Tür zum Nebenzimmer. Hamid lag ruhig atmend in einer der Kojen. Die harten Linien waren aus seinem schönen Gesicht verschwunden.

Als sie ihn hereingetragen hatten, hatte auch jemand sein Gewehr gebracht. Es stand jetzt in der Fensterecke an die Wand gelehnt. Drummond schulterte es und sah einen Augenblick auf den schlafenden Hamid hinunter.

»Viel Glück, Ali«, flüsterte er und ging wieder in den anderen Raum.

Er entkorkte die Brandyflasche, goß etwas Brandy in seinen Becher und stürzte ihn rasch hinunter. Der Mann vom Sanitätskorps sah ihm mit gerunzelter Stirn dabei zu.

»Was soll denn das Gewehr, Mr. Drummond?«

»Ich gedenke ein Stück zu reiten«, erklärte Drummond. »Dabei könnte sich das Gewehr als sehr nützlich erweisen.«

Er ging zur Tür und öffnete sie. Der Feldwebel stürzte ihm nach. »Aber was Sie da vorhaben, ist doch heller Wahnsinn!«

Doch Drummond beachtete ihn gar nicht. Er ging die Stufen hinunter, zog seine Handschuhe an und trat zu den Mulis. Als er sie losmachte, rannte der Sanitäter zum Standortkommando und stürzte dort zur Tür hinein.

Drummond ließ sich Zeit, befestigte die Zügel von zwei der Mulis am Sattelknopf des dritten, stieg in den Sattel und ritt los.

Er ritt zwischen den Feldgeschützen hindurch. Die Soldaten starrten ihm fassungslos nach. Dann kamen Major Naru und Leutnant Singh aus dem Gebäude, in welchem sich das Standortkommando befand, und eilten hinter ihm her.

Bei dem letzten Gefechtsstand holten sie ihn ein. Major Naru griff nach dem Zügel des Mulis, den Drummond ritt.

»Das darf ich nicht zulassen, Mr. Drummond«, sagte er entschuldigend.

»Dann schießen Sie wohl besser auf mich«, sagte Drummond seelenruhig. »Nur das könnte mich aufhalten.«

Er entriß die Zügel dem Zugriff des Majors, rammte dem

Muli die Stiefelabsätze in die Flanken und ritt davon. Auf der Kuppe des kleinen Hügels angekommen, blickte er sich um und sah unten in der Mulde vor dem Geschütz immer noch Major Naru stehen. Leutnant Singh jedoch rannte zum Standortkommando zurück.

Die schweren Schneewolken hatten sich auf die zerklüfteten Gipfel herabgesenkt. Als die Mulis den Weg durch das Tal zurückgelegt hatten und sich an den Aufstieg machten, fielen die ersten Flocken.

Drummond war gar nicht mehr müde. Ein merkwürdiges Summen im Kopf stimmte ihn jedoch nachdenklich. Aber vielleicht sprach nur der Brandy aus ihm. Er war mutterseelenallein in der weißen, schweigenden Bergwelt. Er folgte genau der Spur, die er und Hamid auf dem Weg ins Tal getreten hatten, nur diesmal in umgekehrter Richtung.

Immer wieder trieb er die Mulis zur Eile an, trieb sie in dem eisigen Schweigen bergan, auf die Gipfel zu. Der Schnee fiel immer dichter. Knapp eine Stunde, nachdem er aus dem Tal aufgebrochen war, ritt er aus einer Schlucht heraus und kam zu dem letzten Hang. Von da aus ritt er zu dem Plateau hinauf.

Vom Rande des Plateaus aus sah ihn Feldwebel Ng, hinter einer Gruppe zerklüfteter Felsen verborgen, aus der Schlucht reiten und immer näher kommen. Als Drummond nahe genug heran war, wandte Ng sich um und eilte zu Oberst Cheung hinunter, der unten in der Mulde vor der Hütte neben den Pferden stand.

Cheung machte einen erschöpften Eindruck. Die Haut über seinen Wangenknochen war straff gespannt, an manchen Stellen jedoch aufgeplatzt, das Gesicht an anderen Stellen durch Frostbeulen verunstaltet. »Gleich kommt ein Mann mit drei Mulis«, berichtete Feldwebel Ng.

»Bring die Pferde rein!« befahl ihm Cheung und kletterte aus der Mulde zum Rande des Plateaus hoch.

Etwa eine Minute lang sah er Drummond näherkommen, er empfand jedoch keine Genugtuung. Er hatte versagt, hundertprozentig versagt. Dafür würde er in Peking bezahlen müssen. Zumindest aber würde er jemanden mitbringen, der Peking allerhand wert war.

Er rannte wieder in die Mulde hinunter und lief in die Hütte. Die Pferde standen dicht aneinandergedrängt in einer Ecke und fraßen ruhig ihr Heu. Father Kerrigan saß am Feuer. Janet stand neben ihm, und Ng wartete an der Tür.

»Es ist Drummond«, sagte Cheung. »Ich bleibe hier unten. Du wartest hinter den Felsen versteckt am Rande der Mulde auf ihn. Aber laß ihn erst vorbeireiten, bevor du etwas unternimmst.«

»Wollen Sie, daß ich ihn am Leben lasse?« fragte Ng ohne jede Gemütsbewegung.

»Ja, unbedingt!«

Ng ging und schloß die Tür hinter sich. Cheung zog seinen Revolver. Er lächelte Father Kerrigan und Janet freundlich zu.

»Es wäre sehr unklug von Ihnen, wenn Sie auch nur einen Laut von sich gäben. Habe ich mich deutlich genug ausgedrückt?«

Drummond kam auf das Plateau geritten und brachte die Mulis zum Stehen. Was für eine friedliche Szene. Da unten in der Mulde stand die Hütte, Rauch kräuselte sich darüber, und die Flocken fielen sanft hernieder. Vorsichtshalber hatte er die Garrand schon in der Schlucht abgenommen. Sie lag jetzt vor ihm auf dem Sattel.

Er trat dem Muli mit den Absätzen in die Flanke, um in die Mulde hinabzureiten. Doch etwa auf halbem Wege hörte er, daß unten in der Hütte etwas im Gange war. Die Tür wurde aufgerissen, und Janet kam herausgelaufen.

»Hinter dir, Jack!« rief sie. »Hinter dir!«

Blitzschnell band Drummond die Zügel der beiden mitgeführten Mulis los, zerrte wie wild am Zügel des Mulis, das er ritt, und riß das Tier herum, als Feldwebel Ng mit der Maschinenpistole im Anschlag am oberen Rand der Mulde hinter den Felsen hervortrat.

Er feuerte einen Warnschuß ab. Drummonds Muli bäumte sich auf und warf ihn in dem Augenblick ab, als er nach der Garrrand griff.

Er fiel in den Tiefschnee und kniete dort mit seiner Garrand. Die drei Mulis trabten verwirrt um ihn herum. Feldwebel Ng ging in die Hocke, um besser sehen zu können. Da schoß Drummond zweimal rasch hintereinander. Der Chinese wurde mit einem Satz über die Felsen zurückgeschleudert. Dort blieb er liegen und rührte sich nicht mehr.

Die Mulis machten sich aus dem Staub und trotteten zur Hütte hinunter. Als Drummond sich umwandte, sah er Janet im Schnee knien. Cheung hielt sie an den Haaren fest und drückte ihr den Lauf seines Revolvers in den Nacken.

Mit dem Gewehr in Hüfthöhe ging Drummond auf sie zu. Als er nur noch einen oder zwei Meter von ihnen entfernt war, sagte er: »Lassen Sie sie und den alten Mann gehen, Cheung und nehmen Sie mich. Mit mir machen Sie nämlich wirklich einen Fang. Ich kann für Sie von weit größerem Wert sein, als Sie je ahnen werden.«

»Schnell jetzt, Jack. Ich lasse nicht mit mir handeln.«

Cheungs Stimme klang so sanft wie immer, jedoch unnachgiebig, daran bestand kein Zweifel. Als er den Revolver hob und zielte, warf Drummond die Garrand weit weg.

»So ist es gut.«

Cheung lockerte seinen Griff. Da sprang Janet auf und stürzte Drummond in die Arme. Er drückte sie fest an sich. Dann fragte er: »Wie geht es Father Kerrigan?«

»Danke, gut«, erwiderte sie. »Und wie steht es mit Ali und Kerim?«

»Wir sind sicher über die Grenze gekommen, aber die indischen Streitkräfte haben strikte Order, die Grenze nicht zu überschreiten. Deshalb mußte ich allein zurückkommen.«

»Da habe ich aber Glück«, sagte Cheung und zog Janet wieder zu sich heran. »Durch Sie hatte ich großen Ärger, Jack. Sie haben mir eine Menge Schwierigkeiten gemacht. Ich habe versucht, Sie gestern nacht von Ladong Gompa aus zu verfolgen und bin in einen Schneesturm geraten. Wir waren gezwungen umzukehren. Nur Feldwebel Ng und ich sind heil wieder zurückgekommen. Ich wußte, daß ich zu spät kommen würde, und doch bin ich heute morgen weitergegangen. So bin ich nun einmal.«

»Father Kerrigan und das Mädchen nutzen Ihnen doch gar nichts. Lassen Sie sie laufen. Dann werde ich Ihnen auch keine Schwierigkeiten mehr machen.«

»Sie werden in Peking erwartet, Jack. Dort weiß man alles über Ihre Arbeit für Ferguson. Und wenn Sie dann vor dem

Militärgericht stehen, werden diese beiden neben Ihnen stehen, dafür verbürge ich mich persönlich.«

»Auch über Sie wird man zu Gericht sitzen, Herr Oberst. Denn der junge Khan ist gerettet, den erwischen Sie nicht mehr. Oder haben Sie das vergessen?«

Ein gefährliches Glitzern trat in Cheungs Augen. Er stieß das Mädchen beiseite und zückte seinen Revolver. Drummond stand sprungbereit da, war sich aber darüber im klaren, daß er verspielt hatte.

Doch Cheung holte nur tief Luft und schüttelte den Kopf. »Nein, Jack, so einfach mache ich es Ihnen nicht, das können Sie mir glauben.«

Irgendwo ganz in der Nähe schnaubten Pferde, dann rief eine vertraute Stimme mit schneidender Schärfe: »Hier herüber, Cheung!«

Hamid glitt schon am oberen Rande der Mulde aus dem Sattel, das automatische Gewehr im Anschlag. Cheung starrte nach oben, duckte sich, da schoß Hamid dreimal so rasch hintereinander, daß es wie ein einziger Schuß klang. Der erste Schuß traf Cheung in die Schulter, die beiden anderen nagelten ihn regelrecht an der Mauer fest.

Janet wandte sich schnell ab und sank Drummond in die Arme, während Cheung um sein Leben kämpfte. Er grapschte nach dem Revolver, der ihm aus der Hand gefallen war. Ein hellroter Blutstrom quoll aus seinem Munde. Er würgte und hustete, dann rührte er sich nicht mehr.

Leutnant Singh kam auf einem Muli über den Grat geritten, ergriff die Zügel von Hamids Reittier und folgte ihm in die Mulde hinunter. Hamid drehte Cheung mit der Fußspitze auf den Rücken und blickte auf ihn hinunter.

»Das Antlitz der Verdammnis.«

»Was ist denn eigentlich los?« erkundigte sich Drummond. »Es hieß doch, die indischen Streitkräfte dürften die Grenze auf gar keinen Fall überschreiten.«

»Stimmt. Dieser Befehl hat immer noch Gültigkeit«, erwiderte Hamid. »Aber Leutnant Singh hat mich glücklicherweise sofort geweckt, nachdem du aufgebrochen warst. Er hat sich wohl gedacht, daß ich mich nicht so einfach fügen, sondern etwas unternehmen würde. Womit er völlig recht hatte. Und da er ein tatkräftiger, mutiger junger Mann ist, hat er beschlossen, mich zu begleiten.«

»Was hat Major Naru dazu gesagt?«

»Der war natürlich nicht gerade erfreut, um es einmal milde auszudrücken.«

»Droht da etwa in naher Zukunft das Kriegsgericht?«

»Das braucht uns beide nicht zu interessieren. Es ist sowieso unwahrscheinlich. Würde zuviel Wirbel in der Presse geben. Ist mit Father Kerrigan alles in Ordnung?«

»Völlig in Ordnung. Habe mich noch nie besser gefühlt«, antwortete der Geistliche selbst, der während der Unterhaltung an die Tür gekommen war. »Mir fehlt nichts, was sich mit einer Flasche Jemieson und einem guten Essen nicht kurieren ließe.«

»Dann würde ich vorschlagen, daß wir Sie jetzt hinbringen, wo Sie beides so schnell wie möglich bekommen können. Der arme Major Naru wird keine ruhige Minute haben, bis wir wieder zurück sind.«

Sie führten die Pferde hinaus und halfen Father Kerrigan und Janet in den Sattel. Der alte Mann sah auf Cheung hinunter, bekreuzigte sich und murmelte ein Gebet, als er zwischen Singh und Hamid davonritt. Janet folgte ihnen.

Drummond bildete das Schlußlicht. Nachdem er in den Sattel gestiegen war, sah er noch eine Weile nachdenklich auf Cheung hinunter. Merkwürdigerweise empfand er Trauer.

Doch was hinter ihnen lag, zählte jetzt nicht mehr. Sie waren gerettet. Ein neues Leben begann für sie alle. Er lächelte, als er aus der Mulde heraus zu dem Plateau hinaufritt, wo Janet auf ihn wartete.

Jack Higgins
Meister des Thrillers

Jack Higgins wurde 1928 als Harry Patterson in Irland geboren. Bevor er seine Liebe zur Schriftstellerei entdeckte, versuchte er sich in zahlreichen, ganz unterschiedlichen Berufen. Er jobbte als Versicherungsvertreter, als Zirkusassistent und wurde sogar Angehöriger der Royal Horse Guard. Schließlich studierte er mit Erfolg an der Universität London Soziologie und Sozialpsychologie.

Sein großer weltweiter Durchbruch als Schriftsteller gelang ihm 1976 mit seinem Roman *Der Adler ist gelandet*. Mittlerweile erscheint jedes Jahr ein neues Buch des international anerkannten Autors.
Akten und Interviews dienen als Grundlage für eine gelungene Mischung aus Fiktion und Tatsachen. Die Akteure seiner spannenden Kriegskrimis sind Helden und Bösewichter. Geheime Kommandounternehmen, Aufklärung und Spionageabwehr sind häufig wiederkehrende Motive seiner Edelreißer.

Jack Higgins ist verheiratet. Von seinen drei Kindern tritt Tochter Sarah in die Fußstapfen ihres berühmten Vaters. Schon mit 16 Jahren veröffentlichte sie ihren ersten vielbeachteten Roman.
Die Familie lebt heute auf der Insel Jersey.

Jack Higgins
Verzeichnis lieferbarer Titel
(Stand Oktober 1987)

Der Adler ist gelandet

Baron in der Unterwelt

Das Dunkel der Lagune

Dunkler Fremder

Der eiserne Tiger (01/6141)

Eishölle

Exocet

Feindfahrt

Feindfahrt.
Die Sänfte der Tränen.
Die ganze Palette des Todes.
Dies ist mein Tal, dies ist
mein Dorf

Gesichter der Nacht

Im Schatten des Verräters
(01/6010)

Der Ire

Königsjagd

Luciano

Mitternacht ist schon vorüber
(01/5903)

Die Mordbeichte (01/5469)

Nacht der Flamingos

Nacht ohne Erbarmen

Die Nacht von Sinos

Regen auf die Toten

Der Regenmacher

Schlüssel zur Hölle (01/5840)

Der Schrei aus der Kälte

Schrei in der Nacht

Solo

Die Stunde des Jägers

Die Teufelsrose

Tödliche Jagd

Zorn des Löwen

*Die Bandnummern der Heyne-
Taschenbücher sind jeweils in
Klammern angegeben.*

MOTTO:
HOCHSPANNUNG

*Meisterwerke
der
internationalen
Thriller-
Literatur*

50/18 - DM 10,–

50/13 - DM 10,–

01/6733 - DM 6,80

01/6721 - DM 7,80

01/6744 - DM 9,80

01/6773 - DM 7,80

01/6731 - DM 7,80

01/6762 - DM 7,80

TIP DES MONATS

Tip des Monats bringt große Romane großer Autoren als einmalige Sonderausgabe zum Sonderpreis.

3 Romane in einem Band

Alistair MacLean

Angst ist der Schlüssel
Geheimkommando Zenica
Die Überlebenden der Kerry Dancer

Tip des Monats

23/1 - DM 8,–

2 Romane in einem Band

Johannes Mario Simmel

Gott schützt die Liebenden
Ich gestehe alles

Tip des Monats

23/2 - DM 8,–

3 Romane in einem Band

Sandra Paretti

Rose und Schwert
Lerche und Löwe
Purpur und Diamant

Tip des Monats

23/3 - DM 8,–

3 Romane in einem Band

Willi Heinrich

Geometrie einer Ehe
In einem Schloß zu wohnen
Gottes zweite Garnitur

Tip des Monats

23/4 - DM 10,–

2 Romane in einem Band

Desmond Bagley

Die Erbschaft
Der goldene Kiel

Tip des Monats

23/5 - DM 8,–

3 Romane in einem Band

Victoria Holt

Die Braut von Pendorric
Die siebente Jungfrau
Die Rache der Pharaonen

Tip des Monats

23/6 - DM 8,–

2 Romane in einem Band

Michael Burk

Nimm wenigstens die Liebe
Das goldene Karussell

Tip des Monats

23/7 - DM 10,–

3 Romane in einem Band

Marie Louise Fischer

Wichtiger als Liebe
Frauenstation
Ein Herz verzeiht

Tip des Monats

23/8 - DM 10,–

TIP DES MONATS

Tip des Monats bringt große Romane großer Autoren als einmalige Sonderausgabe zum Sonderpreis.

Will Berthold
Die Nacht der Schakale
Krisenkommando
Hölle am Himmel

23/9 - DM 8,–

Mickey Spillane
Ich, der Richter
Rhapsodie in Blei
Menschenjagd in Manhattan

23/10 - DM 10,–

Robert Ludlum
Das Osterman-Wochenende
Die Matlock-Affäre
Der Gandolfo-Anschlag

23/11 - DM 10,–

Susan Howatch
Der ungebetene Gast
Das Schloß am Meer
Geheimnis im Moor

23/12 - DM 8,–

Hans Hellmut Kirst
08/15 in der Partei
Geld - Geld - Geld
Der unheimliche Freund

23/13 - DM 10,–

Colin Forbes
Nullzeit
Lawinenexpress
Target 5

23/14 - DM 10,–

Barbara Cartland
Das gestohlene Herz
Träume werden Wirklichkeit
Flucht vor der Liebe

23/15 - DM 8,–

Louis L'Amour
Man nennt mich Hondo
Allein in der Wildnis
Mein Name war Flint

23/16 - DM 8,–

HEYNE BÜCHER **TOP-THRILLER**

Wer Spannung sagt, meint Heyne-Taschenbücher

Eric van Lustbader
DER NINJA
Roman

01/6381 - DM 9,80

ERIC VAN LUSTBADER
Der neue Thriller vom Autor des Weltbestsellers «Der Ninja»
SCHWARZES HERZ

01/6527 - DM 9,80

ROBERT DALEY
DER GEHETZTE BULLE
ROMAN

01/6556 - DM 7,80

ROBERT DALEY
PRINCE OF THE CITY
ROMAN
Keiner ist sicher. Das Gesetz selbst ist korrupt

01/6436 - DM 7,80

ROBERT DALEY
IM JAHR DES DRACHEN
ROMAN

01/6483 - DM 8,80

COLIN FORBES
Endspurt
ROMAN

01/6644 - DM 7,80

COLIN FORBES
LAWINEN-EXPRESS
ROMAN

01/5631 - DM 7,80

COLIN FORBES
Focus
ROMAN

01/6443 - DM 7,80